Somma

M. Renaudeau/HOAQUI

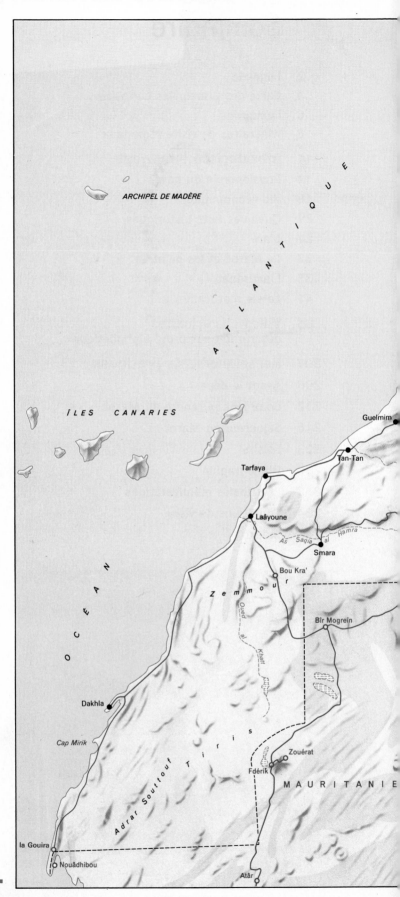

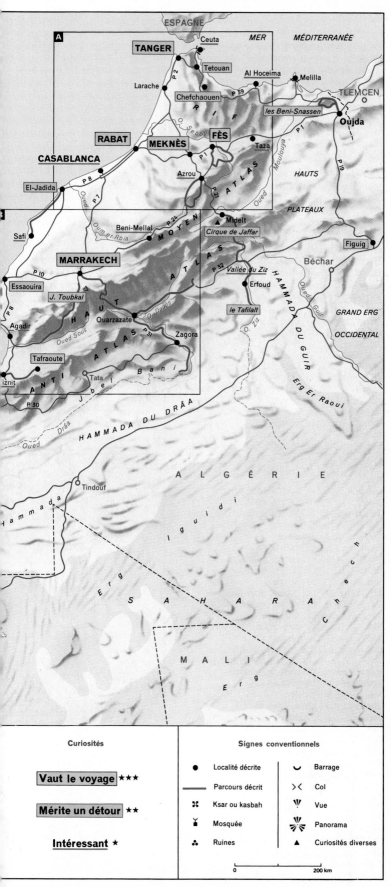

Curiosités

Vaut le voyage ★★★

Mérite un détour ★★

Intéressant ★

Signes conventionnels

● Localité décrite	∪ Barrage
— Parcours décrit	>< Col
✖ Ksar ou kasbah	♈ Vue
⚭ Mosquée	✻ Panorama
⸪ Ruines	▲ Curiosités diverses

0   200 km

Lexique

*Ce lexique n'est pas un manuel de conver-
sation. Il donne la signification des termes
employés dans ce Guide ou dans la toponymie du pays.*

*Les mots suivis de la lettre B sont berbères,
les autres sont arabes. Le pluriel de certains
mots est indiqué en italique.*

*Voir aussi p. 41 « Quelques termes de géo-
graphie, d'économie, d'histoire ».*

JOURS DE LA SEMAINE

(nom des souks hebdomadaires)

El had ....(1er jour) ....Dimanche
Et tnine............(2e jour) ....Lundi
Et tleta ....(3e jour) ....Mardi
El arba............(4e jour) ....Mercredi
El khemis ....(5e jour) ....Jeudi
Ej jemaa ...(jour de l'assemblée) ....Vendredi
Es sebt ....(7e jour) ....Samedi

MOTS USUELS

Adrar, *idraren* (B)..montagne
Aguelmame (B) ....lac permanent
Aïd, *ayad*...............fête
Âïn, *aïoun* ....source
Âït (B) ....enfant de (voir : ben)
Arbi, *arab*..............arabe
Asif (B) ....cours d'eau (voir : oued)
Azib ....ferme
Azrou (B) ....rocher
Bab, *bibane*...........porte
Baroud...................poudre, combat
Ben, *beni*................enfant de (voir aït et oulad)
Bir, *biar* ....puits
Bled ....campagne
Borj ....fortin
Charia...................avenue, boulevard
Dahir ....décret royal
Daia, dayèt ....lac temporaire
Dar ....maison
Derb....................ruelle
Fabor ....pourboire
Flous ....argent monnayé
Gourbi ....hutte, masure
Ibn........................fils de
Ifri, *ifrane* (B) .....grotte, gouffre
Imi, *imiouene* (B) .porte, bouche, défilé
Jama, *jouama* ....mosquée
Jbel ....montagne (voir adrar)
Jdid ....nouveau
Jinn, *jnoun* ....génie
Jorf......................falaise, berge escarpée
Kalaa, kelaa ....forteresse berbère
Kebir, *kebar*...........grand
Ma........................eau
Mechta ....maison de pisé
Mellah ....ancien quartier juif
Oued ....cours d'eau (voir asif)
Oulad, ouled............enfants de (voir aït et ben)
Ras ....promontoire, cap, tête
Rhar.....................grotte, caverne
Rharb ....ouest
Sahat....................place publique
Seghir ....petit
Talaa ....montée
Taleb, *tolba* ....étudiant
Tit (B) ....source
Tizi (B) ....col
Trik ....chemin, route
Zenka ....rue
Zitoun ....olivier, olives

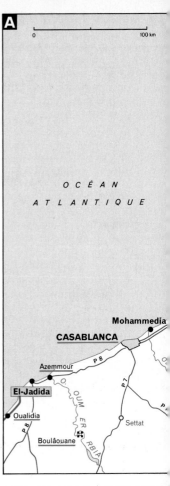

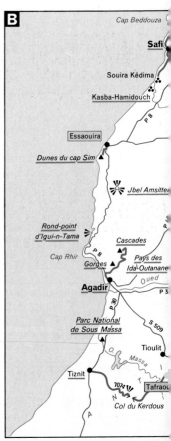

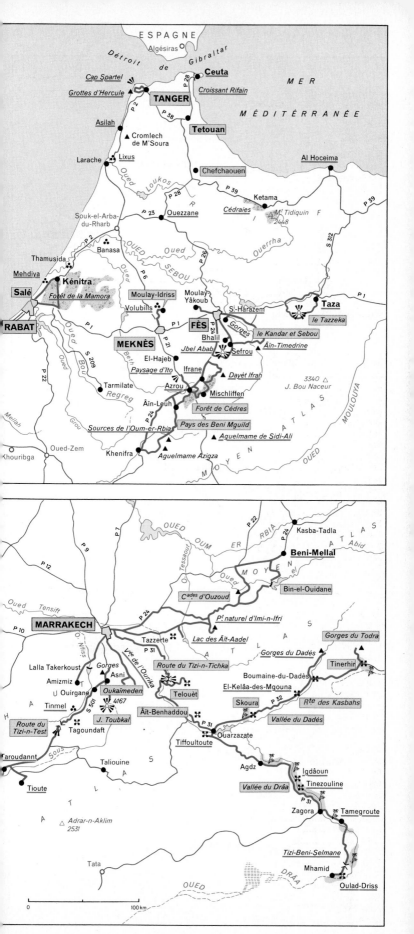

ITINÉRAIRES DE VISITE

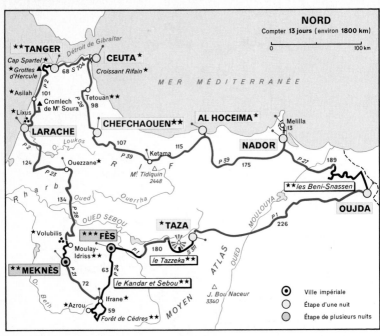

NORD

Compter **13 jours** (environ **1800 km**)

0 ——————— 100 km

★★ **TANGER**
Cap Spartel ★
Grottes d'Hercule ★
Détroit de Gibraltar
68 *S 704*
★ Asilah
101
▲ *Cromlech de M' Soura*
★ Lixus
Loukos
LARACHE
P 2
124
P 23
134
P 28
CEUTA ★
Croissant Rifain ★
MER MÉDITERRANÉE
Tetouan ★★
P 38
98
CHEFCHAOUEN ★★
107
★ Ketama
115
AL HOCEIMA ★
Melilla ★
13
NADOR
P 39
175
P 39
P 27
189
★ Ouezzane
R I F
M' Tidiquin
2448
Ouerrha
OUED SEBOU
★ Volubilis
MEKNÈS ★★
P 21
★ Azrou
59
★ Ifrane
Forêt de Cèdres ★★
72
63
P 24
Moulay-Idriss ★★
FÈS ★★★
le Kandar et Sebou ★★
180
le Tazzeka ★★
★ **TAZA**
S 311
MOYEN
ATLAS
△ J. Bou Naceur
3340
OUED MOULOUYA
P 1
226
★★ *les Beni-Snassen*
OUJDA
Rharb
Oued
R. Beth

◉ Ville impériale
○ Étape d'une nuit
◯ Étape de plusieurs nuits

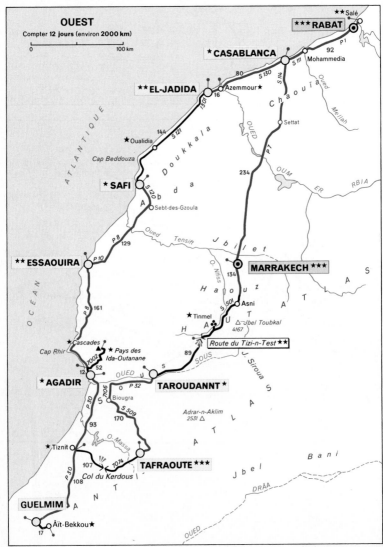

OUEST

Compter **12 jours** (environ **2000 km**)

0 ——————— 100 km

★★ Salé
RABAT ★★★
P 1
92
★ **CASABLANCA**
S 111
Mohammedia
80
S 130
S 114
★★ **EL-JADIDA**
Azemmour ★
16
S 301
144
S 121
★ Oualidia
Cap Beddouza
Doukkala
Settat
Chaouïa
OUED
234
P 7
OUM
ER
RBIA
Mellah
★ **SAFI**
S 120 b
Sebt-des-Gzoula
A
P 8
129
Oued Tensift
J b i l e t
MARRAKECH ★★★
134
Asni
S 501
H a o u z
H A U
★ Tinmel
△ Jbel Toubkal
4167
Route du Tizi-n-Test ★★
89
SOUS
J. Siroua
ESSAOUIRA ★★
P 10
P 8
161
OCÉAN
ATLANTIQUE
Cap Rhir
★ Cascades
1002
★ *Pays des Ida-Outanane*
52
12
OUED
S
TAROUDANNT ★
★ **AGADIR**
P 32
S 7016
0
Biougra
S 509
P 30
93
170
O. Massa
Adrar-n-Aklim
2531 △
A T L A S
★ Tiznit
107
1074
Col du Kerdous
108
P 30
TAFRAOUTE ★★★
J b e l
B a n i
OUED DRÂA
GUELMIM
○ Aït-Bekkou ★
17

8

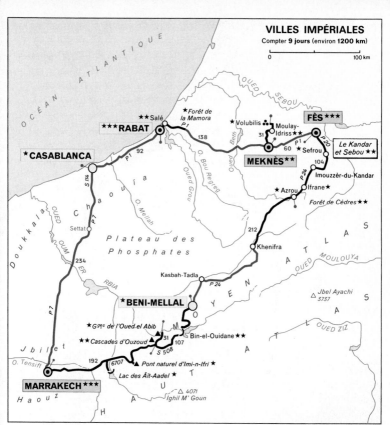

VILLES IMPÉRIALES
Compter **9 jours** (environ **1200 km**)

0   100 km

OCÉAN ATLANTIQUE

★★ Salé
★ Forêt de la Mamora P1
★★★ RABAT
★ CASABLANCA
★ Volubilis
Moulay-Idriss ★★
FÈS ★★★
Le Kandar et Sebou ★★
MEKNÈS ★★
Sefrou
Imouzzèr-du-Kandar
★ Azrou
Ifrane ★
Forêt de Cèdres ★★
O. Bou Regreg
O. Beth
OUED SEBOU
P1
138
92
S 114
60
104
P 20
P 24
31

Chaouïa
Doukkala
OUED OUM ER RBIA
Settat
Plateau des Phosphates
234
P7

Khenifra
212
OUED MOULOUYA
△ Jbel Ayachi 3737

Kasbah-Tadla
P 24
MOYEN ATLAS
OUED ZIZ

★ BENI-MELLAL
O
★ Gges de l'Oued el Abib
★★ Cascades d'Ouzoud
31
107
S 508
Bin-el-Oudiane ★★

192
6707
▲ Pont naturel d'Imi-n-Ifri ★
Lac des Aït-Aadel ★
P1

Jbilet
O. Tensift
MARRAKECH ★★★
Haouz
△ 4071 Ighil M' Goun
HAUT ATLAS

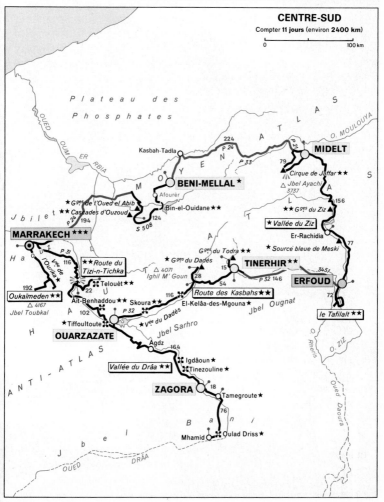

CENTRE-SUD
Compter **11 jours** (environ **2400 km**)

0   100 km

Plateau des Phosphates
OUED OUM ER RBIA

224
P 24
P 33
P 21
MIDELT
79
Cirque de Jaffar ★★
△ Jbel Ayachi 3737
MOYEN ATLAS
156

Kasbah-Tadla
BENI-MELLAL ★
Afourér

★ Gges de l'Oued el Abib
★★ Cascades d'Ouzoud
P 24
194
124
S 508
Bin-el-Oudiane ★★

★★ Gges du Ziz ▲
★ Vallée du Ziz
Er-Rachidia
77
★ Source bleue de Meski

Jbilet
MARRAKECH ★★★
Ha
OUED l'Ourika
P 31
116
192
V ée de l'Ourika ★
★★ Route du Tizi-n-Tichka
▲ Telouèt
22
Aït-Benhaddou ★★
102
P 32
Skoura ★★
116
★ Tiffoultoute ★
OUARZAZATE
Agdz

△ 4071 Ighil M' Goun
Gges du Dadès ★★
28
54
Gges du Todra ★★
15
TINERHIR ★★
P 32 146
Route des Kasbahs ★★
El-Kelâa-des-Mgouna
V ée du Dadès ★
Jbel Sarhro
ERFOUD
3451
72
le Tafilalt ★★
Jbel Ougnat

Jbel Toubkal △ 4167
Oukaïmeden ★★
ANTI-ATLAS
H
164
Igdâoun ★
Tinezouline ★
Vallée du Drâa ★★
ZAGORA
18
Tamegroute ★
76
Mhamid
Oulad Driss ★
OUED Daoura
OUED Rheris
OUED ZIZ
Bani
Jbel
OUED DRÂA

Introduction
au voyage

Le Maroc

« L'île du Couchant » (Jzirat el Maghreb) : c'est ainsi que les géographes arabes dési-gnaient la masse de hautes terres qui constituent l'Afrique du Nord. Île entourée par la Méditerranée, l'Atlantique ainsi que cette immense mer de sable qui vient battre les pentes méridionales des Atlas et par où les caravanes abordaient aux « ports » saha-riens. Tout au bout de cette « île » se trouvait le Maghreb el Aqsa, l'extrême-Occident : le Maroc.

Mais ce n'est pas aux Arabes que le Maroc doit son nom européen. Si grand était le prestige de Marrakech au temps des Saadiens que les Européens appelaient le pays tout entier royaume de Marrakech ; par déformation : royaume de Maroc. Le nom lui resta.

LES PAYSAGES

Le Maroc s'ordonne autour d'une région centrale largement ouverte sur l'Atlantique : la « meseta », flanquée au Nord par le bassin du Sebou. Cet ensemble de plateaux et de plaines est encadré par des massifs montagneux disposés en demi-cercle : au Nord le Rif, à l'Est et au Sud les Atlas. Au-delà de cet amphithéâtre, le Maroc se poursuit par les steppes orientales, par la grande dépression « sudatlasique », par l'Anti-Atlas et le désert du Sahara occidental.

Le pays couvre 710 850 km², soit une superficie supérieure à celle de la France (543 965 km²).

La meseta

Le nom de « meseta » désigne la région comprise entre le bassin du Sebou, les Atlas et l'océan, et dont le socle a été constitué à l'ère primaire.

Plaines atlantiques – La partie la plus basse de la « meseta » s'allonge de Rabat au Sud d'Essaouira, entre l'océan et un gradin de 100 à 150 m – particulièrement net dans la région de Settat. Elle constitue une série de plaines côtières : étroites au Nord (entre Rabat et Mohammedia) et au Sud (vers Essaouira), épanouies dans l'arrière-pays de Casablanca (plaine de la **Chaouia**), autour d'El-Jadida (plaine des **Doukkala**), et au Sud de Safi (plaine des **Abda**).

Deux zones sont parallèles au rivage. Le Sahel, sablonneux, où se retrouvent les traces d'anciennes dunes littorales ; la douceur du climat et l'humidité de l'air y favorisent les cultures maraîchères.

A l'arrière, les « tirs », terres argileuses, propres à la culture des céréales ; sur les coteaux prospère la vigne.

Ces plaines sont parmi les plus riches et les plus peuplées du Maroc. Les gros marchés agricoles abondent à l'intérieur. Les ports sont souvent des villes industrielles, des centres économiques ou politiques (Casablanca, Safi, Mohammedia, Rabat). La côte, fréquemment rocheuse et inhospitalière, offre cependant, dans certains secteurs col-matés par des sables, de belles plages comme celles d'El-Jadida, Oualidia, Essaouira, ainsi que le littoral de Rabat à Casablanca.

Plateaux – Passé l'escarpement qui domine les plaines atlantiques, le socle primaire affleure sur de grandes surfaces.

Le **Plateau Central** très accidenté, aux formes lourdes, aux communications difficiles, doit à son altitude et à ses terrains souvent imperméables une certaine humidité favorable à la forêt (thuya, chêne vert, chêne-liège) et aux pâturages dans les parties les plus élevées ; ailleurs l'agriculture progresse et les tribus naguère nomades de Zemmours et de Zaërs se fixent.

Plus au Sud, le **Plateau des Phosphates** et le **Ganntour** sont faits de couches calcaires super-posées dont les plus récentes, d'époque tertiaire, renferment les phosphates de Khouribga et de Youssoufia.

Les terrains primaires apparaissent à nouveau dans le massif des **Rehamna** et dans celui des **Jbilet** : c'est un pays sec vivant de l'élevage des chèvres et de maigres récoltes d'orge.

Cuvettes intérieures – Les oueds descendus de l'Atlas ont ouvert, à la naissance des plateaux, des vallées alluviales et des bassins.

Dans la **région de Khenifra**, la moyenne vallée de l'Oum er Rbia est le cœur du pays zaïane dont les éleveurs se déplacent traditionnellement entre les bas plateaux de la meseta et les hauts pâturages du Moyen Atlas.

La **plaine du Tadla** a été en partie mise en valeur grâce aux barrages construits sur l'Oum er Rbia et ses affluents.

Les champs irrigués portent autour des villes de Kasbah-Tadla et de Beni-Mellal de belles récoltes de blé, de coton, de luzerne, ainsi que des cultures maraîchères et des arbres fruitiers.

La vaste **plaine du Haouz** n'autorise qu'une agriculture rudimentaire en dehors des zones irriguées une bonne partie de l'année par les eaux de source ou de fonte des neiges descendues du Haut Atlas. Les eaux sont distribuées par un réseau de « seguias », canaux d'irrigation à ciel ouvert, ou de « rhettaras », ingénieux système de canaux souterrains qui permet d'éviter l'évaporation.

Au centre de la plaine, Marrakech ajoute à ses fonctions administratives, commerciales et artisanales son importance touristique.

Le bassin du Sebou

Entre la meseta et le Rif s'allonge une zone de plaines et de collines formant le bassin du Sebou. Par sa fertilité, sa population, son importance comme voie de passage, son rôle historique, il constitue une région vitale du pays.

Trouée de Taza et collines prérifaines – A l'Est, entre le Rif et le Moyen Atlas, la plaine se réduit à un couloir qui assura de tout temps les communications avec le bassin de la Moulouya et l'Algérie.
Dans un encadrement de versants partiellement boisés, les terrasses alluviales portent jardins et vergers. La ville de Taza commande le passage.
A l'Ouest de Taza, les collines d'argiles et de marnes prérifaines s'avancent jusqu'à proximité de Fès (jbel Zalagh) et de Meknès (jbel Zerhoun). C'est un pays céréalier où l'arboriculture tient également une place importante (oliviers).

Région de Fès-Meknès – Ancien lac tertiaire, la plaine centrale ou plaine du **Saïs** est couverte de sols généralement riches. Les grandes exploitations y disposent de moyens mécaniques modernes permettant de bons rendements de céréales.
Le vignoble également tient une place considérable, surtout aux environs de Meknès, important nœud de routes et grande ville commerçante en voie d'industrialisation. Fès, vieille capitale religieuse et intellectuelle, reste un centre d'artisanat, une ville de négoce, et devient une ville industrielle. D'autres villes comme Sefou ou la cité de Moulay-Idriss animent la région.

Plaine du Rharb – Au Nord de la forêt de la Mamora connue pour ses chênes-lièges et ses eucalyptus, le Rharb – « pays de l'Ouest » – s'étend largement vers l'Atlantique, de l'embouchure du Sebou à celle du Loukos.
La terre assainie et mise en valeur depuis 50 ans en fait une région agricole de première importance. Les céréales, la vigne, la betterave à sucre, les cultures maraîchères, le riz et le coton, accompagnent les agrumes dont l'exploitation a pris un essor spectaculaire. On y a trouvé du pétrole, raffiné à Sidi-Kacem.
Nombreux sont les gros marchés et les petites villes, mais la principale est Kénitra, port fluvial sur le Sebou.

L'amphithéâtre montagneux

Les Atlas – Ils forment un bastion difficile à franchir, traversant le Maroc en écharpe du Sud-Ouest au Nord-Est. Leurs deux chaînes s'articulent autour du bassin de la haute Moulouya, à l'Ouest de Midelt.
On a souvent comparé le **Moyen Atlas** au Jura qui, comme lui, présente une zone tabulaire adossée à une zone plissée. Côté Atlantique, la zone tabulaire s'étend jusqu'aux plateaux de la meseta et aux collines prérifaines : elle est faite surtout d'assises de calcaire secondaire mais des cassures ont provoqué de larges épanchements volcaniques, en particulier dans la région d'Azrou et d'Ifrane. La zone plissée domine assez brusquement le Maroc oriental et son altitude, toujours importante, dépasse 3 000 m dans le jbel bou Iblane et le jbel bou Naceur. Pays de l'herbe et de l'arbre, humide et forestier, le Moyen Atlas a reçu un peuplement de Berbères : ce sont principalement des éleveurs, dont certains pratiquent encore le semi-nomadisme *(voir p. 63 : Les Beni Mguild)*.
Le **Haut Atlas**, chaîne plus puissante encore, s'allonge sur 700 km de l'Atlantique aux confins orientaux du pays. Trois régions le composent : occidentale, centrale et orientale. Le massif occidental est celui que l'on voit depuis Marrakech ; ses vallées profondes et ses hauts sommets, dont le Toubkal, lui donnent un aspect plus alpin que le Haut Atlas Central. Ce dernier, plus massif, fait de hauts plateaux et de crêtes arrondies, est entaillé de gorges et de canyons vertigineux ; c'est le Haut Atlas de la région d'Azilal et de Demnate ; il culmine au M'goun.

Chaîne du Haut Atlas

X. Richer/HOAQUI

13

Le Rif

Le massif oriental du Haut Atlas est celui de Midelt et Imilchil qui culmine à l'Ayachi. Un Parc National à mouflons a été créé sur une superficie de 49 400 ha, cerné par les communes rurales d'Agoudim, Amouguer, Imilchil et Outerbate. Près de la côte, des plateaux déjà hauts de 2 000 m dominent la plaine du Sous par un versant abrupt tandis qu'ils s'inclinent en pente douce vers le Nord ; ils s'achèvent sur l'Atlantique, autour du cap Rhir, en de pittoresques falaises. Plus à l'Est le socle primaire apparaît souvent à nu, porté à des altitudes qui avoisinent les 4 000 m : les grès et granites du Toubkal forment le point culminant du Maroc, avec 4 167 m. A l'Est du Tizi-n-Tichka, on trouve d'épaisses formations calcaires qui restent très élevées : Ighil M'Goun (4 071 m) et jbel Ayachi (3 737 m).

L'activité pastorale, importante dans la partie orientale de la chaîne, contraste avec l'agriculture qui – à l'Ouest du Tizi-n-Tichka – exploite la moindre parcelle de terrain utilisable pour les champs ou les vergers.

Le Rif – Prolongement géologique de la Chaîne Bétique au Sud de la Méditerranée, le Rif apparaît comme un morceau d'Europe accolé au Nord de l'Afrique. C'est une chaîne arquée, tendue sur 250 km du détroit de Gibraltar au cap des Trois Fourches, étroite aux extrémités, plus épaisse dans sa partie centrale. L'altitude – 2 448 m au jbel Tidiquin – en fait un obstacle à la circulation, surtout du côté méditerranéen où elle prend l'allure d'une muraille plongeant dans la mer par une côte rocheuse magnifique mais souvent peu accessible. Au contraire ses versants Ouest et Sud s'inclinent vers le bassin du Sebou.

Nourrissant une population assez dense pour une région montagneuse, le Rif est parsemé de simples hameaux et de gros villages. Surtout dans l'Ouest et le centre, les maisons sont de pierre avec un toit à double pente, de chaume ou de tuiles. L'élevage est traditionnellement associé aux champs et à la culture de l'olivier.

Ouezzane et Chefchaouèn sont les principaux des nombreux marchés intérieurs. Les autres villes s'élèvent sur la côte, dont l'aménagement touristique se poursuit aux environs de Tétouan et d'Al Hoceima. Tanger, industrielle, reste un port de voyageurs actif et un centre de tourisme international.

Le Maroc oriental et méridional

Au-delà de l'écran montagneux formé par les Atlas et le Rif, le pays est de plus en plus aride, ne permettant l'installation des hommes que sur d'étroits espaces privilégiés ; à moins que les ressources minières ne viennent relayer la pauvreté des sols.

Maroc Oriental – Dans l'Est, les **Hauts Plateaux** forment un grand domaine d'altitude supérieure à 1 000 m, continuation des plateaux Sud-oranais. Le climat est déjà saharien et la sécheresse est grande sur ces mornes étendues parcourues, de Figuig à Moulouya, par les éleveurs de chèvres, de moutons et de chameaux.

Le **bassin de la Moulouya** s'allonge du Sud-Ouest au Nord-Est, au pied du Moyen Atlas et à l'Est du Rif. On n'y rencontre guère qu'une steppe à alfa en dehors des oasis (Missour, Guercif, Taourirt) auxquelles le fleuve et ses affluents donnent vie.

Au Nord, la **frange méditerranéenne** comporte de petites plaines isolées dont les plus connues sont celles des Triffa, au Nord de Berkane, et du Gareb, au Sud de Nador. L'irrigation et la construction de barrages y ont permis de riches cultures : céréales, vigne, primeurs, coton entre autres.

La ville d'Oujda, près de la frontière, commande toute la région, tirant parti de l'activité agricole et des ressources minières de l'arrière-pays (mines de Jerada).

Maroc méridional – Le Sud marocain est délimité par la grande ligne de fractures qui court d'Agadir à Figuig et que longe la dépression « sudatlasique ».

La dépression « sudatlasique » – La continuité de ce long couloir qui se creuse entre le Haut Atlas et l'Anti-Atlas est rompue par le massif volcanique du Siroua qui isole le Sous du reste du corridor.

Le **Sous** forme une cuvette largement ouverte sur l'Atlantique, soumise à un climat saharien atténué par la proximité de la mer, et présente la physionomie semi-désertique d'une steppe à arganiers ; la vie se réfugie le long de l'oued qui donne son nom à la région. L'irrigation a permis le développement de l'arboriculture et la production de primeurs entre Taroudannt et Agadir, port actif et ville en pleine expansion commerciale, industrielle et touristique. A l'Est du Siroua, les pays du Dadès, du Todra, du Ferkla, du Rhéris, du Ziz, du Guir sont autant de relais par où se poursuit la dépression. Tous ces oueds alimentent de belles oasis d'Ouarzazate à Boudenib.

L'Anti-Atlas – Le bord méridional de la dépression s'appuie à un bombement du socle africain formé de roches précambriennes et primaires : l'Anti-Atlas, doublé au Sud par l'arête vive du jbel Bani, prolongé à l'Est par le Sarhro (2 712 m d'altitude) et l'Ougnat qui s'incline vers le Tafilalt.

Les versants tournés vers l'Ouest reçoivent suffisamment de pluie pour entretenir l'arganeraie et permettre la culture aux paysans chleuhs ; on y rencontre même des vallées humides et des bassins privilégiés comme la cuvette de Tafraoute. Le versant méridional n'est guère qu'une steppe d'armoise et de thym interrompue par des oasis au débouché de la montagne âpre et pelée.

Le Sud marocain – Plus au Sud, ce ne sont plus qu'immensités désertes. La plus grande partie est formée de « hammadas », plateaux secs, nus, rocailleux, balayés par les vents et parfois découpés en buttes plates appelées « gour » (pluriel de gara) ; ou bien ce sont des « ergs », champs de dunes dont les dimensions restent toutefois modestes au Maroc. Les oueds, par évaporation et infiltration, ont perdu toute leur eau et ne coulent qu'après d'aléatoires pluies d'orage.

Les oasis se font rares mais la haute vallée du Drâa, d'Agdz à Zagora et à Mhamid, et la vallée du Ziz, d'Er Rachidia au Tafilalt, nourrissent une succession de palmeraies. Là, commence le domaine des grands nomades chameliers.

Sud marocain

Le Sahara marocain – La vallée du Drâa est généralement considérée comme la limite entre le Sud marocain dont les cuvettes de l'Anti-Atlas abritent des oasis célèbres et le Sahara marocain proprement dit dont les immenses hammadas, plateaux couverts de bancs de silice, représentent des bombements très anciens puissamment érodés. Les hammadas du Guir, à l'Est, et du Drâa, au Sud, sont à peine échancrées de rares dépressions, les dayas, ou accidentées de quelques pointements bas, les adrars ; à leur surface nue de reg rocheux s'allongent des alignements de dunes. Les hammadas de Zemmour et de Tiris, plus au Sud, sont presque circonscrites de dunes ; à l'Ouest de cette dernière, au Sud du pays, l'adrar Souttouf est un massif important dont les sommets atteignent 500 m d'altitude ; il joue le rôle de château d'eau saharien et porte des pâturages.

La désolation de ce Sahara occidental est cependant quelque peu atténuée par le voisinage de l'océan atlantique qui entretient des brouillards souvent persistants et des rosées assez abondantes ; si bien qu'en bordure du littoral, les lits des cours d'eau, même à sec, sont moins exceptionnels.

La côte elle-même, constituée presque uniformément de Tarfaya à Nouâdhibou, sur plus de 1 100 km, de falaises de grès tendre et de dunes de sable, est inhospitalière et très dangereuse : les rouleaux de mer y déferlent sur plusieurs kilomètres de largeur. Des établissements que Portugais, Espagnols, Hollandais, Français et Anglais, attirés par le mirage de l'or de Tombouctou, y ont créés depuis le 15ᵉ s., voire des épaves de leurs vaisseaux qui longtemps servirent d'amers, il ne reste rien.

Dakhla, dans l'ancienne Mauritanie française, et Laâyoune, dans l'ancien Rio de Oro espagnol, leur ont succédé ; cette dernière vit de l'élevage et des salines mais plus encore des pêcheries favorisées par la présence au large du courant des Canaries et de l'exportation du phosphate de Boukrâa dans le Zemmour.

Le Sahara marocain se partage entre une population berbère et arabe, mi-sédentaire, mi-nomade, islamisée de si longue date que les envahisseurs du 11e s. choisirent cette zone pour objectif au prix d'un long contournement des chaînes de l'Atlas. Retour des choses : c'est de la Saqia Hamra (« Terre des Saints ») qu'est à son tour parti le mouvement de renouveau islamique des Saadiens aux 15e et 16e s. La zaouïa de Smara y est encore un foyer de rayonnement religieux.

Entre le Drâa et Dakhla, trois grandes tribus font encore nomadiser leurs troupeaux au rythme annuel de la profondeur des points d'eau et du renouveau des pâturages : les **Tekma** dans la vallée du Drâa jusqu'à Tindouf, les **Reguiebat** dans l'arrière-pays du Souttouf, les **Ouled Delim** entre Laâyoune et le cap Mirik.

LE CLIMAT ET LES EAUX

Conditions climatiques – Plus d'un voyageur a vérifié à ses dépens que « le Maroc est un pays froid où le soleil est chaud ». La plus grande partie du pays, montagneuse ou continentale, présente des écarts très marqués entre l'hiver et l'été, entre jour et la nuit. Les **températures** ne sont modérées que sur la côte atlantique.

Une bonne partie du pays reçoit annuellement les 400 mm de **pluies** qui permettent la culture permanente. Les pluies d'automne (avec pointe en novembre) et de printemps (avec pointe en mars) sont même abondantes sur le relief. Par contre, au-delà de l'écran montagneux, elles sont faibles (Oujda ne reçoit que 342 mm par an, la vallée du Drâa moins de 100). Mais surtout, les précipitations au Maroc souffrent d'une grande irrégularité d'une année à l'autre.

Au total, le printemps et l'automne étant brefs, l'année se partage en 2 périodes principales. En mai, les hautes pressions d'air tropical s'installent sur le Maroc, assurant un temps chaud et sec ; mais la chaleur devient suffocante lorsque souffle le « chergui », vent d'Est qui s'assèche et se réchauffe encore en descendant des montagnes. En octobre-novembre surviennent les dépressions atlantiques, génératrices de temps instable et frais : c'est la saison des pluies, qui dure jusqu'en avril.

Moyenne mensuelle des températures

moyenne des maximums quotidiens en noir [16]
moyenne des minimums quotidiens en rouge [9]
moyenne égale ou supérieure à 13° à 18°

	J	F	M	A	M	J	J	A	S	O	N	D
Nice	13	13	15	17	20	24	27	27	25	21	17	13
	4	5	7	9	12	16	18	18	16	12	8	5
Tanger	15	16	17	19	21	24	26	27	25	22	19	16
	10	10	11	12	14	17	19	19	18	16	13	10
Al Hoceima	16	17	18	20	23	26	28	29	27	23	21	17
	10	10	12	13	15	18	21	21	19	16	13	11
Casablanca	17	18	20	21	22	24	26	27	26	24	21	18
	8	8	10	11	14	17	19	19	18	15	12	9
Ifrane	9	10	13	16	18	25	31	30	25	19	14	10
	−4	−3	0	2	5	9	12	12	9	5	1	−3
Marrakech	18	20	23	26	29	33	38	38	33	28	23	18
	5	7	9	11	14	17	20	20	18	14	10	6
Agadir	20	21	23	23	24	25	26	27	27	26	24	21
	7	9	11	13	14	17	18	18	17	15	12	8
Zagora	21	23	26	30	35	40	44	43	36	31	26	21
	3	6	10	14	19	23	27	26	21	16	11	5

Les eaux – Des trois pays du Maghreb, le Maroc est le plus riche en eaux ; mais le régime de ses oueds est typiquement méditerranéen avec un écoulement irrégulier, des crues brutales et des étiages d'été très prononcés.

Sur le versant méditerranéen, seule la **Moulouya**, longue de 520 km, fait figure de fleuve. Les autres oueds ne sont que de courts torrents dont l'action érosive est redoutable.

Les oueds du versant saharien se perdent pour la plupart dans le désert. Ainsi en va-t-il du Guir, du Ziz et du Rhéris. Le **Drâa** n'atteint l'océan qu'exceptionnellement. Plus au Sud se rencontrent des oueds temporaires et des marécages salés.

Les cours d'eau du versant atlantique sont mieux alimentés. L'**Oum er Rbia**, le plus long et le plus abondant des fleuves marocains, se jette dans l'Atlantique à Azemmour ; on ne lui connaît pas moins de 40 sources dans le Moyen Atlas. Le **Sebou**, qui draine un bassin considérable entre le Rif et l'Atlas, termine son cours par de larges méandres. Enfin de nombreux petits lacs permanents se rencontrent au Nord de l'Atlas sous le nom d'aguelmame ou de dayèt.

Végétation – La végétation naturelle du Maroc est méditerranéenne par ses essences et par son caractère discontinu. Elle se développe dans des conditions difficiles : les périodes végétatives, limitées par la sécheresse en été, par l'altitude en hiver, sont assez brèves. Les plantes, adaptées à la sécheresse, présentent des feuilles petites et vernies, des épines, des racines développées et profondes.

Les plaines et plateaux du Maroc atlantique ainsi que le bassin du Sebou reçoivent suffisamment d'eau pour que la végétation naturelle ait beaucoup reculé devant les labours. La forêt a largement subsisté dans la Mamora (**chêne-liège**) ; ailleurs de maigres formations de **thuyas**, d'**oliviers sauvages** et de **lentisques** poussent au-dessus d'un peuple fragile de graminées et d'herbes fourragères.

Dans les vallées (du Drâa, du Sebou, du Ziz) et dans les gorges, notamment celles d'Aouli près de Midelt, de superbes massifs de **lauriers-roses** bordent les oueds.

En montagne se rencontrent des chênes verts et des thuyas, diverses sortes de pins, notamment le pin d'Alep dont l'écorce est utilisée pour tanner les peaux, des genévriers. De belles forêts de **cèdres** se déploient en altitude dans le Rif, le Moyen Atlas et la partie du Haut Atlas au Sud de Midelt. Mais seuls les versants exposés aux pluies

Laurier-rose

bénéficient d'un couvert forestier abondant ou d'alpages.

A l'Est et au Sud les précipitations sont souvent très faibles (moins de 150 mm) et la végétation se fait rare. C'est le domaine de la steppe à **jujubiers** ou à **arganiers** *(voir p. 111)*, des immenses nappes d'alfa, ou du désert.

Dans les régions subsahariennes, le **palmier-dattier** se rencontre en grand nombre, dans la vallée du Drâa notamment, où l'ombrage de ses palmes génère un microclimat propice aux cultures traditionnelles des oasis (cultures maraîchères et fruitières). Cependant, ici comme ailleurs dans le Maghreb, ces magnifiques palmeraies ont été en partie décimées par une affection parasitaire provoquée par un champignon (le « fusarium oxysporum », communément appelé bayoud en arabe). Des recherches ont été entreprises conjointement par les instituts nationaux français et marocain de recherche agronomique pour lutter contre la défoliation et l'absence de germination des surgeons des palmiers, afin que ces derniers puissent continuer à jouer leur rôle de rempart contre l'avancée des sables et la désertification des sols.

Cèdre pleureur de l'Atlas

Vie économique

En dépit de certains handicaps, les conditions naturelles favorables réservent au Maroc d'incontestables atouts dans le domaine économique. Un amphithéâtre de montagnes élevées l'alimente en eau. De vastes plaines à climat maritime peuvent porter plusieurs sortes de cultures sans irrigation. Il dispose des eaux poissonneuses de l'Atlantique, de ressources minières où le phosphate se taille une place de géant. Son capital touristique se prête à bien des développements.

Cependant il n'était pas facile, après 1956, de faire repartir l'économie dans les conditions nouvelles de l'indépendance. La période de transition passée, le pays s'est avancé résolument sur la voie du progrès.

POPULATION

En 1993 la population était estimée à 26 500 000 habitants, soit pour une superficie de 710 850 km^2 (y compris le Sahara marocain), une densité de 35 habitants au km^2. La répartition est inégale : les 9/10 de la population et la quasi-totalité des villes se trouvent au Nord d'une ligne joignant Tiznit à Oujda. Environ 690 000 Marocains vivaient en France en 1992.

La population étrangère qui a dépassé 500 000 personnes serait tombée à 112 000 ; début 1991 le nombre de Français était de 27 000. Les Israélites ont émigré en masse et ne constituent plus de nos jours qu'une très faible minorité.

Le fait le plus remarquable est l'accroissement de la population au cours des dernières décennies. Évaluée à 6,5 millions en 1935, elle atteignait 10 millions en 1954, 12,5 millions en 1964, et dépasse **26 millions** aujourd'hui. La « pyramide des âges », aux arêtes concaves, manifeste à l'évidence la jeunesse de la population marocaine : près de la moitié des habitants a moins de 25 ans.

(Ces chiffres, ainsi que ceux donnés tout au long du guide et qui concernent le nombre d'habitants pour chaque ville, ne tiennent pas compte du dernier recensement de la population entrepris à l'automne 1994, et dont les résultats officiels n'étaient pas encore publiés au moment de la rédaction de ce guide).

Nomades et sédentaires – Pour des raisons géographiques, climatiques et historiques, la vie rurale traditionnelle est caractérisée au Maroc par des genres de vie fort variés. Les véritables **nomades**, tirant toutes leurs ressources – nourriture, vêtement, habitat – de l'exploitation de leurs troupeaux et des échanges avec les populations paysannes, ne se rencontrent guère que dans l'extrême Sud (les « hommes bleus ») et dans les steppes orientales où certaines tribus nomadisent de Figuig à Aïn Benimathar. Par contre les Chleuhs du Haut Atlas occidental et de l'Anti-Atlas sont des **sédentaires**, tout comme les montagnards d'une grande partie du Rif ; il en va de même des habitants des zones irriguées du Sud cultivant de minuscules parcelles autour de leur ksar, et des maraîchers des plaines atlantiques. Entre ces deux extrêmes il existe des genres de vie mixtes : les semi-nomades du Moyen Atlas en sont une bonne illustration *(voir Beni Mguild p. 63)*.

Citadins – Bien qu'il connût une population urbaine nombreuse et même raffinée (Fès, Tetouan...) l'ancien Maroc était rural à plus de 90 %. Mais en un demi-siècle le taux de la population rurale est tombé à 51 %.

Le développement de l'économie moderne a donné une nouvelle impulsion à quelques cités anciennes et en a fait naître d'autres. Il a transformé l'aspect des villes marocaines et modifié leurs fonctions. A côté des médinas se sont développés des quartiers industriels, des centres commerciaux, des cités ouvrières. D'après le recensement de 1982, 14 villes comptaient plus de 100 000 habitants ; à elle seule Casablanca groupait 9,5 % de la population du royaume.

X. Richer/HOA QUI

AGRICULTURE

Mise en valeur – Dans le bled, l'araire de bois tiré par un attelage composé d'un âne et d'un chameau est encore un spectacle familier et pittoresque ; la moisson se fait souvent à la faucille. La tyrannie de l'eau fait naître des systèmes d'irrigation ingénieux mais de faible rendement.
Cette agriculture traditionnelle recule peu à peu devant l'agriculture moderne. L'État marocain, poursuivant une politique de progrès, s'efforce d'améliorer la production et les rendements : extension des surfaces irriguées grâce à l'accroissement du nombre de barrages (34 en 1990, sans compter ceux en cours de construction, notamment dans les bassins du Sebou, du Bou Regreg et de l'Oum er Rbia) et de leur capacité, encouragement aux coopératives, crédit agricole, renforcement des structures d'appui (recherche, formation de cadres, vulgarisation), mécanisation.

Produits – Nombre de produits sont consommés par les paysans eux-mêmes, le reste fournit le marché local et l'exportation. Ainsi en va-t-il des **céréales**, où dominent l'orge et le blé dur, des **dattes**, des figues, des fèves, des pois chiches, des amandes, des **olives**. L'oliveraie marocaine couvre environ 350 000 hectares, soit la moitié des surfaces arboricoles. Un effort a été fourni en faveur de la **betterave** (périmètres irrigués du Rharb, des Triffa) et la canne à sucre. Quant au cheptel, il comporte 12,6 millions d'**ovins**, 4,9 millions de **caprins** et 2,4 millions de **bovins**.
Par contre, la réputation des **agrumes** du Rharb, du Tadla, du Sous et des Triffa est solidement établie sur le marché européen. Le Sous et la bordure atlantique des plaines fournissent – plus tôt en saison que l'Espagne et l'Algérie – quantité de **primeurs** (en particulier des tomates) et de cultures maraîchères.
Enfin la **vigne** trouve des débouchés pour les vins de qualité des régions de Meknès, du Rharb, de Casablanca, d'Oujda.

Valentin/HOA QUI

X. Richer/HOA QUI

INDUSTRIE

Le phosphate, richesse nationale – Le Maroc possède d'énormes gisements de phosphate d'excellente qualité. En 1920 un dahir du gouvernement marocain réservait à l'État le monopole de sa recherche et de son extraction sur tout le territoire. L'année suivante l'Office Chérifien des Phosphates (O.C.P.) commençait l'exploitation : dès 1930 la production dépassait 2 millions de tonnes tandis que s'étendaient les installations.
Quatre gisements sont actuellement exploités : le principal à Khouribga, relié par voie ferrée aux énormes entrepôts du port de Casablanca ; le deuxième à Youssoufia qu'une voie ferrée relie au port de Safi ; le troisième à Benguérir (Est de Youssoufia) ; le quatrième à Bou Krà, acheminé par « convoyeur » au port de Laâyoune.
En 1992 la capacité de production de l'ensemble de ces mines avoisinait les 20 millions de tonnes. Ce précieux capital n'est pas près d'être épuisé : les réserves du royaume sont évaluées à 75 % des réserves mondiales. Les unités industrielles de « Maroc-Chimie » et celles de « Maroc-Phosphore », faisant partie intégrante du Groupe O.C.P., transforment en acide phosphorique et en engrais près de la moitié du volume de phosphate produit. Une telle richesse joue un rôle primordial dans l'économie. Le Groupe O.C.P. emploie plus de 30 000 personnes ; les phosphates et produits dérivés représentent 30 % en valeur marchande et 42 % en volume des exportations du pays.

Autres minerais – Les exploitations de mines de **plomb** et de **zinc** sont nombreuses dans les Atlas, les régions d'Oujda, Marrakech, Figuig et Errachidia. Le gisement de Hajar, au Sud de Marrakech, de découverte récente, est considéré comme le dixième plus important gisement de zinc du monde avec plus de 12 millions de tonnes de réserves. Plus de 82 % de la production nationale de plomb (près de 105 000 tonnes en 1992) sont transformés en plomb doux dans les fonderies de Oued El Himer (province d'Oujda).
Le **cuivre**, l'**argent**, dont la production a atteint 151 400 tonnes en 1992, le cobalt et la chromite sont exploités dans les provinces de Ouarzazate et Marrakech.
Le **fer**, dont la production moyenne est de 100 000 tonnes, est extrait essentiellement dans les mines du Rif (région de Nador). Avec une production de plus de 400 000 tonnes de **barytine** le Maroc se situe au 4e rang des producteurs mondiaux de cette substance.
On peut citer aussi le **manganèse** (mine d'Imini, dans la région de Ouarzazate), la **fluorine** (mine d'El Hamman, dans la province de Khémisset), le **sel**...

Énergie – Le Maroc ne produit pas de charbon, par contre il exploite quelque 504 000 tonnes par an d'un **anthracite** de bonne qualité dans la mine de Jerrada (province d'Oujda).

Les gisements d'**hydrocarbures** ne donnent qu'une faible quantité de pétrole et de gaz, mais les recherches se poursuivent notamment dans les régions du Gharb, du Prérif, d'Essaouira et au Sud d'Agadir. Le pétrole brut importé est traité à Sidi-Kacem et surtout au complexe de raffinage de Mohammedia.

La production nationale d'**électricité** a atteint 10,5 milliards de kwh en 1992, dont 9,2 % seulement proviennent des usines hydro-électriques (12,2 % en 1989) en raison de la sécheresse que connaît le pays.

Industries de transformation – La production de **ciment** et de chaux suffit aux besoins du pays qui dispose actuellement de neuf cimenteries industrielles, dont les plus importantes sont installées à Casablanca, Agadir, Oujda et, dernièrement, à Safi. Parmi 20 entreprises de **produits chimiques**, les ensembles de « Maroc Chimie » et « Maroc Phosphore », implantés à Safi et à Jorf Lasfar, au Sud de El-Jadida, tiennent de loin la première place.

L'**industrie textile** dispose d'usines très modernes à Fès, à Mohammedia, à Kasbah Tadla, à Casablanca.

La **métallurgie** est florissante dans la région comprise entre Kénitra et Casablanca. Cette dernière ville se signale aussi par des usines de montage de voitures de tourisme et de véhicules utilitaires autour desquelles gravitent toutes sortes de fabriques d'accessoires. A Nador, un complexe sidérurgique doit commencer à produire, tandis que l'aluminium s'installe à Tanger.

L'**industrie alimentaire** est exportatrice (jus de fruits, conserves de légumes et de poissons). L'industrie des conserves de poissons a connu un essor considérable ces dernières années, générant la plus forte valeur ajoutée parmi les industries de transformation du poisson (huiles et farine). La production est actuellement assurée par une soixantaine de conserveries installées à Safi, Agadir, Essaouira et Tan-Tan, la sardine constituant la principale matière d'approvisionnement (plus de 80 %), suivie du maquereau, du chinchard, de l'anchois et du thon.

AUTRES ACTIVITÉS

La pêche – Les pêches, côtière et hauturière, prennent un essor de plus en plus important. La production annuelle, toutes espèces confondues, varie selon les années de 350 000 à 450 000 tonnes. Les principaux ports de débarquement sont : Agadir, Safi, Tan-Tan, Essaouira, Al Hoceima et Nador.

La forêt – Le patrimoine forestier du pays, composé, pour la plus grande surface, de chênes verts, fournit combustible, bois d'œuvre et fourrage. Le **cèdre** a joué et joue encore un grand rôle dans la décoration et la construction, faisant vivre plusieurs scieries dans la région d'Ifrane et d'Azrou notamment. Le **thuya** fournit l'essentiel du bois d'œuvre magnifiquement travaillé par les artisans ébénistes. La production de liège est appréciable.

Sur le port d'Essaouira

A. Abou-Ghazala/MICHELIN

L'eucalyptus alimente l'usine de cellulose de Sidi Yahia du Rharb. L'arganier est un arbre typiquement marocain, de ses fruits est extraite une huile utilisée dans les produits alimentaires et cosmétiques.

Le tourisme – Le tourisme est un atout sérieux pour l'économie marocaine à laquelle il apporte un appoint appréciable en devises étrangères. Son essor se confirme et, chaque année, se développent de nouvelles capacités d'accueil et de nouvelles structures tendant à diversifier et à promouvoir certaines formes de tourisme comme le tourisme sportif (golf, équitation, sports nautiques...), le tourisme de montagne (balisage d'itinéraires de randonnées, création de gîtes d'étape chez l'habitant, formation de guides de montagne), ou encore le tourisme de congrès.

L'artisanat – Il joue un rôle économique très important et constitue l'un des principaux secteurs générateurs d'emplois, faisant vivre près d'une famille sur trois en milieu urbain et une famille sur dix en milieu rural. Les médinas, même dans les grandes villes, forment des noyaux d'économie traditionnelle. Une foule de petits métiers y constituent un artisanat fort vivace qui répond aux besoins quotidiens de la population, fournit les touristes, travaille même pour l'exportation.

Deux manifestations importantes concernant l'artisanat sont à signaler : la **Foire Internationale de l'Artisanat**, qui se tient tous les deux ans (années impaires) à Casablanca, et le **Moussem National de l'Artisanat**, qui a lieu chaque année (généralement en décembre) alternativement dans une des grandes villes du Maroc.

Quelques faits historiques

AVANT J.-C. | Au Paléolithique Moyen (début il y a environ 150 000 ans), le Sahara constitue une vaste savane fréquentée par les grands fauves, les éléphants, les hippopotames.
Les hommes circulent alors facilement de l'Atlas au Niger, se livrant à la cueillette et à la chasse.

3ᵉ millénaire | Un assèchement progressif a fait du Sahara un désert, isolant le Maroc, incitant ses habitants à se tourner vers la mer et les civilisations plus avancées de la Méditerranée.
Les premiers habitants connus sont des **Berbères**. Ils laissent de nombreuses traces de leur culture dans l'Anti-Atlas et la région d'Oukaïmeden (gravures rupestres), ainsi que le cromlech de M'Soura *(voir à ce nom)*.

12ᵉ s. | Les Phéniciens, navigateurs et commerçants entreprenants, créent des comptoirs au Maroc, notamment Lixus, près de Larache.

5ᵉ s. | Carthage prend la relève des Phéniciens. Elle fonde à son tour des comptoirs sur les côtes et s'établit à Rusaddir (Melilla), Tingis (Tanger), Zilis (Asilah), Lixus... Tout le pays compris entre l'Aurès (massif montagneux de l'Algérie orientale) et l'embouchure du Drâa s'imprègne de l'influence carthaginoise : on l'appelle **Maurétanie**.

146 | Chute de Carthage. La Maurétanie entre en contact avec la civilisation romaine.

24 | Début du règne de **Juba II**, roi de Maurétanie, contemporain d'Auguste.

APRÈS J.-C.

42 | Sous le règne de l'empereur Claude, le Maroc devient province romaine, sous le nom de **Maurétanie Tingitane**.

fin 2ᵉ s. | Venu d'Arabie, le dromadaire, chameau à une bosse, est acclimaté en Afrique. Il permet aux Berbères d'affronter la traversée du désert.

3ᵉ s. | Le **Christianisme** apparaît au Maroc, où il touche surtout les villes.

4ᵉ s. | Disparition, au Maroc, de l'éléphant d'Afrique.
A la chute de l'empire romain d'Occident, les villes maintiennent dans le pays langue, mœurs et croyances latines jusqu'à la conquête arabe.

6ᵉ s. | Sous le règne de Justinien, l'empire byzantin contrôle les côtes méditerranéennes du Maroc.

622 | Retraite de Mohammed à Médine **(hégire)**. Elle marque le commencement de l'ère musulmane.

681 | Premier raid arabe au Maroc sous la direction de **Sidi Oqba**. Les Arabes entreprennent de convertir les Berbères à l'Islam.

710-713 | Les Arabes s'implantent en Espagne, entraînant avec eux des troupes berbères.
L'un des chefs berbères, Tarik, donnera son nom à Jbel Tarik (Gibraltar).

732 | Vaincus à Poitiers par Charles Martel, les Arabes refluent en Espagne.

789 | **Fondation de Fès** par Idriss 1ᵉʳ, contemporain de Charlemagne, qui crée un royaume musulman au Maroc.

9ᵉ-10ᵉ s. | Dislocation du royaume idrisside. De petites principautés marocaines vivent dans l'orbite des musulmans d'Espagne.

1062 | Les **Almoravides**, venus du Sahara occidental, fondent Marrakech.

1140-1160 | Conquête du Maghreb par **Abd-el-Moumen**

1163-1212 | Apogée de l'empire des **Almohades**, Berbères du Haut Atlas.
Parce qu'ils ont besoin de troupes, les sultans prennent à leur service des tribus arabes venues d'Orient, contribuant ainsi à l'arabisation du pays.
De 1184 à 1197, construction de la Koutoubia de Marrakech, de la Giralda de Séville, de la tour Hassan de Rabat.

1248 | Prise de Fès par les **Mérinides** venus des steppes orientales : ils entreprennent la construction d'un nouveau quartier : Fès-Jdid.

14ᵉ s. | Siècle d'or des Mérinides (en France c'est la guerre de Cent Ans).

15ᵉ s. | Période d'anarchie intérieure.
Des confréries religieuses s'élèvent en véritables seigneuries.
La chute du royaume musulman de Grenade ruine les derniers espoirs d'un empire ibéro-marocain.
Portugais et Espagnols prennent pied sur les côtes marocaines.

1516 | Les Turcs maîtres d'Alger sont un danger pour le Maroc.

Juba II
(Musée Archéologique, Rabat)

P. Saharoff/HOA QUI

1578	La « Bataille des Trois Rois » met un point final aux ambitions portugaises au Maroc.
1578-1607	Règne d'**Ahmed el-Mansour**, contemporain d'Henri IV.
vers 1590	Expédition des **Saadiens** au Soudan, ordonnée par Ahmed el-Mansour.
1631	Fondation de la dynastie alaouite par **Ali Ben Youssef Ash-Sharif**
1672-1727	Règne de **Moulay Ismaïl**, sultan alaouite, contemporain de Louis XIV.
1664	**Moulay Rachid** établit sa capitale à Fès.
1727-1757	Règne de **Moulay Abdallah**. Marrakech retrouve son rang de capitale du Maroc.
1844	Brève guerre franco-marocaine. Bataille de l'Isly *(voir à Oujda)*.
1873-1894	Règne de **Moulay Hassan 1ᵉʳ**. Capitale Fès.
1880	La **conférence de Madrid** consacre la pénétration économique des grandes puissances au Maroc.
1905	Guillaume II à Tanger.
1907	Une émeute sanglante à Casablanca provoque un premier débarquement de troupes françaises.
1911	Affaire d'Agadir.
1912	Le **traité de Fès** institue le protectorat français, Lyautey nommé Résident Général. La capitale est transférée à Rabat.
1919	Premier transport de courrier Toulouse-Rabat, par Didier Daurat sur un Bréguet 14.
1942	Débarquement des Alliés à Casablanca, le 8 novembre.
1943	Conférence alliée de Casablanca.
1947	Le Sultan **Mohammed V** revendique ouvertement l'indépendance.
1953	Déposition et exil de Mohammed V remplacé par Sidi Mohammed ben Arafa.
1955	Ralliement du Glaoui à Mohammed V. Retour du sultan.
1956	Proclamation de l'**indépendance du Maroc**.
1958	L'Espagne rétrocède **Tarfaya** au Maroc
26 février 1961	Mort de Mohammed V.
3 mars 1961	Intronisation de S.M. **Hassan II**.
1969	L'Espagne rétrocède **Ifni** au Maroc.
1970	Le Maroc est le premier pays à représenter le continent africain lors de la Coupe du Monde de football au Mexique.
1972	Un référendum ratifie la nouvelle Constitution du royaume.
1975	**« Marche verte » :** plusieurs centaines de milliers de Marocains marchent pacifiquement sur le Sahara occidental, encore occupé par les Espagnols. Par les **Accords de Madrid**, l'ex-Sahara espagnol est partagé entre le Maroc et la Mauritanie.
1976	Accord de coopération économique entre le Maroc et la Communauté Économique Européenne
1984	Inauguration du premier Train Navette Rapide (TNR) reliant Rabat à Casablanca.
8 août 1984	Nawal Moutawakil médaille d'or du 400 mètres haies aux Jeux Olympiques de Los Angeles.
3 mars 1991	Trentième anniversaire du règne de S.M. Hassan II.
1992	Adoption de la nouvelle Constitution. Saïd Aouita, champion olympique du 5 000 mètres, bat à Athènes le record du monde du 3 000 mètres en salle.
30 août 1993	Inauguration de la **Mosquée Hassan II** à Casablanca.
1994	Négociations entre le Maroc et l'Union Européenne, en vue d'un accord de partenariat entre le Maroc et l'Europe des Douze.
Avril 1994	Signature à Marrakech de l'Acte final de l'Uruguay Round (Accord général sur les tarifs douaniers et le commerce - GATT).
Mai 1994	Premier Sommet des Femmes de la Méditerranée et d'Europe, à Marrakech, sur le thème « Les Femmes et la Paix ».
Automne 1994	Dernier recensement de la population.
Octobre 1994	Premier Festival des Musiques sacrées du Monde, à Fès. Première conférence économique internationale sur le Moyen-Orient et l'Afrique du Nord, à Casablanca.

Mohammed V

Roger Viollet

L'ISLAMISATION

La conquête arabe – Attirés par la réputation de richesse de l'Afrique du Nord, les Arabes franchissent l'isthme de Suez peu après la mort de Mohammed. En 670 la fondation de Kairouan leur assure une solide position. Dès 681, une chevauchée du chef arabe **Sidi Oqba** au Maghreb-Extrême l'aurait amené jusqu'aux rivages de l'Atlantique : succès sans lendemain qui provoque un soulèvement général des Berbères.

La résistance s'était cristallisée autour de la **Kahina**, princesse de l'Aurès, personnage plus ou moins légendaire qui passait pour détenir un pouvoir surnaturel. Elle tint tête cinq ans aux guerriers arabes ; finalement vaincue et traquée, elle se tua (702). Déjà beaucoup de Berbères s'étaient ralliés aux conquérants et avaient embrassé la religion musulmane.

Le Maroc, passé sous la souveraineté des califes de Damas puis de Bagdad, est administré par des gouverneurs locaux. L'**arabe** remplace le latin comme langue officielle et on le parle dans quelques villes. Le Christianisme, mal enraciné dans les masses berbères, décline tandis que les fils de chefs berbères, pris comme otages, sont éduqués dans l'Islam.

Le royaume idrisside – Les vexations des gouverneurs arabes provoquent, au milieu du 8ᵉ s., une nouvelle révolte des Berbères. Dès lors le Maghreb échappe à l'autorité de Bagdad et se fractionne en nombreux royaumes indépendants.

L'un de ceux-ci fut l'État fondé à Fès par le chérif **Idriss 1ᵉʳ**. Modeste principauté, élargie par son fils **Idriss II** jusqu'à couvrir tout le Maroc du Nord et de l'Est, le royaume idrisside a été, depuis l'ère musulmane, la première tentative d'unification du Maroc. Il a contribué fortement à la diffusion de l'Islam dans le pays.

LES GRANDES DYNASTIES BERBÈRES

Les Almoravides (1062-1147) – Au 11ᵉ s., une tribu berbère venue du Sahara occidental jette ses guerriers voilés sur le Maroc. Ils apportent avec eux une foi musulmane fraîchement rénovée par un long séjour en « ribat », sorte de couvent militaire : ce sont les Almoravides (al morabitoum : les gens du Ribat).

Après s'être emparés de Sijilmassa *(voir à Erfoud)*, clé du commerce caravanier, ils débouchent dans le Sous en 1056. Quelques années plus tard, le commandement unique est aux mains de **Youssef ben Tachfin**, qui fonde une dynastie et crée sa propre capitale, Marrakech (1062). De proche en proche l'invasion gagne Fès et les rives de la Méditerranée ; puis, poussant à l'Est, les Almoravides se rendent maîtres en quelques années de la moitié du Maghreb.

Le premier, Youssef ben Tachfin a pu rassembler toutes les terres marocaines : « dans l'ordre politique, ce Saharien est vraiment le fondateur et le père du Maroc ». Au même moment, l'Espagne musulmane, menacée par la pression de la « Reconquête » chrétienne, appelait à l'aide les Almoravides qui profitèrent des circonstances pour annexer les principautés musulmanes de l'Espagne.

Dans ce vaste empire ibéro-marocain, l'impulsion politique et militaire venait d'Afrique ; mais les valeurs culturelles et les modes étaient andalouses. Les princes almoravides encouragèrent un art directement inspiré de l'Espagne musulmane, et en matière religieuse le puritanisme de Tachfin ne résista pas longtemps aux conceptions et aux mœurs moins rigides qui étaient en usage dans la péninsule ibérique.

La grandeur almohade (1147-1269) – C'est d'ailleurs une réforme religieuse qui marque l'origine du soulèvement des Berbères dans le Haut Atlas : la prédication d'**Ibn Toumert** et l'action militaire d'**Abd el-Moumen** *(voir p. 196)*

> Les Berbères, dont les origines sont très anciennes, peuplèrent initialement tout le Nord de l'Afrique (l'Algérie, la Tunisie, la Libye et le Maroc actuels), l'archipel des Canaries, et l'Afrique noire sahélienne. De ce vaste royaume sont issus aujourd'hui les **Chleuhs**, Berbères du Maroc, les **Kabyles**, Berbères de l'Atlas algérien ou Kabylie, et les **Touareg**, Berbères nomades du désert saharien, dont l'aire de migration enjambe l'Algérie, le Niger et le Mali.

aboutirent à l'instauration de la nouvelle dynastie des Almohades au profit de ce dernier. Mais c'est aussi la revanche d'une population sédentaire sur la domination des Almoravides, restés pour elle des nomades sahariens.

Maître du Maroc, Abd el-Moumen porta la guerre sainte en Espagne et intervint dans le Maghreb tout entier : trente ans d'action ininterrompue lui valurent de régner sur tous les Berbères, et de la Castille à Tripoli.

Cet empire ibéro-maghrébin fut défendu à la pointe de l'épée par ses deux successeurs : Youssef, puis **Yacoub el-Mansour** (1184-1198). Mais loin de briller seulement par l'éclat des armes, le règne des trois premiers souverains almohades constitua un des sommets de l'histoire du Maroc. La prospérité économique et la tranquillité intérieure étaient assurées ; les courants d'échanges se multiplièrent tant à l'intérieur qu'avec l'Afrique noire ou les ports espagnols, italiens, français.

La civilisation citadine, imprégnée d'influences andalouses, s'épanouit. Les princes se firent mécènes des chroniqueurs, des géographes, des médecins, des philosophes (Averroès, Maïmonide). Constructeurs acharnés, ils ont laissé de nombreux témoins d'un art dans sa pleine maturité : à Marrakech, à Tinmel, à Rabat...

Le temps de cette grandeur ne dépassa guère le 12ᵉ s. Les Almohades devaient, à la bataille de Las Navas de Tolosa (1212), perdre la partie en Espagne. Dès lors, leur empire africain mal commandé et miné par le dedans commença de se désagréger, l'autorité réelle passant aux gouverneurs de provinces. Profitant de la confusion générale, de nouveaux venus, les Beni Merin, étendaient leur pouvoir dans le Maroc oriental.

Les Mérinides (1269-1465) – Les Beni Merin furent bientôt assez puissants pour installer à Fès une dynastie – les Mérinides – tandis qu'à la chute de Marrakech (1269) périssait le dernier souverain almohade.

Cependant les nouveaux maîtres du Maroc ne parvinrent pas à soumettre de façon permanente la totalité du pays. Certes **Abou el Hassan** reconstitua en 1347 un empire berbère, de l'Atlantique à Gabès ; mais ce fut un édifice fragile que son fils **Abou Inan** dut reconquérir... et perdit à nouveau. Après la mort de ce dernier (1358) commença un lent déclin pour la dynastie : les grandes familles se partagèrent le pouvoir, des tribus se rendirent indépendantes, les Portugais prirent pied à Ceuta.

La dynastie a pourtant connu un réel prestige aux 13ᵉ et 14ᵉ s. Les sultans mérinides sont surtout célèbres pour le faste avec lequel ils ont repris la tradition du mécénat dont les arts et les lettres ont largement profité. C'est l'époque **d'Ibn Batouta** *(voir à Tanger)* et surtout d'**Ibn Khaldoun :** homme politique, diplomate, on lui doit une œuvre historique qui dépasse le cadre de la chronique en cherchant à assigner « aux événements politiques leurs causes et leurs origines ».

Moment fragile et charmant où l'art du Maroc a atteint un degré de raffinement dont témoignent la nécropole de Chellah, à l'entrée de Rabat, et les médersas dont ils ont paré les villes *(voir à Salé et à Fès).*

LES EMPIRES CHÉRIFIENS

A partir du 16ᵉ s., c'est autour de personnages de souche arabe et descendants du Prophète – Saadiens puis Alaouites – que s'est unifié le Maroc.

L'aventure saadienne (1554-1659) – Nouveaux candidats au pouvoir, les chorfa *(voir p. 43)* saadiens ont su capter à leur profit l'exaspération du sentiment religieux et un début de conscience nationale qui résultèrent des ingérences étrangères et de l'anarchie intérieure. Originaires du Drâa, ils rallièrent les populations des oasis marocaines et du Sous pour lutter contre l'envahisseur portugais. Cette guerre sainte fut couronnée par la prise d'Agadir, permettant à **Mohammed ech Cheikh** de s'imposer bientôt comme sultan du pays tout entier (Fès fut occupée définitivement en 1554).

Ahmed el-Mansour (1578-1603), le plus connu des princes saadiens à cause de l'or qu'il fit affluer, est aussi appelé « Ahmed le Doré ». Son règne est marqué par une prospérité liée aux échanges avec l'Europe et l'Afrique noire. Une audacieuse campagne sur les rives du Niger établit pour quelques décennies la souveraineté marocaine sur

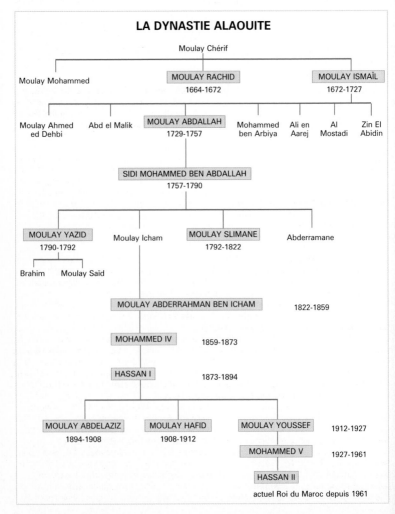

Gao et Tombouctou ; et du même coup un énorme butin, des esclaves noirs, des tributs payés en or par le Soudan vinrent enrichir le Maroc. Profitant des largesses de la dynastie, un art remarquable s'est développé sous les Saadiens.

Les Alaouites (depuis 1659) – L'anarchie marqua la fin de la période saadienne, favorisant l'avènement des Alaouites qui règnent encore aujourd'hui sur le Maroc. Le succès durable de cette dynastie fut assuré en trois phases : préparation au Tafilalt par **Moulay Ali Chérif**, au début du 17e s. ; instauration par **Moulay Rachid** qui, à partir de Taza sa capitale provisoire, contrôla peu à peu tout le pays (1666) ; consolidation par le fameux **Moulay Ismaïl** (1672-1727), le plus célèbre des sultans marocains. Appuyé sur une solide armée, ce dernier tint tête aux Turcs d'Alger, chassa les Anglais de Tanger, les Espagnols de Larache et d'Asilah. Il assura l'ordre et la prospérité à son pays : des garnisons permanentes occupèrent un dense réseau de kasbahs construites par ses soins aux portes des grandes villes, aux points de passage importants et au contact des tribus les plus turbulentes.

Après son règne long de 55 ans, le Maroc a bénéficié de quelques autres sultans particulièrement énergiques comme **Mohammed ben Abdallah** (1757-1790) qui reconstruisit Essaouira, développa la marine et chassa les Portugais d'El Jadida. Au siècle suivant, **Moulay Abderrahman** (1822-1859) – peint par Delacroix – est connu pour sa politique courageuse mais un peu brouillonne, et son échec devant Bugeaud près de la frontière algérienne à la bataille de l'Isly. Plus tard, **Moulay Hassan** (1873-1894) conduisit le pays avec sagesse, mais dut souvent faire campagne dans son propre royaume.

Cependant se manifestaient les symptômes d'une crise qui devait éclater au début du 20e s. dans un pays paralysé par les difficultés intérieures et le retard économique. La faiblesse du gouvernement central favorisait la constitution de pouvoirs féodaux (les Glaoua, les Goundafa...), la prolifération des prétendants au trône, le désordre. Bientôt la sécurité des étrangers ne fut plus assurée et des incidents sanglants motivèrent l'intervention de l'Europe elle-même.

Le 30 mars 1912, le **traité de Fès** consacrait le protectorat de la France sur la plus grande partie du Maroc, tandis que la zone de protectorat espagnol faisait l'objet d'une autre convention signée en novembre de la même année.

LE MAROC AU 20e SIÈCLE

Entre la France et le Maroc les échanges d'ambassades, les relations commerciales ont été nombreuses depuis le Moyen Age. A partir du 16e s. des ressortissants français se sont installés à demeure dans les grandes villes. Ils ont contribué, en particulier dans la 1re partie du 20e s., à l'expansion du pays en même temps que s'y manifestait le mouvement des idées qui conduisit de nombreux peuples dans le monde à leur indépendance. Du 30 mars 1912 au 2 mars 1956, la présence française a favorisé l'accomplissement des progrès qui ont transformé, avec une étonnante rapidité, le Maroc en un pays moderne, en dépit des difficultés rencontrées en zone montagneuse et des coups de frein dus aux deux guerres mondiales ou à leurs séquelles. Au Nord, l'Espagne a œuvré de façon comparable dans la zone qui relevait de son autorité.

L'impulsion en est due à **Lyautey** (1854-1934). Nommé Résident Général en 1912, son premier soin est de rétablir l'autorité et le prestige du sultan et de rénover l'administration chérifienne, en respectant les institutions et les traditions religieuses et familiales. Par son sens des réalités, ses dons d'organisateur et d'administrateur, il a pu, de 1912 à 1925, asseoir les institutions du protectorat et amorcer l'essor économique de l'empire chérifien.

Dans ce pays resté à l'écart du mouvement industriel et de l'amélioration des modes de vie qui marquèrent la fin du 19e s. et le début du 20e, on vit alors la réalisation de progrès rapides. Plus de 17 000 km de routes et de pistes carrossables furent construits, tandis que des voies ferrées avec leurs ouvrages d'art assuraient la desserte des grandes villes et l'évacuation des minerais. On réalisa 13 barrages tant pour la production d'électricité que – grâce à tout un réseau de canalisations – pour l'irrigation des terres. Parallèlement on assistait à la création du port de Casablanca et, dans le domaine de la santé, à la mise en place d'une centaine d'hôpitaux ou cliniques. D'autres activités ont bénéficié d'un développement ou d'une réorganisation conditionnant leur avenir : prospection systématique des richesses minières, exploitation des gisements, fondation de l'Office Chérifien des Phosphates ; essor de l'industrie alimentaire, de la petite métallurgie, de la chimie, du bâtiment ; réanimation de l'artisanat ; introduction de méthodes de culture élevant les rendements et rénovant la production des primeurs et des agrumes.

Cependant l'opposition armée contrecarrait dans le Sud et dans le Moyen Atlas la pénétration française. L'éveil du sentiment national – perceptible d'abord dans le bled puis, après la guerre du Rif (1921-1926), dans les villes, où la bourgeoisie formée dans les écoles françaises contestait les méthodes de la Résidence – acheminait le Maroc vers l'indépendance revendiquée dès 1943 par le parti de l'Istiqlal. Au mois de juin de la même année Mohammed V amorce, par une entrevue secrète avec le Président Roosevelt, une diplomatie personnelle qui le rapproche des partis nationalistes. Il avait invité son peuple, dès le début de la Seconde Guerre mondiale, à apporter tout son appui aux Alliés ; aussi, après le débarquement américain près de Casablanca, de nombreux Marocains serviront-ils en Tunisie puis en Europe.

Après la guerre, Mohammed V réclame au gouvernement français l'abolition du protectorat. En 1953 un complot animé par le Glaoui, pacha de Marrakech, aboutit à sa déposition, à son remplacement par Mohammed ben Arafa, à son exil à Madagascar. Mais le nouveau sultan ne parvient pas à s'imposer ; l'agitation gagne tout le pays et Mohammed V rappelé retrouve son trône. Des négociations aboutissent, le 2 mars 1956, à la signature de la convention abrogeant le traité de Fès et proclamant l'indépendance du Maroc.

Depuis, la France et le Maroc entretiennent un réseau de relations privilégiées.

L'État marocain

Outre son rôle sur la scène internationale, **Mohammed V** (1909-1961) a incarné, en 34 ans de règne, l'éveil de son pays à la souveraineté nationale. En évitant les obstacles qui eussent compromis le franchissement des étapes décisives dans la voie du progrès, tels que l'exode des Européens ou l'ajournement de la reconnaissance des droits civiques aux Marocains, il a assuré l'avenir. Par son autorité il a rendu le prestige à la monarchie (il prit en 1955 le titre de roi), préservé l'unité territoriale du pays, contenu les mouvements de dissidence et endigué les exaltations. Dans le domaine des institutions, c'est lui qui élabora la Constitution, plusieurs fois modifiée avant d'être promulguée par son fils S.M. **Hassan II** et ratifiée par référendum en mars 1972.

Au roi Hassan II le Maroc doit également la modernisation de l'économie et l'acquisition de nouvelles provinces sahariennes.

La Constitution du royaume – Elle s'appuie sur la souveraineté du peuple déléguée à un roi héréditaire, un régime représentatif, la séparation des pouvoirs, une religion d'Etat – l'Islam – et la tolérance des autres cultes.

Le roi est le « *Commandeur des Croyants* » (« Amir Al Mouminine »). S.M. Hassan II dont la famille appartient à la dynastie alaouite qui règne sur le pays depuis 1640, est un descendant direct du Prophète. Les Alaouites en effet descendent de Hassan, fils de Fatima, elle-même fille du Prophète Sidna Mohammed.

Le roi est aussi le représentant suprême de la nation. Garant de la Constitution, il peut exercer la totalité du pouvoir. Il nomme et révoque les ministres, peut dissoudre le parlement et consulter le peuple par référendum.

Responsables devant le roi, les ministres le sont aussi devant la Chambre des Représentants élue pour les 2/3 au suffrage universel, pour 1/3 par un collège électoral. Administrativement le royaume compte 41 provinces et des préfectures, divisées en municipalités, centres autonomes, communes urbaines, cercles et caïdats (groupant les communes rurales). Les provinces sont administrées par des gouverneurs, les cercles par des chefs de cercle, les caïdats par des caïds, les villes par des adjoints du gouverneur ou des pachas.

La nouvelle Constitution de septembre 1992 a confirmé le régime marocain de monarchie constitutionnelle démocratique et parlementaire en conférant au Parlement des pouvoirs accrus, et en instituant un Conseil Constitutionnel autonome, composé de quatre membres désignés par le Roi pour une durée de six ans, et de quatre membres désignés pour la même durée par le président de la Chambre des Représentants. Lors de la nouvelle législature (la cinquième, couvrant la période 1993-1999), des modifications ont été introduites, notamment au Code du Statut personnel (Moudaouana) et, pour la première fois, deux femmes ont été élues au sein du Parlement.

L'emblème du Royaume est le drapeau rouge frappé en son centre d'une étoile verte à cinq branches.

Une terre de rencontres – Trait d'union entre plusieurs civilisations, voisin africain et arabe le plus proche de l'Europe, le Maroc n'a cessé d'accueillir, au cours des dernières décennies, diverses réunions et conférences internationales – notamment plusieurs sommets arabes et islamiques – qui lui ont conféré un rôle important dans la diplomatie internationale.

Parmi les différentes réunions au sommet qui se sont tenues au Maroc, on peut citer la première conférence islamique qui s'est tenue à Rabat en 1969, le premier sommet de l'Organisation de l'Unité Africaine (O.U.A.), la signature de l'Acte final de l'Uruguay Round, sorte de charte du commerce international signée par 121 pays pour la libéralisation du commerce mondial et qui a marqué de ce fait la création de l'Organisation Mondiale du Commerce (O.M.C.), le premier sommet des Femmes de la Méditerranée et d'Europe (Marrakech, 1994), le sommet économique international sur le Proche-Orient et l'Afrique du Nord (Casablanca, octobre 1994), ainsi que la plupart des sommets de la Ligue arabe.

L'art

Les plus anciennes manifestations artistiques connues au Maroc remontent à la fin du néolithique (environ 3 000 ans avant J.-C.).

L'ensemble mégalithique le plus célèbre est le cromlech de M'Soura *(voir à ce nom)*. Des gravures rupestres jalonnent certains parcours ancestraux de transhumance ou les grands itinéraires sahariens : Haut Atlas (Oukaïmeden, jbel Yagour ou jbel Rat), Anti-Atlas (région de Tafraoute, Foum-el-Hassane, Assa), Tafilalt, région de Figuig.

L'Antiquité – Les ruines de villes et les œuvres d'art romaines, retrouvées depuis la fin du 19e s., ont permis de dégager les traits essentiels du « Maroc antique » *(Voir p. 119)*. Ces villes sont le plus souvent construites en terrain plat, sur le plan en damier caractéristique des villes romaines ; mais plusieurs se sont développées sur des cités déjà existantes : le terrain est alors plus accidenté, les rues plus étroites, le plan irrégulier, comme à Lixus ou dans certains quartiers de Volubilis.

Gravures rupestres, Haut Atlas Central

Leurs édifices publics témoignent d'une vie urbaine semblable à celle que pratiquait Rome : forum, capitole, basiliques, temples, thermes, théâtre, acropole, arc de triomphe... autant de bâtiments pareillement en usage.

Des trois ordres architecturaux utilisés par les Romains, c'est le corinthien qui connut ici la plus grande faveur.

L'ornementation est abondante, la décoration florale des chapiteaux fouillée ; mais, effet d'une technique rudimentaire, une certaine rigidité affecte le modelé.

Les mosaïques exécutées sur place sont d'une facture simple, de couleurs sobres ; leurs motifs géométriques s'apparentent aux décors berbères. D'autres, reproduisant des scènes mythologiques, arrivaient sans doute – déjà composées – de Rome.

D'admirables bronzes, pour la plupart de tradition hellénistique : statuettes, bustes, statues, sont des œuvres d'artistes grecs ou égyptiens, introduites en Maurétanie Tingitane par de riches collectionneurs, parmi lesquels le souverain Juba II. Le petit éphèbe, le cavalier, le chien, l'éphèbe couronné de lierre, la tête d'Eros, le buste de Juba, comptent parmi les plus beaux.

Cette civilisation gréco-romaine d'Afrique a marqué de façon durable le plan des maisons : les demeures à patio des villes, ou les constructions fortifiées de l'Atlas et des oasis, présentent toujours des murs aveugles extérieurement et s'ordonnent autour d'une cour sur laquelle s'ouvrent les pièces.

L'ART BERBÈRE

Une double tradition caractérise les arts marocains : l'art berbère, rural, aux procédés simples et à l'application domestique, se distingue séculairement de l'art hispano-mauresque, citadin, auquel on doit les magnifiques monuments des villes.

Depuis des millénaires, l'art berbère s'est conservé avec une étonnante immuabilité ; aucune des civilisations importées au Maghreb – et pas même la civilisation musulmane – n'a réussi à l'influencer. Il est demeuré un art primitif. Les Berbères ont édifié dans l'Atlas et dans les palmeraies du Sud leurs curieuses architectures répondant à la nécessité de se loger, d'abriter les récoltes, de se défendre.

L'**irherm**, encore appelé **tirhemt** ou **agadir**, est un grenier collectif que l'on rencontre dans le Haut Atlas, l'Anti-Atlas (région de Taroudannt, de Tafraoute), le Sous...

Les **kasbahs**, demeures seigneuriales construites en terre battue recouverte de pisé, et à l'ombre desquelles se serre le village, hérissent les vallées du Ziz, du Todra et du Dadès. Celles de Skoura, El-Kelâa-des-Mgouna, Taourirt, Tiffoultoute, sont parmi les plus célèbres. Les **ksour**, villages fortifiés, peuplent les vallées du Todra, du Moyen Drâa, du Ziz.

En dépit de leur nature différente, ces constructions sont des ouvrages fortifiés assez semblables : même austérité architecturale, même unité dans la décoration, même rudesse du matériau, même plan quadrangulaire ; tours d'angles carrées s'amenuisant vers le haut et dominant un bâtiment couvert en terrasse, murs épais et – jusqu'à une hauteur élevée – absolument nus, fenêtres perchées et étroites, absence quasi totale d'arcs et de voûtes.

Le décor berbère, rigide et sévère, est rigoureusement abstrait : rien, dans ses combinaisons de lignes géométriques, ne rappelle la nature ; la représentation de toute vie, même végétale, est exclue.

Les motifs en creux qui égratignent les murs en une sorte de frise ceignant le haut de l'édifice ou encadrant les ouvertures présentent dans le détail une grande variété ; toutefois, tributaire d'une technique rudimentaire, ce décor reste sobre ; l'utilisation d'un nombre très limité de thèmes, où la ligne courbe entre rarement, lui confère un caractère d'uniformité et accroît l'impression de force qui se dégage de l'architecture. Mais la friabilité du pisé, employé dans la partie inférieure de la bâtisse, et de la brique crue, dans les parties hautes, donne à ces constructions une grande fragilité. L'impression de puissance qui s'en dégage est illusoire, et nombre de kasbahs, qui connurent il y a moins de cinquante ans leur temps de splendeur, sont aujourd'hui à demi ruinées.

L'ART HISPANO-MAURESQUE

Avec l'Islam naquit en Syrie et en Perse un art issu des traditions artistiques des pays convertis, et qui puisa ses éléments dans les civilisations très anciennes de la Méditerranée orientale tout imprégnée d'hellénisme, et de l'Asie occidentale où s'était épanoui l'art iranien.

Un siècle après l'Hégire, la religion musulmane couvrait un territoire qui s'étendait des frontières de la Chine à l'Afrique du Nord et à Poitiers, et l'art islamique avait affirmé sa personnalité. Pourtant, il fallut trois siècles, occupés par la résistance des Berbères à la domination religieuse des Arabes, pour que la civilisation apportée par ces derniers s'étendît vraiment à l'ensemble du Maghreb.

Alors que le Maghreb de l'Est fut influencé par la civilisation orientale, c'est d'Espagne que le Maroc reçut ses nouvelles formules esthétiques.

Dès le 9e s., en effet, les musulmans établis en Andalousie avaient créé un art islamique d'Occident, distinct de celui des musulmans d'Orient, et qui trouvait son expression dans la mosquée de Cordoue, rivale de celle de Kairouan. C'est à lui que le Maroc doit ses monuments les plus admirables.

Cet art dit « hispano-mauresque » s'est développé dans l'Ouest du Maghreb, aux 10e et 11e s. ; il s'est épanoui au Nord et au Sud du détroit de Gibraltar jusqu'au terme de la Reconquête de l'Espagne par les Rois Catholiques (fin du 15e s.). Puis, il s'est perpétué au Maroc, replié sur ses traditions. C'est un art urbain ; rares sont les monuments qui, comme la mosquée de Tinmel, s'élèvent à l'écart des cités.

Les grandes villes dont les dynasties régnantes firent successivement leur capitale reçurent des embellissements et virent surgir plus d'un chef-d'œuvre. Ces **« cités impériales »** sont au nombre de quatre : Fès, Marrakech, Rabat et Meknès. Le nom d'aucune école, d'aucun architecte, d'aucun maître d'œuvre ne se rattache à de telles créations. Il s'agit d'un art collectif, qui reçut ses impulsions de la volonté d'austérité ou de l'humeur fastueuse de souverains plus ou moins dilettantes.

L'architecture

La simplicité de l'architecture – L'uniformité et la simplicité des formes architecturales révèlent l'intérêt secondaire que leur accordaient les bâtisseurs.

Les monuments marocains ne sont jamais le résultat de savantes combinaisons ou de prouesses techniques à l'égal des cathédrales gothiques ou de certaines mosquées orientales. Extérieurement, les lignes sont nettes, les volumes simples. La voûte est pratiquement absente de cette architecture. La coupole, largement répandue en Orient, est au Maroc d'un usage tout à fait restreint ; employée dans les mosquées où elle marque les principaux organes de l'édifice (nef médiane, mur du fond ou niche indiquant la direction de La Mecque), elle se réduit souvent à un dôme que masque un toit pyramidal.

L'allure générale des monuments n'est jamais très élancée. Qu'il s'agisse des minarets qui dominent les édifices religieux, ou des portes percées dans les remparts des villes, toujours se dégage de la construction une impression de grande force et d'équilibre. A l'emploi de la pierre de taille succéda très tôt, sous l'influence de l'Orient, celui de la brique ; puis au 12e s., celui d'une sorte de béton. La pauvreté des matériaux se cache souvent sous un enduit.

Ses éléments – Parmi les éléments qui caractérisent l'architecture du Maghreb, l'**arc outrepassé**, apport oriental, est le plus représentatif. D'un tracé supérieur au demi-cercle, il peut être en plein cintre ou brisé. Son intrados (surface concave) s'orne souvent de **stalactites**.

Des **lambrequins** découpent parfois la ligne de l'arc en une succession de petits décrochements.

Les **arcs polylobés** auréolent nombre d'arcatures, s'entrecroisent sur les faces des minarets en un très heureux motif de décoration.

Différents types d'arc.

Plein cintre outrepassé.   Brisé outrepassé.   A stalactites.   A lambrequins.   Polylobé.

Tous ces arcs reposent sur des **colonnes** graciles. Ils surmontent les fenêtres pour la plupart géminées, encadrent les portes, se déploient le long des galeries dont l'architecture hispano-mauresque fait un ample usage.

Les **chapiteaux**, d'abord inspirés du corinthien (caractérisé par l'utilisation de la feuille d'acanthe) et du composite (ordre architectural de création romaine puisant ses éléments à la fois dans le dorique, l'ionique et le corinthien), révèlent à partir du 11e s. un goût marqué pour les reliefs peu contrastés qui s'affirme jusqu'au 14e s., sous les Mérinides. Les médersas de Fès en possèdent de très beaux. Un parallélépipède largement débordant et décoré de palmes se superpose à un élément cylindrique prolongeant la colonne, orné d'un galon sinueux s'évasant dans la partie supérieure.

Un **auvent monumental**, reposant sur des consoles, abrite les portes principales des édifices religieux et des palais. Il est en bois de cèdre sculpté, et recouvert de tuiles vernissées. La **console**, élément typique de l'architecture du Maroc, entre également dans la composition des **corniches** qui constituent l'une des plus belles parures des cours de médersas (celle de Marrakech en est un très bel exemple).

Les monuments

La nature des monuments, leur plan, l'esprit de leur décoration, sont étroitement liés à la vie religieuse.

La mosquée – *(Au Maroc, l'entrée en est interdite aux non-musulmans).* C'est le monument type de l'art islamique. Les grandes villes en possèdent un nombre considérable. C'est ainsi que Fès compterait environ 230 sanctuaires, plus ou moins importants.

Les mosquées hispano-mauresques ont pour ancêtres la grande mosquée de Cordoue et celle de Kairouan, édifiées aux 8e et 9e s.

L'aspect extérieur des mosquées au Maroc est modeste ; seuls leur minaret et leur grande porte d'entrée – souvent très ornée – les signalent à l'attention. Elles sont couvertes d'un simple toit de tuiles.

Une mosquée comprend une cour ou **sahan** au centre de laquelle se trouve une pièce d'eau ou une vasque destinée aux ablutions rituelles ; une salle de prière divisée en plusieurs nefs longe la cour sur tout un côté. Dans le mur du fond est creusé le **mihrab**, niche parfois admirablement décorée indiquant la direction de La Mecque ou **qibla**, vers laquelle se tournent les fidèles pour prier ; on peut voir celui de la mosquée de Tinmel, avec son arc plein cintre outrepassé s'inscrivant dans un encadrement rectangulaire et surmonté de trois fenêtres formant frise.

Le **minaret** est aux édifices religieux musulmans ce qu'est le clocher aux églises. Ceux du Maroc sont pour la plupart bâtis sur plan carré. D'allure massive (leur hauteur représente généralement quatre fois leur largeur), ils se terminent par une plate-forme ceinturée de créneaux en dents de scie et portant un lanternon. De là, cinq fois dans la journée, le muezzin appelle les croyants à la prière.

Avec les grands minarets almohades des 12e et 13e s. – Giralda de Séville, Tour Hassan de Rabat, Koutoubia de Marrakech –, le minaret hispano-mauresque prend sa forme définitive. Sur les faces de ces tours se développe en plusieurs registres une très belle décoration essentiellement composée de baies géminées, d'arcs de tous types, d'arcatures aveugles souvent entrecroisées, de réseaux d'entrelacs.

Les médersas – Les médersas, sortes d'universités religieuses d'origine iranienne, sont apparues en Occident au 13e s. La plupart d'entre elles peuvent être visitées. Leur plan s'inspire de celui des mosquées.

Créations d'un art raffiné qui utilise toutes les ressources de la décoration, elles firent la gloire du 14e s. hispano-mauresque. Les plus belles d'entre elles se trouvent à Fès. Salé et Meknès en possèdent également de charmantes. La médersa Ben Youssef de Marrakech fondée au 16e s. par les Saadiens et bâtie sur le modèle classique fourni par ses aînées, fut la plus grande école coranique du Maghreb. *Pour plus de détails sur les médersas, voir p. 100.*

Les koubbas – Dans tout le Maghreb, on rencontre des mausolées appelés **marabouts** ou koubbas, du nom de la coupole qui les surmonte.

A l'intérieur, sont ensevelis de grands personnages ou de pieux musulmans morts en odeur de sainteté.

Petites constructions cubiques aux murs lisses blanchis à la chaux, elles émaillent les paysages marocains.

Dans les villes, les mausolées, d'une architecture plus recherchée, sont couverts d'un toit de tuiles à quatre pans, et sont parfois dotés d'une cour à galeries ; la chambre funéraire peut prendre les proportions d'une salle à multiples colonnes, somptueusement décorée, comme les tombeaux saadiens à Marrakech.

L'architecture militaire – Les villes marocaines sont généralement entourées d'enceintes fortifiées, construites en pisé, coupées de loin en loin par des tours et parcourues par un chemin de ronde que protège un mur crénelé. Le 12e s. vit s'élever, sous les sultans almohades, l'immense enceinte de Rabat ; sous les Mérinides, furent édifiées au 13e s. celle de Fès-Jdid, au 14e s. celle de Chellah.

Plus intéressantes par leur valeur esthétique que pour leurs qualités défensives, des **portes monumentales** s'ouvrent dans ces remparts. Elles sont en pierre taillée, et généralement encadrées de bastions couronnés de merlons. Au 13e s., l'entrée se complique de chicanes. La baie livrant passage est un arc outrepassé, en plein cintre ou brisé, à claveaux rayonnants. Un ou plusieurs arcs polylobés surmontent cette ouverture qu'enserre un encadrement rectangulaire où se déploie une décoration florale sculptée ; une frise d'arcatures entrecroisées ou à décor épigraphique complète la décoration qui, aux 17e et 18e s., use largement – comme on peut le voir à Meknès – de la faïence de couleur.

L'architecture civile – Les demeures privées disposent leurs pièces en carré autour d'un patio occupé par un jardin **(riad)** entouré de galeries.

Le premier **palais** qui soit parvenu jusqu'à nous – encore n'en reste-il que des ruines – est le Badia de Marrakech, construit à la fin du 16e s.

La ville impériale de Marrakech et la Meknès de Moulay Ismaïl donnent une idée de ce que furent ces palais édifiés un peu à l'extérieur des villes, et portés aux dimensions de véritables cités : nombreux bâtiments d'habitation, cours d'apparat ou **méchouars**, corps administratifs, écuries, entrepôts, casernes, entre lesquels s'étendent de vastes espaces **(aguedals)** enrichis de pavillons et de pièces d'eau, et plantés de vergers.

Plusieurs palais plus récents ont été convertis en édifices publics ou en musées ; celui de la Bahia, à Marrakech, est l'un des plus intéressants.

La décoration

L'abondance de la décoration dissimule souvent la pauvreté du matériau. Le décor, d'abord présent surtout à l'extérieur des édifices, a fini par envahir les surfaces intérieures. Son évolution se ramène pour l'essentiel à l'apparition du stuc et à l'abandon de la mosaïque traditionnelle au profit de la céramique au 12e s., à l'importance prise par la terre émaillée et le bois sculpté au 14e s. Il allie la souple exubérance de l'art arabe à la netteté rigide des lignes berbères. La sculpture hispano-mauresque ignore la ronde-bosse ; la décoration des monuments, généralement méplate, est riche en couleurs ; le goût des artistes andalous ou maghrébins pour la polychromie et la dorure n'a fait que s'affirmer au cours des siècles.

Le trait le plus marquant du décor hispano-mauresque est son caractère abstrait, dicté par la religion qui interdit toute représentation d'êtres vivants.

En dehors de la décoration monumentale et des arts domestiques, il n'existe aucune œuvre peinte ou sculptée. L'artiste ne puise pas son inspiration dans l'observation du réel ; il joue en virtuose de la combinaison des lignes et de la répétition des motifs, charmant le regard sans le fixer, et favorisant la méditation.

Les éléments du décor – Le décor mêle, en des compositions d'une extrême richesse, des éléments géométriques, floraux, ou épigraphiques.

Géométrie – La figure de base est le **polygone**. Au 18e s., octogones, triangles, losanges et étoiles se côtoient et se superposent dans des compositions complexes, ornant les panneaux de bois peint ou les revêtements de **céramique**.

Les **entrelacs**, typiquement arabes, utilisent la ligne droite, les festons et les lobes, en un treillis de baguettes ou de galons s'entrecroisant à l'infini ; leurs réseaux losangés constituent aux 12e et 13e s. une des plus belles parures des minarets.

L'**arabesque**, figure basée sur les sinuosités de la ligne, se déploie dans les décors floraux, formant la tige dont elle représente une extrême stylisation.

Les **stalactites** formées d'une série de petits prismes savamment assemblés et disposés en encorbellement tapissent les coupoles, les pendentifs, les arcs, les chapiteaux, les linteaux, les consoles.

Végétation – L'art hispano-mauresque utilise avec une extraordinaire profusion les éléments floraux stylisés dont il tapisse les écoinçons des arcs, les frises, et des panneaux qui finissent par s'étendre aux dimensions mêmes des murs.

La **palme** – motif le plus employé –, née d'une sorte de calice, s'allonge en une feuille recourbée ou se divise en deux lobes.

La **palmette** grecque, qui bien souvent se détache sur les écoinçons des arcs, affecte la forme d'une coquille.

La **pomme de pin** est fréquemment utilisée aux 13e et 14e s.

Ce décor végétal se développe peu à peu en réseaux touffus, se mêle aux compositions géométriques, et comble les vides laissés par le dessin.

Épigraphie – L'écriture arabe fournit à la décoration musulmane l'un de ses éléments les plus esthétiques et les plus originaux.

L'**écriture coufique** se caractérise par ses hampes verticales, l'épaisseur uniforme de ses lettres, ses angles droits. D'abord employées exclusivement pour la valeur édifiante du texte, ces inscriptions ont – dès le 11e s. – perdu de leur sobriété originelle ; les caractères s'embellissent d'éléments végétaux (coufique fleuri) ; les hampes se compliquent de nœuds (coufique tressé).

Le **cursif** vient, vers le milieu du 12e s., concurrencer le coufique qu'il supplante à partir du 16e s., sous les Saadiens. Il est caractérisé par la souplesse et la finesse de ses lettres, dessinées en pleins et déliés.

Les supports de la décoration – Dès les débuts de l'art hispano-mauresque, la plupart des éléments de la décoration apparaissent dans la **pierre** sculptée des grandes portes. En ce qui concerne la confection des entrelacs qui ornent la plupart des minarets, on tire de la **brique** le meilleur parti.

La **mosaïque de terre émaillée**, importée d'Orient, apporte le châtoiement de sa polychromie dans les minarets almohades. Elle devient, à partir du 14e s., l'un des matériaux essentiels du décor. Ces mosaïques sont exécutées selon deux techniques. Les **zelliges** sont constitués de petits fragments de céramique de diverses couleurs découpés dans des plaques de ton uni, puis juxtaposés pour former des figures décoratives, et fixés avec du mortier ; on les rencontre surtout dans les compositions géométriques.

La **céramique excisée** ou **champlevée** est plus particulièrement employée dans la décoration épigraphique : sur une plaque sombre, le motif est mis en valeur par grattage, puis masticage de la surface qui l'entoure.

Dans le **stuc**, importé de Mésopotamie, et dont l'art hispano-mauresque a poussé la technique à la perfection, le plâtre est appliqué sur des surfaces hérissées de clous. Encore frais, il est sculpté à la gouge ou au ciseau. A partir du 13e s., la « dentelle » de stuc est présente partout. Les stalactites sont, pour la plupart, sculptées dans le plâtre.

Le **bois** aussi entre dans la confection des stalactites. Le cèdre, imputrescible, sculpté avec raffinement et, à partir du 13e s., rehaussé de peinture, recouvre les parties hautes des murs et contraste avec la blancheur des stucs ; il constitue les corniches, les auvents, les plafonds. Les **moucharabiehs** – grilles placées devant les fenêtres ou servant de clôture, ou encore sortes de balcons à claire-voie entièrement fermés – sont en bois tourné.

La marque des dynasties

Les dynasties qui ont régné sur les pays du Maghreb et sur l'Espagne lui ont cependant donné des impulsions ou imprimé des caractères assez nets pour attacher à leur nom une forme d'art, ou un type de monument. Les nouveaux venus ont à chaque fois fondé leur propre capitale, se préoccupant peu de l'héritage laissé par leurs prédécesseurs, puisant parfois dans les anciens édifices les matériaux nécessaires à la construction des nouveaux, ou anéantissant l'œuvre de ceux qu'ils avaient supplantés. Les monuments furent souvent élevés à la hâte, et presque aussi rapidement voués à l'abandon. Les mosquées qui souvent firent l'objet de considérables transformations, les remparts de la kasbah des Oudaïas à Rabat, Fès qui demeura un centre intellectuel, échappent à cette règle.

Les Idrissides (fin 8e-début 10e s.) – Des Idrissides, presque rien n'est resté. Les quartiers des Andalous et des Kairouanais qui composent à l'origine leur capitale, Fès, témoignent toutefois de la double influence sous laquelle vécut à ses débuts le royaume musulman d'Occident.

Les Almoravides (11e-12e s.). – Avec les Almoravides, la civilisation brillante de l'Andalousie prend racine au Maghreb. Youssef ben Tachfin, fondateur de la dynastie et de Marrakech, et son fils Ali ben Youssef s'attachent à la construction d'ouvrages fortifiés (1re enceinte de Taza) et surtout de sanctuaires (grandes mosquées d'Alger et de Tlemcen inspirées de celle de Cordoue).

Le Maroc n'a guère conservé d'eux que la mosquée Karaouiyne à Fès qu'ils modifièrent entièrement, et la petite koubba Ba'Adiyn à Marrakech. Coupoles à nervures entrelacées, piliers massifs, abondance des arcs en plein cintre, décor touffu, importance de l'élément floral (feuilles d'acanthe), emploi de l'écriture coufique, sculpture sur plâtre jusque-là ignorée par l'art andalou, caractérisent les monuments almoravides.

Les Almohades (12e-13e s.) – Les Almohades ont, en un siècle, donné à l'art hispano-mauresque ses vraies lettres de noblesse, et ont ouvert dans la

Fès – La mosquée Karaouiyne

tradition andalouse une parenthèse d'austérité. Loin d'appauvrir l'art délicat légué par Cordoue, ils l'ont enrichi de nouvelles formules directement importées d'Orient (stalactites venues de Perse, revêtements de terre émaillée...), et lui ont imprimé un caractère de simplicité hérité sans doute de l'architecture berbère. Les Almohades furent de grands bâtisseurs. Abd el-Moumen entreprit d'embellir Marrakech, non sans avoir fait détruire auparavant tout ce qu'y avaient édifié ses prédécesseurs. Avec Abou Yacoub Youssef, épris de l'Andalousie où il avait vécu, un certain raffinement vint tempérer la rigueur originelle de l'art almohade. Yacoub el-Mansour, le plus grand, transféra sa capitale à Rabat ; il entoura cette ville d'une immense enceinte, et y entreprit des réalisations grandioses qu'il ne put terminer. Ce siècle a vu s'édifier la mosquée – classique – de Tinmel celles de la Kasbah et de la Koutoubia à Marrakech, celle de Hassan – inachevée – à Rabat, et de magnifiques portes monumentales (porte des Oudaïas et Bab er Rouah à Rabat, Bab Aguenaou à Marrakech). Mais surtout, il nous a laissé trois minarets ; la koutoubia de Marrakech, la Tour Hassan de Rabat, et la Giralda de Séville portent à leur perfection les grands traits de l'art almohade : puissance de la construction, noblesse des lignes, pureté et légèreté du décor.

Les Mérinides (13ᵉ-15ᵉ s.) – L'ère ouverte par les Mérinides a été celle de l'élégance, de la grâce et de la nuance, qui trouvèrent leur parfaite expression dans les médersas *(voir p. 100, 103, 176)* que ces souverains introduisirent en Occident. Plus proches des Almoravides que des Almohades, les Mérinides préférèrent le raffinement à la grandeur. Leurs édifices sont moins vastes que ceux de leurs prédécesseurs ; l'architecture y tient moins de place. La décoration, en revanche, atteint son apogée. Au décor almohade, lâche et sobre, succède un décor couvrant et fouillé ; les arabesques se multiplient, les combinaisons géométriques et florales deviennent plus complexes ; on fait abondamment appel aux stucs, aux zelliges, au bois sculpté, à la peinture. Fès, surtout, profita de cet âge d'or. Les Mérinides construisirent l'Alhambra de Grenade, et à Fès-Jdid – créée par eux – des palais et des demeures dont rien malheureusement ne nous est resté. On peut voir encore, à Rabat, les restes de leur nécropole de Chellah.

Les Saadiens (16ᵉ-17ᵉ s.) – Dès la deuxième moitié du 14ᵉ s. s'amorça pour le Maroc une période troublée, et improductive dans le domaine de l'art. Aussi, la reprise d'une activité architecturale au 16ᵉ s., sous le règne des Saadiens, fut-elle considérée comme une « Renaissance ». Mais l'art hispano-mauresque a perdu, avec la chute de l'empire musulman d'Espagne (1492), sa source d'inspiration. Il tente d'imiter le passé (à Marrakech, la médersa Ben Youssef est une réplique des médersas mérinides, et les mosquées s'inspirent de celles des Almohades) ; toutefois, à resserrer de plus en plus le décor, cet art s'épuise dans sa virtuosité, sombre dans une complexité et une profusion qui, à la fin du 17ᵉ s., atteindront leur paroxysme.
L'éclat dont se redora Marrakech fut le fait d'un prince, plutôt que celui d'une dynastie. Ahmed el-Mansour, le « Doré », fit bénéficier sa capitale des immenses richesses que lui avaient values sa lutte contre les Portugais et son expédition au Soudan. Le palais d'El Badia, dont on peut voir encore les ruines, et les tombeaux saadiens illustrent le goût du faste que ce souverain imprima à son époque.
Au début du 17ᵉ s., le repli des derniers musulmans d'Espagne enrichit le Nord du Maroc (Rabat, Tetouan) d'un ultime apport andalou et contribua à donner à l'art un regain d'éclat.

Les Alaouites (depuis le milieu du 17ᵉ s.) – Les premiers âges de la dynastie alaouite ont été dominés par le nom de Moulay Ismaïl, la plus caractéristique figure de bâtisseur et de démolisseur d'édifices qu'ait connu le Maroc. Aux tendances décadentes et traditionnalistes à outrance, qui se sont affirmées après le 17ᵉ s., il a ajouté son amour du gigantesque et son goût pour la violente polychromie. Presque toute sa passion constructrice s'est manifestée dans des ouvrages d'architecture civile : Meknès porte encore les ruines de son palais immense comme une ville, et a gardé intactes ses majestueuses portes.

Le Maroc et les peintres

La lumière inspiratrice

« Il y a là des tableaux tout faits qui feraient la fortune et la gloire de vingt générations de peintres ! », s'écria **Eugène Delacroix** lorsqu'il découvrit le Maroc en 1832, en compagnie du comte Charles de Mornay envoyé par Louis-Philippe pour une mission diplomatique qui dura six mois. Les annotations et croquis réalisés sur le vif au cours de son voyage – et réunis dans ses fameux *Carnets* – possèdent une inestimable valeur de témoignage sur la vie marocaine de l'époque. Ébloui par « la précieuse et rare influence du soleil qui donne à toute chose une vie pénétrante » et libéré des contraintes de l'atelier, Delacroix porta une attention aiguë à la lumière du pays et à ses habitants, s'attachant à saisir en de multiples esquisses rehaussées d'aquarelle, les détails d'un costume, d'une architecture, d'un décor de mosaïque, d'une scène de la vie quotidienne ou d'une fantasia. Cette découverte intuitive du pays qui lui fit rencontrer « le sublime vivant qui court les rues », lui inspira quelques dizaines de toiles qui marquèrent l'entrée du Maroc dans la peinture occidentale. Son œuvre, annonçant les mutations que la peinture connaîtra dans la seconde moitié du siècle, contribua en effet à lancer en Europe la vogue de l'**orientalisme**. Dès lors, le voyage au Maroc devint pour plusieurs générations d'artistes le passage obligé, comme l'était autrefois le voyage en Italie, surtout dans les années 1920, lorsque le gouvernement français invita – à l'initiative du général Lyautey – les artistes à s'établir dans le pays.
Parmi les peintres, citons **Mariano Fortuny y Marsal**, chef de file des artistes espagnols qui débarquèrent à Tanger en 1860, qui revint deux fois au Maroc, en 1862 et 1871 et en rapporta des toiles pleines d'une chatoyante virtuosité ; le portraitiste impressionniste américain **John Singer Sargent** et son compatriote **Edwin Weeks** ; le Belge **Théo Van Rysselberghe**, membre de la délégation chargée de saluer le sultan du Maroc

Moulay Hassan (dont il fit le portrait) au nom du roi Léopold II ; les britanniques **Edmund Aubrey Hunt**, **Frank Brangwyn** et **Arthur Melville**, tout aussi marqués par l'extraordinaire luminosité du pays et, au détour du siècle, le symboliste **Lucien Lévy-Dhurmer** qui visita le Maroc en 1901 sous l'influence de Pierre Loti et exécuta des pastels aux tons subtils de bleu et de mauve, s'attachant à rendre une vision poétique des paysages.

Henri Matisse, qui avait découvert l'art islamique avec son ami Marquet lors de l'exposition de Munich en 1910, passa deux hivers au Maroc, essentiellement à Tanger qu'il surnomma « le paradis des peintres », entre 1911 et 1913. La pluie ininterrompue qu'il y trouva en arrivant faillit l'inciter à rembarquer aussitôt et peut-être n'aurions-nous jamais connu le grand Matisse si le temps ne s'était pas levé ! Car la douceur de la lumière, l'exubérance de la nature, l'architecture maghrébine, la variété des couleurs guidèrent sa recherche d'harmonie et furent pour l'artiste qui se cherchait encore une révélation. Son style subit une profonde mutation qui s'affirma dans une vingtaine de toiles parmi les plus importantes de son œuvre (*La porte de la Casbah*, *Le café marocain* et le fameux triptyque : *Les acanthes*, *Les pervenches*, *La palme*) et d'où allait naître le Matisse maître des couleurs et de la lumière que nous connaissons.

Albert Marquet, dans une suite d'aquarelles, sut rendre l'enchevêtrement des ruelles et des impasses des villes marocaines. **Raoul Dufy**, « peintre de l'éphémère », qui découvrit le Maroc en 1926 au cours d'un voyage qui le mena, en compagnie du couturier Paul Poiret, à Fès, Meknès, Casablanca et Marrakech, s'attacha dans des aquarelles où dominent le vert et le bleu tendre à rendre la fraîcheur et la quiétude des intérieurs mauresques richement décorés, et à donner la primauté à la couleur-lumière en jouant de tonalités légères sur lesquelles il dessinait en surimpression (*Intérieur mauresque*). **Kees Van Dongen**, arrivé à Tanger en 1910, trouva dans l'éclairage violent du soleil les effets qu'il cherchait à créer artificiellement en atelier. **Nicolas De Staël**, s'attacha à l'étonnante lumière des villes du Nord où le blanc domine. **Bernard Boutet de Monvel**, peintre mais aussi portraitiste à succès, choisit de donner aux sujets de ses toiles des formes géométriques, adoucies parfois par de doux coloris. Il fut, avec **Gabriel Rousseau**, membre de la « Kasbah », association des peintres du Maroc fondée en 1934,

Eugène Delacroix, pages d'un album de voyages au Maroc (1832)

Jean Besancenot, enfin, qui parcourut le Haut Atlas à dos de mulet (à l'instar de **Jacques Majorelle** et **Édouard Edy-Legrand**), pour y saisir avec talent et minutie la richesse et la variété des costumes traditionnels des différentes ethnies marocaines. C'est à lui que l'on doit d'ailleurs le superbe ouvrage, récemment réédité, *Costumes du Maroc*, qui a valeur à la fois d'œuvre d'art et de document ethnographique.

Authenticité et modernité

Si le Maroc a été source d'inspiration pour de nombreux peintres européens, ces dernières décennies ont montré un foisonnement des arts plastiques marocains et en particulier de la création picturale.

Mêlant dans leurs œuvres le patrimoine artistique exceptionnel de plusieurs générations d'artisans, zelligeurs, mosaïstes, potiers, zwwaqa (peintres sur bois), enlumineurs, et les techniques occidentales de la peinture, souvent apprises à l'étranger, les artistes marocains ont cherché à être modernes sans perdre de leur authenticité. Utilisant des formes et des couleurs dans des constructions complexes entre la figuration et l'abstraction, ils mêlent souvent l'art ancien de la calligraphie – où écrire était presque peindre – à d'autres graphismes décoratifs et créent des œuvres qui parfois dérangent ou proposent au regard plusieurs lectures possibles.

Parmi les artistes les plus représentatifs de la peinture marocaine contemporaine (certains exposent dans un cadre international), il faut citer tout d'abord les pionniers : **Ahmed Cherkaoui** et **Jilali Gharbaoui**, tous deux aujour- d'hui disparus. Cherkaoui fut l'un des peintres marocains les plus importants. Dans ses compositions aux couleurs vives et dans ses encres sur papier émergèrent les prémices de la modernité, les triangles et les cercles prolongeant, d'une certaine façon, le graphisme des tatouages, des broderies ou des tapis anciens.

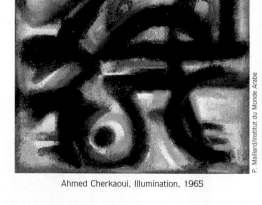

Ahmed Cherkaoui, Illumination, 1965

P. Maillard/Institut du Monde Arabe

Gharbaoui, décédé à Paris en 1971 à l'âge de 41 ans, et dont les œuvres ont fait l'objet d'une importante exposition à l'Institut du Monde Arabe à Paris en 1993, fut le précurseur de la peinture abstraite au Maroc. Ami du poète Michaux, il fut séduit par Mondrian et plus tard par Karel Appel dont la violence des couleurs le fascina. Sa peinture – où la présence physique de l'artiste s'impose comme une lutte contre la matière – est recherche avant tout de la lumière. Les couleurs qu'il utilise sont celles de la terre marocaine, associées à des blancs entre neige et aube ou des bleus marins, et souvent séparées par des courbes noires qui les exaltent.

D'autres peintres suivent leurs traces et parmi eux **Mohamed Melehi** qui suivit les cours de l'Accademia delle Belli Arti de Rome, aux côtés de Gharbaoui ; **Hassan El Glaoui** qui participa, entre autres, à l'exposition de la galerie Bab Rouah à Rabat aux côtés de **Mohammed Chebaa** et **Labied Miloud** ; **Mohammed Kacimi**, peintre et poète originaire de Meknès, dont les tableaux firent l'objet de nombreuses expositions en Europe ; **Bouchaib Habbouli**, artiste-peintre natif d'Azemmour qui utilise dans ses premières œuvres le brou de noix, avant de passer à l'encre puis à l'huile ; **Mahjoubi Aherdane**, poète autant que peintre et dessinateur ; **Abdallah Sadouk**, d'origine berbère, dont les compositions aux formes géométriques font référence au cubisme ; **Farid Belkahia** étudia à l'École des Beaux-Arts de Paris avant d'être directeur pendant plusieurs années de l'École des Beaux-Arts de Casablanca. Utilisant divers matériaux (cuivre, peaux teintées au henné, au safran, au sumac), il étudie et travaille des thèmes aussi différents que celui de l'arbre, ou celui de la transe chez les Gnaoua, créant de véritables peintures-sculptures. Un autre peintre, **Abdellatif Zine**, s'intéressant lui aussi au phénomène de la transe, s'efforça lors d'une exhibition intitulée « Transe Art », de laisser le champ libre à l'inconscient en ayant recours à des personnes en transe pour véhiculer les couleurs dont il les avait aspergées et devenir en quelque sorte les pinceaux de sa toile placée contre un mur (faisant penser d'une certaine manière aux « femmes-pinceaux » d'Yves Klein ou aux peintres du mouvement Action Painting).

Des femmes marocaines s'imposent également sur la scène artistique. Des individualités fortes émergent et parmi elles l'artiste autodidacte **Chaïbia**, qui puise ses images dans la vie quotidienne et transmet sa sensibilité à travers la couleur pure et la simplification des formes, dans des œuvres de tendance naïve.

Cependant, faute de disposer de musées de peinture proprement dits, la plupart de ces peintres exposent dans des lieux publics (palais des congrès, hôtels, restaurants, sièges de sociétés privées), cherchant à sensibiliser le public à leur art avant d'affronter le monde rude des galeries professionnelles encore peu nombreuses en dehors des grandes villes. Sans que l'on puisse encore parler de rayonnement, force est de reconnaître l'importance que revêt peu à peu l'art dans la vie quotidienne des Marocains, grâce à l'ouverture de ces galeries d'art et aux actions d'entreprises mécènes qui donnent une certaine impulsion à la création.

Artisanat

Pour de plus amples renseignements concernant les ensembles artisanaux (adresses, mode de fonctionnement), consulter le chapitre des Renseignements pratiques, en fin de volume.

Créativité et dextérité des artisans

Le gouvernement chérifien s'efforce par l'action de la Direction de l'Artisanat, à Rabat, de promouvoir les « arts populaires » ; des écoles spécialisées forment les futurs artisans ; des musées, aménagés à l'intérieur d'anciens palais, font connaître les techniques et les productions de chaque ville ou région. Très pratiqué en milieu rural, l'artisanat marocain est également une activité urbaine : les grandes villes sont aussi des centres artisanaux ; parmi elles, Fès occupe une place de choix.

L'**artisanat berbère** a pour objet le mobilier du cultivateur ou du nomade, les quelques ustensiles et outils indispensables à sa vie, les articles composant sa parure. Croyances religieuses, moyens de réalisation rudimentaires : il n'utilise, dans la décoration de ses accessoires, que des motifs géométriques.

Les **« arts mobiliers » citadins**, en revanche, font largement appel à la décoration florale. Les procédés, plus évolués, permettent un plus grand raffinement. Après s'être nourri, jusqu'au 16e s., d'apports andalous, l'artisanat urbain accuse, depuis, un caractère local très net. Les traditions se sont maintenues dans les arts de la céramique, du métal, du bois et du cuir, mais les tapis, les étoffes, les broderies, ont subi une influence orientale.

Chaque année, fin décembre-début janvier, se tient pendant une quinzaine de jours le **Moussem National de l'Artisanat**. Cette grande manifestation nationale qui a pour but d'encourager les initiatives créatrices et d'aider certaines activités dont la survie est parfois compromise lorsque la relève ne se fait plus ou que la réalisation du produit, dans la pure tradition, représente un coût trop élevé, est l'occasion pour toutes les villes du royaume de présenter les meilleurs produits de leur artisanat et pour les artisans d'échanger leur savoir-faire.

(Consulter la presse ou les médias pour connaître les dates exactes et la ville où a lieu cette manifestation.)

L'ART DU TAPIS

Objet de première utilité sous la tente du nomade, parure de la demeure citadine, le tapis joue un rôle essentiel dans l'habitation marocaine. Il est fait de laine, symbole – comme le soulignent certaines coutumes – de protection et de bonheur. Le poil de chèvre ou de chameau entre parfois dans la composition des tissages. Exécutés sur des métiers rudimentaires de haute lisse (verticaux), tapis ruraux et tapis citadins sont à points noués. Des teintures chimiques ont remplacé, pour les tons de rouge la garance et la cochenille (carmin), pour les jaunes la gaude, pour les bleus l'indigo.

Les tapis berbères – La confection des tapis ruraux est une activité familiale très ancienne ; dans les écoles et les coopératives spécialisées, les traditions du tissage sont scrupuleusement respectées. Les tapis berbères sont de haute laine, à telle enseigne que le dessin disparaît parfois dans l'enchevêtrement des brins et ne devient visible que lorsque le tapis est à demi usé ; c'est le cas des tapis Zaïane.

Tapis Aït Ouaouzghit (Haut Atlas)

Les motifs décoratifs (losanges, rectangles, chevrons) sont souvent disposés par bandes transversales. A l'inverse des tapis citadins, les tapis berbères ne sont que rarement ornés d'un encadrement. Les tons, peu nombreux, sont juxtaposés, jamais fondus.

Moyen Atlas – La plus grande variété de tapis berbères se trouve dans le Moyen Atlas, où la tradition du tissage se perpétue, notamment à Azrou. Destinés à protéger, sous la tente, de l'humidité et du froid, tenant lieu de matelas, ils sont pour la plupart grands et très épais. Leur fond est généralement blanc dans le centre du Moyen Atlas, coloré à l'Ouest. Se rattachent à la tradition du Moyen Atlas, les :
– **Beni Mguild**.
– **Zaïane** (Tarmilate-Khenifra) : sombres, ornés de grands losanges, ils sont réputés, mais leur tissage est en régression.
– **Zemmour** (Meknès-Rabat) : leur fond est généralement rouge. **Zaër** (Sud de Rabat).
– **Marmoucha** (Est de Boulemane) : sur les fonds blancs s'inscrit un décor chargé, dans des tons sombres, bruns ou fauves.
– **Aït-Yakoub** (région de Taza) : fonds rouges, dessins blancs, bleus, orange et noirs.
– **Beni-Ouarraïn** (Sud de Taza) : de rares taches noires tranchent seules sur la laine blanche. Tous ces tapis sont également tissés dans les grandes villes.

Haut Atlas et région d'Ouarzazate – Tissés par des sédentaires, ils ont une vocation plus décorative qu'utilitaire. Plus petits que les précédents, ils sont d'un tissage plus fin ; leur laine est plus courte, leur aspect moins mat. Ils présentent généralement des tons assez vifs : orange, rouge, jaune... Les **Aït-Ouaouzguit** et les **Glaoua** (Tazenakht, Ouarzazate, région de Marrakech) comptent parmi les plus connus. Leur fond est habituellement noir.

Haouz (à l'Ouest de Marrakech) – La tradition du tissage des tapis a été introduite dans cette région au 17ᵉ s. par des nomades sahariens, les Bou Sbaâ.
Les tapis **Chichaoua** sont célèbres pour leurs fonds aux chaudes colorations allant du rouge foncé au bois de rose. Ils portent souvent un motif en zigzag à chaque extrémité ; d'autres sont unis, ou entièrement ornés de dessins géométriques ; certains d'entre eux, anciens, offrent la particularité d'être parsemés de personnages, d'animaux, d'objets usuels ou bien de signes mystérieux.

Maroc Oriental (région de Taourirt-Oujda) – Les **Beni-Bouyahia** et les **Beni-Bou-Zeggou** présentent, sur un vaste champ rouge, des dessins à dominantes vertes et bleues.

Le tapis de Rabat – C'est le seul tapis marocain d'origine citadine. Selon la légende, il serait dû à une cigogne qui – retour d'Orient – aurait laissé choir dans le patio d'une maison de Rabat un fragment de tapis : des femmes l'auraient ramassé et reproduit. En fait, on ignore comment ce type de tapis d'inspiration orientale est apparu au Maroc ; il est, de toute manière, de création beaucoup plus récente que les tapis berbères. Comme ceux de Kairouan, il rappelle certains tapis d'Asie Mineure.
Le « Rabat » se caractérise par son fond uni – rouge ou rose pour le type traditionnel, de couleurs variables (souvent bleue) pour le tapis moderne « genre Rabat » – décoré en son centre d'un motif en forme d'étoile et bordé de bandes, toutes de couleurs différentes, aux dessins

H. Librahimi

Tapis de Rabat

géométriques et floraux. Aux deux extrémités du champ central, un motif rappelle l'arc du mihrab figurant sur les anciens tapis de prière. Noué sur chaîne de laine, ou de coton, le tapis de Rabat se présente sous plusieurs qualités, tributaires du nombre de nœuds au m² : 72 900 pour la qualité moyenne, 90 000 pour la supérieure ; plus remarquables encore sont les pièces (entièrement en laine) qui en comptent 160 000.

TENTURES ET ÉTOFFES

Les couvertures et les tentures berbères, tissées sur les mêmes métiers que les tapis, sont faites de laine, parfois de poil de chèvre ou de chameau ; elles présentent des figures géométriques (losanges, chevrons, rectangles imbriqués) aux coloris très soutenus, répartis en compartiments à l'intérieur de bandes transversales parallèles, sur des fonds unis. Les femmes des montagnes tissent aussi la rude toile noire dont sont faites les tentes, des tapis de selle, et de lourdes étoffes rayées.
Dans le **Moyen Atlas**, les préférences vont aux tons bruns, ocre, rouges, violets, bleus. On y trouve les célèbres « **hanbel** », qui garnissent – à l'intérieur – le bas de la tente, et sont utilisées comme couvertures : longues et étroites, à tissage ras, elles sont formées de bandes de largeurs différentes, pour certaines décorées de motifs dont la polychromie s'inscrit sur un fond noir.

Généralement blanches, les « **hendira** » – pièces d'étoffe rectangulaires au tissage serré que les montagnardes jettent sur leurs épaules en guise de manteau – sont coupées transversalement par quelques larges raies ornées de motifs de couleur, auxquelles correspondent, sur l'autre face du tissu, des lignes de franges. Dans le **Haut Atlas**, les « hanbel », tissées sur chaîne en poil de chèvre, présentent des bandes noires, rouges et jaunes avec quelques motifs brodés ; on peut les trouver à **Ouarzazate**, ou sur les souks de la vallée du Dadès. La « hendira » du Haut Atlas se caractérise par ses rayures blanches et noires, ces dernières rehaussées de pointillés blancs ou de couleurs.

On fabrique aussi des « hanbel » à **Marrakech** ; mais les plus connues sont celles de **Salé**, à tissage ras et traversées de bandes rouges à points noués décorées de dessins géométriques bariolés. Les artisans d'**Ouezzane** produisent des tissus pour djellabas. Les couvertures bigarrées de **Boujaad**, ou « bizarra », à rayures serrées, sont célèbres pour leurs couleurs très vives. On trouve en **pays zaïane** une couverture blanche rayée de noir et d'écru.

La confection des soieries, à **Fès**, est un peu tombée en désuétude. Les femmes portent encore, pour les grandes fêtes principalement, d'épaisses ceintures de soie, à larges rayures ou à motifs polychromes. Quelques artisans perpétuent la tradition du tissage des brocarts *(voir à Fès)*.

Hanbel

Musée des Arts Marocains, P. Saharoff/HOA QUI

LA BRODERIE

Utilisée dans la confection de nappes, de coussins, d'écharpes, de ceintures, de caftans..., la broderie entre dans le cadre d'un commerce de luxe.

Celle de **Fès**, réputée pour sa finesse, la plupart du temps monochrome, reproduit des motifs « arborescents » aux éléments géométriques.

Celle de **Meknès** s'en distingue par ses vives couleurs et sa disposition en semis.

Dans la broderie de **Rabat**, un simple point plat comble les motifs disposés en bouquets ou en guirlandes.

A **Salé**, points nattés et points de croix s'allient dans les dessins clairs. Azemmour et Tetouan ont aussi un nom dans cet artisanat.

LA CÉRAMIQUE

Les poteries berbères – On les a comparées aux poteries égéennes du 3ᵉ millénaire avant J.-C. Généralement modelées par les femmes, sans l'aide d'un tour, ces poteries sont polies à la pierre, puis séchées au soleil ; certaines sont décorées au pinceau avant d'être cuites en plein air sur des feux de broussailles ou de branches. Marmites ou pots ventrus, coupes montées sur un pied étroit, cruches, jarres, vases en forme d'amphores, toutes sont galbées avec gaucherie. Le décor (chevrons, losanges, damiers, pointillés, arcades accusant la ligne de renflement) est appliqué sur l'argile claire ou ocre, ou sur un enduit blanc. Les plus belles sont fabriquées chez les **Tsoul** au Nord de Taza, dans le **Zerhoun** et dans le **Rif** (Oued-Laou, près de Tetouan).

Les poteries du Haut Atlas (région au Sud de Marrakech) se caractérisent par leur couleur ocre ; celles d'**Amizmiz** ont belle allure, avec leur simple feston noir.

Dans le Sud (Anti-Atlas, jbel Bani), les hommes façonnent l'argile en se servant d'un tour sommaire actionné avec le pied ; les objets sont rarement décorés. Aux environs de Zagora **(Tamegroute)**, on fabrique des poteries vernissées vertes. A **Ouarzazate**, sur la pâte blanchâtre sont exécutés quelques dessins marron.

Les céramiques citadines – Un peu partout, les potiers confectionnent des objets d'usage courant : pots, cruches, écuelles, plats à couscous, tajin (Salé), sans ornements ou tachetés de quelques dessins faits au goudron (Fès, Tetouan). A Fès et à Meknès sont fabriquées les tuiles rondes vernissées, de couleur verte, qui couvrent la plupart des monuments.

Les céramiques citadines sont surtout ornementales. Outre les plaques qui servent à confectionner les zelliges, l'artisanat urbain produit de très belles poteries qui utilisent dans leur ornementation des motifs floraux d'inspiration orientale en dépit de l'influence andalouse qui a marqué la tradition hispano-mauresque.

Potier au travail

P. Saharoff/HOA QUI

Plusieurs villes sont réputées dans la fabrication des céramiques vernissées. **Fès** en est le berceau et la capitale. Vases, pots à couvercle, plats ronds, jattes sont de formes simples et peu variées ; leur décor, en croix ou rayonnant, est en revanche d'une composition recherchée : motifs végétaux, géométriques et épigraphiques s'y rencontrent ; mais aussi des plumes, et même des bateaux. Fès triomphe avec ses céramiques à décor bleu sur émail blanc. Les céramiques de **Meknès** se reconnaissent aux palmes sur rinceaux et aux feuilles dentelées et nervurées. Les poteries de **Safi**, dues à une récente émigration d'artisans fassi, sont blanches et décorées de bleu ; Safi produit aussi des faïences à reflets métalliques.

LE TRAVAIL DU MÉTAL

La ferronnerie – Le travail du fer n'est pas pratiqué par les Berbères.
Les belles grilles en fer forgé qui tiennent lieu de portes, embellissent les pièces des riches demeures, ou remplacent le moucharabieh, sont l'œuvre d'artisans citadins attachés à la tradition andalouse. Dans le souk des Forgerons à **Marrakech**, se fabriquent des lustres, des lanternes, des cadres de miroirs, des supports de plateaux, des devants de feu, des ferrures, des grilles...
Tetouan, **Salé**, **Fès**, **Azrou**, doivent également être citées. **Meknès** est spécialisée dans la production des objets en fer noirci, damasquiné d'argent.

La dinanderie – Le grand centre en est **Marrakech**.
La technique du cuivre fondu et tourné a été remplacée par celle du coulage. La **ciselure**, toujours superficielle, est effectuée au burin. Le **damasquinage**, art délicat venu de Damas, consiste à incruster dans le métal des fils lisses ou torsadés en cuivre, en argent, en or ; il est utilisé dans la décoration d'éperons, d'étriers, de gardes de sabres. **Martelé** et **repoussé**, le cuivre – à partir du 15e s. – revêt les portes extérieures de larges plaques décorées d'arabesques et d'inscriptions.

Le travail du **maillechort** (alliage de cuivre, de zinc et de nickel, dont l'éclat blanc rappelle celui de l'argent) est une spécialité de **Marrakech** et de **Fès**.

Au plateau rond qui, monté sur pieds ou posé sur un trépied de fer, atteint les dimensions d'une table (tables à thé, à diffas), font cortège les vases, aiguières, théières, bouilloires, braseros, boîtes à thé ou à sucre, lanternes (décor ajouré, rehaussé de verres de couleurs), chandeliers, brûle-parfum...

Plateau en cuivre martelé et ciselé

X. Richer/HOA QUI

Les bijoux – Ils furent longtemps l'œuvre d'artisans juifs, émigrés d'Espagne. Certains colliers, parures de tête ou ceintures, sont faits de minces plaques découpées et assemblées par des chaînettes, ou soudées. De nombreuses pièces sont obtenues par moulage, puis gravées ou ciselées.
Le **filigrane** (fils de métal torsadés, aplatis et enroulés en de fins motifs ajourés) est employé par les bijoutiers d'Essaouira et de Tiznit.
La **nielle** (incrustation d'émail noir), fréquente dans les pièces anciennes, se perpétue sur le versant Sud de l'Anti-Atlas.
La technique du **cloisonné**, importée d'Andalousie (motifs en émail ou en pâte de verre de couleur, sertis de minces parois de métal), s'est conservée dans le Sous.

Bijoux citadins – Ils sont généralement en or finement ciselé de motifs, floraux pour la plupart, très légèrement creusés ; rehaussés de pierres précieuses souvent en cabochons (émeraudes, diamants, grenats, rubis très clairs dits « de Fès »), ils peuvent atteindre une grande magnificence.
Ceux de **Fès**, d'**Essaouira**, de **Marrakech** et de **Meknès** sont renommés.
Les fibules (simples ou formées de deux éléments reliés par une chaîne), les grands pendentifs d'oreilles que l'on accroche dans les cheveux, les ornements frontaux rappelant les ferronnières de la Renaissance, les bijoux « de poitrine » (plaques d'or enchâssées de pierres, ou larges colliers en dégradé formés de rosaces assemblées par des boules en or), sont portés seulement dans les grandes fêtes.
Le **lebba** (collier très ancien fait de longs pendants couvrant la poitrine) et le **taj** (diadème composé de plaques décorées s'articulant sur des chaînettes ou des charnières, ou bien posées sur un bandeau enrichi de perles) parent l'épousée dans les grands mariages.

Bijoux « berbères » – A la campagne, dans le Sud surtout, le goût pour la parure est très vif, et les bijoux berbères ont eux aussi leur somptuosité. Les plus beaux sont en argent, d'autres sont en bronze ; mais, si humble soit le métal, et malgré la profusion des breloques, ils gardent toujours une grande noblesse. Ils sont d'une exceptionnelle pureté de lignes, avec leurs dessins géométriques et parfois quelques motifs floraux. La verroterie et la cire de couleur y remplacent souvent les gemmes et l'émail.
On retrouve un peu partout, portée par les enfants, la main bénéfique, ou **fica** (pouce plaqué contre les autres doigts).

La **fibule** fixe le drapé sur l'épaule ou retient le rectangle de tissu servant de manteau : c'est un triangle massif, ciselé et orné de cabochons de verroterie souvent carrés.

Pendants d'oreilles, frontaux, bijoux de tête ou de poitrine envahissent le front, le cou, le buste : triangles ciselés, perles de métal lisse ou filigrané, chaînes, pièces de monnaie anciennes, boules d'ambre ou de corail, se mêlent à des bandes de tissu ou à des cordelières de laine.

Le simple collier d'ambre, aux vertus bénéfiques, est très couramment adopté.

Dans l'extrême Sud, on trouve un type de boucle d'oreille faite d'un immense cercle : on ne porte plus guère les anneaux de cheville.

Les bracelets, contrastant avec les autres bijoux par leur sévérité, sont larges et épais, décorés de côtes bombées ou garnis de pointes pyramidales ; la **nbala** de l'Anti-Atlas, à charnières, présente des motifs colorés cloisonnés en filigrane.

Cet art du bijou d'argent s'est concentré dans le Sous : **Tiznit, Inezgane. Taroudannt** est connue pour son souk des bijoutiers où sont vendues de belles pièces anciennes. On trouve à Guelmim des bijoux sahariens.

Les armes – Les artisans de **Tiznit, Marrakech, Fès** et **Meknès** exercent leur habileté sur la décoration des armes. La plus typique est la **koumiya** (que les Berbères appellent souvent jénoui), poignard à lame recourbée que, les jours de fête ou de souk, paysans et montagnards portent en bandoulière par-dessus la djellaba ; son manche et son fourreau en cuivre ou en argent ciselé en font un véritable bijou. Les vieux fusils à pierre – ou **moukkahlas** –, avec leur crosse ouvragée et leur canon parfois bagué de cuivre ou d'argent, apparaissent encore dans les fantasias. Les boîtes à poudre, rondes, triangulaires ou en forme de poire, portent un décor très fouillé.

On peut acheter de magnifiques armes anciennes à **Taroudannt**.

LE CUIR

Les objets de cuir viennent en tête dans l'exportation des produits de l'artisanat marocain après les tapis. C'est une tradition ancienne qu'exploitent surtout Fès, Marrakech, Rabat, Tétouan, Tanger. **Fès**, qui assure à peu près la moitié de la production, fournissait déjà en peaux de chèvres l'Europe du Moyen Age. Plusieurs villes possèdent encore leur quartier des tanneurs avec son enclos pavé de cuves colorées et nauséabondes.

Les babouches, jaunes ou blanches pour les hommes, de couleurs variées et brodées de fils de soie, d'or ou d'argent pour les femmes, sont à bout pointu chez les citadins, à bout carré pour les paysans ; dans le Moyen Atlas, et surtout dans les pays zemmour et zaïane, elles s'ornent de rondelles en feutre. La **chekkara**, sacoche à franges, est portée en bandoulière par les hommes de la campagne et fait pendant au poignard. On trouve des selles de chameaux à Marrakech, Casablanca, Rabat et Fès ; des soufflets à Fès et à Marrakech. Les poufs, les liseuses, portefeuilles, sacs, coffrets, sont surtout destinés à l'exportation. Le cuir peut être repoussé **(Rabat)**, ou encore excisé

Marchand de babouches

M. Renaudeau/HOA QUI

(Marrakech) ; souvent, il s'orne de broderies en soie, ou d'incrustations de lanières de couleurs **(Tetouan)**.

Dans les régions sahariennes, le travail sur cuir a un caractère très particulier et devient parfois le support d'un art véritable. On y applique des techniques aussi diverses que la teinture, l'incision, le découpage et la superposition. Des motifs géométriques sont juxtaposés à des dessins en arabesque formant un véritable langage visuel.

Le mot « **maroquin** », par lequel on a désigné à partir du 16e s. le cuir provenant du Maroc (peau de chèvre ou de mouton tannée avec des produits d'origine végétale comme le sumac ou la noix de galle), a donné naissance au terme maroquinerie.

LE BOIS

On travaille le cèdre à l'odeur caractéristique, le thuya, l'arar, le chêne, et – en incrustations – le citronnier, le noyer, l'ébène, l'acajou. La sculpture sur bois, mise à l'honneur par les Mérinides dans les parements muraux, corniches, consoles, linteaux, plafonds de cèdre, est un art dont la pratique se raréfie. A **Tetouan, Salé, Essaouira, Meknès**, on confectionne toutefois des arcs de portes ou d'alcôves, des lustres de mosquées, et on perpétue la tradition de la stalactite ; on peint de grands panneaux destinés à parer les portes intérieures et les plafonds. Les motifs, généralement floraux, qui ornent les armoires, les étagères et certains coffres, prennent – légèrement soulignés de blanc ou de noir – plus de relief.

A Fès, Meknès, Tetouan, la fabrication de moucharabiehs est encore importante.
Les coffres sont l'une des pièces essentielles du mobilier : coffres de Fès, très sobres, en thuya ou en arar et aux ferrures ouvragées ; coffres de Meknès – qui ont inspiré ceux de Rabat et de Salé – très sculptés, sans ferrures, en cèdre prenant une belle patine rose-dorée ; coffres de Marrakech, au couvercle parfois en dos-d'âne, peints dans des tons légers, ou tapissés de cuir ; coffres de Tetouan, aux motifs de couleurs vives peints sur fond rouge.
Les forêts du Moyen Atlas fournissent aux artisans d'**Azrou** le cèdre dans la masse duquel ils taillent des animaux, des coupes, des vases. Les incrustations sur bois et la marqueterie d'**Essaouira** sont très connues. Dans les souks, des tourneurs sur bois font naître en un tournemain des manches de brochettes, des pieds de tables...

LA VANNERIE

On tresse le roseau, le jonc, le raphia, l'alfa, le doum ; on tisse sur des métiers horizontaux les nattes de jonc, de doum ou de raphia qui recouvrent le sol sous la tente, dans les maisons et les mosquées. **Salé** est le centre de cet artisanat. Couffins géants, immenses hottes, chapeaux rifains, chapeaux de Khemissèt (portés par les vendeurs d'eau), corbeilles à couvercle conique – ou **« tbika »** – (dans lesquelles on entrepose les dattes, le pain, les gâteaux), corbeilles rondes et plates que les femmes du Sud posent sur leur tête pour transporter le linge, les herbes et les dattes, sont parmi les objets les plus originaux.

Quelques termes de géographie, d'économie, d'histoire

Abbès, abou, bou : père. S'emploie en composition dans les noms propres avec le sens de possession. Exemple : Bou Hamara, l'homme à l'ânesse.
Abd *(pluriel : abid)* : serviteur, esclave. Souvent employé en composition dans les noms propres. Exemple : Abd er Rahman, serviteur du Clément.
Azahar : mot berbère signifiant plaine. S'utilise par extension pour le bas pays où les pasteurs montagnards vont passer l'hiver avec leurs troupeaux.
Cadi : juge.
Caïd : fonctionnaire d'autorité pour une tribu ou une circonscription territoriale.
Calife : souverain musulman, successeur de Mohammed, réunissant le pouvoir spirituel et temporel.
Cheikh : chef de tribu ou de confrérie. Ou simplement personnage âgé, vénérable.
Chergui *(pluriel : cheraga)* : oriental. Le substantif désigne, au Maroc, le vent chaud des steppes orientales.
Chleuh : Berbère du Sud.
Dahir : décret royal.
Émir : chef de guerre, chef d'un groupe.
Fellah : Cultivateur.
Erg : champ de dunes dans le désert.
Feija : couloir étroit et allongé entre deux alignements de crêtes.
Foum : bouche, ouverture, débouché d'une vallée dans la plaine. Souvent c'est une cluse.
Habous : biens concédés à des mosquées ou des institutions religieuses ; les terres en sont cultivées par des locataires.
Hammada : plateau dénudé et rocailleux des régions sahariennes.
Hamri : terres plus ou moins rouges, riches en chaux et en acide phosphorique.
Hartani *(pluriel : harratine)* : cultivateur des oasis, de race noire (souvent descendant d'esclaves).
Istiqlal : indépendance. Nom du parti nationaliste marocain.
Jemaa : assemblée, palabre.
Kantara : pont.
Kebila : tribu.
Khalifa : lieutenant d'un chef.
Lalla : madame, sainte.
Mahdi : littéralement : celui qui est guidé ; envoyé de Dieu. Nom donné à certains saints de l'Islam comme Ibn Toumert.
Mansour : victorieux.
Melk : propriété privée.
Merja : marais temporaire.
Moulay : seigneur. Titre de noblesse qui se place devant le nom d'un sultan ou d'un chérif.
Reg : steppe de sables et de cailloux.
Roumi : chrétien, européen.
Seguia (targa, en berbère) : canal d'irrigation.
Si : monsieur. S'emploie devant le nom d'un lettré.
Siba (bled) : territoire qui ne reconnaît pas l'autorité politique – et fiscale – du sultan, sans contester toutefois son autorité.
Sidi : chef religieux. Titre qui s'emploie devant le nom d'un chérif ou d'un marabout.

Vous trouverez, en début de ce guide,
un choix d'itinéraires de visite régionaux.

Pour organiser vous-même votre voyage,
consultez la carte des principales curiosités.

La vie marocaine

A moins de trois heures de vol de Paris, le Maroc offre au touriste européen un contraste continuel et un total dépaysement : blancheur des cités du Nord, et – dans le Sud – ocre des ksour et des kasbahs ; minarets ensoleillés et pénombre des souks ; rues grouillantes des villes et solitudes du désert ; femmes au visage voilé et jeunes filles en jupes courtes ; complets-veston et djellabas ; à côté d'usines modernes, artisans exerçant leurs métiers millénaires ; grands barrages et norias primitives ; piscines à la mode et fontaines sacrées ; orangers et palmiers, et cîmes enneigées de l'Atlas en toile de fond ; vie de station balnéaire et aventure saharienne dans le grand Sud ; audacieux immeubles ou palaces côtoyant de mystérieuses médinas ; tentes de pasteurs semi-nomades plantées aux portes même de Rabat.

Les Marocains allient à une certaine réserve un sens exceptionnel de l'hospitalité.

L'ISLAM

Islam est le nom donné par les musulmans à leur religion ; il signifie soumission à la volonté de Dieu.

Ce dieu, c'est Allah, « et Mohammed est son Prophète ».

Chez les musulmans, la foi confère au croyant une sorte de primauté sur les non-croyants, et la religion marque assez fortement la vie du pays. Seules, peut-être, quelques très grandes villes échappent partiellement à la règle. La Constitution marocaine proclame l'Islam religion de l'État.

Mohammed – Né à La Mecque vers 570, berger dans son enfance et plus tard conducteur de caravanes, formé à la réflexion par le silence du désert, il a ses premières visions de prophète à 40 ans. Pendant une dizaine d'années, il prêche à **La Mecque** ; mais sa profession de foi : « il n'y a qu'un seul Dieu » est mal accueillie. Il doit fuir à **Médine** où il regroupe ses premiers fidèles : cette émigration, l'**Hégire**, qui eut lieu le 20 septembre 622 (mais que la tradition situe le 16 juillet de la même année), marque le début de l'ère musulmane. Mohammed déclare transmettre la parole de Dieu ; ainsi l'ont fait Abraham, Moïse et Jésus, qu'il révère comme ayant apporté les premières lueurs de la vraie lumière. Son enseignement se répand rapidement : à sa mort, en 632, les progrès réalisés par l'Islam sont déjà considérables.

Le Coran – C'est, rapportée verset par verset, la parole même d'Allah révélée à Mohammed. Ces révélations furent rassemblées par les fidèles sans souci de chronologie, en chapitres ou **sourates** classés par ordre de longueur. Code religieux, civil et social, le Coran régit la vie des croyants. Il est enseigné dans les écoles « coraniques » par un **fqih** (à la fois maître d'école et jurisconsulte) ; les musulmans apprennent à le psalmodier dès l'enfance.

La **Sunna** ou « tradition », série de récits – parfois légendaires – de la vie de Mohammed, précise certains points obscurs du Coran, complète les préceptes contenus dans celui-ci, traite des questions de la vie courante.

Les « cinq piliers » – Le Coran prévoit cinq obligations essentielles. Ce sont : la **chahada**, profession de foi ; la prière, cinq fois par jour ; le jeûne du Ramadan ; l'aumône légale ; enfin, le pèlerinage à La Mecque, que tout fidèle qui le peut doit effectuer au moins une fois dans sa vie, et qui lui confère le titre de « hadj ».

La religion musulmane proscrit les boissons alcoolisées, la viande de porc, et celle des animaux non vidés de leur sang (donc le gibier) ; elle réprouve les jeux de hasard, l'usure, et le meurtre. L'Islam comporte en outre des exigences, quant à la charité et au caractère méprisable de certains biens.

Le culte et les rites – La **prière** consiste à réciter les versets du Coran. Elle peut être dite n'importe où, pourvu que l'on soit tourné vers La Mecque. La mosquée est une salle de prière où les hommes peuvent venir dialoguer avec Dieu. Cinq fois par jour, du haut du minaret, le **muezzin** (souvent un disque dans les villes) lance son chant monocorde invitant à prier. Pour les sourds qui ne pourraient percevoir cet appel, un drapeau blanc (ou le soir une lumière) apparaît au même moment au sommet du minaret. La prière solennelle du vendredi comporte un prône ; les musulmans s'y rendent nombreux.

Lecture du Coran

L'Islam ne connaît ni clergé, ni sacrements. Un fidèle particulièrement savant, l'**imam**, dirige la psalmodie du Coran ; les fidèles, debout ou assis sur les talons et prosternés, font face au mihrab, niche indiquant la direction de La Mecque ; pas de musique ni de chants liturgiques : on n'entend que les murmures des oraisons et la parole scandée des lectures coraniques.

La prière doit être dite en état de pureté. Ainsi s'expliquent le geste de se déchausser à l'entrée de la mosquée, la présence d'une vasque ou d'une fontaine à ablutions dans la cour : la propreté corporelle reflète celle de l'âme.

Le Ramadan – La manifestation la plus spectaculaire de la vie religieuse est le Ramadan ou mois du jeûne (as-siyam), l'un des cinq piliers de l'Islam.

Pendant le 9e mois de l'année lunaire musulmane, c'est l'obligation du jeûne pour chaque musulman adulte – responsable et capable de supporter le jeûne – exception faite pour les malades, les femmes enceintes, et ceux qui effectuent un long voyage. Les personnes dispensées pourront prendre à leur charge le repas d'un pauvre pour chaque jour de rupture du jeûne. On s'abstient de manger, de boire, de fumer et d'avoir des relations sexuelles dès la naissance de l'aube jusqu'au coucher du soleil. Aucune restriction précise n'existe pendant la nuit. Toute la vie du pays se trouve réglée au rythme de ce mois de prière et de dévotion.

Le 27e jour du mois de Ramadan, les enfants observent leur premier jeûne ; les fillettes sont, pour la circonstance, maquillées et parées de leurs plus beaux vêtements ; la nuit précédente, appelée **« Nuit du Destin »** (Laylat Al Qadr) ou « Nuit Sublime », on illumine toutes les mosquées. C'est au cours de la Nuit du Destin que la première sourate du Coran fut révélée au prophète Mohammed.

La lettre et l'esprit – Dans les villes, les conditions actuelles de la vie ne permettent pas toujours d'interrompre toute activité à heures fixes ; néanmoins, les rites sont assez fidèlement respectés.

Dans les campagnes, il n'est pas rare de voir, en plein champ, un homme agenouillé sur un tapis, accomplissant les exercices du culte.

Le Ramadan, malgré les difficultés qu'il entraîne, est toujours scrupuleusement observé. Nombreux sont les pèlerins qui font le voyage de La Mecque.

En revanche, dans les tribus berbères – surtout en montagne – le culte n'est pas partout pratiqué avec la même rigueur. Des croyances populaires viennent s'adjoindre à la religion ; pour la plupart d'origine préislamique, elles sont condamnées par l'Islam, qui interdit par exemple la pratique d'offrandes aux génies ou « jnoun » qui peuplent des lieux mystérieux.

Le culte des saints est très développé ; porteurs de la baraka (bénédiction), ceux-ci continuent après leur mort à exercer une influence bénéfique, et leur tombeau ou **marabout** (ce terme

P. Wysocki/EXPLORER

Marabout dans le Haut Atlas

désigne à la fois l'édifice et le personnage) est le but de grands pèlerinages. Détenteur d'un savoir ancestral, le marabout est considéré par les gens de la campagne comme un médecin et un sage, à qui l'on verse une « wouada » ou droit de visite, s'il guérit ou donne satisfaction. Parfois, des communautés religieuses se sont formées autour du marabout. Ces confréries ont pour siège une **zaouïa** ; elles sont encore nombreuses, et certaines ont joué un rôle notable dans l'histoire du pays. Parmi les plus connues on peut citer : les **Aïssaoua**, confrérie religieuse fondée par Sidi Aïssa, saint patron de Meknès, mort vers 1526 ; les **Gnaoua**, dont la zaouia se trouve à Essaouira ; les **Hamadcha**, dont le fondateur, Sidi Ali ben Hamdouch (17e s.), enterré à Zerhoun, fait l'objet, en juillet, d'un moussem à Essaouira ; les **Taïbia**, dont la zaouia fut fondée en 1727 à Ouezzane ; les **Regraga** enfin, dont les treize zaouias accomplissent chaque année une tournée dans des sanctuaires de leurs ancêtres, sur les terres des tribus Chiadma, au Nord d'Essaouira.

Les **chorfa** (au singulier **chérif**), descendants de Mohammed, sont considérés comme des « sages » et – puissants ou pauvres – font l'objet d'une vénération particulière. La dynastie alaouite est une dynastie chérifienne.

Les grandes dates de la vie religieuse – En plus du mois de Ramadan, quelques grandes fêtes jalonnent l'année musulmane.

Le calendrier musulman – La vie civile est régie au Maroc par le calendrier grégorien, mais la vie religieuse se règle sur le calendrier musulman. Celui-ci a son point de départ le 16 juillet 622. L'année hégirienne, qui est une année lunaire, se compose de 12 mois.

Le calendrier musulman

Les Arabes font usage d'un calendrier lunaire de 12 mois qui sont alternativement de 29 ou 30 jours.

Le premier jour de chaque mois, déterminé par les astronomes, est celui où les centres de la terre, du soleil, et de la lune sont alignés dans cet ordre (conjonction Lune-Soleil), ce qui correspond à la Nouvelle Lune ; le croissant de la Nouvelle Lune n'est visible dans le ciel que le lendemain. La valeur moyenne d'une lunaison est de 29,5 jours environ.

Le calendrier solaire compte environ 365,25 jours, l'année de l'Hégire est plus courte avec, en moyenne, 354,5 jours. Il en résulte une différence de 10,75 jours. L'An I de l'Hégire a commencé, conventionnellement, le 11 juillet 622 (solaire). C'est à cette date que le prophète de l'Islam s'enfuit de La Mecque pour se réfugier à Médine.

Comment déterminer l'année de l'Hégire par rapport à l'année solaire.

$$\frac{\text{année chrétienne} - 622 \text{ ans} =}{0.97^{(1)}}$$

$$\frac{1995 - 622 = 1415}{0.97}$$

Comment déterminer le jour du Nouvel An musulman (1er Moharram) :

Il y a un écart de 10,75 jours de moins par an

... 1993...	1994...	1995...	1996...	1997...	2000...
... 21 juin...	11 juin...	1er juin...	20 mai...	9 mai...	9 avril...

Si les deux années commencent un même jour (1er Moharram = 1er janvier), le « jour de l'An » suivant aura lieu 10,75 jours plus tôt pour les musulmans et ce décalage ira croissant (10,75 x 2 pour le troisième « jour de l'An », 10,75 x 3 pour le suivant et ainsi de suite).

Ce n'est qu'au bout de 34 ans environ (années solaires) qu'on aura à nouveau 1er Moharram = 1er janvier.

Le dernier mois de l'année lunaire qui est celui du pèlerinage, a tantôt 29 jours, tantôt 30 jours.

(1) rapport entre une année chrétienne et une année hégirienne

Elle est plus courte que l'année solaire et progresse sur celle-ci d'une dizaine de jours par an.

Ainsi, le mois du Ramadan et les grandes fêtes religieuses sont-ils mobiles par rapport à notre calendrier.

Principales fêtes religieuses – Elles sont, dans la plupart des foyers, célébrées avec beaucoup de ferveur. Toutes donnent lieu à des manifestations traditionnelles.

Le 1er Moharram : c'est le Nouvel An musulman (« moharram » est le nom du 1er mois de l'année hégirienne).

L'Achoura : le 10 moharram. Journée de l'aumône, c'est à la fois une occasion de réjouissances (carnavals, mascarades) et – pour certains – une tradition de deuil (en souvenir de l'assassinat de Hussein, petit-fils du Prophète, on se rend dans les cimetières).

On offre des jouets aux enfants, pour qui l'Achoura est un jour d'allégresse.

Le Mouloud : instauré au 6e s. de l'Hégire, le Mouloud commémore la naissance de Mohammed ; c'est donc aussi un peu la fête des enfants. On sert des fruits secs ; dans certaines familles, on déguste la « Assida », bouillie de semoule agrémentée de beurre et de miel. La nuit précédente se passe en festivités ; les mosquées sont illuminées.

Le Mouloud est marqué par une grande ferveur populaire.

La Chabana : c'est la veille du 1er jour de Ramadan, qui lui-même correspond à l'apparition de la lune nouvelle. Cette fête tient son nom du mois à la fin duquel elle a lieu (8e mois : Chaâbane).

Sept coups de canon saluent la nouvelle lune. Pétards et feux de Bengale animent la soirée jusque tard dans la nuit. Cette nuit ou « Nuit du doute » ouvre le mois de jeûne et de prières.

L'Aïd es Seghir (« petite fête ») marque la fin du Ramadan.

La veille, les murs sont reblanchis. On reprend les habitudes normales de vie et en particulier, si on le peut, un substantiel petit déjeuner (soupe à base de semoule parfumée d'anis, et accompagnée de gâteaux au miel). Ce jour est l'occasion de réjouissances domestiques, dans lesquelles la nourriture tient une large place.

Une prière solennelle est dite. L'aumône fait partie des obligations de la fête.

L'Aïd el Kebir (« grande fête ») commémore le sacrifice d'Abraham. Chaque famille sacrifie traditionnellement un mouton, dont la viande est partagée en trois portions : une partie composera bien sûr les repas de la journée et du lendemain ; la deuxième est offerte ; la troisième sert d'aumône pour les pauvres. La peau de l'animal est offerte.

Cette fête peut être comparée, en importance, au Noël des chrétiens.

L'Aïd el kebir marque aussi l'époque du pèlerinage à La Mecque.

يرى القلب ما لا تراه العين

« Le cœur perçoit ce que l'œil ne peut voir »

L'écriture arabe est belle. La lire (1), c'est d'abord la regarder comme une infinité de dessins, notamment lorsqu'elle est utilisée pour décorer les monuments. Les mots, même si l'on n'en comprend pas le sens, donnent l'impression de se rencontrer, de se chevaucher, de s'unir en une composition harmonieuse qui, d'une certaine façon, va au-delà de l'écriture proprement dite, pour devenir un double du dessin.

Le pouvoir qu'exerce alors son tracé qui ressemble à une portée musicale, la force rythmique contenue dans un simple trait, la qualité plastique de ses arabesques formées de courbes et de droites enlacées font de l'écriture une véritable **calligraphie** où les mots sont tracés (initialement à l'aide d'un « calame » fait de roseau) de différentes façons et selon plusieurs styles. Ces styles sont nombreux mais six sont surtout utilisés : diwani, thoulthi, roqa, farsi, naskhi et koufi. Le traitement de l'écriture courante sous ces formes diverses devient alors, comme l'ornementation épigraphique des mosquées, un art véritable.

يرى القلب مالا تراه العين   Koufi

يرى القلب ما لا تراه العين   Roqa

يرى القلب ما لا تراه العين   Diwani

يرى الفلب مالاتراه العين   Maghribi

Mais le calligraphe, au lieu de tracer les mots en ligne, peut les agencer d'une autre façon et en faire une composition dont les formes ont une vocation picturale faisant appel à l'imagination de celui qui regarde. L'écriture est faite alors autant pour être regardée que pour être lue, et devient un véritable tableau où se révèle la parenté entre le geste du calligraphe et celui du peintre abstrait.

Ce passage de l'écriture à la calligraphie s'est ainsi poursuivi dans la peinture, où certains artistes marocains contemporains ou certains peintres cubistes, fascinés par cette graphie dansante, se sont emparés des lettres et des mots pour les introduire dans leurs œuvres, sans pour autant nuire à l'autonomie, acquise durant notre siècle, de chacun de ces arts.

Tayeb Saddiki, homme de théâtre renommé dans le monde arabe, mais aussi peintre-calligraphe, s'est ainsi intéressé aux infinies possibilités esthétiques de la lettre arabe, comme en témoignent les envolées de son pinceau qui explorent l'opposition du vide et du plein, du clair et de l'obscur, permettant à sa peinture d'échapper à la contrainte de la figuration tout en renouant cependant avec les fondements de l'art pictural (composition, tracé, harmonie), par l'importance accordée au geste.

(1) L'arabe s'écrit de droite à gauche ; tout s'écrit d'ailleurs dans le sens contraire du français, même le point d'interrogation.
Il y a 28 lettres dans l'alphabet arabe ; les majuscules n'existent pas et la plupart des lettres changent de forme suivant qu'elles sont placées au début, au milieu, à la fin du mot ou sont isolées. Divers petits signes représentent des voyelles (il n'en existe que trois : a, i, u) ou des accents qui se déplacent verticalement par rapport à la ligne horizontale des consonnes. Certaines lettres ont des formes identiques et ne se différencient que par des points diacritiques placés au-dessus ou en dessous de la lettre.
Pour lire un livre, on commence par ce qui, dans les ouvrages occidentaux, est la dernière page.

Tayeb Saddiki, calligraphie

Galerie d'art Frédéric Damgaard, Essaouira

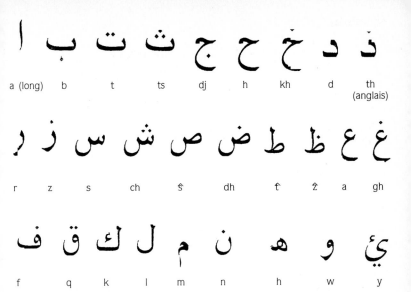

ا ب ت ث ج ح خ د ذ

a (long)　b　t　ts　dj　h　kh　d　th (anglais)

ر ز س ش ص ض ط ظ ع غ

r　z　s　ch　ŝ　dh　t̂　ẑ　a　gh

ف ق ك ل م ن ه و ئ

f　q　k　l　m　n　h　w　y

LANGUES

Le **berbère**, langue non écrite, s'est maintenu largement, surtout en montagne (à l'exception de la région montagneuse du pays Jebala au Nord-Ouest du pays, totalement arabophone). Divisé en dialectes locaux dont la prononciation et la syntaxe diffèrent d'une région à l'autre, le berbère se compose essentiellement du **tamazight**, parler berbère du Haut Atlas Central et Oriental qu'utilisent les berbères Sanhadja ; du **tachelhit**, parler berbère des Chleuhs du Haut Atlas Occidental et du Sous ; du **tarifit**, parler berbère du Rif.

L'**arabe dialectal** est surtout l'affaire des villes, des plaines atlantiques, du Rif occidental et des steppes orientales. Mais les Berbères sont souvent bilingues et les parlers arabes gagnent de plus en plus. C'est une langue pleine d'images et de symboles, capable d'exprimer l'imaginaire populaire si riche en légendes et en mythes et qu'utilisent notamment les conteurs.

L'**arabe classique**, la langue du Coran – connu jadis des seuls lettrés –, s'installe par le biais de la scolarisation et des moyens modernes de diffusion. Le **hassanya**, dialecte arabe que parlent les Sahraouis, est constitué d'un fond arabe d'origine classique auquel s'ajoutent des mots empruntés au Tachelhit du Sous.

La pratique de l'**espagnol** se limite à la partie Nord du royaume. Quant au **français**, il est compris par une grande partie des Marocains. A l'école, son rôle dans l'enseignement est peu à peu relayé par l'arabe ; il est la première langue étrangère et garde le monopole de l'enseignement scientifique.

Proverbes

Expressions de la voix populaire, les proverbes ou dictons font partie du langage familier quotidien de tout peuple. Au Maroc, pays de grande tradition orale, les proverbes, porteurs d'une sagesse populaire issue du patrimoine des Anciens, jouissent d'une vigueur toute particulière. Maniant le bon sens, l'humour ou l'ironie, ils traversent le temps en se transmettant de bouche à oreille, de génération en génération, le plus souvent en arabe dialectal.

Si l'on voulait tous les citer, la liste ne pourrait être qu'interminable ; nous avons donc choisi quelques proverbes ayant une similitude avec les nôtres, ou qui se comprennent d'eux-mêmes sans qu'il soit nécessaire de faire référence aux us et coutumes ancestraux du pays.

– « Il est plus facile de déplacer les montagnes que de changer le caractère d'un homme ».

– « Qui la veut toute, la laisse toute » *(« Qui trop embrasse, mal étreint »)*.

– « Le visiteur est sous la règle du visité ».

– « Il n'y a que les montagnes qui ne se rencontrent pas, quant aux hommes, ils se rencontrent entre eux » (C'est un peu l'équivalent de l'adage français « *Le monde est petit* », mais chez le Marocain cela signifie qu'il faut entretenir de bons rapports avec tout le monde, car si l'on commet une faute vis-à-vis de quelqu'un, on risque d'être mal à l'aise lorsqu'on le rencontrera à nouveau).

– « La nuit a des oreilles, le jour a des yeux » *(« Les murs ont des oreilles »)*

– « Fais ce que fait ton voisin de palier, sinon il te faut changer de quartier ».

– « Les jours sont longs et l'anesse est bonne marcheuse » *(« A chaque jour suffit sa peine »)*

– « Recherche le voisin avant la maison et le compagnon avant de te mettre en route » (proverbe berbère, littéralement : « Le voisin passe avant la maison et le compagnon avant le chemin »).

– « Celui qui a mangé les poulets d'autrui doit engraisser les siens » (le savoir-vivre exige d'inviter en retour son hôte et de l'accueillir encore mieux qu'il ne vous a accueilli).

– « Celui qui a mangé sa part doit fermer les yeux *(« Avoir les yeux plus gros que le ventre »)*.

– « C'est en coupant l'arbre qu'on s'aperçoit qu'il est creux ».

VIE QUOTIDIENNE

Il suffit de parcourir un souk ou de s'enfoncer tant soit peu dans la campagne, pour sentir combien le folklore et la vie quotidienne s'interpénètrent ici.

En ville

L'Islam a multiplié les créations urbaines, qui favorisaient le développement du commerce et l'épanouissement de la vie spirituelle et intellectuelle. De nos jours, la plupart des villes du Maroc comptent deux parties distinctes : la médina et le quartier moderne.

La médina – Une médina se serre autour de ses mosquées, ou de ses médersas, du marché, du hammam, des fontaines. Elle se cloisonne en quartiers selon la fortune, l'activité, l'origine de ses habitants ; c'est ainsi que l'on trouve dans les villes une zone commerçante, les souks – eux-mêmes compartimentés par métiers –, et le **mellah**, ancien quartier juif.

La visite d'une médina offre un spectacle étonnant. Devant soi, un enchevêtrement de venelles étroites, tortueuses, voûtées, tour à tour désertes ou animées, dans lesquelles on hésite parfois à s'engager de peur de s'y perdre ; des places que sillonnent en agitant leur clochette les porteurs d'eau, où le conteur public voisine avec l'arracheur de dents, et où le sol constitue souvent le plus rudimentaire des étals.

Pour l'habitant de la médina, la rue n'est pas seulement un lieu de passage : c'est aussi celui des rencontres, des longues conversations, des échanges ; observer, écouter, donner son avis y est aussi important que de traiter une affaire.

Les souks – Emplis à toute heure du jour d'un flot pressé de piétons, dans lequel – au cri répété de « balek » (attention !) – portefaix, âniers, cyclistes se fraient un passage, les souks constituent la grande attraction des villes marocaines. Le long des ruelles souvent couvertes de claies qui tamisent le soleil, des boutiques uniformes se succèdent : échoppes closes par un simple volet, exiguës, encombrées de marchandises, et où l'acheteur ne pénètre pas. A l'intérieur, accroupi sur un tapis ou une peau de mouton, l'artisan se livre à son métier.

A chaque spécialité, correspond une rue, un quartier. Il y a le souk aux tapis ; ceux des potiers, des forgerons, des teinturiers tendu d'écheveaux bariolés comme des oriflammes ; celui des menuisiers qui sent bon le citronnier, le thuya et le cèdre ; celui du cuir, celui des babouchiers ; celui de la viande, des épices, celui des herbes embaumant la menthe fraîche qui servira à préparer le thé ; le souk au henné où, à côté des

S'il est intéressant de connaître le jour où se tient le **souk** – que ce soit en ville ou à la campagne – car il y règne alors une animation extraordinaire et le spectacle qu'il offre est toujours des plus colorés –, il est également utile de le connaître pour le ravitaillement lors de grandes randonnées et pour les transports éventuels (arrivées de taxis et camions la veille du souk, départs le soir ou le lendemain matin).

fioles contenant les ingrédients destinés à la confection domestique de produits de maquillage, sont vendues les feuilles sèches qui, pilées, fournissent une poudre avec laquelle femmes et fillettes se teignent les cheveux et l'intérieur des mains.

Dans ce déballage hétéroclite, il est parfois malaisé de distinguer le meilleur du pire. On pourra en tout cas difficilement se soustraire à la loi du marchandage, qui est ici un rite et qui, manié avec art et délicatesse, vous attirera la considération de votre interlocuteur. Il se fait parfois devant un thé à la menthe obligeamment offert.

La **Kissaria** (le mot viendrait du latin Caesareum : marché « de César »), domaine des étoffes, des vêtements, de la passementerie, était originellement une halle fermée où l'on vendait les marchandises importées, en particulier le tissus.

Les **fondouks**, inspirés des caravansérails orientaux, servent d'entrepôts et abritent quelques artisans.

Les lieux de rencontre – Outre la mosquée, il y a le **hammam** (bain), réservé aux hommes ou aux femmes, selon les heures ; comme dans les thermes antiques auxquels il s'apparente, on y peut discuter une affaire ou deviser des événements du quartier. Les cafés ne sont fréquentés que par les hommes. Les terrasses des maisons sont le domaine des femmes. Le vendredi, les musulmans se rendent nombreux dans les cimetières.

La maison – Palais ou modeste logis, la maison ne révèle à l'extérieur qu'un mur percé de quelques minuscules fenêtres grillagées. Dans les riches demeures, une belle porte de bois s'ouvre sur un long couloir sombre précédé d'une entrée en chicane et conduisant au salon de réception, donnant sur un jardin (riad) dont la végétation luxuriante laisse échapper, au détour d'une allée, des fragrances subtiles, ou un patio, carrelé de céramiques vernissées, au centre duquel trône une fontaine : là s'arrête l'étranger.

Mais pour celui qui est invité à franchir le seuil de ces demeures, la décoration intérieure est souvent un enchantement et confère aux lieux une atmosphère des plus conviviale.

La ville moderne – Le 20e siècle a donné naissance à un type de villes, élevées à l'écart des médinas, où, le long de larges avenues se coupant à angle droit, les bâtiments officiels néo-mauresques alternent avec des maisons de commerce, des banques. Par-derrière, au milieu des jardins, s'élèvent les villas.

Dans ces villes, qui continuent à subir de profondes transformations, des conditions nouvelles d'existence liées aux activités modernes ont tendance – hors du cadre familial surtout – à se substituer aux modes de vie traditionnels.

A la campagne

A la campagne, la vie quotidienne offre, pour les sédentaires, les nomades et les semi-nomades des traits tout à fait différents.

L'habitat – L'habitation du paysan et du montagnard est généralement humble et exiguë. Si on excepte – dans le Sud – les kasbahs, les parties fortifiées des ksour et les hautes maisons décorées de Tafraoute et de la vallée des Ameln, elle est presque toujours très basse. On y retrouve souvent le plan carré avec cour centrale. Construite avec des matériaux pris sur place, elle se fond dans le paysage.

Habitations à toit incliné – En chaume, en jonc, ou en écorces, parfois en tuiles, ce type de toit se rencontre surtout dans le Nord.
Dans les régions atlantiques, on trouve fréquemment, sur les terres riches, des maisons bâties en pierre.
La **nouala**, habitation du sédentaire, est une hutte conique ou rectangulaire de roseaux ou de branchages entrecroisés formant une double paroi comblée de torchis ; elle est couverte de chaume ; à l'intérieur, une seule pièce au sol de terre battue sur lequel est jetée une natte ; les noualas se groupent à l'abri d'une haie de jujubiers (buissons épineux) afin d'éviter que la basse-cour ne se disperse dans la campagne.
La maison rifaine, robuste, en pierres grossières, est souvent fermée sur une cour où sont parquées les bêtes ; en haute montagne, elle est rectangulaire, étroite, couverte d'un toit de planches et de chaume, abritée extérieurement par des branchages du côté le plus exposé aux intempéries.

Village chleuh de la vallée des Aït Bouguemez

Habitations à toit plat – Elles couvrent à peu près tout le reste du pays. Dans le Maroc central et sur les versants Nord du Haut Atlas, on trouve de pauvres maisons en pierre, couvertes de terre battue, qui semblent à demi enfouies dans le sol.
Les villages « **chleuhs** », bâtis en terrasses, strient les flancs montagneux ; leurs maisons à étage (le rez-de-chaussée est réservé aux animaux, la pièce la plus élevée, celle où l'on reçoit) sont surmontées d'une galerie ouverte où sèchent les récoltes.
On rencontre dans la région de Bin-el-Ouidane (Moyen Atlas) des fermes fortifiées qui annoncent les irherms du Sud *(voir p. 200)*. Du versant Sud du Haut Atlas aux confins sahariens, se succèdent les ksour et les kasbahs *(voir p. 27, p. 83 et p. 114)*.

La tente ou « khaïma » – Seule habitation des véritables nomades : « hommes bleus » de l'extrême Sud et pasteurs du Maroc oriental, elle double chez les semi-nomades une maison très rudimentaire.
Deux poteaux portent une perche transversale sur laquelle est disposée une pièce d'étoffe brune ou noire, aux longues bandes tissées le plus souvent avec des poils de chèvre ou de chameau. La tente est tendue par des piquets ; le vide laissé entre le sol et le tissu, pour éviter que celui-ci ne s'abîme, est comblé par des broussailles.
Le « mobilier », sommaire, comporte des tapis, des couvertures, des nattes, des grands coussins faisant office de sièges, des ustensiles en terre ou en bois, des sacs contenant les provisions. Une natte divise parfois la khaïma en deux parties.
Si l'on excepte les plaines atlantiques, l'habitat rural est rarement dispersé. Groupées en cercle, les maisons ou les tentes forment des **douars**.
A signaler enfin, les **tazotas**, type d'architecture unique au Maroc et propre à la région des Doukkala. Constituées de pierres assemblées sans mortier de façon circulaire, ces constructions autrefois utilisées comme habitations servent aujourd'hui au stockage de la paille. On peut en voir sur la route S 105 menant d'El Jadida à Settat, ou bien encore le long de la bretelle reliant Azemmour à Jorf-Lasfar.

« La laine et le grain » – La vie paysanne est rythmée par les travaux saisonniers et les déplacements des troupeaux. Premiers labours, semailles, repiquage, moissons, vannage donnent lieu à des fêtes marquées de rites compliqués et empreintes de super-stition.

La femme, « poutre maîtresse de la tente », aide à la moisson, transporte la récolte, va chercher l'herbe, le fourrage, les branchages pour le feu, puise l'eau, pile le grain, tisse les tapis, les couvertures, les vêtements, tourne les poteries.

Le **souk de campagne**, marché et lieu d'échanges, représente la seule possibilité de ren-contres entre les gens souvent isolés dans des régions vastes. Cette importance apparaît dans le choix de son emplacement (carrefour de pistes ou de routes, gués, ponts, débouché d'un col, lieux saints) et, pour un souk important, dans les distrac-tions qu'il comporte parfois (chants, danses, conteurs publics...). Il se tient en plein air, sur la place ménagée à cet effet dans les petites bourgades, au pied des villes, ou en rase campagne, faisant surgir dans des endroits déserts une agglomération éphé-mère. Il est en général hebdomadaire, d'où le nom de nombreuses localités ou lieux-dits : Souk-Tnine (« marché du lundi »), Souk-el-Arba (« marché du mercredi »), etc. Le souk commence tôt le matin, se termine tard dans la matinée.

Dans le Sud, il est surtout fréquenté par les hommes.

Souk de campagne, bergers berbères

Les souks de campagne offrent un spectacle très coloré. Cheminant le long des routes et des pistes, affluent vers lui ânes, mulets, dromadaires portant les couffins dans les-quels on a entassé les produits de l'élevage et de la terre, et qui serviront au retour à rapporter les achats : articles d'épicerie, objets manufacturés, tissus, outils.

Sur le souk règne une animation extraordinaire ; tout un petit monde circule, s'immo-bilise, parlemente, se remet en mouvement parmi le bétail, les tas de fruits et de légumes, les couffins : un déballage d'objets hétéroclites jonche le sol : poteries tra-ditionnelles, ustensiles en matière plastique, bouteilles de shampooing, morceaux d'antimoine pour la préparation du khôl ; et même le pharmacien ambulant, un peu magicien, y vend ses plantes guérisseuses et ses talismans.

Bourricots et chevaux – On ne peut parler de la vie rurale sans évoquer la silhouette trottinante ou harassée du « bourricot » marocain, de petite taille, robuste, docile, tra-vaillant aux champs, transporteur à tout faire, et véhicule d'élection. On le rencontre partout, au long des routes de campagne ou aux abords des villes, avançant à pas menus, talonné par son maître, tenant bon sous d'énormes fardeaux.

Né du croisement, à travers les siècles, du cheval **arabe** pur sang, originaire d'Orient et introduit au Maroc au 7ᵉ s. avec les conquêtes arabes et l'islamisation de l'Afrique du Nord, et du cheval **barbe**, originaire également d'Asie centrale et introduit en Afrique du Nord avant et après les guerres qui opposèrent Romains et Carthaginois, et dont l'aire d'élevage s'étendait de la Tunisie au Maroc, le cheval marocain occupe une place importante dans la vie quotidienne du pays (dans les cérémonies, les manifestations populaires, le travail). Vaillant, sobre et résistant, il se rencontre surtout dans le Moyen Atlas ; il est la fierté du montagnard, un signe de richesse, et participe avec panache aux fantasias.

À côté du Haras Royal de Bouznika qui abrite une centaine de chevaux, les haras natio-naux de Meknès, El Jadida, Marrakech et Oujda contribuent à l'amélioration de l'élevage du cheval arabe.

À l'instar de la Fédération Royale Marocaine des Sports Équestres qui encourage la présence de ses cavaliers d'élite à de grandes compétitions internationales, chaque haras régional participe au développement de l'équitation par le biais des sociétés de courses hippiques et des clubs équestres qu'il encadre, et des concours régionaux ou locaux qu'il organise annuellement.

Mais de nos jours la bicyclette, le cyclomoteur, la camionnette concurrencent ces modes de transport traditionnels.

La vie familiale

Séparée de la vie publique, elle juxtapose deux mondes vivant de façon cloisonnée : celui des hommes et des grands adolescents d'une part, celui des femmes et des enfants de l'autre.

La femme sort, reçoit, règne sur la maison et – à l'égal de l'homme – possède le droit de vote ; mais, même si une évolution se fait sentir dans les grandes villes, le poids des décisions du chef de famille reste déterminant.

Les grands moments – Le mariage est, avec la naissance, l'événement familial célébré de la façon la plus spectaculaire. On se marie jeune ; l'époux apporte une dot. Suivant les régions ou les tribus, les festivités célébrant le mariage diffèrent, mais elles se déroulent sur plusieurs jours, selon un cérémonial compliqué et fastueux ; des femmes, engagées pour la circonstance, accompagnent la jeune fille dans ses allées et venues, la fardent, l'aident à revêtir ses différents costumes, ponctuent de leurs you-you les diverses phases de la fête. On ne se contente pas de présenter les cadeaux faits aux époux, mais on expose la mariée elle-même, parée comme une divinité.

La circoncision, qui a lieu entre 7 et 13 ans, est l'occasion d'une fête.

La nourriture – Les Marocains sont généralement très sobres dans leur nourriture quotidienne. Celle-ci est à base de légumes, de semoule de couscous, de poulet, de mouton, de fruits (oranges, dattes...), de lait. Près des côtes, le poisson entre également dans bon nombre de préparations culinaires (tajine de poissons, sardines grillées ou présentées en boulettes, accompagnées de sauce tomate, briouates aux crevettes, pastilla farcie aux fruits de mer, congre aux raisins secs, etc.). On ne mange généralement pas de fromage. Chez les nomades, le lait et les dattes tiennent une place importante. La **kessra** – pain rond et plat comme une galette, fait de blé dur, d'orge ou de seigle suivant les régions, et souvent pétri à la maison – est partout présente et constitue l'un des éléments essentiels de la nourriture marocaine. On voit partout, dans les petites villes et les villages, des enfants ou des femmes porter sur la tête ou sous le bras un plateau de bois recouvert d'un linge : ils apportent au four du quartier (*farn*) le pain pétri à la maison, ou rapportent chez eux le pain croustillant et doré tout juste sorti de ce même four.

C'est le mouton qui est le plus consommé : en brochettes, rôti en « méchoui », ou en ragoût, il est de toutes les réjouissances. Le poulet fait l'objet de maintes préparations : farci de semoule, de miel, d'amandes, de raisins secs, ou en ragoût, accommodé avec du citron, des olives, des pruneaux. Les recettes de ragoûts ou **touajen** (au singulier **tajine**) de poulet, de mouton, de pigeon, de légumes, varient à l'infini ; mijoté dans une daubière en cuivre, le tajine est servi dans un plat rond en terre vernissée surmonté d'un couvercle conique, et qui a donné son nom au mets.

Le **couscous** marocain n'est pas relevé ; on l'accompagne d'un bouillon aromatisé : il est servi avec des pois chiches et des raisins. L'**harrira** est une soupe substantielle à base de bouillon de viande auquel on ajoute pois chiches, fèves, lentilles, légumes frais, oignons, œuf, farine, gingembre, coriandre, safran, poivre, beurre... Elle est servie partout et en tous temps, mais surtout pendant le mois du ramadan où elle sert à rompre le jeûne quotidien. On la sert alors accompagnée de **dattes** que l'on consomme d'ailleurs en grande quantité à cette époque-là. La **bstila**, souvent appelée **pastilla**, sorte de gâteau mi-salé, mi-sucré, fait d'une savante pâte feuilletée fourrée de pigeon haché, d'œuf, de raisins, d'amandes, d'épices, et saupoudré de sucre et de cannelle, est le fleuron de la cuisine marocaine ; elle demande de longues heures de préparation et beaucoup d'art. Les pâtisseries – **cornes de gazelles** où domine la pâte d'amande, et **briouates** (gâteaux au miel) – sont très sucrées.

La boisson nationale est le **thé à la menthe** (thé vert et menthe fraîche), dont la préparation se fait devant les convives selon des rites immuables, qui se sert bouillant et déjà sucré, et dont il est de règle de boire plusieurs verres. Dans les foyers modestes, l'une des dépenses principales est représentée par le thé et le pain de sucre. On ne boit généralement pas en mangeant.

Les grands repas ou **diffas** comportent toujours le même cérémonial. Les plats sont apportés et gardés chauds dans de grands récipients ronds en vannerie, en cuir clouté, en cuivre, ou en argent, montés sur trois pieds sculptés, et coiffés d'un couvercle conique. Les serviteurs passent une aiguière et un bassin de cuivre, et versent de l'eau sur les doigts des convives qui puiseront à tour de rôle dans le plat commun posé sur une table basse. Les Marocains se servent de la « fourchette d'Adam » avec dextérité, n'utilisant que le pouce, l'index et le médius, s'aidant souvent de gros morceaux de croûte ou de mie de pain, pour saucer ou prendre viande et légumes dans le plat commun. Le premier plat est généralement la pastilla, puis viennent le méchoui, les différents touajen, le couscous, et enfin les pâtisseries. Les convives se rincent à nouveau les mains avant de déguster le thé à la menthe, conclusion obligatoire de toute diffa.

Diffa

Le vêtement et la parure

Le vêtement marocain varie selon les régions, en fonction de traditions locales plus que d'un genre de vie ; il n'est tributaire d'aucune mode.

Dans les villes modernes, l'habillement « à l'Européenne » gagne du terrain ; mais on porte encore beaucoup les vêtements traditionnels. Le plus courant est la **djellaba**, adoptée par les femmes comme par les hommes ; c'est un vêtement long, à manches, ample mais droit, un « couvre-tout » ; les hommes le passent sur une chemise de laine ou sur leur costume et en rabattent souvent la capuche sur le **tarbouche**, coiffure tronconique que les Européens ont appelée « fez ». La djellaba, en tissu lourd ou en gabardine légère, est toujours de couleur discrète. La **gandoura** est une sorte de tunique sans manches, généralement blanche. Le **litham**, blanc ou couleur de la djellaba, voile encore fréquemment le bas du visage féminin et ne laisse voir que les yeux ; dans le Nord du pays, il se réduit souvent à un simple mouchoir plié en triangle et noué derrière la tête par-dessus la capuche. Moins pratique que la djellaba, le **haïk** – blanc dans le Nord, sombre dans le Sud, et fait d'une longue pièce de tissu savamment drapée dont un pan voile le visage – a tendance à être abandonné sauf dans la région d'Essaouira où toutes les femmes en sont drapées. Le **caftan**, qu'une mode a importé en Europe, est la toilette des citadines ; boutonné devant, tout du long, par de petites boules serrées, fendu sur les côtés, il peut être fait – pour les grandes occasions – dans un riche tissu (velours, soie, brocart...), et gansé de doré ou d'argent. Les Marocaines le portent avec une ceinture brodée.

Les paysans et les hommes des montagnes se vêtent d'une tunique claire en laine, serrée par une ceinture. Par-dessus, ils portent la djellaba, chinée ou rayée, écrue ou brune selon la saison ; plus rarement le **burnous**, sorte de cape très large, au capuchon pointu. Les nomades que l'on rencontre aux confins du désert (plus particulièrement à Guelmim) sont revêtus d'une pièce de cotonnade indigo qui en déteignant colore la peau en bleu d'où leur surnom « d'hommes bleus » ; ils portent un turban, bleu ou noir, dont les pans enveloppent le cou et forment un litham qui les protège contre les vents de sable.

Les drapés noirs des femmes des oasis (Tafilalt, vallée du Drâa) les dissimulent au point de ne laisser entrevoir qu'un œil. Légèrement plus au Nord (Ziz, région du Dadès), elles mêlent au noir des rouges, des oranges, des jaunes, des violets profonds ; le morceau de tissu de couleur vive dont elles ramènent les pans au-dessus de leur tête et qu'elles maintiennent par un bandeau ceignant le front fait un peu penser aux anciennes coiffures égyptiennes.

Le costume de certaines tribus du Haut Atlas atteint une rare noblesse : la rigide **hendira**, et la coiffe de tissu noir maintenu par des torsades de laine multicolores, dessinent la silhouette des femmes Âït-Haddidou qui vivent sur les Hauts-Plateaux. Les montagnardes du Moyen Atlas affectionnent les tissus brochés ou les imprimés fleuris et bariolés.

Le costume des femmes du Rif ne ressemble à aucun autre ; l'élément principal en est la **fouta**, rectangle de coton à rayures rouges, blanches, bleues, qu'elles s'enroulent autour des hanches ou des épaules ; emmitouflées – même au gros de l'été – dans de grandes serviettes éponge sur lesquelles elles posent leur immense chapeau de paille à cordelières et pompons bleus, énormes sous leur fouta qui recouvre une épaisseur impressionnante de jupes et de ceintures, les jambes prises dans des guêtres de chiffons ou de cuir brun que maintient un laçage croisé et qui les protègent des herbes coupantes, elles ont à défaut de grâce une allure des plus pittoresques.

Jeune fille de la région d'Imilchil

Les femmes berbères gardent généralement le visage découvert.

Les bijoux marquent la condition des femmes. Dans le Sud, elles les gardent pour vaquer à leurs occupations ; elles les accumulent ou revêtent les plus beaux lors d'une grande occasion.

Le maquillage est très à l'honneur. Pour se colorer le teint, les sourcils, les cheveux, les ongles, les paumes des mains, on utilise le **henné**, auquel on accorde volontiers un pouvoir bénéfique. A cause de sa valeur prophylactique et de la « baraka » dont il est empreint dans la culture populaire, on met ainsi du henné à la mariée, à l'accouchée, au nouveau-né et aux enfants circoncis, mais aussi aux malades et aux animaux, car il guérit, embellit, purifie et écarte les « jnoun » (génies). Le **khôl**, pommade à base d'antimoine, avive l'éclat des yeux. Les femmes berbères se dessinent sur le front et sur le menton des traits noirs ou de fins dessins géométriques, sur les joues de grosses taches rouges ou des pointillés ; elles utilisent pour cela le henné, la suie, le safran, du miel coloré de rouge. Ces motifs sont parfois exécutés en tatouages.

Autrefois signe magique, le tatouage est devenu ornemental. A côté du tatouage ethnique de nature autochtone, le tatouage de fantaisie fait partie de l'esthétique ; c'est une forme d'expression dont les nombreux motifs ne respectent aucune règle précise et sont proposés par celui ou celle qui les fait.

La musique et la danse

La musique marocaine, que notre oreille d'Occidentaux a tendance à confondre avec les autres musiques d'origine orientale dans une même mélopée, a son caractère propre et ses diversités. Elle ignore la polyphonie (voix et instruments s'expriment à l'unisson) et le rythme y joue un rôle essentiel.

La musique « andalouse »

D'origine persane, la musique « andalouse » s'est introduite au Maroc après le 10e s., et s'y est implantée à la faveur de la reconquête de l'Espagne par les chrétiens. Alors que la musique occidentale a ramené à deux (majeur et mineur) le nombre de modes, la musique andalouse en compte encore onze. Elle a retenu plusieurs gammes grégoriennes.

Tar

C'est une musique raffinée, réservée à un milieu cultivé, généralement chantée dans un arabe littéraire très pur. Sa forme la plus noble est la **nouba**, constituée d'une succession invariable de morceaux soumis chacun à un rythme donné ; à des moments déterminés correspondent des thèmes précis : la nouba célèbre à telle heure l'humanité, à telle autre la nature, le lever du soleil. Codifiée au 17e s. par le maître andalou El Haïk établi à Tetouan, cette musique s'est transmise jusqu'à nous de façon purement auditive. Les centres en sont Tetouan, Fès et Rabat.

Les instruments, pour la plupart à cordes (frottées ou pincées), sont assez limités : violons, alti, luths, **rebab** (la viole médiévale) le plus souvent à deux cordes et dont l'archet est recourbé comme un arc. Le **tar** – très semblable au tambour basque – et le **derbouka** (cylindre renflé et tendu de peau à l'une de ses extrémités), sur lequel on tape des deux mains, sont les seuls instruments de percussion utilisés par les orchestres andalous.

L'un des maîtres incontestés de la musique andalouse aujourd'hui, est le musicien Fassi Abdelkrim Rais dont on a pu apprécier la virtuosité lors de concerts à l'Institut du Monde Arabe à Paris en 1994.

Le malhoun ou **griha**, poésie chantée en arabe dialectal (et associée par la suite à la musique andalouse), est une des composantes de l'identité culturelle des vieilles médinas du Maroc. Cette poésie populaire des bédouins, qui, à l'origine, animait les soirées des chameliers dans le Tafilalt, s'est propagée vers les villes impériales de Fès, Marrakech, Meknès – où une école de malhoun fut fondée en 1206 – et Salé. Lorsque les derniers musulmans d'Espagne vinrent au Maroc, s'est établi un échange entre leurs musiciens et les poètes du malhoun. Poésie purement marocaine, la **« qasida »**, s'est vue alors découpée en strophes entre lesquelles est venue s'intercaler la musique, alors qu'à l'origine les gens du Sahara rythmaient leur qasida uniquement en battant des mains ou en tapant des pieds.

Aujourd'hui le malhoun est toujours enseigné au conservatoire de Meknès. L'un de ses plus grands interprètes, le joueur de luth et chanteur Houcine Toulali, originaire de Hay Toulal près de Meknès et dont le premier enregistrement radiophonique remonte aux années 1950 avec la chanson *Ya Luft Allah el Khafi* – désormais un classique –, s'est produit encore récemment lors de récitals donnés en France.

La musique berbère

Elle est étroitement liée à la danse. Les instruments sont très simples : flûte de roseau ou **awada** ; rebab caractéristique du Sous, à corde unique et à caisse ronde et plate, recouverte de peau et curieusement barrée d'un faisceau de cordes ; la populaire **guembri**, minuscule guitare ronde à long manche et ne comportant souvent que deux cordes. Le **bendir**, tambourin dont la peau tendue sur une seule face, prend à proximité d'un feu une résonance plus grande, marque le rythme par sa sonorité et par les mouvements que lui imprime le musicien.

Tous ces instruments sont utilisés pour chanter et jouer l'**amerg**, chant populaire des tribus berbérophones.

A côté de la musique des villageois, il existe aussi une musique berbère de vrais professionnels. C'est la musique des **raïs**, chanteurs et instrumentistes virtuoses, poètes et compositeurs, qui vont avec leur troupe de village en village, pratiquant l'art ancestral du Sous. Leurs chants sont toujours en tachelhit (langue chleuh de l'un des trois groupes

Rebab

ethniques et linguistiques berbères du pays). Autour du raïs, la formation classique du Sous comporte un ou deux joueurs de rebab, plusieurs joueurs de **lotar**, et un percussionniste qui marque continuellement les rythmes sur un **naqous**, étrange instrument qui ressemble à un moyeu de roue de camion sur lequel on frappe avec des baguettes de fer. A ces musiciens s'ajoutent parfois des chanteuses, les **raïssats**, dont le chant, comme celui des hommes, se tient dans un registre aigu, avec des cris entrecoupés de grands intervalles mélodiques.

Une nouvelle génération de musiciens

Ces dernières décennies, bien des musiciens ont cherché des deux côtés de la Méditerranée à approfondir les clés communes des musiques orientale et occidentale. Des groupes comme **Nass El Ghiwane** ou **Jil Jilala** ont ouvert la voie à une nouvelle génération de musiciens marocains, se réappropriant une musique ancestrale, habillée de sonorités actuelles. Dans leur répertoire se mêlent des éléments empruntés aussi bien aux musiques religieuses qu'à la chanson populaire profane, au malhoun ou aux Gnaoua. Les Jil Jilala chantent en arabe littéraire mais s'accompagnent depuis longtemps d'instruments berbères. Le groupe Nass El Ghiwane, né dans les années 1970 et chez qui l'inspiration gnaoui est importante, a subi l'influence profonde du mouvement hippie et du Living Theatre. Tentant d'exprimer les aspirations de la jeunesse, il utilise de nombreuses métaphores dans les paroles de ses chansons, permettant ainsi à chaque auditeur de les interpréter selon ses propres sentiments.

Dans le même temps, nombreux sont les artistes internationaux qui ont été influencés par la richesse et la diversité de la musique arabo-méditerranéenne. Certains grands noms du jazz ont trouvé dans le désert, son espace et ses silences, matière à leur inspiration. Il n'est que d'écouter Miles Davis par exemple dont la musique aux sonorités voilées, embrumées dans le grave, participe de ce silence. Certains comme Ornette Coleman ont joué avec des musiciens traditionnels marocains, ou, comme Randy Weston, ont poussé plus loin leur quête des racines africaines de la musique noire américaine, en mélangeant leur musique à celle des Gnaoua. D'autres comme Brian Jones en 1968 (et plus tard Mick Jagger), du groupe des Rolling Stones, recueillirent à **Jajouka**, petit village des montagnes du Rif, les sonorités musicales répétitives des rhaïtas et des bendirs utilisés par les maîtres musiciens de l'endroit, pendant que Jimi Hendrix et d'autres musiciens de jazz séjournaient à Essaouira.

Dans la vague suivante du folk marocain, la culture berbère va également se manifester, avec à la fois des instruments traditionnels et des instruments modernes, mais aussi avec des chansons « Amazigh », en assurant une création continue à partir de la tradition.

Aujourd'hui cependant, force est de reconnaître que l'on entend, dans les villes surtout, et notamment à la radio, beaucoup de chansons de variétés égyptiennes, chantant l'amour dans des orchestrations souvent occidentales, teintées de couleurs orientales.

Les danses

Leur diversité est très grande. Exécutées dans les villes par des danseuses professionnelles, elles sont à la campagne la manifestation d'un authentique folklore, et c'est un spectacle de choix que de pouvoir assister à l'une d'entre elles, en plein air dans un village.

Leur caractère de réjouissance se double d'une valeur incantatoire ; elles sont pratiquées à l'occasion des moussems, des fêtes familiales, marquent une pause dans les besognes quotidiennes, appellent la pluie, rendent grâce après une bonne récolte.

L'**ahouach** appartient au Haut Atlas et à la vallée du Dadès ; elle a souvent pour cadre la cour d'une kasbah – parée pour la circonstance de tapis berbères –, a lieu de nuit à la lueur de grands feux, et peut durer jusqu'à l'aube ; elle est exécutée par les femmes vêtues de robes chatoyantes et bariolées, qui font tout d'abord cercle autour des hommes rassemblés auprès du feu ; ceux-ci, après avoir donné le thème musical, commandent le rythme et scandent la mélopée à l'aide de leurs bendirs ; les danseuses se disposent ensuite sur deux files qui se renvoient les phrases mélodiques.

L'**ahidous** se danse dans le Moyen Atlas (tribu des Imazighen, régions d'Oulmès, de Khenifra...), mais aussi dans le Haut Atlas (tribus de Âït-Haddidou, des Âït-Bougmez). C'est une danse chantée ; hommes et femmes y participent. Les danseurs disposés en cercle exécutent, avec un léger balancement, des mouvements d'avant en arrière ou de côté. Les femmes sont, dans le Moyen Atlas, parées de robes très claires.

La **guedra**, dansée dans le Sous et dans l'extrême Sud – en particulier par les « femmes bleues » de Guelmim – est une manifestation qui s'adresse surtout à des initiés ; la principale exécutante, couverte de voiles dont elle se défait peu à peu, accomplit à genoux des mouvements compliqués de la tête, du buste et des mains ; le rythme – d'abord très lent et qui va s'exaltant jusqu'à la frénésie – est donné par un tambour de terre cuite, en forme de marmite (« guedra »), tendu d'une peau décorée.

Les **Gnaoua**, dont l'histoire se perd dans la nuit des temps, seraient d'une part des descendants d'esclaves soudanais venus travailler dans les plantations de canne à sucre du Sous, du Haouz de Marrakech et dans les sucreries d'Essaouira, sous le règne du sultan Ahmed El-Mansour, et d'autre part, de Guinéens qui constituèrent au 17ᵉ s. la garde noire de Moulay Ismaïl. Au 18ᵉ s. enfin, le sultan Mohamed Ben Abdallah fit venir du Soudan (qui à l'époque englobait les pays qu'on appelle aujourd'hui Mauritanie, Sénégal, Guinée, Mali et Niger) des centaines de Noirs pour la construction de la ville d'Essaouira.

Les Gnaoua se produisent surtout à Marrakech, sur la place Jemaa el Fna, et dans les festivals (y compris des festivals de jazz en Europe). Utilisant tambours et **crotales** ou « qarakeb » (sortes de castagnettes en fer, faites d'une tige renflée en forme de coque à chaque extrémité),

Crotales

52

leur numéro se situe à la limite de l'acrobatie. Mais il s'agit là essentiellement de folk-lore. L'intensité des rythmes, le talent acrobatique des danseurs, tous ces sauts et ces sonnailles ne sont exécutés que pour attirer les spectateurs. Il y manque l'une des phases essentielles de la « derdeba » gnaouie : l'état de transe (qu'on appelle le « hal » ou quête mystique du divin), et les danses de possession, ces deux éléments consti-tuant la phase finale du rituel ou « m'louk ».

Qui veut connaître ces rituels authentiques que n'ont pas altéré les flux touristiques ou les influences étrangères se doit d'aller à Essaouira, ville des Gnaoua par excellence.

Vêtus de vert et de rouge, les acrobates de la **confrérie de Sidi Ahmad - Ou Moussa**, origi-naires de l'Anti-Atlas (région de Tiznit – Tafraoute) exécutent leur numéro place Jemaa el Fna et... dans plusieurs cirques du monde.

Des groupes de danseurs, venus des différentes régions du Maroc, se trouvent réunis chaque année au festival de Marrakech, et dans certains grands restaurants situés dans la palmeraie de cette ville, et qui proposent des dîners-spectacles en plein air.

Moussems et fantasias

A côté des grandes fêtes religieuses ou civiles qui marquent la vie du pays tout entier, de nombreuses manifestations locales mêlent le sacré et le profane.

Les **moussems** sont de grands rassemblements populaires autour du tombeau d'un saint personnage ou marabout. Ils coïncident avec une fête religieuse (le Mouloud en par-ticulier) ou avec une fête agricole. Un moussem dure généralement trois jours ; on y vient parfois de très loin. Il voit surgir un véritable village de tentes, dont certaines sont de vraies tentes d'apparat, avec leur toit conique de toile claire et leur décora-tion de figures géométriques noires disposées en frises concentriques.

Le moussem est une fête totale, qui tient à la fois du pèlerinage, du spectacle folklo-rique et de la foire agricole. Les manifestations d'ordre religieux y occupent une place importante ; on récite en commun des prières, les « fqihs » (lettrés) commentent le Coran ; les sacrifices auxquels on procédait autrefois en l'honneur du marabout sont en voie de disparition. Une large part est également faite aux réjouissances : les conteurs publics charment l'auditoire, la musique et la danse se donnent libre cours, on festoie sous les tentes. L'activité commerciale est intense.

> « Le moussem est une saison, une rupture, une brèche dans le temps,
> un hommage à quelque saint.
> On descend des montagnes vers les plaines, on vend et on achète.
> On prie et on oublie.
> Le moussem est une halte sur le chemin tracé par le désir de l'âme.
> C'est la rencontre de ces lignes et de ces sillons que laissent derrière elles
> les étoiles qui nous accompagnent.
> On étale les couleurs et les parfums et l'on remonte vers le refuge et l'exil. »
>
> © *Tahar Ben Jelloun*, Haut Atlas l'exil de pierres (Éd. du Chêne,1986)

La **fantasia**, l'un des hauts moments de la fête, a lieu sur une vaste place. C'est la scène classique et spectaculaire des cavaliers lancés à bride abattue, tirant en l'air avec leurs vieux moukkahlas qu'ils brandissent ou font tournoyer au-dessus de leur tête, se suc-cédant par vagues dans un nuage de poudre et de poussière ; les chevaux arborent ce jour-là de superbes harnachements dorés ou argentés qui rutilent au soleil.

Les fêtes agricoles, réglées sur le calendrier solaire, marquent le déroulement saison-nier de la vie rurale.

El Ansara, équivalent de notre fête de la Saint-Jean, d'origine païenne et rurale, mais aujourd'hui célébrée aussi dans les villes, mérite une mention particulière pour ses feux de joie, ses grands repas familiaux et, dans les rues, ses larges aspersions d'eau.

Fantasia

Villes
et curiosités

R. Leslie

AGADIR★

110 479 habitants

Carte Michelin n° 959 pli 32.

A l'aube du 1er mars 1960, Agadir, anéantie par un tremblement de terre, semblait frappée à mort. Or, depuis plusieurs années, la ville a retrouvé et dépassé son activité d'avant la catastrophe. Marché agricole du Sous, gros producteur de primeurs et d'agrumes, foyer d'industries pour les produits de la pêche et de l'agriculture, premier port de pêche du Maroc, elle affirme sa fonction de capitale régionale.

Agadir, le grand centre balnéaire marocain, premier pôle touristique du royaume grâce à son climat, à son importante infrastructure hôtelière et au nouvel aéroport d'Agadir-Al-Massira, est aussi un lieu de séjour particulièrement commode pour rayonner dans le Sud-Ouest du pays et vers le Grand Sud.

UNE PERCÉE DIFFICILE

Débuts prometteurs – L'origine de la ville est assez obscure, mais pas son nom : Agadir est un mot berbère, probablement d'origine phénicienne, signifiant grenier fortifié ; ce terme se rencontre fréquemment dans la toponymie du Sud-Ouest marocain. Au début du 16e s., les Portugais établissent entre la colline de la kasbah et la mer un comptoir et une forteresse qu'ils appellent Santa Cruz de Cap Guer ; ils en sont chassés en 1541 par Mohammed ech Cheikh, le fondateur de la dynastie saadienne. Trente ans plus tard, son successeur édifie la kasbah pour s'opposer à un retour éventuel des chrétiens.

Tout semblait désigner Agadir pour un destin brillant : rade naturelle bien protégée, heureuse situation au débouché de la plaine du Sous, relations faciles avec le Sud-Ouest marocain. De fait, la ville et le port occupaient une position de premier plan sous les Saadiens. Mais, au 18e s., le sultan Mohammed ben Abdallah provoqua leur déclin en favorisant Essaouira *(voir p. 93)*.

Le « coup d'Agadir » – C'est donc une bien modeste bourgade que choisit Guillaume II pour y faire sa fameuse manœuvre d'intimidation. En 1911, l'empereur d'Allemagne envoya un navire de guerre, le « Panther », mouiller dans la baie d'Agadir « pour prêter, en cas de besoin, aide et secours à ses sujets ainsi qu'aux considérables intérêts allemands engagés dans lesdites contrées » : c'était un épisode de la rivalité franco-allemande au Maroc. En France l'émotion fut grande ; la guerre semblait sur le point d'éclater.

En fait le Kaiser cherchait moins à protéger les intérêts allemands dans le Sous qu'à imposer à la France un marchandage qui aboutit à la « convention du 4 novembre » par laquelle le gouvernement français cédait à l'Allemagne une partie du Congo et gardait les mains libres au Maroc.

L'essor – Le développement de l'agriculture et de la pêche, l'exploitation minière de l'arrière-pays entraînent l'essor d'Agadir entre les deux guerres mondiales. Le port (qui comprend aujourd'hui un port de pêche dont l'activité le place au premier rang des ports de pêche du Maroc, et un port de commerce, réaménagé et agrandi ces dernières années), est aménagé. Une cimenterie et de nombreuses industries de conserves s'implantent autour de la ville qui, par ailleurs, s'ouvre au tourisme. De nos jours il existe également des fabriques de tapis et l'artisanat local s'est considérablement développé.

A cet égard, il est intéressant de visiter l'**ensemble artisanal**, rue du 29-Février, car on peut y voir non seulement des boutiques où les artisans fabriquent bijoux, ferronnerie, poteries, vêtements de cuir mais également les salles de cours du Centre de formation professionnelle où sont enseignés le tissage des tapis, la maroquinerie, etc.

★ANCIENNE KASBAH *visite : 3/4 h*

Partir du Syndicat d'initiative ; itinéraire d'accès indiqué sur le plan.

La route s'élève en corniche au flanc de la colline dont les terrains portent encore les traces d'un grand bouleversement. Elle se termine par une esplanade où l'on gare la voiture (altitude 200 m).

Le désastre de 1960 – Dans la nuit du 29 février 1960, vers 23 h 45, en moins de 15 s, la ville disparaissait sous les décombres. Le séisme n'était pourtant pas d'une très forte intensité, mais l'épicentre se trouvait à proximité immédiate de la cité et à une profondeur particulièrement défavorable. 15 000 morts, 20 000 sans abri, 3 650 immeubles détruits, tel était le bilan de la catastrophe. La kasbah fut l'un des quartiers les plus touchés.

Les ruines – Rien n'a pu être sauvé des habitations et de la mosquée de la kasbah. Seuls quelques pans de la muraille avaient résisté. On décida de reconstruire ces remparts, mais à l'intérieur les bulldozers travaillèrent des mois à aplanir les décombres, ensevelissant sur place des milliers de cadavres. Dans cette immense nécropole, nul n'échappe à l'émotion. Au-dessus de la porte de la kasbah, restée debout, on peut encore lire une inscription en néerlandais – les Hollandais avaient, au 18e s., un comptoir à Agadir sous la souveraineté du sultan – : « Crains Dieu et honore ton roi – 1746 ».

Sous la porte, un escalier permet d'accéder au rempart. De là, **vue**★★ sur le port et la ville blanche trouée de grands espaces verts et ourlée par le ruban blond de la plage ; au-delà s'étend la plaine du Sous bornée au loin par la masse grise de l'Anti-Atlas ; au Nord, le Haut Atlas s'annonce par ses contreforts piqués d'arganiers *(voir p. 111)*.

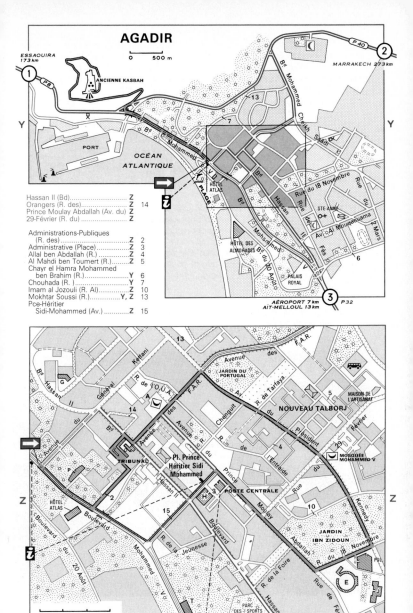

★LE NOUVEL AGADIR *visite : 1 h*

La reconstruction – Fallait-il abandonner le site d'Agadir ? Étude faite, on décida d'éloigner la nouvelle ville de la zone dangereuse en l'installant plus au Sud. L'ampleur même de la catastrophe permettait de repenser l'agglomération sur des bases nouvelles. Ici, désormais, le béton fut roi.

Les urbanistes, auxquels s'associèrent la plupart des architectes, marocains ou français, travaillant au Maroc à cette époque, tracèrent les plans de quartiers cohérents, séparés par de grands espaces verts, desservis par le réseau des voies pour automobiles et des chemins dallés pour piétons ; ils tirèrent parti des différents niveaux du terrain et disposèrent les immeubles de façon à ménager partout des points de vue sur la ville et la mer.

L'éclairage nocturne lui-même fut diversifié et les fils électriques aériens bannis du centre de la ville.

Il faut oublier les villes traditionnelles pour aborder ces architectures audacieuses de béton qu'adoucissent de luxuriantes verdures. Certains quartiers, comme celui de la mosquée principale, connaissent une réelle animation.

Centre urbain (**Z**) – *Partir du Syndicat d'initiative, boulevard Mohammed V, et suivre en auto l'itinéraire indiqué sur le plan.*

On contourne d'abord le quartier des délégations ministérielles groupées autour du bâtiment de la Province (**Z P**) pour atteindre le **tribunal★** : édifice remarquable avec ses différents niveaux, son ossature de béton agrémentée d'une tour circulaire extérieure. L'avenue des Forces-Armées-Royales mène à la **mosquée principale** (**Z A**) dont les lignes pures soulignent la blancheur ; elle s'emboîte en coin dans une place réservée aux piétons autour de laquelle s'ordonnent boutiques et cafés.

57

Plus au Nord, prendre à droite l'avenue du Président-Kennedy, et s'arrêter quelques instants au **Jardin du Portugal** . Inauguré en 1992, à l'occasion de la Fête du Trône, ce jardin agréablement aménagé commémore la signature de l'accord de coopération et de fraternité signé entre la ville d'Agadir et celle d'Olhão au Portugal.

Traversant le quartier dense et vivant du nouveau Talborj, on aperçoit, à l'angle de la rue du 29-Février et de la rue de Marrakech, la silhouette ocre et blanc de la nouvelle **mosquée Mohammed V**.

Poursuivre la rue de Marrakech et prendre à droite la rue du 18-Novembre qui longe le **jardin Ibn Zidoun**, vaste espace vert des plus agréables. De l'autre côté de la rue, la **caserne de pompiers (Z E)** — œuvre de l'architecte Zevaco qui marqua fortement de son style la construction du nouvel Agadir — se signale par sa couronne de béton qui abrite engins et bureaux, et son allègre campanile.

Poursuivre par l'avenue du Prince-Moulay Abdallah et se garer près de la place Administrative.

La **poste centrale** ⊘ est également due à Zevaco. On a qualifié sa façade de béton de « boîte aux lettres traitée comme une sculpture monumentale ». L'aménagement intérieur fait une large place au cèdre pour les cloisons ajourées, les cabines, les écritoires, les sièges.

L'**hôtel de ville (Z H)** est de facture plus classique ; sa masse cubique enferme un vaste patio ombragé sur lequel s'ouvrent couloirs et bureaux.

Au Nord-Ouest de ce bâtiment, légèrement en contrebas, s'étend la **place Prince Héritier Sidi Mohammed**, réservée aux piétons : surfaces et volumes architecturaux en sont savamment agencés.

Reprendre la voiture et, par l'avenue du Prince-Héritier Sidi Mohammed, rejoindre le boulevard Mohammed V.

M. Renaudeau/HOA QUI

★LE BORD DE MER (Y)

Le quartier touristique et balnéaire, situé entre le boulevard Mohammed V et la mer, a fait l'objet d'un heureux aménagement, même si par endroits, pizzerias, magasins de cuir et autres bazars s'alignent en rangs un peu trop serrés et côtoient des boutiques de luxe, l'ensemble donnant un peu l'impression d'une ville européenne ou tout au moins d'une ville où la culture marocaine est quasiment inexistante. Le touriste pourra y admirer au passage quelques beaux morceaux d'architecture (hôtel Atlas, hôtel des Almohades).

★**La plage** – 300 jours de soleil par an et une température particulièrement clémente ont fait la réputation de la plage d'Agadir, bordée d'un épais rideau d'eucalyptus, de pins et de tamaris fixant les dunes. Entre le port et l'estuaire de l'oued Sous, une baie aux eaux calmes et 6 km de sable fin permettent de se livrer toute l'année aux joies de la baignade, de la voile, du surf, de la pêche, du cheval et de bien d'autres distractions. Ce n'est d'ailleurs pas un hasard si plusieurs clubs de vacances (le Club Méditerranée et l'UCPA notamment) se sont installés à Agadir, tant les possibilités de sports et de loisirs y sont nombreuses.

EXCURSIONS

★**Le pays des Ida Outanane** – *64 km au Nord-Est, puis 1/4 h à pied AR.*
Les Ida Outanane sont une confédération de tribus berbères occupant, à l'extrême Ouest du Haut Atlas, une zone tourmentée de hauts plateaux calcaires qui plongent dans l'Atlantique aux environs du cap Rhir. Nichés sur les pentes et dans les profondes vallées, ils vécurent longtemps en marge du pouvoir central et échappèrent à l'emprise des grands féodaux voisins. Il ne rallièrent le makhzen *(gouvernement central)* qu'en 1927.

Sortir d'Agadir par ① *du plan. Abandonner 12 km plus loin la route d'Essaouira pour prendre, à droite, la 7002 vers Imouzzèr-des-Ida-Outanane.*

On s'enfonce rapidement dans la montagne, striée de bancs calcaires impressionnants, piquetée d'arganiers et de doums (palmiers nains). Au-delà d'Oulma on franchit un petit col qui débouche sur une vaste palmeraie entourée de pittoresques villages.

★ **Gorges de l'asif n'Tarhat** – Après avoir traversé l'asif Tamrhakht, la route s'encaisse brusquement entre les hautes murailles d'une vallée affluente, où règnent l'ombre et la fraîcheur. On longe la rivière dont les eaux vertes et limpides courent parmi les roches et les bouquets de palmiers.

Quittant le fond des gorges, la route les domine un moment avant d'atteindre un plateau bien arrosé où les palmeraies se succèdent. Accrochés aux pentes, un grand nombre de villages présentent leurs coulées de maisons à toit plat ; ce sont des maisons de pierre et souvent une galerie peinte en rouge supportée par des pieux de bois blanchi vient égayer la sévérité des formes.

Imouzzèr-des-Ida-Outanane – Centre de la confédération des Ida Outanane, dont les maisons blanches dominent une large dépression occupée par une palmeraie.

Devant la caserne, tourner à gauche pour emprunter la petite route goudronnée, la 7117, qui descend en lacet vers la palmeraie. A 4 km on arrive à un gué près duquel laisser la voiture. Continuer à pied (1/4 h AR) vers les cascades en suivant la rive droite de la rivière.

★ **Cascades** – Le chemin ombragé qui mène aux cascades serpente à travers les champs d'orge irrigués, les oliviers et les amandiers où nichent les tourterelles. On peut s'avancer jusqu'au pied des cascades qui jaillissent à plusieurs niveaux et s'écoulent le long des parois abruptes et lisses blanchies par les dépôts de tuf.

★ **Rond-point d'Igui-n-Tama** – *91 km au Nord par la P 8. Sortir d'Agadir par* ① *du plan. Voir à ce nom.*

Tifnite – *32 km au Sud par la P 32, puis la P 30. Sortir d'Agadir par* ③ *du plan en direction d'Aït Melloul. A Inchaden prendre, à droite, la 7048 vers Tifnite.*
Ce petit village de pêcheurs, situé le long d'une belle plage abritée dans une anse, est une des excursions favorites des touristes séjournant à Agadir. Mieux vaut arriver tôt en ces lieux paisibles où les pêcheurs tantôt sur leurs barques, tantôt installés sur les rochers munis de leur longue canne à pêche, attrapent ombrines, sarres, calamars, tandis que les femmes ramassent des moules après les avoir triées sur les rochers et que des troupeaux de chèvres ou de moutons paissent tranquillement aux abords du village.

Revenir sur la P 30 et prendre à droite la direction de Tiznit. A hauteur de Aït Belfa prendre à droite la direction de Massa (5 km). A Massa, tourner à droite, traverser la ville et prendre la direction de **Sidi Rbat**. *Au bout de 4 km la route se transforme en piste de sable et longe l'oued Massa. On pénètre alors dans la réserve naturelle.*

★ **Parc national de Sous Massa** – Halte migratoire privilégiée de nombreuses espèces d'oiseaux (grands échassiers comme les flamants roses et les hérons, sarcelles et balbuzards pêcheurs, et l'une des dernières colonies d'ibis chauves, etc.), cette réserve naturelle plantée de roseaux et, vers l'intérieur, d'euphorbes, longe l'oued Massa jusqu'à son embouchure où une belle plage bordée d'un large cordon de dunes permet une balade sans fin à moins que l'on ne préfère prendre un café face à la mer, au complexe touristique de Sidi Rbat, animé pendant la saison estivale.

AL HOCEIMA★

41 662 habitants
Carte Michelin n° 959 plis 5 et 11 – Souk le mardi – Lieu de séjour, p. 216.

Al Hoceima, coincée au bord de la Méditerranée par les montagnes du Rif, est longtemps restée à l'écart de la vie marocaine. Au début du Moyen Age il y avait là un petit royaume pratiquement indépendant, l'émirat de Nekor (du nom de l'oued qui avoisine la ville). Au début de ce siècle encore, cette région, peuplée par les Beni Ouriaguel, fut le berceau de la puissance éphémère d'**Abd el Krim** : le chef de la révolte du Rif avait sa capitale à Ajdir, à 10 km au Sud-Est d'Al Hoceima.
Aujourd'hui les contraintes géographiques demeurent : port et ville n'ont qu'un rayonnement médiocre. Et pourtant, l'aménagement touristique de la baie ouvre pour Al Hoceima de nouveaux horizons.

La ville et le port – La ville est agréable avec sa cascade de maisons blanches qui dégringolent, de terrasse en terrasse, des collines vers la mer. Elle est animée, même le soir, et, aux abords de la place du Rif, les rudes burnous des montagnards se mêlent aux curieux chapeaux de paille des rifaines.
Le port en eau profonde est abrité par de hautes falaises. Une petite flottille y pratique la pêche au lamparo. De la jetée, on a une **vue**★ remarquable de la ville et de la baie.

★ **La baie** – Entre la pointe orientale du massif calcaire des Bokkoyas et le bloc volcanique des Beni Bou Idiz, la baie d'Al Hoceima déploie son demi-cercle à peu près parfait. L'un des trois îlots est le **peñon d'Alhucemas** ⊙, forteresse espagnole qui, la nuit, ressemble à un grand vaisseau illuminé. Pour le voir il faut s'engager sur la P 39 qui escalade la montagne en dégageant d'admirables vues sur la mer.

Baie d'Al Hoceima

Au carrefour d'Aït-Youssef-ou-Ali, prendre la direction de Melilla et dépasser Ajdir.
La petite route, à gauche, qui descend vers le Club Méditerranée, offre le plus beau **point de vue★** sur la baie, le peñon et la petite plaine irriguée où débouche le Nekor. Le samedi on pourra pousser jusqu'à **Im-Zouren** *(18 km au Sud-Est d'Al Hoceima)* dont le souk est particulièrement coloré.

L'estimation de temps indiquée pour chaque itinéraire
correspond au temps global nécessaire pour bien apprécier le paysage
et effectuer les visites recommandées.

ASILAH★

18 781 habitants
Carte Michelin n° 959 pli 9 – Souk le jeudi.

Asilah eut, comme nombre de villes de la côte atlantique, un passé tumultueux.
Le long de la plage peuplée d'énormes ancres noires et de quelques thoniers, on a peine à évoquer les flottes guerrières que virent aborder ces rivages, et les navires des marchands génois, pisans, marseillais, catalans ou aragonais qui, au 14e s., venaient mouiller dans ces eaux.

Une ville très disputée – Pour évoquer le passé d'Asilah, il faut remonter à l'époque où Zilis, bâtie sur un site punique, comptait déjà, au même titre que Tingis (Tanger), parmi les villes du royaume de Maurétanie. Une trentaine d'années avant notre ère, Octave, qui devait devenir empereur sous le nom d'Auguste, fit de Zilis une « colonie » romaine.
Avec la conquête arabe, la ville devint le centre d'une principauté idrisside et subit plusieurs assauts des Normands avant de passer en 972 aux mains des Omeyyades de Cordoue.
Au 15e s. les Portugais, dont l'objectif est de jalonner la route de l'or qui, à travers le Sahara, arrive jusqu'en Afrique du Nord, s'emparent d'Asilah. Le 24 août 1471, leur flotte de près de 500 navires porteurs de 30 000 hommes enlève Asilah qui devient ainsi une tête de pont portugaise en terre marocaine.
Aux Portugais succèdent les Espagnols, et ce n'est qu'à la fin du 17e s. que le sultan Moulay Ismaïl leur reprend Asilah.

L'ascension d'un aventurier – Originaire du pays Jebala dont il deviendra gouverneur, **Raissouli** est à 10 ans voleur de troupeaux. Après plusieurs années de geôle, il se fait brigand, enlève d'influents étrangers et ne leur rend la liberté qu'en échange de promesses de protection ou d'énormes rançons. Devenu un personnage redouté, il reçoit du sultan, en 1908, le titre de pacha d'Asilah.
Tandis que sévit la Première Guerre mondiale, au Maroc Raissouli gagne la confiance de l'Espagne qui essaie d'utiliser auprès des populations son influence religieuse ; car Raissouli se dit descendant du Prophète. Il obtient de son alliée des milliers de fusils et plusieurs millions de pesetas. Mais le pays reste insoumis. Dans ce même temps, il joue l'Allemagne gagnante et traite avec ses représentants à Tanger, qui lui promettent le trône du Maroc.
Raissouli est alors au faîte de sa puissance. « Les Berbères sont mes serviteurs, les Espagnols mes esclaves, les Français mes ennemis, les Allemands mes alliés », déclare-t-il.
En 1918, commence sa déchéance. Les Espagnols le chassent d'Asilah ; le sultan le renie ; il est une gêne pour Abd el Krim lui-même, qui finit par le faire prisonnier. Raissouli meurt en 1925, misérable et abandonné.

CURIOSITÉS *visite :*
1 h 1/4

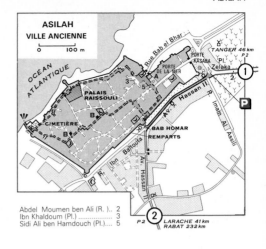

Laisser la voiture place Zelaka et suivre l'itinéraire indiqué sur le plan.

Au pied des murailles, que l'on suit jusqu'à Bab Homar, l'**avenue Hassan II** accueille le **marché★** à l'ombre de ses eucalyptus.
Le marché d'Asilah doit sa physionomie paisible et riante à la noblesse des remparts qui lui servent de toile de fond, à ces paysannes coiffées du grand chapeau rifain et assises derrière leurs couffins emplis de se-

Abdel Moumen ben Ali (R.).. 2
Ibn Khaldoum (Pl.) 3
Sidi Ali ben Hamdouch (Pl.).... 5

moule, à ces immenses hottes dans lesquelles on a transporté les produits de la campagne, au jaune éclatant des melons amoncelés au soleil, aux luisantes grenades...

★ La vieille ville et les remparts – Les remparts qui enserrent la ville ancienne furent construits à la fin du 15e s. par Alphonse V du Portugal. **Bab Homar★** (appelée aussi porte de la Terre), percée dans une grosse tour ronde surmontée d'un écusson à demi effacé aux armes des rois du Portugal, permet de les franchir.
Le silence et la quiétude règnent le long des rues dallées aux maisons blanches dont les soubassements, les fenêtres, les portes, sont peints en bleu, en jaune, en vert.
Au fond de la place Sidi Ali ben Hamdouch, à droite, s'élève la tour carrée (**A**) El Kamra contre laquelle s'ouvre la porte de la Mer. On traverse la place Ibn Khaldoun et on atteint presque aussitôt la face Nord des remparts qui domine l'océan.
Un passage sous voûte précède la minuscule placette sur laquelle donne l'entrée du **palais Raissouli** ou Palais de la Culture. Élevé au début du siècle, il abrite depuis plusieurs années, lors du festival culturel d'été, des ateliers d'art et diverses rencontres culturelles et artistiques internationales. Pendant ce même festival, la médina et la corniche se transforment en un véritable musée en plein air où des artistes exercent leur créativité en recouvrant les murs des maisons de peintures murales aux couleurs vives et aux motifs variés.
Au-delà de cette place, longeant toujours les remparts, une ruelle mène à la pointe Nord-Ouest des fortifications, dans l'éblouissement de ses maisons très blanches, dont les murs presque nus sont percés de minuscules fenêtres qu'orne une grille en fer forgé ou que protège un moucharabieh surmonté d'un auvent.
Au pied d'une tour crénelée, quelques marches, à droite, permettent d'accéder à un petit bastion d'où l'on découvre une jolie **vue** sur la côte et sur la flottille de pêche au mouillage. Légèrement en contrebas du bastion, face au large, un charmant **cimetière★** est blotti contre la muraille ; devant un marabout, les tombes alignent la fraîche décoration de leurs dalles en céramique multicolore.
Plus loin, on voit des fours de boulangers (**B**) où femmes et fillettes apportent les grands pains ronds et plats faits à la maison et qui seront cuits en commun.

N. Thibaut/HOA QUI

Les remparts

61

ASNI

12 308 habitants
Carte Michelin n° 959 plis 17, 33 et 51 – Schéma p. 118 – Souk le samedi –
Lieu de séjour, p. 216.

Cette bourgade du Haut Atlas occupe un joli **site**★, à proximité du jbel Toubkal qui ferme l'horizon au Sud. Deux rivières se réunissent non loin de là pour former l'asif Reraïa dont la large vallée est cultivée et plantée d'oliviers.

Au-dessus de la rivière, un pittoresque village berbère s'étage au pied d'une **kasbah** rouge qui commandait le val d'Asni.

EXCURSIONS

★★**Jbel Toubkal** ⊙ – A 4 167 m d'altitude, il est le point culminant de l'Afrique du Nord. Le massif dont il est le plus haut sommet ne s'abaisse nulle part au-dessous de 3 000 m. Il est constitué par des roches granitiques sombres, sans végétation ni glacier : seuls quelques névés subsistent dans les replis. La rudesse de ses grandes murailles est impressionnante.

Imlil – *17 km au Sud d'Asni. On peut se rendre en voiture jusqu'au pied du Toubkal par la route 6038 (10 km de route goudronnée, 7 km de piste carrossable).* Dominant l'asif Reraïa puis l'asif n'Aït-Mizane, les cultures maraîchères, les oliviers et de grands noyers soulignent l'occupation humaine. Puis la vallée se rétrécit et devient plus sauvage tandis qu'on approche du hameau d'Imlil, terminus de la piste, à 1 740 m d'altitude.

Ascension du Toubkal – *Les amateurs de randonnées trouveront sur place, durant toute la saison, guides et muletiers et tout le ravitaillement nécessaire à Imlil. L'excursion complète exige environ 16 h de marche. D'Imlil au cirque d'Aremd : montée 1 h, descente 3/4 h (prendre la clé du refuge Neltner au hameau d'Aremd où habite le gardien) ; d'Aremd au refuge Neltner (alt. 3 207 m) où commence l'ascension proprement dite : montée 5 h, descente 2 h 30 ; du refuge Neltner au sommet : montée 5 h, descente 3 h.*

Jusqu'au refuge Neltner, le chemin muletier remonte la haute vallée de l'asif n'Aït-Mizane et passe près du marabout de Sidi-Chamharouch : ce « roi des jnoun (génies) » est conjuré par des offrandes et honoré chaque été, le 15 août, par un moussem.

Du sommet, **panorama**★★ immense sur les plus hautes cimes des pays Goundafa (à l'Ouest) et Glaoua (au Nord-Est), sur Marrakech et la plaine du Haouz au Nord, sur tout le pays brûlé du Sud dominé par la pyramide du jbel Siroua.

D'autres courses en montagne se font à partir d'Imlil :

– vers le lac d'Ifni (du flanc Sud du Toubkal) par Tizi-n'-Ouanouns : montée 6 h, descente 4 h ;

– vers le névé du Tazaghârt (à l'Ouest) par le refuge Lepiney : 5 h ;

– vers l'Angour et l'Oukaïmeden (au Nord-Est) par le refuge de Tacheddirt.

Gorges de Moulay-Brahim – *5 km au départ d'Asni (1 km d'Asni à l'embranchement à gauche, puis 4 km jusqu'aux gorges) par une route de montagne étroite mais goudronnée bordée de pins d'Alep.* La S 501 pénètre dans les gorges creusées par l'asif Reraïa dans les schistes noirs qui lui barrent l'entrée de la plaine du Haouz. Abrupt et sauvage, ce défilé que la route franchit par une corniche sinueuse doit son nom à un gros village groupé autour de la zaouïa de Moulay-Brahim.

Zaouïa de Moulay-Brahim – Le tombeau du saint est le but de nombreux pèlerinages, surtout pour les femmes qui aspirent à être mères. On accède au village par la route 6037 qui s'élève au-dessus du val d'Asni. En poursuivant 200 m environ au-delà du village, sur la piste d'Aguergour, jusqu'à l'éperon rocheux qui domine la vallée, belle **vue**★ sur l'asif Reraïa, l'entrée des gorges de Moulay-Brahim et, au loin, sur le jbel Toubkal.

Tahanaoute – *Souk le mardi.* A la sortie du défilé, ce typique village berbère s'étage au flanc de la vallée du Reraïa, en bordure de la zone fortunée du « dir ».

★★**Oukaïmeden** – *Circuit de 192 km – 1/2 journée – Voir à ce nom.*

Ouirgane – *15 km au Sud-Ouest – Description p. 118.*

AZEMMOUR★

24 774 habitants
Carte Michelin n° 959 plis 4 et 20 – Souk le mardi.

Azemmour sommeille au bord de l'estuaire où la marée contrarie le flot rouge de l'Oum er Rbia. Peut-être est-elle l'antique Azama qui connut les Carthaginois puis les Romains. Les Portugais, en tout cas, laissèrent, au 16ᵉ s., la trace durable de leur occupation dans la citadelle qui domine le fleuve au Nord de la ville. Ancienne capitale des Doukkala, elle tira quelque profit de la pêche à l'alose jusqu'à ce que la construction des barrages de l'Oum er Rbia porte atteinte à cette activité. C'est aujourd'hui une ville paisible qui écoule les céréales, les légumes et les oranges de son arrière-pays.

★**Vue du port** – Du pont qui franchit l'oued, on découvre les murailles ocre et les blanches maisons d'Azemmour serrées les unes contre les autres en une longue façade qui se mire dans l'eau.

★**Remparts** – *Visite : 1/2 h.*
La ville portugaise ne comprenait que la kasbah. Ses remparts sont restés à peu près intacts, flanqués de bastions encore armés de quelques vieux canons. L'enceinte de la médina fut élevée postérieurement par les Marocains.

Après avoir franchi le pont, longer les remparts de la médina jusqu'à la place du Souk et continuer en voiture pour faire le tour de la kasbah. Une petite route goudronnée conduit à l'angle Nord-Est des remparts où une plate-forme a été aménagée en parking. De là, on surplombe l'Oum er Rbia dont on aperçoit l'embouchure, au loin.

Revenir sur ses pas et gagner les remparts Ouest. Du chemin de ronde, l'on domine les maisons de l'ancien mellah et de la kasbah, blotties à l'intérieur des murs.

Azemmour, vue du pont enjambant l'Oum er Rbia

Dar el Baroud – Ancienne poudrière dont les ruines sont dominées par une grosse tour qui comporte encore une fenêtre gothique.

Plage – *1,7 km.* Partant de l'angle Nord-Ouest de la place du Souk, une route traverse un bois d'eucalyptus et mène au **centre balnéaire de Haouzia** où bungalows et cafés s'édifient le long d'une belle plage de sable fin.

AZROU★

31 471 habitants

Carte Michelin n° 959 plis 5, 22, 23 et Sud du pli 36 – Schéma p. 59 – Souk le mardi – Lieu de séjour, p. 216.

Non loin du piton volcanique qui lui a valu son nom (Azrou signifie « le rocher » en tamazight), Azrou déploie ses maisons blanches dont les hautes toitures de tuiles vertes jettent une note insolite et charmante. Elle s'inscrit dans un site dégagé par l'oued Tigrigra entre les hautes pentes du Moyen Atlas et l'extrême avancée de la meseta marocaine. Elle se trouve à la croisée des deux grandes voies historiques du Maroc central, de Meknès à Tafilalt par Midelt, de Fès à Marrakech par Beni-Mellal. Cette situation privilégiée, un climat tempéré par l'altitude (1 250 m), la proximité des forêts de cèdres et des pistes de ski lui valent une quotidienne animation.

Marché principal de la tribu des Beni Mguild, lieu d'implantation d'une petite industrie qui exploite les ressources forestières environnantes, c'est aussi un centre d'artisanat très actif.

Coopérative artisanale ⊙ – *Elle se trouve à gauche de la route de Khenifra (plaque indicatrice), immédiatement après la muraille de la kasbah.*
Cet établissement comporte un atelier de ferronnerie ; on y fabrique aussi des objets de bois taillés dans le cèdre ou l'acajou (figurines, vases, plats). L'**atelier de tapis★** tisse des tapis berbères du Moyen Atlas : les uns sont rasés et de couleurs vives où le rouge et l'orangé dominent, les autres à fond blanc discrètement rehaussé d'ocre ou de brun (parfois aussi de tons pastel) gardent une longue toison ; ils ont en commun leur dessin exclusivement géométrique et l'absence de motifs d'encadrement.

Village berbère – Un peu à l'écart de la ville, s'étage à flanc de montagne un village berbère tout à fait caractéristique avec ses petites maisons de torchis à toit plat. On en a une pittoresque **vue★** d'ensemble à la sortie Ouest d'Azrou, juste avant le premier virage à gauche que fait la route de Khenifra.

★★LE PAYS DES BENI MGUILD

Les Beni Mguild sont les membres d'une confédération de tribus berbères qui occupe une vaste région prenant en écharpe le Moyen Atlas central, depuis la vallée de la Haute Moulouya jusqu'aux plateaux situés au Sud de Meknès. Si beaucoup d'entre eux sont devenus sédentaires – certains même habitent de petites villes comme Azrou –, une minorité pratique encore une forme de semi-nomadisme qui constitue une étape dans l'évolution de la vie montagnarde.

Une pression séculaire – Comme leurs voisins Zaïanes, les Beni Mguild se rattachent au groupe des Berbères **Sanhaja** dont l'habitat originel était aux confins du désert. Depuis la fin du Moyen Age, une progression constante vers le Nord-Ouest

63

les amène, à travers le Moyen Atlas, au contact de populations sédentaires peu à peu refoulées ou subjuguées : épisode classique de l'éternelle rivalité des nomades et des sédentaires. A l'aube du 20ᵉ s., les Beni Mguild ont achevé de conquérir leur espace actuel.

Nomadisme et transhumance – Les Beni Mguild sont plus que des transhumants car les migrations saisonnières de leurs troupeaux s'accompagnent de celles des familles ; ce ne sont pas non plus de vrais nomades car leurs parcours sont relativement peu étendus et les ramènent périodiquement à un habitat précaire mais fixe, qu'ils occupent une partie de l'année et où ils pratiquent une agriculture hâtive. Ces **semi-nomades** ont pour ports d'attache – vers 1 500 à 1 800 m d'altitude – les hautes vallées ou les petites dépressions humides de la montagne et des hauts plateaux. En automne et au printemps, ils s'y activent aux travaux des champs : c'est là que le tirhremt (grenier collectif) engrange la récolte d'orge et de blé et que de petites masures abritent les quelques personnes affectées à la garde du terroir.

Migrations saisonnières – En hiver les Beni Mguild descendent en « azrhar », pâturage de plaine où le troupeau trouve sa nourriture dans des conditions climatiques beaucoup moins rudes qu'en montagne. En été ils envahissent l'« azzaba » – alpages et clairières des forêts d'altitude. Ces déplacements constituent un spectacle étonnant car ce sont parfois d'énormes cortèges de moutons et de chèvres que l'on voit circuler sur les drailles. Au campement, on dresse la « khaïma », la vaste tente berbère noire ou brune.

Ainsi certains Beni Mguild du pays d'Aïn-Leuh se déplacent en été vers les alpages qui avoisinent le bourg et descendent passer l'hiver aux abords de l'oued Tigrigra ou même plus loin. Mais ces migrations vont s'amenuisant. La mise en culture des terres d'azrhar ne laisse guère de place aux troupeaux : l'élevage devient le fait des sédentaires. Déjà beaucoup de Beni Mguild ont acquis des terres et ne se déplacent plus, même s'ils vivent encore sous la tente.

VISITE

Carte Michelin nº 959 plis 36, 37, 49, 50.

La route d'Ifrane à Midelt et celle d'Azrou à Khenifra traversent largement le pays des Beni Mguild. On aura également maintes occasions de rencontrer des groupes de semi-nomades en parcourant les itinéraires ci-après.

★★Forêt de Cèdres – *Voir à ce nom.*

★★Circuit au Sud d'Azrou – *Circuit de 195 km dont 40 km de piste souvent médiocre et quelquefois mauvaise – compter 5 à 6 h. Sortir d'Azrou par la route de Khenifra qui offre, à droite, une vue dégagée sur la plaine du Tigrigra et les plateaux qui l'encadrent. A Tiouririne emprunter la S 303 pour Aïn-Leuh.*

Aïn-Leuh – *Page 78.*

Entre Aïn-Leuh et la vallée de l'Oum er Rbia on circule constamment entre 1 500 et 1 800 m d'altitude. La route offre des paysages variés : plateaux calcaires avec de curieuses roches en forme de champignons, cuvettes occupées par de petits lacs, très belles forêts de chênes verts ou de cèdres. On rencontre plusieurs campements de Beni Mguild. Cette partie de l'itinéraire se termine par une descente en corniche au-dessus de la haute vallée de l'Oum er Rbia.

Au carrefour portant la mention « Aïn-Leuh 32 km », tourner à gauche et descendre dans la vallée. Passé le gué, prendre à gauche la piste montante jusqu'à un gros arbre isolé près duquel laisser la voiture.

★Sources de l'Oum er Rbia – *1/2 h à pied AR.* Sources et cascades jaillissent entre les falaises calcaires dans un site impressionnant. D'une plate-forme située un peu en contrebas du sentier, juste avant les cascades, on voit bien les puissantes résurgences qui alimentent le plus grand fleuve du Maroc.

Reprendre la voiture, passer (à gauche) le pont sur l'Oum er Rbia et continuer tout droit.

La piste suit, en corniche, la rive de l'oued puis abandonne la vallée pour s'enfoncer dans la montagne boisée. Remarquer le type d'habitat mixte : tentes de nomades dressées auprès de petites maisons dont le toit à double pente est fait de planches de cèdre.

La piste fait place à une route goudronnée. Quelques kilomètres plus loin, carrefour : prendre la direction de l'aguelmame Azigza.

Aguelmame Azigza – C'est un lac permanent logé dans une cuvette calcaire. De l'extrémité de la route goudronnée, **vue** sur le joli site de ce petit lac bleu cerné de chênes verts.

De l'aguelmame à Khenifra, la route traverse encore de belles forêts de cèdres.

Khenifra – *Voir à ce nom.*

Quitter Khenifra par la P 24, direction Azrou.

Jusqu'à El Borj, la route remonte la vallée de l'Oum er Rbia. On quitte alors le pays zaïane pour retrouver le territoire des Beni Mguild.

Mrirt – Souk le jeudi. Gros marché berbère particulièrement riche en chevaux.

Tout ce trajet de retour est dominé, à droite, par la corniche boisée du Moyen Atlas.

★**Aguelmame de Sidi-Ali** – *55 km au Sud-Est d'Azrou par la P 21.*
On atteint l'aguelmame de Sidi-Ali par la route d'Azrou à Midelt, P 21, qui prend en écharpe le pays des Beni Mguild.

Une petite route, la S 332, s'embranche à gauche sur la P 21 et mène au bord du lac.

Situé à plus de 2 000 m d'altitude, long de 3 km, il est dû à un barrage de roches volcaniques. On y pêche la truite, la carpe, la perche et le gardon. Sur les pentes en partie boisées qui l'entourent, des plaques de neige subsistent jusqu'au printemps, et les pâturages y attirent en été les pasteurs Beni Mguild. Sur la rive Est, le marabout de Sidi-Ali a donné son nom au lac.

BENI-MELLAL★

95 003 habitants
Carte Michelin n° 959 plis 5, 21, 22 et 47 – Souk le mardi.

Entre le Moyen Atlas et la plaine céréalière du Tadla, s'allonge une étroite bande humide et riche appelée « **dir** » (ce mot, qui signifie « poitrail », illustre la manière brusque dont la chaîne montagneuse se termine sur la plaine). Là, Beni-Mellal est née de la présence de l'eau : les sources abondent autour de la ville, qu'enveloppent des plantations d'orangers et un vaste bois d'oliviers auxquels se mêlent des figuiers, des grenadiers, des abricotiers, des pêchers. « Elle doit sa prospérité à ses immenses vergers dont les fruits s'exportent au loin », écrivait Charles de Foucauld dans *Reconnaissance au Maroc* paru en 1888. Ses oranges sont parmi les meilleures du Maroc.
Le barrage de Bin-el-Ouidane a modifié l'économie du Tadla et donné à cette petite ville une impulsion dont témoigne l'artère principale qu'empruntait jadis la route P 24, actuellement avenue Mohammed V, où se succèdent les édifices publics, les coopératives, les banques.

★LE TOUR DE L'OLIVERAIE

Circuit de 11 km – environ 1 h. Itinéraire indiqué sur le schéma p. 66

La route s'embranche sur l'avenue Mohammed V, à gauche, au grand carrefour que l'on rencontre après la Poste, lorsqu'on va dans la direction de Marrakech. Prendre ensuite le boulevard Hassan II sur 1 200 m et bifurquer à droite.

De vastes orangeraies précèdent le très joli **bois d'oliviers** qui est la parure de Beni-Mellal. Sillonné de ruisseaux et de séguias alimentés par des sources vauclusiennes, il constitue un lieu de promenade délicieux.

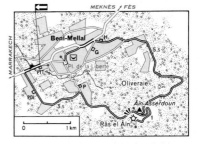

Âïn-Asserdoun – A 3,5 km de Beni-Mellal, cette source limpide et fraîche, d'un débit moyen de 1 500 litres à la seconde, jaillit du rocher pour s'écouler dans un canal coupé de chutes, avant d'aller contribuer à l'irrigation des jardins et des vergers. Autour d'elle, un agréable jardin public des plus modernes a été aménagé.

A hauteur de la source, prendre à droite une route en lacet.

Borj Râs el Âïn – Juché sur un piton boisé, il domine ce site noyé dans la verdure. Les pentes sont par endroits couvertes de **tikiout**, sorte d'euphorbe dont la tige renferme un suc laiteux très caustique. A l'extrémité d'une plate-forme, le borj en partie ruiné se détache sur la plaine. De là, on découvre un très beau **panorama★** sur Beni-Mellal sertie de son oliveraie où pointent quelques cyprès ; à perte de vue, la plaine du Tadla étale ses vergers et ses champs irrigués.

De retour à la source, prendre à droite.

On rentre dans Beni-Mellal par la nouvelle médina, puis on débouche sur la place de la Liberté, spacieuse et bordée d'arcades.

EXCURSION

Circuit de 215 km – *Une trentaine de kilomètres de piste sont praticables seulement à la belle saison et lorsque le sol est très sec : se renseigner à Beni-Mellal et à Ouzoud. Compter une journée et prévoir éventuellement un pique-nique (seule possibilité de restauration : à Bin-el-Ouidane).*

Sortir de Beni-Mellal par la P 24 en direction de Marrakech, et à Oulad-Moussa, prendre à gauche la route 1802.

Celle-ci s'élève doucement en lacet, offrant dans sa partie en corniche des vues de plus en plus étendues sur la plaine du Tadla. Puis, dominée sur la gauche par le jbel R. Nim (2 411 m), elle franchit un petit col avant de s'enfoncer dans le Moyen Atlas.

Peu après le col, on découvre le lac artificiel de Bin-el-Ouidane. Çà et là, des fermes fortifiées, à toit plat fait de terre et de branchages, et cantonnées de tourelles carrées, annoncent les tirhremts du Sud.

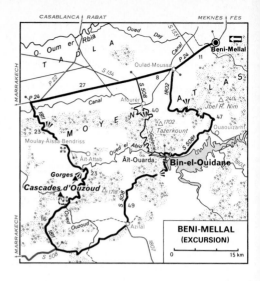

★★ Barrage et lac de Bin-el-Ouidane – L'énorme barrage « voûte » a été construit sur l'oued el Abid, en amont des très belles gorges *(voir ci-dessous)* que ce cours d'eau a creusées dans le Haut Atlas. D'une longueur de 285 m à la crête, épais de 28 m à sa base et de 5 m au sommet, il présente une hauteur de 133 m.

L'immense lac de retenue (3 735 ha) s'inscrit dans un magnifique cadre de montagnes. Ses rives extrêmement sinueuses et en pente très douce, ses innombrables petits îlots ou promontoires, et un boisement intensif depuis la construction du barrage, ont ôté à ce paysage toute sévérité.

La capacité du lac-réservoir est de 1 390 millions de m³. L'usine hydro-électrique installée au pied du barrage produit en moyenne 240 millions de kWh par an.

A 4 km en aval, le barrage d'**Aït-Ouarda** dérive, grâce à une galerie souterraine longue de 10,6 km percée sous le jbel Tazerkount, les eaux de décharge de cette usine. Celles-ci, après une dénivellation de 235 m, viennent alimenter l'usine d'Afourèr dont la production moyenne annuelle est de 465 millions de kWh.

L'aménagement de l'oued el Abid a en outre permis de créer dans la plaine du Tadla un vaste réseau d'irrigation couvrant 100 000 ha sur la rive gauche de l'Oum er Rbia. Cette région est devenue l'une des plus riches du pays grâce à un système d'assolement qui fait alterner, entre autres cultures, le blé et surtout une variété de coton à longue fibre très appréciée.

De la petite route qui s'embranche sur celle d'Afourèr et descend vers le pied du barrage, on a une très bonne vue sur l'énorme muraille barrant la cluse aux versants calcaires boisés.

Un complexe touristique est aménagé sur la rive Nord du lac.

La route S 508 franchit en crête le barrage et s'élève au-dessus du lac en de nombreux lacets – dans un paysage tourmenté et rude –, offrant, sur plus de 6 km, des **vues★** de plus en plus larges sur l'immense étendue d'eau turquoise. Au loin, se profile la chaîne du Haut Atlas, enneigée durant une grande partie de l'année. Après la traversée du plateau d'Azilal, on prend à droite la route 1811 qui, dans une région vallonnée et très verdoyante au printemps, conduit à la kasbah d'Ouzoud, toute proche des cascades.

★★ Cascades d'Ouzoud – *Visite : 3/4 h.*

Cette splendide chute d'eau de plus de 100 m de hauteur constitue l'une des attractions naturelles les plus remarquables de l'Atlas marocain. Elle permet à l'oued Ouzoud, torrent montagnard abondant en toutes saisons, de rejoindre le canyon de l'oued el Abid, à 1 km de là. Un chemin glaiseux que les embruns rendent glissant, mais qui est jalonné de marches et facile à parcourir par temps sec, conduit parmi les oliviers au pied de la cascade. Ce sentier offre sur les chutes des points de vue de plus en plus rapprochés. On peut descendre presque au fond de la dépression où le torrent se précipite dans un bruit assourdissant.

Un autre sentier permet de remonter jusqu'en haut de la chute, d'où la vue sur le gouffre est impressionnante. Au bord de celui-ci, plusieurs petits moulins à blé installés dans d'étroites cabanes fonctionnent encore.

Dans les épaisses frondaisons qui bordent les cascades, le touriste aura la surprise d'apercevoir des singes en liberté.

Au cas où l'état des pistes rendrait impossible la poursuite de l'itinéraire par les gorges de l'oued el Abid, emprunter après avoir visité les cascades la variante de retour par Afourèr (voir ci-dessous). Sinon, devant la kasbah d'Ouzoud, prendre la piste qui fait suite à la route goudronnée.

★ Gorges de l'oued el Abid – Après avoir traversé un petit bassin cultivé et peuplé de pittoresques villages aux maisons ocre, on s'élève pour longer bientôt, de loin, l'oued el Abid. Ce torrent actif, principal affluent de l'Oum er Rbia, a creusé dans la partie occidentale du Moyen Atlas des gorges profondes de 400 à 600 m, dont la muraille se dresse sur la gauche, rouge et abrupte, mais dont on ne peut voir le fond.

Puis la piste mauvaise et étroite, tracée en corniche au-dessus des parois verticales, descend brusquement en des lacets impressionnants vers l'oued qu'elle franchit sur un pont métallique d'où on peut voir l'entrée du canyon.

Cascades d'Ouzoud

Plus au Nord, on parcourt une région qu'occupent des champs de blé et de petits bois d'oliviers, et qu'animent quelques villages étagés sur les pentes.

On retrouve la route goudronnée à Moulay-Âïssa-Bendriss où on laisse à droite celle qui conduit à Âït-Attab.

La descente vers la P 24 qu'on prend à droite pour revenir à Beni-Mellal offre de larges vues sur la plaine du Tadla.

Variante de retour par Afourèr – *Allongement de parcours de 32 km.*
Après la visite des cascades d'Ouzoud, revenir à Bin-el-Ouidane où, une fois franchi le barrage, on prend à gauche la route d'Afourèr. Celle-ci suit d'abord, dans un cadre très boisé, le cours de l'oued el Abid qu'elle domine. Après un parcours sinueux en montagne, on découvre brusquement la plaine du Tadla. La descente vers Afourèr offre une succession de **vues**★ quasi aériennes sur cette vaste étendue où les cultures découpent une infinité de petites bandes et où courent des canaux d'irrigation.

La P 24, à droite, ramène à Beni-Mellal.

Pour un bon usage des plans de villes, consultez la légende p. 2.

Kasbah de BOULÂOUANE★

Carte Michelin n° 959 plis 4 et 20.

La région de Boulâouane est connue pour l'honorable vin gris qu'on tire de ses vignobles ; ceux-ci ont trouvé leur terre d'élection le long du talus que forme le plateau des Rehamma au-dessus des plaines atlantiques.
Mais elle recèle aussi une **kasbah** ⊘ dont les ruines sont encore imposantes et le **site**★ remarquable. De quelque route qu'on arrive, on aperçoit de loin cet étrange château fort juché sur un promontoire dominant une boucle de l'Oum er Rbia.

Légende… et histoire – On raconte qu'à l'un des passages de Moulay Ismaïl, les gens de la région vinrent lui offrir, comme n'ayant rien de plus précieux, une ravissante jeune fille nommée Halima. Les charmes de la nouvelle favorite opérèrent si bien sur le terrible sultan qu'il la mena sur la plus haute tour de la kasbah et lui dit : « Je te donne, à tes frères et à toi, toutes les terres que tu peux apercevoir. » Boulâouane devint la résidence de Halima. A la mort de celle-ci, Moulay Ismaïl fit fermer le château et n'y revint plus.

On ne sait si Halima a jamais existé. Il est certain, en tout cas, que la kasbah de Boulâouane fut bâtie par Moulay Ismaïl afin de tenir le pays en respect et pour assurer la levée de l'impôt dont on entreposait les prestations en nature dans les vastes magasins de la forteresse.

VISITE *environ 1/2 h*

On atteint la kasbah en auto par la petite route signalisée qui se détache de la S 128.

1 km avant d'arriver, un coude de la route à gauche offre la plus belle **vue★** de la kasbah, dont l'enceinte est bien conservée de ce côté.

Laisser la voiture devant la **porte** monumentale, très sobre, surmontée d'une inscription donnant le nom du sultan bâtisseur et la date de 1710.

Au pied de la tour d'où Halima découvrit son domaine, s'étendaient les appartements du château : il en reste peu de choses (patio dont les murs ont conservé des fragments de plâtre sculptés). A gauche, le minaret de la mosquée est resté debout. Une impression de grandeur et de solitude se dégage de ces ruines. Le tour partiel des remparts offre de belles **perspectives★** sur la kasbah et les méandres encaissés de l'Oum er Rbia.

En ville, sauf indication contraire, nos itinéraires de visite sont à suivre à pied.

CASABLANCA★

3 500 000 habitants
Carte Michelin n° 959 plis 5, 7, 20 et 21.

Si la plupart des villes marocaines portent le poids d'un long passé, celle-ci incarne le Maroc moderne et préfigure celui de demain. C'est une étape indispensable à la connaissance de ce pays. D'ailleurs, cette cité tapageuse ne laisse pas indifférent. On l'aime ou on la déteste, mais on subit nécessairement son dynamisme, on est étonné par la rapidité de sa croissance, on suppute son avenir.

TROIS NAISSANCES POUR UNE VILLE

Anfa – Casablanca est une appellation moderne. Autour de la colline qui a gardé le nom d'Anfa, il y avait au Moyen Age une petite cité berbère. Son port trafiquait avec les Espagnols, les Portugais, les villes italiennes ; il abritait aussi une flottille de corsaires.

C'est la course qui causa les malheurs d'Anfa : ses principales victimes, les Portugais, décidèrent de supprimer ce repaire. En 1468, la ville est mise à sac, brûlée, démantelée, vidée de ses habitants ; pendant trois siècles ses ruines restent désertes.

Dar el Beïda – La ville renaît à la fin du 18e s., sous l'impulsion du sultan Mohammed ben Abdallah. Mais elle a changé de nom. Sans doute à cause d'une grande bâtisse servant de repère aux voyageurs, on l'appelle Dar el Beïda – c'est-à-dire « Maison Blanche »; pour les Européens « Casa Blanca » suivant la formulation espagnole.

Au milieu du siècle suivant, la demande européenne de grains et de laines et l'avènement de la navigation à vapeur sollicitent l'expansion de Dar el Beïda (ligne Marseille-Casablanca par la Cie Paquet de 1862 à 1983). Profitant de cette conjoncture favorable, Dar el Beïda compte à la fin du siècle environ 20 000 âmes et son port dispute à Tanger le premier rang. C'est pourtant bien peu de chose encore en regard du destin qui l'attend.

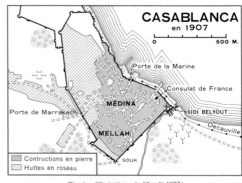

(D'après « l'Illustration » du 10 août 1907.)

Casablanca – Sous ce nom, qui prévaut désormais, le port et la ville vont réaliser leur grande mutation du 20e s.

En 1907, le gouvernement chérifien confie à une entreprise française la construction d'un petit port artificiel. C'est « la troisième naissance de Casablanca ». A cette époque, des commerçants étrangers (français surtout) affluent à Casablanca et commencent à bâtir en bordure de la médina.

Indicatif téléphonique : 02

Arrivée par avion

Une navette ferroviaire entre l'aéroport international Mohammed V *(accès direct aux quais situés au sous-sol de l'aérogare)* et les gares de Casa-Voyageurs et Casa-Port permet la liaison avec le centre ville en une demi-heure. 25 DH. ☏ 33 92 90.

Une navette autocars relie également l'aéroport à la gare routière CTM de Casablanca. Service toutes les 30 mn de 5 h 30 à 8 h, toutes les heures de 8 h à 23 h. ☏ 31 17 46.

Circuler dans Casa

Outre les petits taxis, le réseau d'autobus géré par la RATC couvre les 7 préfectures du Grand Casa, incluant l'aéroport et Mohammedia. Les tarifs varient de 1,60 DH à 4,50 DH selon le trajet parcouru.

Si vous circulez en voiture, n'oubliez pas de laisser 1 DH (2 DH près des cinémas) aux gardiens de parking improvisés reconnaissables à leur blouse bleue. Certaines rues sont par ailleurs équipées de parcmètres (2 DH).

Adresses utiles

Informations touristiques

ONMT : 55, rue Omar Slaoui, ☏ 27 11 77
Syndicat d'initiative : Boulevard Mohammed V, ☏ 22 15 24

Transports aériens

Office national des aéroports : ☏ 33 90 40
Aéroport Mohammed V (24h/24) : ☏ 33 99 16

Compagnies aériennes

Air France : 11, avenue des FAR, ☏ 29 30 40
Royal Air Maroc : 44, avenue des FAR, ☏ 36 05 20
Sabena : 41, avenue des FAR, ☏ 31 39 91

Locations de voitures

Avis : 71, avenue des FAR, ☏ 31 24 24 – 31 11 35
Europcar : 144, avenue des FAR, ☏ 31 09 60 – 31 40 69
Hertz : 25, rue de Foucauld, ☏ 31 22 23

Consulats

Belgique : ☏ 22 30 49
France : ☏ 26 53 55
Espagne : ☏ 22 07 52
Suisse : ☏ 20 58 56

Agences des grandes marques d'automobiles

BMW : Univers Motors, boulevard de la Corniche, ☏ 36 78 40
BRITISH LEYLAND : Afric-Auto, 147, rue Mostafa el Maâni, ☏ 27 92 85
TALBOT-SIMCA : SIARA, 133, rue Mohammed Smiha, ☏ 30 29 66
CITROEN : Sopriam, 113, boulevard de Paris
FIAT : Afric-Auto *(ci-dessus)* et Auto-Hall *(ci-dessous)*
FORD : Auto-Hall, 44, avenue Lalla Yacout, ☏ 31 90 56 – 31 70 40
GENERAL MOTORS : Saida Star Auto, 88, avenue Lalla Yacout, ☏ 31 90 03
MERCEDES-BENZ : Auto-Nejma-Maroc, 57, boulevard Ba Hmad, ☏ 24 39 63
PEUGEOT : Siara, 193, avenue des FAR, ☏ 30 17 62
RENAULT : Renault-Maroc, place de Bandoeng, ☏ 30 05 91
VOLKSWAGEN : Centrale Automobile Chérifienne, 84, avenue Lalla Yacout, ☏ 30 81 81
VOLVO : Saida Star Auto *(voir ci-dessus)*

Hébergement

En 10 ans la capacité hôtelière de Casablanca a pratiquement doublé ; les plus grandes chaînes hôtelières y sont représentées (Sheraton, Hyatt Regency, Holiday Inn, Salam, etc.)

Restaurants

Si tous les grands hôtels ont un restaurant marocain de bonne qualité, il est également très agréable de pouvoir manger du poisson et déguster huîtres et crustacés toute l'année, notamment au « Chalutier » situé au Centre 2000 en bord de mer, au « Cabestan » près du phare d'El-Hank ou au restaurant très animé du « Port de Pêche » (☏ 31 85 61), pour n'en citer que quelques-uns.

Artisanat

Centre artisanal, boulevard de Bordeaux *(cuir, céramique, tapis, broderie, bois)*. Tous les 2 ans, généralement en juin, se tient la Foire Internationale de l'Artisanat où sont représentés de nombreux pays.

Librairies

Librairie des Écoles, avenue Hassan II.
Le Carrefour des Livres, quartier de Maârif, à l'angle de la rue des Landes et de la rue Vignemale, ☏ 25 87 81.

Pâtisseries

Pour les amateurs de briouates, fekkas aux amandes, ghoribas au sésame, cornes de gazelle, etc. :
Bennis, rue Fkih el Gabbas, dans le quartier des Habous ;
Aux Plats préparés, 238, boulevard Zerktouni. Prise d'assaut en fin d'après-midi par les amateurs de salouw, de bakhlawa et autres friandises, son cadre même invite à la gourmandise.

En 1912, Lyautey décide – contre l'avis de plusieurs experts – de faire de Casablanca non seulement un grand port mais le centre économique du Maroc. L'architecte Prost est chargé d'édifier la ville nouvelle et d'en planifier le développement.
Casablanca connaît désormais une croissance à l'américaine. Le grand commerce s'installe et les banques prospèrent. Avec l'apparition des industries, la ville attire de très nombreux ruraux. De 60 000 habitants en 1912, la population passe à 263 000 en 1936, 682 000 en 1952 ; elle approche le million en 1960 et compte aujourd'hui plus de 3 millions d'habitants.

MÉTROPOLE ÉCONOMIQUE

Quelques chiffres – Casablanca est aujourd'hui la plus grande ville du Maghreb, la quatrième du continent africain. A l'intérieur de son énorme périmètre (113 km², plus que Paris intra-muros) vivaient, d'après le recensement de 1982, plus de 2 millions d'habitants – parmi lesquels la plus importante communauté française à l'étranger. Cela représentait plus de 4 fois la population de Fès ou de Marrakech et près de 10 % de la population totale du Maroc.
La ville groupe 60 % des entreprises industrielles, où dominent alimentation, métallurgie et textile. Elle consomme 30 % environ de l'énergie électrique du pays, elle compte le tiers des abonnés au téléphone, paie plus de la moitié de l'impôt sur les bénéfices. Siège de presque toutes les banques, elle draine 50 à 60 % des disponibilités monétaires...
Ce gigantisme est directement lié à l'importance exceptionnelle du port. La ville dispose, en outre, de l'aéroport international Mohammed V qui réalise 40 % du trafic passagers et plus de 80 % du fret de l'ensemble du royaume, et de l'aéroport d'Anfa transformé en aéroclub.

Casablanca, images et mythes

Certains noms ou certaines images sont instinctivement associés à Casablanca dans l'imagerie collective.
Ainsi, Casa fut la fierté de **Lyautey**. Passionné d'urbanisme, sa première préoccupation fut que la ville blanche puisse répondre dignement à la vocation océane du Maroc. Sa ténacité eut raison de tous les obstacles et il réussit à faire de Casablanca le grand port atlantique que nous connaissons aujourd'hui.
– Casablanca fut aussi la ville de **Marcel Cerdan**.
Né à Alger d'une famille originaire de la vallée de la Têt dans les Pyrénées, Marcel Cerdan vint se fixer avec les siens à Casablanca dans le quartier Cuba puis dans celui de Maarif occupé par la colonie italienne. Il y fit ses débuts de boxeur professionnel et y remporta ses premières victoires. Le 21 février 1938, il devint champion de France des poids welters au stade Philip de Casa. Mais son charisme le rendit tout autant célèbre que son punch et dans les rues de Casa les habitants se sentirent investis par une parcelle de sa gloire. Le 21 septembre 1948, Cerdan est champion du Monde : délire à Casa, à la Brasserie Marcel-Cerdan, à l'hôtel de ville où il présente sa ceinture de champion du Monde, au vélodrome d'Anfa où le général Juin le décore de l'ordre du Ouissam Alaouite. Mort dans un accident d'avion, il est enterré à Casablanca le 10 novembre 1948.
– Casablanca, première escale des lignes Latécoère, devenues l'**Aéropostale. Mermoz** est là avec Collenot, Rozès, Guillaumet, Saint-Exupéry et tant d'autres ; Casa la blanche est en deuil le 7 décembre 1936 lorsque Mermoz et son équipage disparaissent à bord de « La Croix du Sud » (parmi les monuments que compte l'aérodrome de Casa-Anfa, figure une stèle érigée à leur gloire et à celle des autres pilotes, navigateurs, radios et mécaniciens de la ligne France-Amérique morts pour l'aviation).
– « Casablanca », film mythique réalisé en 1942 par Michael Curtis, et dont l'action qui réunit Humphrey Boggart, Peter Lorre et Ingrid Bergman, est censée se dérouler dans la ville blanche (à défaut d'avoir été tournée sur place).

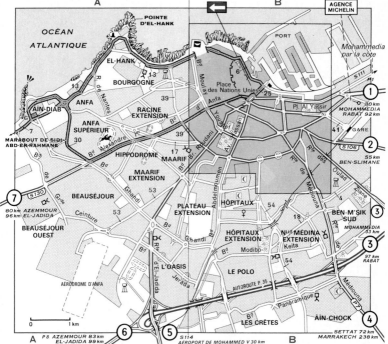

CASABLANCA
AGGLOMÉRATION

Ahmed Sebbagh (R.).............. **B** 4	
Almohades (Bd des).............. **B** 6	

Biarritz (Bd de)...................... **A** 7	
Corniche (Bd de la) .... **A** 13	
Desmoulins	
(Bd Camille) .... **A** 17	
El Fida (Bd) .... **A** 18	
Houphouët Boigny (Bd)........ **B** 25	

Lido (Bd du)........................... **A** 30	
Mohamed Zerktouni (Bd)....... **B** 39	
Mohamed V (Bd) .... **B** 41	
Yacoub	
el Mansour (Bd) .... **A** 53	
2-Mars (Av. du) .... **B** 54	

La vie à Casa – Un tel rôle et un pareil essor ont favorisé ici l'éclosion d'un nouveau type de citadin, fortement marqué par l'influence de l'Occident. A ce Casablancais on reconnaît l'esprit d'entreprise et le parti pris de modernisme ; quelque peu gouailleur, il a le quolibet facile et, tout compte fait, une grande bonhomie.

Industrieuse, Casablanca est animée d'une bruyante activité et d'une circulation intense. Cosmopolite, elle draine une foule bigarrée qui vient de tous les lieux et même, pourrait-on dire, de toutes les époques.

Moderne, elle a connu un essor urbanistique important et offre toutes les commodités et tous les attraits que l'on peut demander à une grande ville : magasins, espaces verts, grands cafés, hôtels de grandes chaînes internationales, spectacles nombreux, et bientôt un vaste centre international d'affaires, le **Casablanca Trade Center**.

Actuellement en cours de construction à la croisée des boulevards Zerktouni et Massira *(achèvement prévu en 1996)*, ce complexe intégrera des bureaux ultra-modernes, un centre de congrès, des galeries commerciales, des logements, des jardins intérieurs et un centre d'art contemporain. Composé de tours jumelles de 100 m de haut – complétées par une troisième, plus petite, située exactement dans l'axe de la Grande Mosquée – cet ensemble architectural est l'œuvre de Ricardo Bofill et Elie Mouyal.

D'autres immeubles à l'architecture résolument nouvelle, voire futuriste (comme l'immeuble de verre de l'ONA sur l'avenue des FAR, celui de la BMCE avenue Hassan II, ou d'autres sur le boulevard Zerktouni ou le boulevard d'Anfa), ont supplanté les villas d'antan ; des centres commerciaux se sont implantés un peu partout, remplaçant les traditionnelles kissarias.

Piétonne et commerçante la rue du prince Moulay Abdallah (**DY**) est le rendez-vous des promeneurs ; la route de la corniche est l'agglomération joyeuse des piscines, des terrains de sport, des restaurants ou des guinguettes.

La nuit, la ville brille de tous ses feux.

CIRCUIT EN VOITURE *environ 1 h 1/2 – plan p. 72*

Place des Nations-Unies (**DY**) – C'est le berceau de la ville moderne. Ici, sous les murs de la vieille médina il n'y avait, au début du siècle, qu'un terrain vague où se tenait le souk.

Il est devenu très vite le cœur de la cité. Les grandes artères y convergent, groupant aux abords de la place les bazars multicolores (boulevard Houphouët-Boigny, autrefois boulevard Mohammed el Hansali), les palaces, banques, agences de voyages (avenue de l'Armée-Royale), les cinémas, brasseries et commerces de luxe (boulevard Mohammed V et rues adjacentes).

Partir par le boulevard Mohammed V, et gagner le boulevard Victor-Hugo (Sud-Est du plan).

Après avoir longé le palais du roi (**FZ**), on atteint la nouvelle médina. Par la rue qui descend à gauche de la Mahakma du Pacha, on débouche sur la place de la mosquée Mohammed V où on laissera la voiture.

71

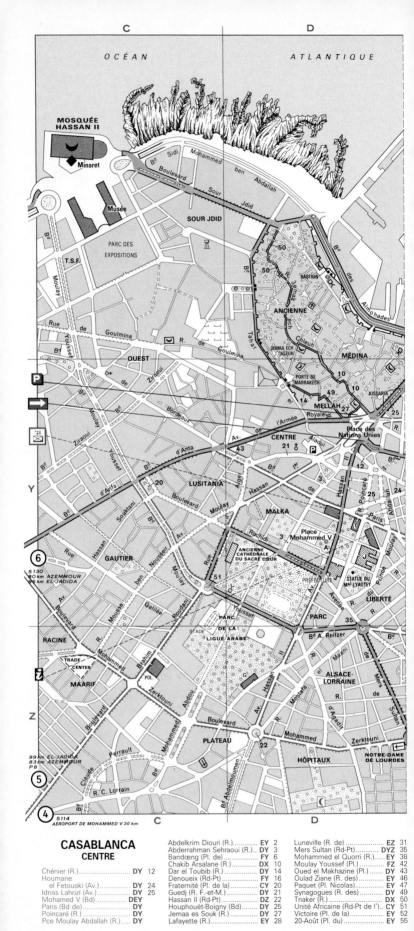

CASABLANCA
CENTRE

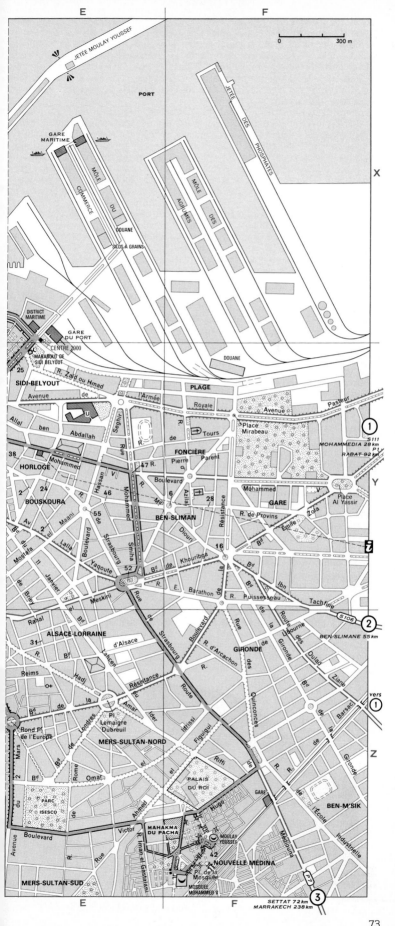

E   F

JETÉE MOULAY YOUSSEF

0   300 m

PORT

GARE
MARITIME

MÔLE DU COMMERCE

DOUANE

SILOS A GRAINS

JETÉE DES PHOSPHATES

MÔLE DES AGRUMES

X

DISTRICT
MARITIME

GARE
DU PORT

CENTRE 2000

MARABOUT DE
SIDI BELYOUT

DOUANE

25

SIDI-BELYOUT

R. Zaïd ou Hmad

PLAGE

Avenue   de   l'Armée

Royale

Avenue

Pasteur

Allal   ben   Abdallah

Seghir

R.   de

Place
Mirabeau

① S 111
MOHAMMEDIA 28 km
P 1
RABAT 92 km

38

Mohammed

FONCIÈRE

Pierre   Parent

Tours

Y

HORLOGE

R.   de   Tours

47 R.

Hassan   V

Rue   de

Boulevard

R.   d'

Attal

Mohammed

GARE

V

Place
Al Yassir

2   24

BOUSKOURA

46

6

28

R. de Provins

Zola

Epine

Av.   de   2   tel   Maani

55

Mohammed   Smiha

BEN-SLIMAN

Diouri

Résistance

16

R.   Bd

7

Latla

Boulevard   de   Strasbourg

Yaqoute

52

Bd   de   Khouribga

Bd

Ibn

Tachfine

S 106

②
BEN-SLIMANE 55 km

Mostfa   II

Janvier

de   Bley

Rahal

Meskini

Rue   de

R.   E.   Barathon

R.   Puissesseau

Bd

de   la

ALSACE-LORRAINE

31

B d

d'Alsace

Boulevard   de   Strasbourg

R.   d'Arcachon

GIRONDE

des

Rue   de   la   Gironde

Route   des   Oulad

Ziane

vers ①

Reims

R.   Hadj

Lancier

Résistance

R.

Quinconces

de

Bd

Barsac

Z

O+

Bd   de   la

Rond Pt
de l'Europe

Pl.
Lemaigre
Dubreuil

Amar

Ider

Idrissi

Figuigui

Route

MERS-SULTAN-NORD

Riffi

ide

R.

R.

R.   de   l'École

Gironde

BEN-M'SIK

2   Mars

Bd   de   Rome

el   Omar

el   Ahmed

PALAIS
DU ROI

GARE

Hugo

Bd

Médiouna

Avenue   du

PARC
ISESCO

Boulevard   de

Rue   Victor

R. Imam el Gastalani

MAHAKMA
DU PACHA

42

MOULAY
YOUSSEF

NOUVELLE MEDINA

industrielle

P 27

MERS-SULTAN-SUD

Pl. de la
Mosquée

MOSQUÉE
MOHAMMED V

③
SETTAT 72 km
MARRAKECH 238 km

E   F

73

★Nouvelle médina (EFZ) – Le développement rapide de Casablanca avec ses besoins croissants de main-d'œuvre attira, de tout le pays, des milliers de gens en quête d'un emploi. Ils s'installèrent d'abord près de l'ancienne médina, puis autour de la ville, dans de misérables campements de fortune. Pour résorber ces bidonvilles, on éleva, en 1923, la nouvelle médina communément appelée **quartier des habous**, où, tout en respectant le style et les habitudes traditionnels, les architectes obéirent aux règles de l'urbanisme moderne.

Les environs immédiats de la place de la Mosquée, et spécialement la partie de la médina située au Nord-Est de celle-ci, offrent de pittoresques ruelles bordées d'arcades sous lesquelles tiennent boutique marchands d'étoffes et de souvenirs ; on verra le souk aux cuivres où les artisans façonnent et polissent chaudrons, plateaux, théières et brûle-parfums ; une cour entière est réservée aux olives, la fameuse pâtisserie Bennis que rien ne distingue de l'extérieur si ce n'est l'enseigne, mais dont l'intérieur qui est recouvert de mosaïques abrite mille et une gourmandises. Pousser jusqu'à la petite place Moulay Youssef où se dresse la seconde mosquée de la médina.

L'ancienne **Mahakma du Pacha (FZ)**, bel édifice terminé en 1952 et qui abritait autrefois les séances du tribunal ainsi que les réceptions du pacha, est devenue aujourd'hui le siège de la préfecture de Derb Soltane El Fida (l'une des sept préfectures du Grand Casablanca). La décoration★ de ses cours et de ses 64 salles fait appel à toutes les ressources de l'art marocain : plafonds en bois de cèdre sculpté, sculptures sur plâtre, carreaux de faïence, grilles de fer forgé. Belle vue des étages supérieurs sur le jardin intérieur bordé d'arcades.

Reprendre la voiture et quitter la place par la rue Iman el Gastalani. Tourner à gauche dans le boulevard Victor-Hugo.

Le **parc Isesco** (ex-parc Murdoch) **(EZ)** est un joli jardin bien ombragé.

Arrêter la voiture près du rond-point de l'Europe.

★Église N.-D.-de-Lourdes (DZ) ☉ – Cette église moderne a été achevée en 1956 sur les plans de M. Dangleterre. C'est un haut vaisseau de béton brut. L'intérieur retiendra l'attention par la coloration de ses **verrières**★ qui contraste avec le revêtement de bois du chœur. En effet, outre les longues baies qui éclairent latéralement la nef principale, les murs des bas-côtés sont entièrement formés de panneaux de vitrail ; sur fond « tapis marocain » sont illustrés, à gauche, le dogme de l'Immaculée Conception et les apparitions de Lourdes, à droite, les autres apparitions de la Vierge. Ces verrières sont dues à Gabriel Loire, maître verrier à Chartres.

Descendre l'avenue de Mers-Sultan jusqu'au rond-point et prendre à gauche le boulevard A.-Reitzer, traverser l'avenue Hassan II et prendre le boulevard Moulay Youssef.

★Parc de la Ligue arabe (CDYZ) – C'est le plus grand espace vert de Casablanca, magnifique promenade aux frais ombrages au milieu de la ville.

Dans la rue d'Alger, sur la droite, s'élève l'ancienne **cathédrale du Sacré-Cœur (DY)**. Cet édifice qui fait l'objet d'importants travaux d'aménagement devrait abriter un complexe culturel comprenant notamment un théâtre de 800 places.

Tourner à droite et rejoindre l'avenue Hassan II, belle artère qui descend vers la place Mohammed V où l'on garera la voiture.

★Place Mohammed V (DY) – Elle groupe les bâtiments des principaux services administratifs, en un bel ensemble d'architecture musulmane moderne inspirée des traditions nationales.

A l'Ouest, une **fontaine (DY A)** monumentale a été édifiée en 1976 : à certaines heures on peut y admirer les jeux d'eau lumineux accompagnés de musique arabe, européenne et asiatique.

De l'autre côté de l'avenue Hassan II, la partie Est de la place est aménagée en un jardin public que bordent le très harmonieux **Palais de Justice (DY J)** et la Préfecture. Entre ces deux bâtiments, la

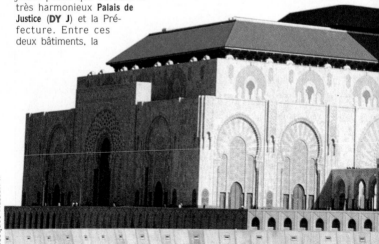

Mosquée Hassan II

statue du maréchal Lyautey a trouvé refuge derrière les grilles du consulat de France : c'est une œuvre de François Cogné, le sculpteur du *Clemenceau* des Champs-Élysées à Paris.

Préfecture (**DY**) ✆ – Cet édifice, qui se signale de loin par sa tour haute de 50 m, abrite la Wilaya du Grand Casablanca. Il fut construit dans les années 1930 et inauguré conjointement par le sultan Mohammed Ben Youssef et le président de la République française Albert Lebrun. A l'intérieur du bâtiment agrémenté d'un jardin tropical on peut voir, encadrant le double escalier d'honneur, deux peintures monumentales de Jacques Majorelle *(voir à Marrakech)* représentant *Le Moussem* et *L'Haouache*.

Reprenant la voiture, continuer de suivre l'avenue Hassan II qui descend vers le quartier animé de la place des Nations-Unies.

★**LA CORNICHE** *15 km – 1 h 1/2 h – plan p. 71*
Partir en auto de la place des Nations-Unies en direction du port.

Le boulevard Houphouët-Boigny est bordé par des bazars et la kissaria où, l'après-midi, se font des ventes à la criée ; on laisse à droite le marabout de Sidi Belyout, tombeau du saint protecteur de la ville. Au carrefour de l'entrée du port prendre à gauche le boulevard des Almohades qui longe les anciens remparts dont on voit encore un bastion armé de vieux canons.

★★★**Mosquée Hassan II** ✆ – Le boulevard Sour Jdid ou le boulevard Sidi Mohammed Ben Abdellah qui longe la corniche conduisent à la plus grande mosquée du monde après celle de La Mecque *(un passage souterrain permet d'accéder aux parkings).*

Ce chef-d'œuvre architectural, symbole d'un Islam ouvert sur le monde et sur la science selon le vœu de S.M. Hassan II, a été construit en partie sur l'eau, à la pointe extrême du Maghreb.

Conçu par l'architecte français Michel Pinsot, l'édifice religieux comporte au rez-de-chaussée une salle de prières rectangulaire d'une parfaite symétrie. Soutenue par 78 piliers où le granit, le marbre et l'onyx entremêlent leurs reflets, cette salle coiffée d'une toiture recouverte de tuiles vert émeraude – couleur symbole de la plénitude spirituelle en terre d'Islam – est susceptible d'accueillir 20 000 fidèles à l'intérieur, et 80 000 sur l'esplanade qui la prolonge. Encastré dans l'axe de la façade Sud, le minaret, rehaussé d'un jamour équipé d'un rayon laser d'une portée de 30 km matérialisant la Qibla (direction de La Mecque), culmine à 200 m au-dessus de la mer. Outre la mosquée proprement dite, cet ensemble cultuel et culturel, construit selon des normes antisismiques et financé en partie par le peuple marocain dans le cadre d'une souscription nationale, comporte une médersa, une bibliothèque, un musée national et d'immenses salles de conférences. L'ensemble, superbement décoré par des artisans venus de tout le Maroc, mérite l'admiration : fresques et zelliges aux motifs géométriques, bois peint et sculpté, stucs aux dessins inextricables, arabesques aux motifs dessinés ou calligraphiés, couleurs lumineuses, tout témoigne du talent et de l'esprit novateur des artistes marocains.

Reprendre la voiture.

75

Continuer à longer l'océan, laisser à droite le phare et la pointe rocheuse d'**El-Hank** ; la belle plage est bordée de nombreux établissements de bains et de tout un chapelet de piscines.

Âïn-Diab (**A**) – La station balnéaire d'Âïn-Diab, dont la pointe offre une jolie vue sur l'océan et la côte, possède une **plage** de sable fin aménagée. Autour d'elle, villas, hôtels, restaurants, cabarets et dancings sont le rendez-vous des Casablancais.

On pourra pousser le long de la côte, à 3 km, jusqu'au marabout très fréquenté de **Sidi-Abd-er-Rahmane**, sanctuaire vénéré, pittoresquement bâti sur un rocher accessible seulement à marée basse.

Anfa (**A**) – Sur la route du retour, Anfa est un élégant quartier résidentiel construit sur une colline dominant toute la ville. On appréciera les grandes avenues fleuries, les parcs verdoyants et surtout les splendides villas dont la variété illustre l'évolution des conceptions architecturales des années 30 à nos jours.

En janvier 1943, deux mois après le débarquement anglo-américain sur les côtes d'Afrique du Nord, Anfa vit se dérouler – entre le président Roosevelt et Winston Churchill – la **conférence de Casablanca**, au cours de laquelle la date du débarquement allié sur les côtes françaises fut fixée au printemps 1944. A cette occasion fut aménagée la difficile rencontre entre les généraux de Gaulle et Giraud. C'est aussi à Anfa que Roosevelt reçut secrètement le sultan Mohammed V pour s'entretenir avec lui de l'avenir du Maroc.

Contournant l'hippodrome on reviendra à la place des Nations-Unies.

Mosquée Hassan II (intérieur)

L'ANCIENNE MÉDINA ET LE PORT

Ancienne Médina (**DXY**) – *Partir de la place des Nations-Unies et suivre à pied l'itinéraire indiqué sur le plan p. 72.*

Elle offre un contraste saisissant avec les artères modernes qu'on a parcourues jusqu'ici. Le voyageur qui ne peut visiter les médinas des grandes cités de l'intérieur du Maroc aura au moins un aperçu de ce qu'était une ville musulmane dans les siècles passés.

Entrant par la rue Chakib Arsalane, on parcourt un labyrinthe de ruelles grouillantes de monde, bordées d'échoppes de commerçants et d'artisans. On passe devant la jemaa ech Chleuh. Revenant vers le Sud par le boulevard Tahar el Alaoui qui longe les vieux remparts, on remarque, à droite, l'amusant alignement des boutiques de barbiers. Franchir la muraille par la porte de Marrakech et prendre aussitôt à droite la rue Dar el Toubib.

Cette rue s'enfonce dans le **mellah** : bordée de boutiques de bouchers, elle est l'une des plus vivantes et des plus curieuses de cet ancien quartier juif. A son extrémité, suivre la rue des Synagogues puis tourner à gauche dans la rue Jemaa es Souk qui ramène à la place des Nations-Unies.

★**Port** – Les conditions naturelles n'étaient guère, ici, favorables à la réalisation d'un grand port et les travaux commencés en 1907 étaient notoirement insuffisants. Tout était à faire lorsque Lyautey débarqua à Casablanca. L'obstination du Résident Général vint à bout de difficultés qui pouvaient paraître insurmontables (la houle emporta à plusieurs reprises les ouvrages en construction). Dès 1930, avec un trafic de 3 millions de tonnes, le port était connu dans le monde entier.

Depuis la fin de la Seconde Guerre mondiale, le tonnage a progressé de façon spectaculaire, malgré le transfert à Mohammedia de la plus grande part du trafic pétrolier.

Équipement actuel – A l'abri d'une grande jetée de plus de 3 km (jetée Moulay Youssef) et de la jetée des Phosphates, près de 7 km de quais sont utilisés.

Au fond de la rade, la partie la plus ancienne est occupée par un bassin de plaisance, une forme de radoub et le port de pêche.

Au-delà, 3 grands môles et la jetée des Phosphates se partagent l'essentiel des activités. Le plus étendu est le môle du Commerce où les silos à grains (70 000 t de capacité) ont intégré depuis longtemps leur haute silhouette au paysage du port. Quant à la jetée des Phosphates, où aboutissent les convois de Khouribga, les installations de l'OCP y déploient leurs 420 000 t de capacité de stockage : 4 des 6 portiques peuvent assurer une cadence de chargement de 1 250 t à l'heure.

Activité – En 1992 le nombre des navires entrés et sortis était d'environ 6 600. Le tonnage total atteignait près de 16 millions de tonnes ainsi réparties :

8 200 000 t à l'exportation (phosphates, autres minerais, marchandises conteneurisées, agrumes et primeurs, etc.) ;

7 800 000 t à l'importation (céréales, conteneurs, charbon, hydrocarbures, divers). Le Maroc a été doté avec Casablanca d'un port véritablement national : à lui seul il assure environ 44 % du trafic marocain. Il doit cette prépondérance à l'exportation des phosphates qui fait de lui le 1er port phosphatier dans le monde.

Au deuxième rang du Maghreb, il semble appelé à un avenir plus brillant encore, puisqu'on a déjà entrepris de doubler la surface de ses installations, en aménageant notamment un nouveau terminal à conteneurs dans l'avant-port.

Forêt de CÈDRES★★

Carte Michelin n° 959 plis 22, 23, 36 et 41.

Les cèdres de l'Atlas sont justement célèbres. Les peuplements les plus beaux et les plus importants se rencontrent dans le Moyen Atlas central, d'Ifrane au col du Zad où ils couvrent environ 75 000 ha ; on en comptait bien davantage dans le passé, mais une exploitation désordonnée, aggravée par le pâturage excessif des chèvres, a causé des ravages jusqu'à ce qu'on se préoccupe – à partir de 1916 – de protéger la forêt.

Ils s'accommodent de sols très divers mais redoutent la sécheresse ; aussi fréquentent-ils principalement les versants exposés aux vents d'Ouest. Les premiers cèdres apparaissent entre 1 500 et 1 600 m d'altitude et s'associent d'abord aux chênes zéens (chênes rouvres dont le bois est utilisé principalement pour faire des traverses

de chemin de fer) et aux chênes verts. Plus haut, autour de 2 000 m, les cédraies sont dans toute leur splendeur.

Leurs sous-bois, qui rappellent souvent un paysage de parc, se parent en avril de pivoines sauvages.

77

Ces seigneurs de la forêt ont un fût très droit qui peut atteindre jusqu'à 60 m de hauteur et 2 m de diamètre. Leur silhouette altière étale une ramure horizontale très caractéristique. Jeunes, ils se terminent par une flèche grêle produisant constamment des bourgeons ; les vieilles cimes, au contraire, prennent une forme tubulaire. La longévité du cèdre est grande, et nombreux sont les sujets âgés de plus de deux siècles ; certains arbres géants sont contemporains des sultans mérinides (en France ils eussent été les témoins de la guerre de Cent Ans !).

Le bois de cèdre – si apprécié dès l'Antiquité parce que imputrescible – embaume les souks de menuisiers dans toutes les grandes villes. Ébénistes et charpentiers l'emploient, et on sait le parti que les sculpteurs en ont tiré dans les palais, les médersas et les mosquées, pour la décoration des plafonds, des linteaux et des auvents. Aux environs d'**Azrou** et d'**Ifrane** s'étend une belle forêt de cèdres facilement accessible.

★1 MISCHLIFFEN

Circuit de 60 km au départ d'Azrou – environ 1 h 1/2 – schéma p. 77

Sortant d'Azrou par la P 24 en direction de Fès, on circule à travers champs et vergers avant de se hisser jusqu'au rebord d'un plateau. De là, le **panorama**★ embrasse le Moyen Atlas, la plaine irriguée d'Azrou prolongée au Nord-Ouest par un moutonnement de collines volcaniques qui semblent aller battre la corniche du plateau d'El-Hajeb. On débouche ensuite sur un terrain rocailleux qui monte en pente douce, sur la gauche, vers l'éminence volcanique du paysage d'Ito.

★**Ifrane** – *Voir à ce nom.*

A la sortie d'Ifrane, en vue du palais royal, prendre à droite la S 309 qui suit la limite inférieure de la forêt puis traverse un plateau aride. A une bifurcation, on emprunte la route 3206 qui amorce aussitôt la montée vers le Tizi-n-Tretten bordé de cèdres sur les hauteurs.

Du col (1 934 m), **vue** à gauche sur les grands sommets du Moyen Atlas (massif de Tichchoukt) par-delà la dépression de l'oued Guigou (pêche à la truite ; *pour plus de détails sur la pêche, voir en fin de volume le chapitre Loisirs*). On pénètre bientôt dans une belle forêt de cèdres associés aux chênes et aux sapins.

★**Mischliffen** – Un ancien volcan éteint couronné de cèdres compose le site du petit centre de sports d'hiver du Mischliffen.

Après le chalet du Ski-Club d'Ifrane, prendre à gauche la route en sens unique qui ramène à la 3206 qu'on reprendra en direction d'Azrou.

La route longe un vallon couvert de prairies très fréquentées par les troupeaux puis traverse en ligne droite un plateau tout bosselé de roches volcaniques au bout duquel se dresse le **Jbel Hebri** (2 104 m), cône volcanique parsemé de cèdres.

Prendre à droite la P 21.

La descente sur Azrou est très belle. La route serpente dans la cédraie parée ici de magnifiques sous-bois ; elle offre de remarquables **vues** sur la région d'Azrou.

★2 CIRCUIT D'AÏN-LEUH

Circuit de 72 km au départ d'Azrou – environ 2 h 1/2 – schéma p. 77

★**Azrou** – *Voir à ce nom.*

Quitter Azrou par la P 24, en direction de Fès. Au bout de 4,5 km, prendre à droite la piste signalisée « cèdre Gouraud ».

Cèdre Gouraud – On s'élève rapidement jusqu'à la forêt où l'on rencontre de très beaux sujets – tel ce « cèdre Gouraud », à droite de la piste, reconnaissable à son énorme branche en forme de chandelier, qui atteint presque 10 m de circonférence à la base.

Laisser à gauche une première piste pour Âïn-Leuh et continuer jusqu'à la route 3398 qu'on emprunte en direction d'Âïn-Leuh.

Les cèdres se raréfient peu à peu et ce sont les chênes verts qui prédominent, avec d'agréables sous-bois. La route, qui suit longuement le sommet de la corniche du Moyen Atlas, procure de fréquentes échappées vers la droite : ces **vues**★ permettent d'apercevoir en contrebas Azrou, la vallée tourmentée du Tigrigra et, au loin, les hauteurs de la meseta marocaine. Après la traversée des vastes pâturages d'une plaine d'altitude, bordée de crêtes calcaires, on atteint la S 303 dans laquelle on tourne à gauche.

Âïn-Leuh – Dans un virage on découvre Âïn-Leuh, blottie dans un vallon étroit, avec ses maisons brunes à toit plat et ses terrasses irriguées débordant de verdure. Ce gros bourg est un marché des Beni Mguild et un centre d'estivage ; on y travaille aussi le bois des forêts voisines.

En prenant *(1/4 à pied AR)* un chemin qui se détache à droite de la S 303, à la sortie Sud d'Âïn-Leuh, on atteindra, à 400 m, une plate-forme naturelle d'où la **vue**★ est curieuse sur les terrasses étagées du vieux bourg.

A 2 km au Sud d'Âïn-Leuh, jolie cascade (à sec, en été) visible de la S 303.

Retour à Azrou par la S 303 puis la P 24.

A la sortie Nord d'Âïn-Leuh, la descente est rapide avec vue sur la forêt de Cèdres à droite et la plaine du Tigrigra devant soi. A partir de Tiouririne, on roule parallèlement à la corniche du Moyen Atlas dans un paysage de riches cultures, tandis qu'Azrou apparaît dans le lointain.

Dans le dernier virage avant d'atteindre la ville, belle **vue**★ sur Azrou et son « village berbère ».

★③ PAYSAGE D'ITO

18 km au Nord-Ouest d'Azrou – schéma p. 77

★**Azrou** *– Voir à ce nom.*

Sortir d'Azrou par la P 21 en direction de Meknès.

Après la traversée de la riche plaine irriguée de l'oued Tigrigra, la route s'élève en offrant de belles **vues** sur Azrou et son site. A 18 km d'Azrou, tandis que l'on suit en corniche le rebord du plateau d'El-Hajeb, un **panorama**★ se révèle à gauche sur la vaste dépression, barrée à l'horizon par les hauteurs boisées du Moyen Atlas.

Le paysage présente un chaos de petits reliefs : alignements de crêtes décapées par l'érosion, archipels de volcans éteints depuis le début du Quaternaire, fractures, coulées de laves. L'oued Tigrigra et ses affluents se fraient un passage à travers ce paysage dénudé qui, le soir sous l'éclairage rasant du soleil, prend un aspect fantastique qu'on a qualifié de lunaire.

CEUTA★

Territoire espagnol
Carte Michelin n° 959 plis 5 et 10 – Lieu de séjour, p. 216.

Le port de Ceuta, sur la côte africaine, occupe face à Gibraltar une position exceptionnelle, au seuil du détroit. La ville, bâtie dans un site remarquable, étage ses immeubles d'aspect européen sur l'isthme très étroit qui rattache le Monte Hacho au continent.

Ressources hôtelières : consulter le guide Rouge Michelin « España Portugal » de l'année.

Passage de la frontière (venant du Maroc, poste d'El Tarajal) *– Les taxis et autobus marocains ne peuvent pas entrer en territoire espagnol. La frontière espagnole est distante d'environ 300 m de celle du Maroc. Taxis et Autobus Urbains assurent la liaison entre la frontière espagnole et la ville de Ceuta.*

Pièce de police : *carte d'identité (pour les ressortissants de la Communauté Européenne) ou passeport en cours de validité et visa d'entrée en Espagne pour les ressortissants des pays qui n'en sont pas exemptés.*

Titres de circulation : *carte grise et permis de conduire. Si la voiture n'est pas immatriculée dans le pays du conducteur : permis international obligatoire.*

Assurance, monnaie et change ⊘ : *pour les nationaux et résidents n'appartenant pas à la Communauté Européenne, présenter la carte internationale d'assurance automobile, dite « carte verte ». En l'absence de « carte verte », on devra souscrire au poste de douane de El Tarajal une assurance spéciale.*

UN PEU D'HISTOIRE

Le nom de Ceuta, en arabe Sebta, viendrait du latin Septem ; c'est ainsi que se serait appelée la ville, en raison des sept monts de même hauteur, les « sept frères » (septem fratres) sur lesquels elle aurait été bâtie. Si l'époque à laquelle elle naquit demeure incertaine, on peut, sans remonter au déluge comme l'ont fait certains auteurs qui attribuent sa fondation à Sem, fils de Noé, reconnaître à Ceuta des origines très anciennes.

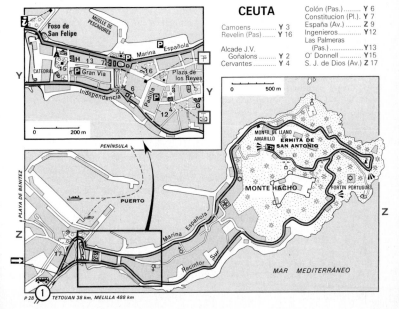

CEUTA

Camoens	**Y** 3
Revelin (Pas.)	**Y** 16
Alcade J.V. Goñalons	**Y** 2
Cervantes	**Y** 4
Colón (Pas.)	**Y** 6
Constitucion (Pl.)	**Y** 7
España (Av.)	**Z** 9
Ingenieros	**Y** 12
Las Palmeras (Pas.)	**Y** 13
O' Donnell	**Y** 15
S. J. de Dios (Av.)	**Z** 17

CEUTA

Au pays de Calypso – Pour les Grecs, ces côtes, loin de commander un passage entre la Méditerranée et l'Atlantique, marquèrent longtemps la fascinante limite au-delà de laquelle s'étendait un monde inquiétant. Ils dotèrent ces lieux d'une auréole de légendes. Que l'on identifie au **jbel Musa** ou au monte Hacho la **colonne d'Hercule** de la côte africaine (celle de la côte européenne étant le rocher de Gibraltar), il n'en reste pas moins que le demi-dieu accomplit ici l'un de ses travaux. C'est, croit-on, sur ces rivages qu'aborda Ulysse, et c'est peut-être au pied même du jbel Musa que la nymphe Calypso retint pendant sept ans le héros de l'Odyssée.

Une position clé – Port d'Afrique du Nord le plus proche de l'Espagne, Ceuta fut au début du 8ᵉ s. le point de départ des premières incursions berbères en Andalousie, et elle vit pendant plusieurs siècles s'embarquer les expéditions musulmanes qui allaient défendre, au Nord du détroit, les terres d'Islam menacées par les poussées de la Reconquête chrétienne. Elle resta, jusqu'à l'arrivée des Portugais, alternativement soumise à l'autorité des califes d'Espagne et à celle des sultans du Maroc.

Le contrôle du détroit de Gibraltar fut, au début du 15ᵉ s., l'une des premières étapes du Portugal sur la route des Grandes Découvertes. En 1415, le roi Jean Iᵉʳ décide d'occuper Ceuta et fait armer plus de 200 vaisseaux. Le 25 juillet, l'ordre de départ est donné et les navires cinglent vers l'Afrique. Après avoir essuyé une tempête, la flotte, commandée par le roi qu'accompagnent ses fils, se présente devant Ceuta. La ville, dont les habitants stupéfaits n'ont offert qu'une brève résistance, est enlevée le 21 août.

L'Espagne en Afrique – En 1580, Philippe II d'Espagne annexe le Portugal. La ville, jusque-là place forte portugaise, passe aux mains des Espagnols. Elle demeura dès lors en leur possession, malgré les efforts que firent pour la reprendre les sultans du Maroc.

★MONTE HACHO

Circuit de 10 km – environ 1/2 h. A faire de préférence le matin – Voir plan p. 79

La calle Independencia (**Y**) et la calle del Recintor Sur (**Z**) conduisent, en suivant le front de mer, au pied du monte Hacho qui avance vers le large sa masse arrondie couronnée d'une citadelle. La route tracée en corniche fait le tour de la presqu'île, procurant de très belles **vues**, au Sud sur la côte du Rif occidental, au Nord sur le littoral espagnol et le rocher de Gibraltar. Elle s'élève rapidement au-dessus de la mer. A l'extrême pointe Est de la presqu'île, un petit fortin situé en contrebas témoigne de l'occupation portugaise.

Avant d'arriver au phare (accès interdit), prendre à gauche.

Ermitage de San Antonio (**Z**) – *Laisser la voiture au parking.* A partir du parking partent à droite et à gauche d'amples escaliers qui débouchent sur la charmante place au fond de laquelle s'élève la chapelle de San Antonio (16ᵉ s.). Sur une plate-forme, se dresse, dominé par un mât de navire, un monument érigé en commémoration du passage des troupes nationalistes qui, en 1936, sous l'impulsion du général Franco, s'embarquèrent du Maroc pour gagner l'Espagne ; de là, on découvre une **vue**★★ magnifique : à gauche, la ville se déploie autour du port, ramassée sur son isthme largement incurvé ; à droite, dans le lointain, se profilent les côtes péninsulaires.

De retour à la bifurcation, prendre à gauche, puis aussitôt après, à une fourche, tourner à droite puis encore à gauche ; la route contourne le phare et descend vers Ceuta.

AUTRES CURIOSITÉS

Le port (**Z**) – Débouché, sur la Méditerranée, de la riche ville de Fès et du grand axe commercial qui reliait les pays méditerranéens à Sijilmassa – « porte » de l'or venu d'Afrique noire à travers le Sahara – Ceuta fut durant tout le Moyen Age le point vers lequel convergeaient les échanges qui se faisaient entre l'Afrique et l'Europe occidentale. La présence d'un arsenal et d'importants chantiers navals venait encore accroître l'activité de ce port qui accueillait les navires vénitiens, génois, pisans, catalans, aragonais...

L'établissement des Portugais, au 15ᵉ s., tout au long de la côte atlantique, déplaça vers l'Ouest les grands courants commerciaux et changea la destinée de la ville qui joua dès lors un rôle essentiellement stratégique.

Ceuta, port franc, est pour l'Espagne une base commerciale importante et la proximité de la côte européenne (moins de 30 km d'Algésiras) lui attire la clientèle de nombreux passagers. Sa rade très abritée le fait toujours rechercher comme escale. La nuit venue, Ceuta, actif port de pêche, voit s'animer toute une flottille d'embarcations équipées pour la pêche au lamparo.

Église de Nuestra Señora de Africa (**Y A**) – Elle fut à l'origine un petit ermitage construit par les Portugais en 1415 et agrandi à la fin du 17ᵉ s. et au début du 18ᵉ s. A l'intérieur, on peut voir la statue de Notre-Dame-d'Afrique – patronne de la ville – somptueusement parée, et tenant sur ses genoux un Christ gisant ; à la main gauche de la Vierge, est suspendu le bâton sur lequel, dit-on, s'appuyait le premier gouverneur de Ceuta, lorsque le roi Jean Iᵉʳ de Portugal lui donna l'investiture.

De l'autre côté de la place, la cathédrale date elle aussi du 18ᵉ s.

Foso de San Felipe (Y) – Cet ancien fort portugais forme un ensemble de bastions, de murailles crénelées, de fossés et de glacis qui coupe à sa racine l'isthme de Ceuta, faisant communiquer les eaux du détroit avec celles de la Méditerranée. Saint Jean de Dieu, fondateur de l'ordre des Frères hospitaliers, travailla en 1530 aux fortifications.

Musée municipal – *Paseo del Revellin*. ⊘ – Ce musée abrite un sarcophage romain en marbre blanc, des amphores puniques et romaines, une collection de monnaies romaines et d'armes anciennes, ainsi que différentes poteries.
Une petite pinacothèque présentant essentiellement des artistes locaux, devrait être installée prochainement dans le musée.

CHEFCHAOUÈN★★

23 563 habitants (les Chaounis)
Carte Michelin n° 959 plis 5, 10 et 28 – Souk le lundi et le jeudi.

En venant du Sud, on découvre brusquement à un détour de la route cette bourgade avec ses maisons étagées, blanc et ocre, ses innombrables petites fenêtres encadrées de clair, ses toits de tuiles rondes et rousses, qui en font un lieu d'élection pour les peintres.
La beauté de son **site★** est liée au contraste entre la nudité de la paroi calcaire qui se dresse au-dessus de la ville, et la campagne verdoyante qu'irrigue l'oued Laou.
Fondée à la fin du 15e s. par un chérif – Sidi Ali ben Rachid –, Chefchaouèn est un centre de vie religieuse soutenue par de nombreuses mosquées et le tombeau très vénéré de son fondateur.
C'est une ville où prévalent les activités dites « traditionnelles » : tapis et tissus de laine (dont la « Ya'zamiyya », en laine marron foncé, très populaire dans le Rif), sont les productions essentielles de son artisanat.
Son nom, transcrit aussi en Chaouen, Chechaouèn, Xauen vient d'un mot berbère signifiant « les Cornes », surnom donné à la montagne qui domine l'agglomération.

Un bastion de la foi – Conçue comme une place forte, Chefchaouèn eut pour rôle de défendre l'intérieur du pays contre la pénétration des Portugais et des Espagnols qui avaient pris pied sur la côte. Elle devait aussi servir de refuge aux musulmans qui quittaient l'Espagne devant la Reconquête des « Rois Catholiques ». Dès l'époque de sa fondation, elle accueillit – comme la plupart des villes du Nord – de nombreux réfugiés andalous ; d'autres musulmans, que des édits d'expulsion avaient chassés d'Andalousie, de Catalogne et de Murcie, vinrent au début du 17e s. grossir cette colonie qui compta d'ardents défenseurs de l'Islam.
Très longtemps, Chefchaouèn resta fermée aux Européens. Seul Charles de Foucauld réussit à y pénétrer en 1883, au cours de sa fameuse « Reconnaissance » à travers le Maroc ; encore dut-il se faire passer pour juif et n'y fit-il étape qu'une nuit.
Pourtant, en octobre 1920, les Espagnols faisaient leur entrée à Chefchaouèn, comprise dans leur zone d'influence. Ils en furent provisoirement chassés par le chef du soulèvement rifain, Abd el Krim, lorsque celui-ci soumit le pays Jebala. En 1956, la ville fut rendue au royaume chérifien.

CURIOSITÉS *visite : 2 h*

★**Place El Maghzen** – C'est à cette place qu'aboutit la charmante rue qui contourne la vieille ville par le Sud.
Avec son fond tapissé de minuscules boutiques que surmonte tout un étagement de murs en pierre ocre, avec ses marches, et ses arbrisseaux plantés très droit ou recourbés en arceaux, elle fait penser à quelque décor de théâtre. La sobre masse carrée d'un minaret, auquel des créneaux et un haut lanternon font une fine couronne blanche, équilibre ce paysage bien composé.

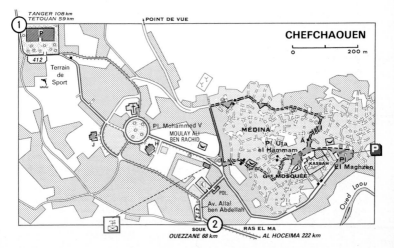

Laisser la voiture place El Maghzen ; en longeant les arcades peintes au fond de la place, à gauche, on gagne la place Uta el Hammam.

★Place Uta el Hammam – Allongée, de forme irrégulière, cette place que domine un imposant décor de montagnes est bordée d'un côté par de minuscules boutiques, de l'autre par la Grande Mosquée – qui possède un remarquable **minaret** hexagonal finement décoré – et les vieilles murailles rongées de la kasbah.

Dans une ruelle qui dévale vers l'entrée de la place à droite, un grand portail peint portant le n° 34 s'ouvre sur un minuscule **caravansérail (A)** : remarquer la cour carrée entourée d'arcades et les petites cellules du 1er étage pouvant abriter les hommes.

Kasbah – *Entrée place Uta el Hammam.* A l'intérieur de cette forteresse d'aspect européen, et dont les murs rougeâtres sont surmontés de créneaux effrités, des jardins plantés d'immenses palmiers, de figuiers, de rosiers et de fleurs, constituent au sortir de la place une oasis de tranquillité.

Dans le 1er jardin, sous une tour à droite, s'ouvre l'entrée des anciennes prisons ; on voit encore, suspendus de loin en loin à une chaîne qui court le long du mur, les colliers que l'on passait au cou des prisonniers.

H. Gyssels/DIAF

Médina

★★Médina – *En sortant de la kasbah, prendre à gauche pour gagner le fond de la place Uta el Hammam et, laissant à gauche une ruelle en descente qui contourne la Grande Mosquée, emprunter la rue qui prend naissance dans l'axe de la place ; et poursuivre l'itinéraire indiqué sur le plan.*

La médina de Chefchaouèn ne ressemble à aucune autre. Sur les murs des maisons d'un ocre soutenu, peints à la chaux jusqu'à mi-hauteur dans des tons très légers, le blanc, les verts, les bleus et les mauves se marient en un extraordinaire fondu de couleurs qui de loin donne à la ville un curieux reflet bleuté.

Cet enduit, renouvelé plusieurs fois dans l'année, a pour but d'éloigner les mouches et de servir de protection contre la chaleur.

Les ruelles, souvent en escalier ou coupées de paliers, se rétrécissent, s'élargissent, zigzaguent, formant d'innombrables recoins, au gré des maisons rarement alignées. De loin en loin surgissent des minarets, carrés et massifs dans la nudité de leur pierre ocre ou grise, ou polygonaux, peints en blanc et délicatement décorés d'entrelacs.

Les réfugiés andalous ont marqué cette ville de leur empreinte. Des arcs polylobés enjambent les ruelles ; des arcades ou même de véritables porches précèdent les portes, souvent cloutées ; des corniches à ressauts soutiennent les auvents. Les fenêtres se parent de grilles en fer forgé peintes. La moindre fontaine est tapissée de zelliges, ou colorée de bleu vif ou de rouge foncé sur lequel se détache une blanche décoration en lambrequins.

★Souk – Il se tient à l'entrée de la ville, en venant de Ouezzane, et connaît une animation toute particulière. Tôt le matin, la ville commence à vivre ; une foule colorée prend possession de la place : paysannes et montagnardes dans leur costume rifain, citadines voilées drapées de blanc, hommes et jeunes gens revêtus de la djellaba écrue en été, brune en hiver. Vers 11 h, le souk bat son plein.

★Point de vue – *3 km au Nord. Sortir de Chechaouèn par la rue qui prend face à la poste et au bout de laquelle on tourne à gauche.*

Au terminus de la route, en s'avançant un peu vers le rebord de la plate-forme, on découvre une large vue sur la ville et le pays Jebala.

Ras el Ma – *3 km. Sortir de Chefchaouèn par ② du plan, route d'Ouezzane. Environ 400 m après avoir franchi un petit pont, tourner à gauche.*

La route d'accès à cette source offre, au fur et à mesure qu'elle s'élève, des **vues** de plus en plus rapprochées sur Chefchaouèn et finit par très légèrement s'enfoncer dans la gorge à l'entrée de laquelle sont construites les dernières maisons de la ville.

Laisser la voiture sur l'esplanade.

Après avoir gravi quelques marches, puis tourné à droite, on arrive au pied de la source vauclusienne dont les eaux répandent la fertilité dans les jardins de Chefchaouèn. A sa résurgence, le torrent dévale en cascades sur d'énormes rochers. De petits cafés se sont installés dans ce site ombragé.

Vallée du DRÂA★★

Carte Michelin n° 959 plis 5, 34 et 35.

Le Drâa naît, près d'Ouarzazate, de la réunion des oueds Dadès et Ouarzazate. Dans l'Antiquité, c'était encore un fleuve permanent et le plus long du Maroc. Mais aujourd'hui ses eaux se perdent dans les sables, après le coude qu'il fait à Mhamid ; cependant il lui arrive, à la suite de crues exceptionnelles, d'atteindre son embouchure.

Une oasis de 200 km – De la région d'Agdz jusqu'à Mhamid, le Drâa nourrit une oasis presque ininterrompue mais étroite. « Sur ses rives, le fond de la vallée est un jardin enchanteur : figuiers, grenadiers s'y pressent ; ils confondent leur feuillage et répandent sur le sol une ombre épaisse ; au-dessus se balancent les hauts panaches des dattiers. Sous ce dôme, c'est un seul tapis de verdure : pas une place nue, la terre n'est que cultures, que semis ; elle est divisée avec un ordre minutieux en une infinité de parcelles, chacune close de murs de pisé ; une foule de canaux la sillonnent, apportant l'eau et la fraîcheur. » Écrites il y a un siècle par Charles de Foucauld, ces lignes ont conservé toute leur valeur.
Ses agriculteurs à la peau sombre ont été longtemps sous la coupe des grands nomades du désert dont certains gardent encore des propriétés dans les palmeraies.

Charles de Foucauld

Cet officier de cavalerie, né à Strasbourg en 1858, entreprit en 1883 une aventureuse *Reconnaissance au Maroc*, qui dura 11 mois. Déguisé en juif, muni d'un « cahier de 5 centimètres carrés » et d'un « crayon long de 2 centimètres », il parcourut le Rif, franchit le Haut Atlas et atteignit l'extrême Sud marocain. Les notes et croquis qu'il rapporta enrichirent considérablement les connaissances géographiques et ethnographiques sur le Maroc et lui valurent de se voir décerner en 1885 une médaille d'or par la Société de Géographie de Paris : « ... *En onze mois, du 20 juin 1883 au 23 mai 1884, un seul homme, le vicomte de Foucauld, a doublé, pour le moins, la longueur des itinéraires soigneusement levés au Maroc. Il a repris, en les perfectionnant, 689 kilomètres des travaux de ses devanciers, et il y a ajouté 2 250 kilomètres nouveaux... C'est vraiment, vous le comprenez, une ère nouvelle qui s'ouvre, grâce à M. de Foucauld, et on ne sait ce qu'il faut admirer, ou de ces résultats si beaux et si utiles, ou du dévouement, du courage et le l'abnégation ascétique, grâce auxquels ce jeune officier les a obtenus* », déclara le rapporteur général, M. Duveyrier.
Devenu prêtre, le père de Foucauld, largement connu comme auteur spirituel, devait mourir assassiné en 1916 à Tamanrasset, dans le Hoggar.
L'élan missionnaire qui le poussa à vivre avec les Touaregs, partageant leur habitat, leur nourriture et leur langue, fera des émules, et son exemple sera suivi quelques années plus tard, notamment, par le père **Albert Peyriguère** qui passera trente et un ans au Maroc, à El Kbab, non loin de Khenifra, partageant la vie des Berbères, soignant les malades dans son petit dispensaire et œuvrant au rapprochement fraternel entre chrétiens et musulmans.

Des villages fortifiés – Pour tenter d'échapper aux razzias des nomades, les sédentaires de la vallée se sont groupés dans des **ksour** (singulier : ksar) protégés par de hautes murailles flanquées de tours de guet. Le **ksar** était une petite unité politique à forme démocratique, administrée par l'assemblée des chefs de familles, la jamaa. Une partie du ksar était propriété collective et comprenait, autour d'une place publique, le grenier, la bergerie, le puits, la salle de réunion, la mosquée, l'école coranique. Desservies par un réseau d'étroites ruelles souvent couvertes, les maisons familiales occupaient le reste de l'espace.
Simples gourbis ou maisons à patio central décorées de motifs géométriques, elles étaient de boue séchée et de briques crues ; quelquefois même le ksar abritait la famille et les gens d'un notable, et sa demeure prenait alors une allure de kasbah *(voir p. 86)*. De nos jours la jamaa a perdu la plupart de ses prérogatives, l'insécurité a disparu. Certains ksour sont désertés, d'autres ont « éclaté », débordant des remparts devenus inutiles et à demi ruinés : cependant les traditions restent si fortes qu'on voit peu d'habitations isolées et que les ksouriens relient entre elles par un mur les maisons nouvelles implantées hors de la vieille enceinte.

D'Ouarzazate à Zagora

164 km – environ 3 h – schéma ci-après

Ouarzazate – *Voir à ce nom.*

Quitter Ouarzazate au Sud par la P 31.
La route s'insinue dans le jbel Tifernine, extrémité orientale de l'Anti-Atlas.
Le **paysage★** presque exclusivement minéral montre d'abord des éboulis de roches noires aux reflets brillants auxquels succèdent des falaises, aux versants burinés.

Si l'on doit suivre cet itinéraire en sens inverse, il est conseillé de ne pas parcourir le tronçon Agdz-Ouarzazate à la tombée du jour car cette route sinueuse, aux accotements non stabilisés, et qui côtoie des précipices, peut être dangereuse sous les rayons bas du soleil qui éblouit... L'arrivée la nuit sur Ouarzazate, étalée au fond de la vallée tel un tapis de lumière, est pourtant belle !

83

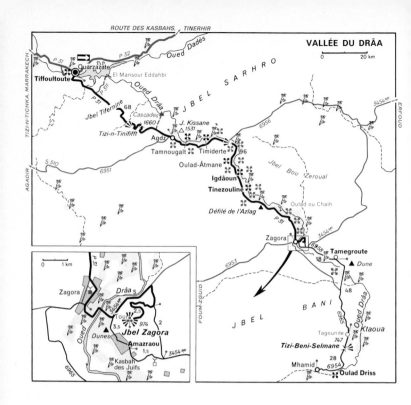
VALLÉE DU DRÂA

Après le col de Tizi-n-Tinififft (1 660 m), on retrouve encore des éboulis en longs talus, puis des vallées sans eau, très belles. La route livre de belles **vues**★ à l'arrière sur le Haut Atlas. Par une impressionnante descente, elle rejoint la vallée du Drâa.

12 km avant Agdz, à gauche de la P 31, une piste de 10 km (à n'emprunter qu'en 4x4) mène aux cascades du Drâa.

Agdz – Dans un site remarquable, ce bourg est dominé par sa citadelle, son fortin rouge et l'arête du jbel Kissane. On y vend des objets sculptés dans la pierre.
La route suit désormais la vallée, ménageant de nombreux points de vue sur l'oued envahi de lauriers-roses, les palmeraies et quelque 50 ksour qui se succèdent jusqu'à Zagora. Certains sont très ouvragés. D'autres, très simples, atteignent une espèce de perfection : leurs lignes s'inscrivent admirablement dans le paysage tabulaire, leurs volumes constituent d'heureux équilibres et jouent subtilement avec l'ombre et la lumière.

Près de chaque village, remarquer les curieux cimetières berbères avec leur très grand nombre de pierres dressées.

Souvent des aires de battage couvertes d'orge blond s'étendent sous les murs des nombreuses bourgades qui s'élèvent encore au bord de la route ou au fond de la vallée.

Après les maisons crénelées des ksour de **Tamnougalt** on remarque, à l'écart de **Timiderte**, une ancienne kasbah du Glaoui.

Peu après la route s'élève, offrant des **vues**★ vers l'arrière sur l'enfilade des palmeraies dominées par le crêt étagé du jbel Kissane, et sur le massif désolé du Sarhro.

Oulad-Âtmane – La masse assez ruinée de son architecture occupe une position dominante à droite de la route.

★**Igdâoun** – Ce remarquable ksar (à gauche) attire l'attention par son étendue et la hauteur de ses tours en forme de pyramide tronquée.

Ksar dans la vallée du Drâa

★**Tinezouline** – Souk le lundi. L'oasis groupe un grand nombre de villages : Rbat Tinezouline est le plus étendu et comporte même à son extrémité Sud une belle kasbah qui fut la résidence d'un cheikh important.

Passé le **défilé de l'Azlag**, aux parois déchiquetées, la vallée s'épanouit à nouveau.

Zagora – Souk le dimanche et le mercredi. Centre administratif bien placé sur le cours moyen du Drâa, cette grosse bourgade est un lieu d'étape commode pour le touriste désireux de poursuivre son voyage plus loin vers le Sud et le point de départ de randonnées chamelières ⊙ – d'une heure à 20 jours – (pour les plus sportifs). C'est autour de Zagora que les Saadiens, chorfa originaires d'Arabie se trouvaient installés au Moyen Age. C'est de là qu'au 16ᵉ s. ils partirent à la conquête du Sous, puis du Maroc tout entier, avant de se lancer dans la grande aventure qui devait les mener jusqu'à Tombouctou.

Jbel Zagora – *Franchir le Drâa par un pont, au Sud-Est de la ville. Prendre à gauche la route de Tamegroute, 3 km plus loin, nouvelle bifurcation ; prendre à droite. Au bout de 1 km, au droit du pain de sucre, on trouve à droite la piste qui escalade le jbel Zagora ; étroite, constamment en corniche et à forte pente, elle exige du chauffeur une attention de tous les instants.*

Le jbel Zagora offre un **panorama**★★ très intéressant. Du Nord-Ouest au Sud-Est on devine les méandres du Drâa, presque toujours enfoui dans la verdure des palmes et des jardins, jalonné de ksour.

Le beau ksar entouré de dunes qu'on domine au Sud est Amazraou *(voir ci-dessous)* ; au-delà, un vaste reg vient buter sur le jbel Bani qui borne l'horizon. Au Nord, derrière le Bou Zeroual, la masse puissante et nue du jbel Sarhro.

Excursions au départ de Zagora

★**Excursion sur la rive gauche du Drâa** – *Circuit de 42 km – environ 2 h.* Quitter la ville comme pour aller au Jbel Zagora *(voir ci-dessus)*, mais laisser à droite le chemin d'accès à ce sommet et continuer tout droit. La piste court en bordure d'un reg tandis qu'à droite ksour et palmeraies se succèdent le long du fleuve.

★**Tamegroute** – Ce bourg de terre rouge situé au milieu d'une palmeraie et cerné de remparts crénelés est le siège de la zaouia Nassiriya. Centre religieux séculaire, la zaouia de Tamegroute fut fondée au 17ᵉ s. par Mohamed ben Nassir. Mort en 1674, ce théologien acquit au cours du long périple qui le mena en Algérie, en Tunisie, en Libye puis en Égypte et en Arabie Saoudite et lui fit rencontrer bon nombre de théologiens mais aussi de pèlerins venus d'Iran et de Syrie, de nombreux manuscrits écrits à travers le monde islamique. Environ 4 000 de ces ouvrages sont aujourd'hui conservés dans la **bibliothèque** de l'école coranique qui recèle de précieux **manuscrits**★ enluminés du Coran (le plus ancien, en peau de gazelle, écrit d'une encre indélébile faite d'extrait d'écorce de noyer broyée, date du 11ᵉ s.) et d'anciens ouvrages d'histoire, de mathématiques et de médecine.

De nos jours, la zaouia de Tamegroute, dont la renommée est encore bien établie, dispense des cours de médecine, d'astrologie et de droit coranique aux étudiants.

M. Renaudeau/HOAQUI

Dans le **quartier des potiers**, des artisans modèlent, gravent et décorent une belle poterie verte.

A environ 6 km au Sud, vers Tagounite, s'étendent deux **dunes** de sable, hautes comme un immeuble de 4 étages, qui pourront faire l'objet d'une escalade peu commune.

Reprendre la même route qu'à l'aller, en direction de Zagora. Mais, au bout de 15 km, bifurquer à gauche dans une petite route qui pique droit vers le fleuve avant de contourner par l'Ouest le jbel Zagora en passant par Amazraou.

★ **Amazraou** – Avant d'atteindre le village la route longe l'ancienne **kasbah des Juifs** qui a gardé une très jolie tour.

Laissant la voiture à l'entrée du **ksar**, on acceptera les services d'un enfant pour aller dans le village déguster le thé à la menthe à l'ombre d'un jardin ; puis, à travers séguias et vergers, gagner un magnifique **champ de dunes** piqué de palmiers qui borde l'oued Drâa *(à voir de préférence tard dans l'après-midi)*.

★★ **Excursion à Mhamid** – *94 km au Sud* – *prévoir 1/2 journée*. Quitter la ville comme pour l'excursion ci-dessus. A Tamegroute poursuivre la 6958 qui rejoint la 6965 après avoir traversé les palmeraies et le Drâa. On franchit la fine arête, tranchante comme une lame, du Jbel Bani. Après Tagounite, on pique vers une nouvelle ligne de crête que l'on escalade (**vue**★ générale en arrière, sur l'immense oasis de Tagounite : le Ktaoua). Le Tizi-Beni-Selmane, col de pierre noire, offre un **paysage**★ étrange.

★ **Oulad Driss** – Le reg laisse ici la place au sable et aux dunes. S'arrêter un instant pour admirer le ksar d'Oulad Driss, que la piste traverse, au cœur d'une palmeraie ; des femmes voilées et vêtues de noir y passent, une amphore d'argile sur l'épaule.

Mhamid – Le lundi, jour de **souk**★, Mhamid offre l'un des marchés les plus colorés du Maroc. Comme à Guelmim *(voir à ce nom)* c'est le rendez-vous des sédentaires et des « hommes bleus » du désert. Visiter Mhamid (dont le nom viendrait de ce qu'il y avait beaucoup de gazelles à cet endroit autrefois), c'est se donner la chance de rencontrer la civilisation nomade qui tend à disparaître et lui permettre de nous connaître car la curiosité est réciproque ! ; c'est la possibilité de découvrir le « vrai désert » en 4x4 ou à dos de chameau : randonnée à Erg Yehudi ou excursion de cinq jours en traversant la petite hammada, l'oasis sacrée et la dune de la Bidlia. Retour en remontant le lit du Drâa.

On peut déguster des dattes à l'oasis, mais d'après la légende, on ne doit pas les emporter car quiconque emporte des dattes se verra transformé en scorpion ou subira un mauvais sort !

De l'autre côté du Drâa, au cours devenu incertain, la grande palmeraie de Mhamid. Plus loin encore : l'immense hammada.

Hommes bleus

R. Bacon/

EL-HAJEB

16 728 habitants

Carte Michelin n° 959 plis 22 et 41 – Souk le lundi.

Sur la route de Meknès au Moyen Atlas, El-Hajeb est, à 1 044 m d'altitude, un petit centre estival apprécié des habitants de Meknès fuyant la chaleur de la plaine. C'est une ville fraîche et ombragée, bien arrosée par les sources qui jaillissent en cascades à la base des terrains calcaires voisins. Mais sa kasbah est bien ruinée, qui fut élevée au siècle dernier par le sultan Moulay Hassan : poste de surveillance pour tenir en respect les Beni M'Tir, turbulente tribu berbère établie aux abords de la cité sur le plateau qui amorce la zone montagneuse de l'Atlas. Dans la partie Est de la ville, les parois rocheuses laissent encore voir quelques **habitations troglodytiques**. A la sortie Nord-Ouest de la ville, la P 1 offre une **vue**★ étendue sur l'opulente plaine de Meknès dont l'harmonie des couleurs – même à la fin de l'été – manifeste la variété des ressources créées par l'homme dans cette région dominée au loin par le Jbel Kefs et le Jbel Zerhoun.

EXCURSIONS

★ **Paysage d'Ito** – *17 km au Sud. Description p. 79.*

★ **Val d'Ifrane** – *32 km au Sud-Ers le fleuve. Voir à ce nom.*

EL-JADIDA★★

81 455 habitants

Carte Michelin n° 959 plis 4 et 20 – Souk le dimanche et le mercredi.

Cette cité prit tour à tour – au gré d'une histoire mouvementée – le nom d'El-Jadida et de **Mazagan**. La ville, construite autour d'une baie magnifique et hospitalière, poissonneuse de surcroît, bénéficie d'un climat particulièrement doux. Son grand attrait reste la ville fortifiée que les Portugais édifièrent au 16ᵉ s. et qu'ils occupèrent pendant 250 ans.
Capitale de la province des **Doukkala**, jumelée avec les villes de Sète en France et de Sintra au Portugal, El-Jadida doit son expansion à la proximité du port de Jorf-Lasfar, aux industries légères qui se sont implantées (usine Nestlé, usines de fabrication de levure, de confection de vêtements – El-Jadida est connue pour le tissu de ses djel-labas en pure laine travaillée à la main–). Les divers équipements touristiques dont elle dispose en font par ailleurs un lieu de séjour bien adapté aux nombreux visiteurs qui viennent y passer l'été : longue plage de sable fin, eau claire et peu profonde abritée dans la baie, boulevard en front de mer agrémenté de nombreux cafés, camping international à 200 m de la plage, haras régional de 80 chevaux et club équestre, piscine, tennis, golf de 18 trous doté d'un club-house et d'un hôtel de luxe, installé dans la verdure entre **Haouzia** et El-Jadida.
La belle plage de **Sidi-Bouzid** à 3 km au Sud attire, le week-end notamment, de nom-breux citadins venus de l'intérieur du pays.
El-Jadida est la ville natale des écrivains **Abdelkébir Khatibi**, dont le livre *La Mémoire tatouée* connut un certain succès, et **Driss Chraïbi**, auteur de *La Mère du printemps* et de *Naissance à l'aube*, dont l'enfance à Mazagan se passa dans un quartier où « se trouvaient à la fois une mosquée, une synagogue et une église ».

UN PEU D'HISTOIRE

Conséquences d'un naufrage – A l'époque où Vasco de Gama et Magellan parcou-raient les mers, des matelots portugais débarquèrent, après un naufrage, sur la côte marocaine et y construisirent un fortin. C'était en 1502. La position fut jugée si favo-rable que, douze ans plus tard, le roi du Portugal y fit édifier un château fort autour duquel se développa une petite agglomération qu'on appela Mazagan.

Un solide point d'appui – En 1542, une ceinture d'épaisses murailles donnait à la cité son aspect définitif et en faisait une citadelle redoutable. Car entre-temps les Portugais, obligés d'évacuer leurs autres bases du Maroc atlantique (Agadir,

EL-JADIDA

Ahmed Hamine (R.) 2
Arco (R. Dr) 3
Jamiaa el Arabia (Av. Al) 5

Mina (R. da) 6
Mohammed V (Av.) 7
Mohammed V (Pl.) 8
Mohammed al Hachmi
  Bahbah (R.) 9

Moulay Youssef (Pl.) 13
Sidi Mohammed
  ben Abdellah (Pl.) 15
Terreiro (Praca do) 17
Youssef ben Tachfine (R.) 18

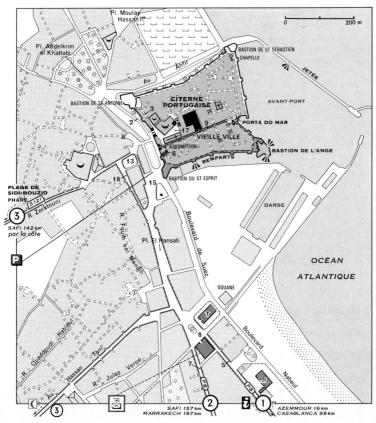

87

EL-JADIDA

Azemmour...), avaient concentré tous leurs efforts sur Mazagan. De fait, pendant plus de deux siècles encore, la présence portugaise à Mazagan résista à tous les assauts. En 1769, toutefois, le sultan Mohammed ben Abdallah devait en venir à bout, mais à quel prix !

A la veille d'un assaut dont la conclusion n'était guère douteuse, le général commandant la place reçut l'ordre d'évacuer la ville ; les habitants ne devaient emporter que leurs vêtements : on brûla donc les meubles, on tua les chevaux et on brisa les armes. Tous les bastions furent minés et un homme resta pour mettre le feu aux poudres. Dès que les Mazaganais furent au large, une série d'explosions détruisit les murailles, faisant de nombreuses victimes parmi les assaillants qui s'étaient empressés d'occuper la citadelle.

Renouveau – Bien que rebaptisée « El-Jadida » (la Nouvelle), la ville resta déserte jusque vers 1820. A cette époque le sultan Moulay Abderrahman en releva les ruines. Mais c'est seulement au début du 20e s. qu'El-Jadida sortit de son enceinte : Marocains et Européens s'établirent en demi-cercle autour de l'ancienne cité portugaise.

La ville reprit le nom de Mazagan qu'elle devait perdre à nouveau en 1956. La présence française à El-Jadida en 1912 entraîna l'extension rapide de la ville que le maréchal Lyautey qualifia de « Deauville marocaine ». (Dans le parc Mohammed V situé en bord de mer, une plaque apposée au pied du café « l'Étoile de l'Atlantique » commémore le passage de Lyautey à Mazagan, le 19 juillet 1913, et témoigne de cette assertion.)

Jusqu'à la construction du port de Casablanca, le vieux port d'El-Jadida constitua le mouillage le plus sûr de toute la côte atlantique et joua un rôle important pour le commerce international, grâce à sa rade d'accès facile aux navires européens. Étouffé par la croissance de Casablanca, le port a perdu aujourd'hui son caractère au profit du complexe industriel de Jorf Lasfar, mais demeure un petit port de pêche artisanale en attendant sa transformation en port de plaisance.

VIEILLE VILLE *visite : 1 h*

Sur la place Sidi Mohammed ben Abdallah se tient en permanence un marché aux cuivres et aux poteries.

Laisser la voiture sur la place et pénétrer dans la cité portugaise par la porte percée dans l'axe de la rue Mohammed al Hachmi Bahbah (ancienne rua da Carreira).

L'église de l'Assomption fut le théâtre des grandes cérémonies religieuses de la colonie portugaise ; elle est dominée à gauche par le curieux **minaret** (**A**) pentagonal de la mosquée principale.

Tourner à droite dans la rua da Mina qui, par un escalier sous voûte, à droite, donne accès aux remparts.

★**Remparts** ⊕ – L'enceinte, édifiée au milieu du 16e s., par un architecte italien au service des Portugais, était flanquée de cinq bastions ; quatre d'entre eux ont été reconstruits après l'explosion de 1769 : ceux du Saint-Esprit et de l'Ange, de St-Sébastien et de St-Antoine. Le cinquième, celui du Gouverneur, qui gardait la porte de la ville, a disparu. Entre les bastions du Saint-Esprit et de l'Ange, un bassin communiquant avec la mer baigne le pied des remparts ; c'est tout ce qui reste des fossés profonds qui, jadis, entouraient la citadelle et isolaient la cité. Du chemin de ronde, on a une **vue** d'ensemble sur le port, la ville moderne et la plage.

Du haut du **bastion de l'Ange** la **vue**★ est belle sur la cité portugaise emboîtée dans ses remparts qui dominent la mer de leurs savants contours. Nulle froideur dans cette impeccable géométrie tempérée par les tons chauds des murailles battues par les flots ; à l'extrême droite, se détachant sur le ciel, le fronton baroque de la chapelle St-Sébastien apporte la fantaisie de ses volutes.

En continuant de longer les remparts on atteint la **Porta do Mar**, grand arc en plein cintre, aujourd'hui fermé par une grille, donnant d'un côté sur une placette et de l'autre sur une petite grève découverte à marée basse : c'est par là que les Portugais évacuèrent la ville assiégée.

A côté de la Porta do Mar, l'ancien dépôt de munitions transformé en four municipal attire par l'odeur de pain fraîchement cuit, à laquelle se mêlent celles du bois et de la paille brûlés.

Quitter le chemin de ronde et emprunter, à gauche, la rampe qui descend sur la petite place.

La cité a gardé son caractère ancien et montre encore quelques vieilles demeures portugaises avec leurs pilastres et leurs balcons de ferronneries. Elle est traversée de bout en bout par la rue Mohammed al Hachmi Bahbah qu'on emprunte pour se rendre *(à droite)* à la citerne portugaise.

★★**Citerne portugaise** ⊕ – Cette vaste salle souterraine, chef-d'œuvre d'art militaire, faisait partie du château fort construit en 1514. Elle servit probablement de salle d'armes avant d'être utilisée comme réserve d'eau. Sur plan carré de 34 m de côté elle comporte six nefs dont les voûtes d'arêtes reposent sur 25 colonnes et piliers. La travée centrale est percée d'un large oculus par où se déverse la lumière du jour qui produit, par réflexion sur l'eau de la citerne, un éclairage indirect d'un surprenant effet.

Le cadre étrange de ce miroir de voûtes avait séduit Orson Welles qui y tourna certaines séquences de son film *Othello. Le Retour de l'étalon noir*, produit par Francis Coppola, *Harem*, d'Arthur Joffé, ont été également tournés en partie ici.

Citerne portugaise

AUTRES CURIOSITÉS

Jetée – De celle-ci, on a une **vue**★ remarquable sur la cité telle qu'on pourrait la voir de la mer. La nuit, toute la ville sort de l'ombre sous le feu des projecteurs.

Phare – Au Sud-Ouest de la ville, près de la route d'Oualidia (③ du plan), le phare de Sidi Bouafi est haut de 65 m. Il a une puissance de 6 000 Watts, et porte à 72 km. Du sommet (248 marches) on découvre un vaste **panorama**★ sur l'océan, vers le complexe industriel de Jorf-Lasfar (cap Blanc du Nord) et sur la ville d'El-Jadida.

D'El-Jadida à Safi par la côte

(142 km au Sud par la route secondaire 121)

Sidi-Bouzid – *3 km au Sud*. Cette petite station balnéaire en pleine expansion, constituée de résidences secondaires et d'un club de vacances ⊘, dispose d'une plage de sable abritée et surveillée (mer refroidie par les courants marins qui attire cependant les surfers même en dehors de la période estivale).

Moulay Abdellah – Dans ce village de pêcheurs situé à 14 km d'El-Jadida on peut encore voir quelques ruines de l'ancienne capitale des Doukkala, la ville antique de **Tit**, dont les origines restent sujettes à controverse : les uns la disent romaine, d'autres pensent qu'elle serait une ancienne cité berbère édifiée au 12ᵉ s. par les Amghariyin dont la congrégation religieuse est des plus anciennes. Devant ces fortifications s'étend le terrain avec gradins où a lieu chaque année, à partir du premier vendredi d'août, le **moussem** réputé de Moulay Abdellah. Chaque jour, pendant une semaine, des fantasias où différentes tribus se succèdent jusqu'à la tombée de la nuit attirent de très nombreux spectateurs.

Jorf Lasfar – Situé à 17 km au Sud d'El-Jadida, ce port, ouvert au commerce international en 1982, a pour vocation première le transit des phosphates et de leurs dérivés. Le port tourne actuellement à 30 % de ses possibilités mais la mise en place de nouvelles infrastructures (chantier naval, zone industrielle, terminal à conteneurs, raffinerie, centrale thermique, etc.) devrait accroître ses activités et lui faire jouer un rôle de première importance au niveau de l'équipement portuaire du Maroc.

En poursuivant la route côtière qui longe par endroits des marais salants (Sidi-Abed), on atteint le km 37, à hauteur du petit hôtel-restaurant « La Brise ». A cet endroit s'étend, à droite de la route, la lagune de **Sidi Moussa**, site naturel classé par daïr et protégé, où chaque année au printemps des centaines d'oiseaux d'espèces différentes viennent nidifier.

Peu avant Oualidia, prendre à droite une petite route qui descend vers la lagune, heureusement épargnée par le naufrage d'un pétrolier en 1990, et s'arrêter au parc ostréicole 007 pour y déguster quelques huîtres.

★**Oualidia** – Réputée aujourd'hui pour ses huîtres, sa réserve de chasse *(battues de sanglier en mars-avril)* et sa station balnéaire au bord de la lagune, cette ville fut fondée par le sultan saadien El Oualid Ben Zidane Saadi qui lui donna son nom.

Quitter la route principale S 121 et prendre à droite une route en descente offrant une belle **vue**★ sur la lagune. Plusieurs restaurants et petits hôtels, un camping, une belle plage de sable fin font de l'endroit un lieu de séjour agréable qui connaît une importante fréquentation en été.

Il faut voir en fin d'après-midi les pêcheurs revenir avec leurs prises (pajots, dorades royales, grondins, congres) et, sur la plage, adossés aux barques, les plus anciens d'entre eux deviser tout en ravaudant les filets avant de les plier dans des sacs, alors que les vagues grimpent sur les rochers. Ces hommes pêchent avec leur barque ou avec une ligne, perchés sur les rochers déchiquetés. En se promenant sur ces rochers on aperçoit, de l'autre côté de la lagune, l'ancien palais résidentiel *(on ne visite pas)* où le roi Mohammed V aimait à fêter ses anniversaires.

Revenir sur la S 121.

Tnine Gharbia – Dans Oualidia prendre à gauche le CT 1336 en direction de Tnine Gharbia (écrit phonétiquement « Rharbia » sur les panneaux de signalisation), par une petite route goudronnée traversant les paysages tantôt désertiques, tantôt boisés du pays Doukkala. Au bout de 20 km on aperçoit à gauche, à hauteur d'un marabout, les restes de l'ancienne ville de Gharbia (le nom « El Tnine Gharbia » veut d'ailleurs dire la seconde Gharbia), qui comprenait trois portes : la porte de Marrakech à l'Est, la porte de Safi au Sud et la porte de Oualidia à l'Ouest. Cette ville antique aurait été construite par des tribus berbères avant le 7ᵉ s.

De Tnine Gharbia on peut rejoindre Safi par l'intérieur *(49 km)*. Toutefois, si l'on dispose de suffisamment de temps, mieux vaut rebrousser chemin vers Oualidia et longer la **côte rocheuse★** jusqu'à Safi.

ERFOUD

10 124 habitants
Carte Michelin n° 959 plis 5 et 36 – Schéma p. 205.

Cernée de tamaris et de palmiers, au bord du Ziz, cette petite ville de construction récente est un centre commercial et administratif, animé par le marché qui se tient tous les jours à côté de la grande place centrale et le point de départ d'excursions ⊙ dans le Tafilalt et, au-delà, vers le désert de sable. Chaque année en octobre la grande **fête des dattes** attire de nombreux visiteurs venus assister à diverses manifestations hautes en couleur : rassemblement de tribus berbères lors du grand souk, course de chameaux, spectacles de groupes folkloriques de la région d'Errachidia, élection de la « reine des dattes » et du meilleur agriculteur, etc.

★★ LE TAFILALT

Une petite Mésopotamie – Le Rheris et le Ziz se rapprochent ici et coulent parallèlement tout comme le Tigre et l'Euphrate. Leurs crues sont attendues mais parfois dévastatrices. La sécheresse menace toujours : il peut se passer plusieurs années sans qu'il tombe une goutte de pluie sur le Tafilalt. Aussi l'irrigation est-elle la grande affaire du paysan : séguias, rhettaras et puits alimentent en eau une vaste palmeraie. Les 857 000 palmiers-dattiers produisent des fruits pour l'exportation mais la plus grande partie est consommée sur place : la datte est la base de l'alimentation du Filali (habitant sédentaire du Tafilalt) comme du nomade voisin ; les champs d'orge et les jardins donnent le complément indispensable. Mais le Tafilalt actuel est peu de chose auprès de ce qu'il fut quand de meilleures conditions climatiques en faisaient une province convoitée : prestigieuse réputation qui explique sans doute l'espèce de mélancolie que dégagent aujourd'hui ces arbres trop clairsemés et ces ksour en péril.

Splendeur de Sijilmassa – De ce paradis perdu témoignaient hier encore les mélopées des femmes de Fès : « O la joue de la rose, rose rouge de Sijilmassa ! »
Sijilmassa fut la première grande cité du Maroc. Fondée sans doute aux premiers temps de l'Islam, tout près de l'actuelle Rissani, elle rayonna bien avant Fès et Marrakech sur l'Afrique occidentale. Réputée pour ses dattes, ses fleurs et les fruits de ses jardins, elle l'était aussi pour son or. Car cette ville fastueuse était maîtresse des grandes routes de caravanes. Là se croisaient les pistes du Sud vers Tombouctou et le Soudan, de l'Est vers l'Égypte, du Nord vers Tlemcen et Fès ; on y trouvait la poudre d'or, l'ébène, l'ivoire et les esclaves. Son déclin fut brutal au 14ᵉ s. Supplantée par Rissani, elle fut entièrement détruite au 19ᵉ s.

Berceau des Alaouites – La dynastie qui règne sur le Maroc a pris naissance au Tafilalt. Originaires d'Arabie, les chorfa alaouites s'installent ici au 13ᵉ s. La considération qui entoure les descendants du Prophète leur vaut de jouer un rôle important dans les temps troublés du 17ᵉ s. Moulay-Ali-Chérif – dont on vénère le tombeau près de Rissani – se taille un fief dans sa province. Son premier fils se fait proclamer sultan du Tafilalt ; le second, c'est Moulay Rachid, vainqueur des Saadiens ; le troisième, le grand Moulay Ismaïl assoit définitivement la puissance alaouite.

VISITE

Les pistes du Tafilalt ne présentent pas de difficultés particulières, sauf en période d'intempérie où l'interruption de la circulation peut durer de 2 à 3 jours.

Borj-Est – *3 km du centre d'Erfoud.* En venant de la P 21, se diriger vers le Ziz par la grande place d'Erfoud. Sortir par Bab el Oued et franchir la rivière par le gué aménagé ; 500 m plus loin, prendre à gauche la piste qui escalade le flanc du jbel Erfoud (altitude 935 m).

Le **panorama★★** embrasse à l'Est et au Sud le paysage désolé de la hammada, coupé de molles collines noirâtres, de roches rouges ou de dunes. Du Sud-Ouest au Nord s'étendent les palmeraies du Tafilalt ; en deçà, baignant Erfoud, circule le Ziz ; au-delà l'œil peut suivre les méandres du Rheris, tandis qu'au loin on distingue la vaste palmeraie de Jorf.

★**Palmeraie** – *Circuit de 72 km – environ 4 h. Sortir d'Erfoud par la P 21 vers le Sud.*

Entre Ziz et Rheris – La route traverse d'abord une zone à peu près dépourvue de végétation où les dunes font bientôt place au reg. Peu après le terrain d'aviation, on peut encore voir de petits tertres percés à leur sommet d'un orifice protégé par une murette : il s'agit d'un très antique système d'irrigation, la **rhettara**. Les rhettaras sont des canaux souterrains qui drainent vers les oasis l'eau des sources et des nappes phréatiques ; les puits qui, environ tous les 10 m, ponctuent leur parcours, ont permis le creusement des galeries et servent ensuite à leur aération et à leur entretien.

On pénètre alors dans la grande palmeraie du Tafilalt, où grinçaient naguère encore les **puits à delou** traditionnels creusés à l'écart des grands axes de circulation. Le delou est une outre en peau de chèvre pouvant contenir plusieurs dizaines de litres d'eau. Suspendu à deux montants de bois ou de maçonnerie, manœuvré par un jeu de cordes et de poulies, il va chercher l'eau au fond du puits, la remonte et la déverse dans un canal d'irrigation. La traction est assurée par un âne, un dromadaire, voire un homme ou une femme, le long d'un chemin aménagé pour le va-et-vient de l'attelage. La mise en valeur du Tafilalt tend à faire disparaître ces anciennes techniques.

20 km après Erfoud, abandonner la P 21 et continuer tout droit par la piste vers Ouirhlane ; à la sortie de cette localité, prendre à droite la piste de Tinrheras.

Tinrheras – Le ksar de Tinrheras est bâti sur un piton d'où on a une **vue**★ d'ensemble sur toute la palmeraie, le Haut Atlas au loin (Nord-Ouest), la ligne horizontale de la hammada du Guir à l'Est et les crêtes de l'erg Chebbi au Sud-Est.

Revenir à la fourche de Ouirhlane et prendre à droite la piste en direction d'Irara.

Après avoir passé le Ziz à gué on continue à travers la palmeraie, ses champs d'orge, ses ksour, ses jardins où coulent les séguias.

Oulad Abdelhalim – Ce ksar est l'un des plus beaux du Tafilalt. **L'entrée monumentale**★ surtout retiendra l'attention, avec son décor de brique crue fait d'arcatures aveugles et de motifs en creux. A l'intérieur, autour d'un riad, quelques bâtiments délabrés ont conservé de beaux fragments de plafonds peints.

2 km plus loin on trouve à gauche une piste qui mène, en face de Ksar Akbar, au tombeau de Moulay-Ali-Chérif.

Ksar Akbar – Malheureusement très ruinée, cette forteresse construite au début du 19e s. était une résidence de la famille alaouite et abritait une partie du trésor royal.

★**Moulay-Ali-Chérif** ⊘ – Cette enceinte sacrée protège le tombeau de l'ancêtre des Alaouites et une mosquée récemment reconstruite, d'une éclatante blancheur. La cour de la mosquée donne sur un frais patio ; au fond de celui-ci s'ouvre la chambre funéraire décorée de faïences émaillées.

Revenir jusqu'à la piste principale que l'on prend à gauche.

Rissani – Souk les dimanches, mardis et jeudis. Cette grosse bourgade fut longtemps la capitale du Tafilalt et le centre d'un trafic caravanier important. On parcourt, sous la conduite d'un guide, les curieuses rues couvertes du ksar construit par Moulay Ismaïl. Un peu plus loin, la vaste place du **souk**★ retiendra, sous ses arcades rouges, les amateurs de bijoux du Sud ou d'objets rustiques.

Depuis quelques années Rissani est devenue également le rendez-vous des scientifiques et des chercheurs de fossiles qui font le commerce de **pierres fossilisées** ramassées dans le désert. A environ 20 km d'Erfoud, sur la piste qui mène à Merzouga, on peut d'ailleurs voir un gisement de ces pierres dans lesquelles sont incrustés divers animaux marins : goniatites enroulées, orthocères en forme de cônes allongés, trilobites du genre phacops *(verser de l'eau sur les pierres pour mieux les faire apparaître)*. Découpées en dalles plus ou moins larges, ces pierres, qui se polissent comme du marbre, sont utilisées comme panneaux muraux, dessus de table et autres objets décoratifs.

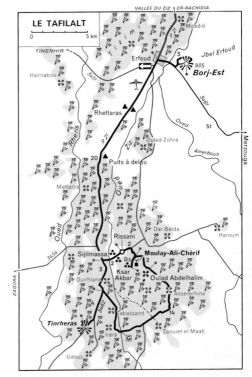

LE TAFILALT

Dune de sable de l'erg Chebbi

Ruines de Sijilmassa – Quelques centaines de mètres après la sortie de Rissani, de part et d'autre de la route s'élèvent quelques pans de murs à moitié enfouis dans le sable. On a peine à croire qu'il s'agit là des restes de la cité fastueuse de Sijilmassa.

La P 21 traverse ensuite le Ziz par un gué bien aménagé et ramène à Erfoud.

★★**Excursion à Merzouga** – *51 km au Sud-Est d'Erfoud – compter 1/2 journée. Sortir d'Erfoud par la route du Borj-Est mais continuer tout droit par la piste 3461.* Cette excursion qu'il faut effectuer, si on le peut, au lever ou au coucher du soleil, fait connaître le vrai désert de sable.

Après des kilomètres de désert de cailloux conférant au paysage une certaine âpreté, on est saisi par une impression de volupté lorsque apparaissent, roses et blondes, les dunes de sable de l'**Erg Chebbi**. Aux premières caresses du soleil, ces dunes, dont certaines atteignent plus de 100 m de haut, offrent en effet un dégradé de tons d'une infinie douceur allant du beige à l'abricot. Non loin du village de Merzouga aux maisons plates en pisé, halte possible dans des cafés-auberges (plutôt rustiques, mais où jamais cependant l'ombre et la fraîcheur ne semblent aussi délectables) ou sous une tente nomade pour un bivouac à la belle étoile au pied des dunes, avant de reprendre la piste vers Erfoud ou Rissani.

Pour un bon usage des plans de villes, consultez la légende p. 2.

ESSAOUIRA★★

42 035 habitants (les Souiris)
Carte Michelin n° 959 plis 4 et 19 – Lieu de séjour, p. 216.

Bâtie sur une presqu'île rocheuse, entourée de mimosas et de broussailles plantés pour fixer les dunes, Essaouira, l'ancienne **Mogador**, surprend par son isolement. Au voyageur qui vient de Marrakech ou de Safi, elle apparaît soudain en contrebas, tantôt blanche et brillante, avec ses façades passées à la chaux tandis que portes et fenêtres copient le bleu du ciel et qu'un peu partout des araucarias dressent leurs étranges silhouettes de chandeliers aux multiples branches, ou toute de rose vêtue lorsque au coucher du soleil le cerne rigoureux de ses murailles se découpe sur l'horizon et s'éclaire de parterres de fleurs.

La ville a le cachet des très anciens comptoirs ; elle survit à un passé qui eut quelque prestige, et révèle un petit monde provincial et charmant. La beauté du site, la qualité de la lumière, la singulière douceur du climat, le pittoresque de la ville et du port – qu'accentue l'ambiance insaisissable qui y règne – font d'Essaouira un lieu « fort », présent sans être oppressant, où tout contribue à ouvrir les sens à la perception poétique et à la rêverie.

Chaque année, au printemps, se déroule depuis des temps fort anciens le **moussem des Regraga** *(1)*. De nombreuses manifestations émaillent ce pèlerinage qu'effectuent les Regraga, membres d'une confédération de tribus Chiadma, entre l'oued Tensift au Nord et la ville d'Essaouia au Sud, commémorant dit-on la visite que firent les sept saints au Prophète qui leur donna pour mission d'islamiser le Sud marocain.

De la pourpre au sucre de canne – Dans l'Antiquité, un peu à l'arrière de l'enceinte actuelle, une ville au nom de Thamusida fut, ainsi que les îlots voisins, fréquentée de bonne heure par les Phéniciens puis les Carthaginois. A l'époque d'Auguste, le roi de la Maurétanie Tangitane Juba II y encouragea l'industrie des salaisons et surtout celle de la pourpre qui allait faire la renommée des « Iles Purpuraires » jusqu'à la fin de l'Empire romain.

Au Moyen Age, les avantages naturels de la baie n'échappent pas aux navigateurs portugais qui appellent la ville Mogador (déformation probable du nom local : Mogdoul) et y prennent pied quelque temps au début du 16ᵉ s. La canne à sucre est alors une importante production du Maroc ; Mogador en distille une bonne partie et exporte le sucre. La piraterie, de règle ici comme dans d'autres ports marocains, fournit un appoint appréciable.

Une ville marocaine sur un plan français – En 1764, le sultan Mohammed ben Abdallah décide d'installer à Mogador une nouvelle ville pour établir le commerce international. Il signe de nombreux traités de paix et commerce avec les nations européennes et même avec l'Amérique naissante. Il fait construire un port accessible en toute saison et confie à l'ingénieur français **Théodore Cornut**, le soin d'établir le plan de sa nouvelle ville. Cette circonstance explique l'originalité de cette cité baptisée Essaouira (la bien dessinée) : ses remparts à la Vauban, le tracé rectiligne de ses principales rues et leur largeur inaccoutumée pour une ville musulmane. Elle fut la seule ville de l'ancien Maroc à bénéficier d'un plan d'urbanisme.

Rythmes et couleurs d'Essaouira – Cette ville où la mer et le rêve sont infinis, et où le ciel prend des aspects singuliers lorsque les vents parfois violents qui s'affrontent laissent place à de larges bannières de nuages, est un lieu où règne une créativité intense. Nombreux sont en effet les artistes autodidactes (peintres, sculpteurs, musiciens, dramaturges) qui y sont nés ou sont venus s'y installer, sensibles à son atmosphère particulière. Plusieurs galeries d'art exposent ces créateurs, et plus particulièrement la **galerie d'art Frédéric Damgaard** ⊘ *(avenue Oqba Ibn Nafiaâ, dans le prolongement de l'avenue de l'Istiqlal)*, phare de l'activité artistique de la ville et expression de la volonté d'un amateur d'art éclairé soucieux de la faire connaître. Outre les peintures et sculptures exposées, la galerie dispose d'ailleurs d'un fonds propre d'œuvres originales.

Parmi les peintres qui pour la plupart ont été exposés plusieurs fois à l'étranger (au Musée international d'Art naïf à Nice, au Musée de Wuppertal en Allemagne, à la galerie Kobolt à Copenhague notamment), on peut citer : **Abdelkader Bentajar**, dont la palette illustre les ciels d'Essaouira envahis de nuages impressionnants peuplés de personnages fantomatiques ; **Mohamed Sanoussi**, professeur d'arts plastiques à Agadir, dont les œuvres peintes sur toile de jute ou cuir utilisent des couleurs végétales et des coquillages broyés et s'inspirent de motifs berbères ; **Abdellah Oulamine**, le peintre du sable, chez qui signes et symboles se combinent pour créer une sorte de pointillisme figuratif ; **Brahim Mountir**, dont les paysages estompés du pays Haha voisin font penser à des estampes japonaises ; **Mohamed Tifardine** dont les calligraphies rondes et colorées reproduisent l'image d'un corps agenouillé ; **Tayeb Saddiki**, connu surtout comme dramaturge et metteur en scène de théâtre, mais qui est aussi peintre et calligraphe.

La ville et les remparts

M. Renaudeau/HOA QUI

---

(1) Pour plus de détails sur ce moussem, lire le récit du voyage initiatique qu'effectua le sociologue et journaliste Abdelkader Mana en compagnie des Regraga (Eddif, Maroc).

Parmi les sculpteurs qui travaillent aussi bien la pierre que la racine de thuya (mais pour cette dernière il faudrait parler de tous les tailleurs de bois qui travaillent le long des remparts et dont on peut admirer toutes sortes d'objets sculptés), on peut citer **Mohammed Bouada** dont les sculptures de grès aux formes ovales et aux courbes douces comme celles d'un corps sont une invitation à la caresse du regard ; ou **Abdessamad Sedram** dont les œuvres aux formes indécises que l'on peut interpréter de différentes manières ont fait l'objet d'expositions Outre-Atlantique.

Essaouira est aussi une ville qui a eu le privilège de conserver des traditions musicales issues de l'Afrique noire qui lui confèrent une sorte de spiritualité, et que restituent aujourd'hui les groupes de musiciens et danseurs gnaoua.

Galerie d'art Frédéric Damgaard/Essaouira

Mohamed Tabal,
huile et collage de carton sur Isorel

La « lila » des Gnaoua

La cérémonie gnaoua est un rite de possession à fonction essentiellement thérapeutique, les Gnaoua étant réputés non seulement pour leur talent de musiciens, mais aussi et surtout pour celui de guérisseurs.

Y sont invoqués les grands saints de l'Islam populaire, comme Abdelkader Jilali et Moulay Brahim, en même temps que des êtres surnaturels, les djinns, susceptibles de posséder les êtres humains. Le rituel gnaoua, qui peut durer quelques heures ou toute une nuit (1) – on le désigne alors par le terme **lila** (la nuit en arabe dialectal) – comporte trois grandes phases successives : l'**aâda**, les **kouyou** et les **mlouk**.

L'aâda est une procession à travers la ville, qui va du lieu de la confrérie (à Essaouira la zaouia Sidna Bilal, du nom du premier muezzin de l'Islam), jusqu'au lieu du rituel, généralement la maison invitante (ces rites et coutumes authentiques qui se transmettent de père en fils ont toujours lieu dans une maison).

Les kouyou constituent une phase récréative et musicale assez longue, assurée par le guembri et les crotales, et dont la fonction est de préparer par un spectacle de chants, de jeux, et de danses, la partie principale des transes.

A la fin des kouyou, après une longue pause, on apporte sur un plateau appelé « tbiga », des encens dont le halo de fumée qu'ils créent en brûlant constitue le décor ambiant, et des foulards de sept couleurs différentes. Les mlouk, ces êtres surnaturels ou esprits possesseurs qui sont invoqués et que l'on invite à se manifester lors de la transe, ont en effet chacun leur devise musicale, leur encens et leur couleur. Pour guérir il faut se laisser totalement porter par la musique. Commencent alors les transes et les danses de possession dont le rythme ira s'accentuant jusqu'au paroxysme.

Certains peintres se sont inspirés dans leurs œuvres du phénomène de la transe en tentant d'en donner une expression plastique, tel **Mohamed Tabal**, peintre gnaoui d'Essaouira, qu'on a surnommé le « peintre de la transe », car ses toiles ont souvent pour thème les « lila » et comme couleurs celles des Gnaoua.

(1) Il existe d'autres formes de rituels comme la « hadra », réservée aux femmes, et la « ksara », soirée moins longue et plus intime que la lila, et que l'habitant d'une maison peut organiser chez lui.

CURIOSITÉS

Partir du parking, voisin des bâtiments de la douane, où on laissera la voiture.

* **Port** – Son trafic est peu important et il n'est d'ailleurs accessible qu'aux navires de faible tonnage. C'est surtout la pêche qui lui donne couleur et vie. Dans la lumière blanche du matin, alors que le vent mugit sur la plage déserte et que les mouettes et les cormorans, omniprésents sur les quais, percent le silence de leurs cris obsédants, il faut voir le port s'animer peu à peu : le nettoyage à grande eau des tables blanches qui serviront plus tard à la dégustation du poisson tout juste débarqué et grillé ; la réparation des filets rouges ; l'agitation qui se crée à l'arrivée des bateaux et lors de leur déchargement, lorsque les pêcheurs jonglent avec les paniers remplis de poissons, que sardines, saurelles, maquereaux, anchois se retrouvent à la criée, alors que quelques femmes voilées attendent sur les quais, munies d'un seau, que les marins pêcheurs leur donnent quelques poissons.

★**Porte de la Marine** – Elle fait communiquer la ville et le port. Une inscription la date de 1769 et indique le nom du renégat anglais qui la construisit. Du côté de la mer elle est surmontée d'un fronton reposant sur 2 colonnes cannelées et encadrées de 2 échauguettes.

Elle est reliée à la skala (plate-forme d'artillerie) du port par un pont, aux piles trapues et au parapet crénelé, qui enjambe les petits bassins où sont ancrés de nombreuses barques de toutes les couleurs.

Skala du port ⊙ – *Franchir la porte de la Marine et gravir, à gauche et contre celle-ci, l'escalier qui permet d'atteindre la partie supérieure de la skala.*

Munie de créneaux et d'échauguettes, elle défendait le port : on y voit encore les vieux canons armoriés.

La tour d'angle qui la domine offre un séduisant **panorama**★ sur la ville, le port, la baie et les îles.

Orson Welles tourna ici certaines scènes de son film *Othello*, film qu'il présenta au festival de Cannes en 1952 sous les couleurs du Maroc, et pour lequel il reçut la Palme d'Or. Quarante ans plus tard, la ville d'Essaouira – qui compte depuis une place Orson-Welles – commémora avec faste l'anniversaire de cette consécration en organisant diverses manifestations, parmi lesquelles une soirée musicale émouvante et grandiose à la Skala au cours de laquelle chants, musiques et lumières enveloppèrent les remparts d'une sorte de magie.

★**Skala de la ville** – *En quittant la skala du port, gagner la place Moulay el Hassan et tourner à gauche dans la rue de la Skala.*

La petite rue de la Skala longe les remparts à l'intérieur de la ville. Après un passage sous voûte la rue s'élargit : des ébénistes y tiennent boutique. On les voit exécuter leurs patients travaux de **marqueterie** : tables, coffrets, bracelets, bibelots de bois qui font la renommée des artisans d'Essaouira. Le bois employé est généralement l'**arar** ou thuya de Barbarie dont il existe de grands peuplements dans la région. Les racines de cet arbre sont particulièrement appréciées en ébénisterie : ce sont les « loupes d'arar » qui donnent, une fois polies, des surfaces chatoyantes d'un très bel effet. La décoration des meubles est obtenue au moyen de sculptures et d'incrustations de citronnier, d'ébène, de nacre et d'argent.

Au bout de la rue, un passage sous voûte donne accès à une rampe conduisant à la skala de la ville. Les fortifications protégeaient ici la cité contre les attaques par mer. Elles constituent une longue terrasse bordée de créneaux dans lesquels sont encore braqués des canons de bronze aujourd'hui inoffensifs, mais la perspective de cette skala, popularisée par l'image, est impressionnante.

C'est de la terrasse du bastion Nord qu'on a la meilleure **vue**★ sur l'ouvrage fortifié relayé au loin par la skala du port, l'enfilade des îlots rocheux empanachés d'écume, la côte du cap Sim dans le fond.

★**Souks** – *Redescendre la rampe d'accès à la skala et, après le passage sous voûte, tourner à gauche dans la rue Laâlouj.* A droite dans cette rue, l'ancienne mairie abrite le **musée Sidi Mohammed ben Abdallah**. Consacré aux coutumes et traditions artisanales ou artistiques de la région, il rassemble, au rez-de-chaussée, divers instruments de musique utilisés lors des fêtes des confréries religieuses (Gnaoua, Hamadda, Aissoua, etc.) ou des mariages ou des circoncisions. A l'étage sont présentés des poteries, des tapis tissés par les femmes des tribus arabophones Chiadma, des meubles marquetés, des bijoux-amulettes aux décors d'oiseaux, de serpents ou de crapauds, tous chargés de fonctions magiques.

Juste en face, le bâtiment d'angle transformé aujourd'hui en hôtel abritait l'ancien tribunal français lequel siégeait à Mogador en 1914 et à l'angle, du côté droit en descendant la rue, l'ancien consulat français où séjourna Charles de Foucauld.

Prendre ensuite la rue Mohammed ben Abdallah.

Beaucoup d'animation dans cette rue où les petits commerces ont envahi les nobles maisons blanches aux volets bleus, et

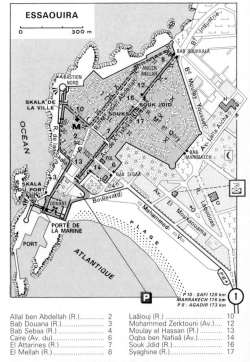

ne sont que monticules multicolores de fruits, de légumes, d'épices, derrière lesquels les marchands disparaissent à moitié, prenant des allures d'hommes-tronc. Les ruelles transversales, de loin en loin voûtées, montrent de beaux portails en pierre de taille finement sculptée aux arcs en plein cintre ornés de zelliges, et connaissent elles aussi une grande animation en fin d'après-midi. Partout, les femmes souries – silhouettes drapées portant toutes le haïk – ajoutent à l'impression d'étrangeté que laisse la ville.

On aboutit ensuite à l'ancien mellah.

A hauteur de Bab Doukkala et avant de tourner à droite dans l'avenue M. Zerktouni, s'arrêter sur la place pour écouter, si l'occasion se présente, les musiciens. Ici comme ailleurs il fait bon partager l'attente des spectateurs, voir les guérisseurs et les conteurs d'histoires que l'on devine merveilleuses, et ressentir leur passion de la musique.

Prolongée au-delà du marché par l'avenue de l'Istiqlal, l'avenue M. Zerktouni, principale voie commerçante d'Essaouira, coupe en deux la vieille ville.

Elle traverse le **Souk Jdid**, où se trouvent, derrière les arcades, le très pittoresque marché des épices et celui des poissons. Dans la petite rue Syaghine qui borde le marché à gauche après la mosquée, sont groupés les **bijoutiers**.

Plage – Une vaste grève borde la côte au Nord de la ville mais, battue par les vents, elle n'est agréable que par très beau temps. La vraie plage d'Essaouira s'étend au fond de la baie, au contact immédiat de la ville. Sa pente douce et unie la rend très sûre. Les vents alizés apportent ici pendant tout l'été une fraîcheur surprenante.

Ile de Mogador ⊙ – Elle est désormais considérée comme Réserve du fait de la présence, entre autres, de faucons Éléonore, espèce d'oiseaux rares.

Connus des Romains sous le nom d'Iles Purpuraires, l'île de Mogador et l'îlot voisin ont été visités durant toute l'Antiquité par les marchands méditerranéens : Grecs, Chypriotes, Phéniciens, Carthaginois et surtout Romains y ont laissé des traces qu'ont révélées des fouilles récentes.

Occupée et fortifiée au temps de Mohammed ben Abdallah, l'île de Mogador est aujourd'hui déserte et ne laisse voir que quelques ruines. Mais elle offre une **vue** étendue sur la côte, la ville et la baie d'Essaouira.

EXCURSIONS

★**Dunes du cap Sim** – *14 km au Sud – environ 1/2 h.*

Ces dunes sont la providence des cinéastes qui ont à tourner des scènes de désert.

Sortir d'Essaouira par ① *du plan. A 6 km, aussitôt après le pont qui franchit l'oued Ksob, tourner à droite dans la piste de Tangaro (en mauvais état), puis à droite encore, après l'éolienne de Tangaro, jusqu'au petit village de* **Diabat**.

A hauteur des premières maisons, belle **vue** d'ensemble sur Essaouira et sa baie. Au milieu des dunes, près de l'embouchure de l'oued Ksob, on aperçoit les **ruines** étranges de Dar Soltane, palais ensablé qu'avait édifié là au 18ᵉ s. Mohammed ben Abdallah dans lequel quelques hippies élirent domicile dans les années 1970.

Si les ruines n'ont aujourd'hui qu'un intérêt relatif, la plage est magnifique au-delà du cordon de dunes qui la borde. *(Pour y accéder plus facilement, on peut prendre la piste située à la sortie d'Essaouira, juste en face du phare).*

Revenir sur ses pas jusqu'à Tangaro où l'on prendra la piste forestière praticable uniquement en 4x4, qui s'ouvre à droite.

7 km de piste à travers des dunes fixées par toutes sortes de buissons – genévriers et mimosas notamment – se terminent au petit village de **Sidi-Harraz**. De là, un beau **point de vue** circulaire : du côté de la mer s'étend un immense **champ de dunes★** de sable rose ; au Nord la ville d'Essaouira, sa baie, ses îles et son arrière-pays.

Revenir à Tangaro par le même chemin et rejoindre la P 8 A pour rentrer à Essaouira.

Marabout de Sidi Kaouki – *A 15 km au Sud d'Essaouira, par la route d'Agadir, prendre à droite la direction de Sidi Kaouki.*

Au bout de 11 km de route goudronnée on découvre le marabout dressé sur une plage immense battue par les vagues. Adossée au marabout – le sanctuaire proprement dit, avec sa coupole sous laquelle est enterré le saint Sidi Kaouki – se trouve une curieuse bâtisse de plusieurs étages édifiée face à la mer et comportant des escaliers biscornus et de petites chambres (*par respect pour cet endroit au caractère mystique et pour les personnes qui y vivent, il vaut mieux ne pas monter au sommet de l'édifice*). La légende veut que les personnes qui séjournent dans cet endroit viennent pour y chercher la solution à un problème. Si une solution est trouvée, c'est alors la fête.

Une autre coutume du pays berbère « Haha » veut que l'on emmène les petits garçons, à qui l'on doit faire leur première coupe de cheveux, à l'ombre du marabout, ce qui leur apporte la « baraka », la bénédiction du saint.

En juillet et août, ici comme à Essaouira, le vent particulièrement violent fait le bonheur des véliplanchistes mais rend les baignades parfois dangereuses du fait de la force des vagues.

Avant de repartir, longue et belle balade à faire à pied sur la plage bordée d'arganiers et de thuyas.

★**Jbel Amsittene** – *58 km au Sud – environ 2 h. Quitter Essaouira par* ① *du plan.*
On parcourt une région mamelonnée où domine l'arganier. Une oliveraie signale le
gros village de **Smimou** (souk le dimanche) que l'on traverse avant de trouver 7 km
plus loin, à gauche, la piste de l'Amsittene *(plaque indiquant : Tnine Imi n'Tlit ;
piste 6633).*

Bien que d'altitude modeste (905 m), le jbel Amsittene occupe une position largement dominante.

La piste sinueuse qui l'escalade, longeant parfois des abrupts impressionnants,
offre des **aperçus** très variés sur les montagnes voisines et, au loin, sur l'océan.
A perte de vue la terre ocre rouge est couverte de thuyas et de grands
arganiers. A défaut du gros gibier qui fréquente cette région (sangliers, mouflons), le touriste y rencontrera sûrement de charmants petits « écureuils des
arganiers ».

La piste mène jusqu'au pied de la tour de guet.

De là, magnifique **vue**★ circulaire d'une part sur la côte atlantique jusqu'au cap Sim
et jusqu'à Essaouira dont les maisons blanches sont visibles par temps favorable,
d'autre part sur le pays tourmenté des Haha et le Haut Atlas.

Revenir vers Smimou pour prendre à droite une petite route sinueuse menant vers
Tafelney *(15 km).*

Le paysage que l'on découvre en arrivant sur ce petit port de pêche est superbe,
mais ici comme ailleurs, si la plage est belle, il manque l'infrastructure suffisante
pour se restaurer.

Revenir à la P 8 par le même chemin.

FÈS★★★

448 823 habitants (les Fassis)
Carte Michelin n° 959 plis 5, 10 et 28.

Fès est la métropole religieuse, intellectuelle et artistique du Maroc. Berceau d'une
monarchie millénaire, elle fut aussi pendant longtemps la capitale politique de l'empire
chérifien. La ville offre une situation privilégiée : à l'extrémité orientale de la plaine
du Saïs, c'est un carrefour qui commande les routes du Sud comme les passages du
Rif, communique avec l'Est par la trouée de Taza, s'ouvre à l'Atlantique par la vallée
du Sebou.
Elle s'est développée autour de l'oued Fès ; visible ou non, l'eau ruisselle partout dans
la ville grâce à cet oued aux multiples ramifications, alimentant fontaines, maisons
et jardins. Le site offre d'autres avantages : ce pays est fertile, c'est une des plus
riches régions du Maroc ; le sol fournit généreusement la pierre calcaire et l'argile
pour la construction ; enfin le bois ne manquait pas, dans le passé, aux abords de
la cité.

DOUZE SIÈCLES D'HISTOIRE

Les deux Idriss – On sait aujourd'hui qu'en dépit de la légende, c'est **Idriss I**er – et non
son fils – qui fut à l'origine de Fès. Dès 789, semble-t-il, une petite ville berbère s'éleva
sur la rive droite de l'oued : ce premier berceau de l'actuelle médina s'appelait Madinat
Fas. En arabe « fas » veut dire « pioche », et certains chroniqueurs racontent qu'une
pioche d'or et d'argent fut offerte à Idriss lorsqu'il délimita l'enceinte de la ville future.
Bourgade bien fruste encore, mais qui marquait clairement l'implantation politique et
religieuse du chérif dans le Nord du Maroc : base militaire aussi pour appuyer ses
campagnes vers Taza et Tlemcen.
En 809, **Idriss II** fondait à son tour, de l'autre côté de la rivière, une vraie ville musulmane, avec son palais royal, sa mosquée, sa kissaria, ses canaux, ses murailles : ville
beaucoup mieux faite pour plaire au jeune souverain et à son entourage arabe que la
campagnarde Madinat Fas.

Une chance historique – Vers 817, fuyant Cordoue à la suite d'une émeute, 800
familles musulmanes d'Espagne furent installées à Madinat Fas qu'on appela dès lors
Adoua el Andalou (le quartier des Andalous). Un peu plus tard, des Arabes de Tunisie
vinrent chercher refuge dans ce qui est resté Adoua el Karaouiyne (le quartier des
Kairouanais). Des juifs aussi s'établirent en grand nombre.
Sans l'afflux massif de ces étrangers le destin de Fès eût été peut-être moins prestigieux, son développement à coup sûr moins rapide. Car ces immigrants apportaient
avec eux les connaissances techniques et les traditions artistiques des sociétés hautement urbanisées.

L'âge d'or – A la fin du 11e s., le prince almoravide **Youssef ben Tachfin** réunit les deux
villes dans une même enceinte : si les particularismes locaux subsistent, on ne parle
plus désormais que d'une seule cité, Fès, dont l'influence ne cesse de s'étendre, malgré
la fondation, à la même époque, de Marrakech.
Avec les **Almohades** (12e-13e s.) la ville devient une grande cité religieuse, intellectuelle
et commerçante. Ses industries se développent et se multiplient. Le long de l'oued,
les moulins, les tanneries, les teintureries, les ateliers de cuivre et de céramique, se
comptent par centaines. La mosquée Karaouiyne est une véritable université.
Sous les **Mérinides**, Fès atteint son apogée. Au milieu du 14e s. elle compte près de
200 000 habitants et se trouve à la tête d'un vaste empire. Au Sud-Ouest de l'ancienne
ville un nouveau quartier est né : Fès-Jdid, c'est-à-dire Fès-la-Neuve, puissante

La Karaouiyne

citadelle où s'élève un nouveau palais royal et qui abrite administration chérifienne et garnisons. Partout dans la capitale c'est une floraison de mosquées, de fondouks, de fastueuses demeures – et de ces élégantes médersas qui accueillent les étudiants étrangers attirés par le renom de l'Université.

Une bourgeoisie d'affaires – Jamais plus la ville ne connaîtra situation aussi brillante. Lorsqu'en 1549 les **Saadiens** s'en emparent, ils lui préfèrent Marrakech dont ils font leur capitale. Avec les **Alaouites** (1666), la cité, délaissée quelque temps pour Meknès, finit par retrouver la faveur des sultans qui la parent de nouveaux édifices et restaurent ses anciens monuments. Mais Fès, volontiers frondeuse, se trouve souvent en conflit avec le pouvoir. L'insécurité entraîne une certaine dépopulation. Le grand élan de la période médiévale semble brisé.

Au 19e s., la ville a pourtant conservé un immense prestige. Création des Idrissides, elle est vénérée comme la cité-mère du Maroc et elle reste la résidence habituelle du sultan. La vieille Université Karaouiyne est un foyer de pensée islamique et rayonne sur le monde musulman ; elle continue de fournir au gouvernement la plupart de ses cadres. Les commerçants fassis sont connus en Algérie, au Caire, au Sénégal, en Europe ; chez eux, ils prêtent à intérêt, investissent leurs bénéfices dans la terre : c'est l'époque où se constitue autour de Fès la grande propriété bourgeoise.

A la fin du siècle, le Maroc est accablé de difficultés économiques et politiques, et Fès en subit les inévitables conséquences. Les fantaisies ruineuses du sultan Abdelaziz n'arrangent pas les choses, ni les maladresses de son successeur Moulay Hafid. Le mécontentement est général, la révolte est partout, le pouvoir est débordé. En 1911, Fès est investie par des tribus berbères et le sultan doit faire appel aux troupes françaises pour sauver son trône.

L'année suivante, le **traité de Fès** est signé. Peu après l'arrivée de Lyautey, le nouveau sultan Moulay Youssef quitte la ville millénaire pour Rabat. Fès n'est plus la capitale du Maroc.

Tradition toujours – Fès a la réputation d'être la plus traditionaliste des villes du Maroc. Ce phénomène s'explique par une personnalité formée de bonne heure, résultat d'un brassage précoce de populations et de cultures : « l'Arabe a apporté sa noblesse, l'Andalou son raffinement, le Kairouanais sa dextérité, le Juif son astuce, le Berbère sa ténacité ». Les Fassis, citadins de vieille souche, ont créé une manière de vivre bien à eux. Il y entre une certaine rigueur qui s'accommode pourtant d'un goût du confortable dont témoignent, à l'ombre de leurs murs discrets, les demeures bourgeoises où chantent les fontaines. Il y entre surtout un grand raffinement qui est le dernier mot du caractère fassi et qui partout se manifeste : dans la culture et le langage, dans le vêtement, dans la maison et l'hospitalité. Cela ne va pas sans une pointe de sentiment de supériorité. Fiers de leur passé, les Fassis ont toujours marqué quelque condescendance pour les populations rurales qui les entourent et même pour les autres villes du royaume.

L'ouverture – Pourtant, l'ancienne capitale ne se résigne pas à n'être qu'une ville musée. Elle reste un centre artistique, intellectuel et religieux, et la Karaouiyne dispense toujours l'enseignement coranique ; une université moderne (qui enseigne le droit musulman) a été créée tandis que se multiplient écoles secondaires et primaires. Les camions et les cars qui sillonnent les routes du Rif ou du Tafilalt témoignent de la place que la ville a conservée dans le stockage et la redistribution des marchandises. Les anciennes terres de colonisation et les propriétés de la bourgeoisie fassie font de Fès un marché agricole important. L'artisanat, réactivé par le tourisme, occupe près de trente mille familles : le travail du cuir, le tissage de la soie, la broderie, la céramique sont toujours à l'honneur. De petites industries animent les faubourgs.

On assiste même à l'implantation de grandes entreprises, textiles notamment. Les hommes d'affaires, même si certains ont émigré à Casablanca, éprouvent pour leur cité natale un attachement qui se traduit en investissements permettant à Fès de « tenir son rang ».

Une « capitale lettrée » – Divers ouvrages ont été inspirés par la ville de Fès qui jouit de tous temps du prestige de capitale lettrée, et nombreux furent les écrivains qui firent de leur séjour dans cette cité un lieu d'écriture. Il n'est que de citer pour exemples **Pierre Loti** relatant dans son *Journal intime* et dans *Au Maroc*, son ambassade à la cour de Fès, l'écrivain américain **Paul Bowles** et *La Maison de l'Araignée* où deux hommes, l'un marocain, l'autre américain, relatent les événements qui secouèrent la ville lors de l'insurrection contre les Français en 1954, **Mohamed Berrada** dont *Le Jeu de l'Oubli* raconte l'histoire d'une famille de la médina, cette même médina que découvrit avec ferveur **Anaïs Nin** en 1936.

Fès est la ville natale de plusieurs écrivains connus : **Ahmed Sefrioui** (*Le Chapelet d'ambre, La Boîte à merveilles*), les poètes **Mohammed Serghini**, **Mohammed Bennis** et **Mohammed Diouri** ; **Abdellatif Laâbi** (*Le juge de l'ombre, Le Soleil se meurt*), l'un des fondateurs de la revue littéraire « Souffles », **Tahar Ben Jelloun**, poète, chroniqueur au journal *Le Monde*, et romancier qui s'est fait connaître avec notamment, *L'Écrivain public, l'Enfant de sable, La Nuit sacrée* (prix Goncourt en 1987), *La Soudure fraternelle* et *L'Homme rompu* (prix Méditerranée 1994).

Chantée par les poètes, Fès demeure un foyer séculaire de l'art et du savoir, et ce n'est pas un hasard si se sont déroulés en ses murs, le premier festival des musiques sacrées du monde et le prix « Al Babtine » de création poétique, manifestation littéraire qui réunit de nombreux écrivains, poètes et penseurs du monde arabe.

★★★ LE TOUR DE FÈS

Circuit de 16 km en voiture - environ 2 h - voir plan p. 102.

Partir de la poste et descendre l'avenue Hassan II.

Cette majestueuse artère traverse la ville nouvelle et plonge vers la vieille cité, tandis qu'à l'horizon se déploient les montagnes du Rif.

Laissant à gauche le boulevard Moulay Youssef on emprunte la P1 que l'on quitte provisoirement pour serrer de plus près, par l'avenue du Batha, les remparts de Fès-Jdid. On passe sous les murs du Mellah pour zigzaguer ensuite parmi les jardins d'où l'eau descend de tous côtés ; derrière les murs se cachent les demeures des grandes familles.

Peu après Bab Jdid on franchit l'oued Zitoun après quoi on rejoint la P1. La route s'élève dans une oliveraie (zitoun veut dire oliviers) et se rapproche des remparts, offrant plusieurs **points de vue**★ remarquables sur la médina.

★★ **Point de vue du borj Sud** (EX) – Le borj, abandonné, domine un bois d'oliviers. Du pied de ses murailles la vue est très belle sur la ville ; l'horizon est fermé par la masse imposante du jbel Zalagh tout proche.

Revenir à la P1.

Après Bab Ftouh la route s'élève dans les collines couvertes d'eucalyptus et de peupliers, descend dans la verte vallée de l'oued Fès ; elle touche les remparts à l'entrée du palais Jamaï, demeure – aujourd'hui transformée en hôtel – d'un opulent vizir du siècle dernier.

★★★ **Point de vue des tombeaux mérinides** (CU) – Les mausolées en ruine des derniers sultans mérinides dominent Fès au Nord. Un sentier y mène, escaladant une butte d'où la vue est saisissante.

Au pied de la butte, Fès-el-Bali s'accroche aux versants de l'oued. Au premier plan, les quartiers de la rive gauche s'étagent en amphithéâtre autour des toits verts de la Karaouiyne et de la zaouia de Moulay Idriss ; au-delà, le quartier de la rive droite escalade l'autre versant pour se presser autour de la mosquée des Andalous.

A droite, sur une éminence, Fès-Jdid serre ses maisons autour du palais royal. Au-delà commence la ville moderne qui s'étale largement, aérée, parsemée de taches de verdure.

A gauche, dans le lointain, la vallé du Sebou s'enfonce au creux des versants du Moyen Atlas.

Borj Nord (CU) ⊙ – Cette puissante forteresse d'époque saadienne abrite une intéressante **collection d'armes** qui montre l'évolution de l'armement marocain des origines à nos jours.

De la terrasse qui couvre le borj la **vue plongeante**★★ sur Fès est magnifique.

Revenir à l'avenue Hassan II en suivant l'itinéraire du plan.

★★★ FÈS-EL-BALI

Environ 1/2 journée – voir plan p. 102.

Les visiteurs qui hésiteraient à s'aventurer seuls dans le dédale des ruelles de la médina trouveront des guides officiels au syndicat d'initiative, place Mohammed V, ou près de la porte Bou Jeloud, à l'entrée de Fès-el-Bali.

De la ville nouvelle à Fès-el-Bali – *Partir en voiture de la poste. Prendre l'avenue Hassan II, puis à gauche le boulevard Moulay Youssef. Place des Alaouites, prendre, en face, la rue Bou Ksissat. Par Bab Smarine, tourner à gauche : l'artère centrale de Fès-Jdid conduit au vieux méchouar.*

Vieux méchouar (BX B) – A l'extrémité Nord de Fès-Jdid, cette longue place entourée de hautes murailles attenantes au palais du roi est l'enclos où jadis le sultan donnait audience. Sur le côté Ouest de la place, la **Makina** (BX A) *(on ne visite pas)* s'ouvre par une haute porte. Ancienne manufacture d'armes, elle abrite aujourd'hui une fabrique de tapis.

A l'extrémité Sud du vieux méchouar se dresse **Bab Dekakène**★ (14ᵉ s.), une des plus imposantes portes de Fès, avec ses grosses tours crénelées ; elle date de l'époque mérinide.

Franchir Bab Dekakène.

On débouche sur une espèce de grand corridor à ciel ouvert : c'est en réalité un pont sous lequel les eaux de l'oued Fès dévalent vers les jardins voisins de Bou Jeloud.

L'avenue des Français longe d'abord, sur la droite, les beaux jardins Bou Jeloud, puis le lycée Moulay Idriss.

Laisser la voiture sur la place et se diriger vers Bab Bou Jeloud. Voir plan p. 104.

Bab Bou Jeloud – L'arche centrale encadre joliment deux minarets de la médina ; cette porte a été reconstruite en 1913 dans le style traditionnel : elle brille de toutes les arabesques de ses faïences – bleues sur la face extérieure, vertes à l'intérieur.

Franchir Bab Bou Jeloud ; tourner tout de suite à gauche dans une ruelle couverte d'un treillage, puis immédiatement à droite dans la rue Talaa Kebira.

La rue Talaa Kebira ou Grand Talaa (talaa : montée) est l'artère principale de Fès-el-Bali : elle est bordée en grande partie de boutiques ou d'échoppes d'artisans et dessert de nombreux souks.

★★ **Médersa Bou Inania** (**CV**)

⊙ – Avant d'entrer, remarquer à gauche, sur la façade qui fait face à la médersa, à hauteur du premier étage, un alignement de 13 timbres de bronze supportés par des consoles de cèdre. C'était le **carillon de Bou Inania**★ (**CV A**) ; une légende attribue la construction de son ingénieux mécanisme à un ouvrier-magicien du 14ᵉ s.

La médersa Bou Inania est le type de monuments de ce genre. Son plan et les explications qui l'accompagnent pourront être utilement consultés au cours de la visite de toutes les médersas du Maroc.

Quelques mots sur les médersas – Les médersas ont joué un rôle important dans l'ancien Maroc. Essentiellement urbains, ces édifices avaient pour fonction de loger les étudiants étrangers à la ville, de leur assurer un isolement propice au travail et d'entretenir leur piété.

MÉDERSA BOU INANIA
REZ-DE-CHAUSSÉE

1 Porche
2 Carillon
3 Grande Porte
4 Porte des va-nu-pieds
5 Boutiques
6 Chambres
7 Salles de cours
8 Mihrab

La médersa était le complément naturel de quelque grande mosquée voisine où les étudiants allaient écouter les leçons dispensées par les maîtres. L'enseignement, basé surtout sur la théologie, le droit et la rhétorique, répandait les doctrines approuvées par l'État et par l'Islam ; il préparait aux fonctions politiques, judiciaires et religieuses.

Toujours due à la munificence d'un souverain, une médersa était une fondation pieuse entretenue par les revenus des habous (biens du culte) et la générosité des particuliers. Bâtie autour d'une cour centrale, elle comportait une salle de prière faisant parfois fonction de mosquée de quartier (dans ce cas elle était dotée d'un minaret) ; souvent une ou plusieurs salles de travail ainsi qu'une salle d'ablutions occupaient une partie du rez-de-chaussée ; de petites chambres prenaient jour sur le patio ou des courettes annexes. Une maigre ration alimentaire était allouée aux étudiants qui, pour le reste, vivaient aux dépens de leur famille ou du profit de quelques travaux.

Visite – Construite au milieu du 14ᵉ s., la médersa Bou Inania est la plus vaste et la plus somptueuse de Fès. C'est au sultan Abou Inan que l'on doit sa création, l'une des plus heureuses de l'art mérinide.

L'entrée a deux portes contiguës. La plus petite, à gauche, introduit à un vestibule traversé par un étroit bassin où les fidèles venus sans babouches se lavent les pieds. Franchissant la porte principale, aux vantaux plaqués de bronze ciselé, pénétrer dans la médersa par un **vestibule** à degrés doté d'un beau plafond de bois peint à stalactites ; sur les murs un décor de plâtre très finement travaillé se déploie au-dessus des faïences polychromes qui couvrent le soubassement.

La plus belle partie du monument est la **cour**. Son sol est dallé de marbre et d'onyx. Sur la base des piliers qui supportent une galerie, les jeux multipliés d'admirables zelliges enserrent de hauts moucharabiehs. Aux chapiteaux et aux murs, la blancheur des stucs éclate, et contraste avec le cèdre sculpté des doubles linteaux et des frises. Au sommet, un large auvent coiffé de tuiles vertes repose sur une multitude de consoles ouvragées.

Les fenêtres qui s'ouvrent au premier étage sont celles des chambres d'étudiants. Au rez-de-chaussée d'autres cellules, masquées par les moucharabiehs, donnent sur la galerie ; à droite et à gauche de la cour, une grande baie donne accès directement à une salle de cours.

Le ruissellement d'une dérivation de l'ouest Fès longe, au fond de la cour, la **salle de prière** à laquelle on accède par deux ponceaux de marbre. Un coup d'œil discret permet de voir l'intérieur de l'oratoire : il se compose de deux nefs transversales séparées par des arcs brisés reposant sur de courtes colonnes d'onyx. On distingue le « mihrab » surmonté de trois baie à vitraux ainsi que la chaire à prêcher ou « minbar » (pour le prône du vendredi). En se retournant, on appréciera la beauté du **minaret**, assez haut pour transmettre le signal de la prière à tous les minarets de la ville. L'importance de ce sanctuaire explique l'affluence des fidèles.

En descendant la Talaa – *Au sortir de la médersa, reprendre à droite la rue Talaa Kebira.*

A mesure qu'on descend la pente se fait plus raide, la rue plus étroite et parfois plus voûtée, les boutiques plus nombreuses, la foule plus bruyante et plus dense ; ici la bousculade est de règle et les ânes lourdement chargés s'octroient une priorité de fait.

Longeant la mosquée Gazléane, à droite, on remarque, dans un recoin du mur extérieur, une sorte de banquette protégée par une grille de fer forgé, entourée de stucs et surmontée d'un auvent : c'est la **M'Zara** (**CV B**). Ce petit monument, objet d'une pieuse vénération, évoque le souvenir d'Idriss II, qui se serait reposé là avant de fonder Fès.

A cinquante mètres, à gauche, pénétrer sous le porche du **fondouk des peaussiers** : dans la cour entourée de deux étages de galeries de briques, les peaux en provenance des abattoirs sont mises à sécher avant d'être envoyées au tannage.

Plus bas, l'attention est attirée par d'étranges boutiques : sur l'un des sièges qui constituent l'unique mobilier de ces étroits réduits, à portée d'une rangée de clés de tous âges et de toutes tailles, des agents immobiliers attendent d'éventuels locataires.

La Talaa traverse ensuite une série de centres artisanaux souvent séparés les uns des autres par un arc ou un passage sous voûte : bijoutiers, fabricants de nattes et de tamis, cordonniers, fabricants de soufflets s'y succèdent. A un détour de la rue, semblant jaillir d'une treille qui pousse là, apparaît le très élégant **minaret**★ de la mosquée des Chérabliyn (fabricants de babouches) – décor losangé sur fond de céramique à dominante vert tendre – qui a gardé toute la pureté de l'art mérinide à son apogée. A côté, au souk Aïn Allou, les produits de la maroquinerie sont vendus aux enchères tous les jours sauf le vendredi.

★**Souk au Henné** (**DV D**) – *Négligeant provisoirement l'entrée du souk Attarine, tourner à droite dans une ruelle puis immédiatement à gauche.*

Un étroit passage conduit à une placette ombragée de grands platanes et dominée par le haut minaret de la zaouïa de Moulay Idriss. Là sont les étals des marchands de feuilles de henné qui, séchées et pulvérisées, teindront les mains et les cheveux des femmes ; on y vend aussi de l'antimoine qui sert à la confection du khôl de maquillage. On y trouve également une poterie très rustique comportant un simple décor géométrique à la résine de chêne.

Médersa Attarine

Revenir à l'entrée du souk Attarine.

★**Souk Attarine** – C'est la rue aux épices, étroite et très vivante ; elle prolonge la Talaa et aboutit à la médersa Attarine. Entre les échoppes d'épiciers, quelques boutiques de vêtements campagnards jettent une note de couleurs vives.

★**Médersa Attarine** (**EV**) ⊙ – De trente ans plus vieille que la Bou Inania et de dimensions plus modestes, elle est considérée comme la plus belle médersa de Fès. Franchie la porte

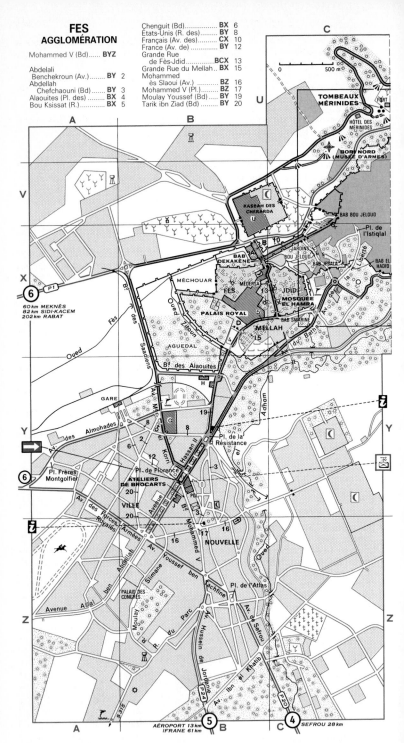

monumentale dont les vantaux plaqués de bronze sont décorés d'entrelacs ciselés,
on parvient à la cour où une vasque de marbre blanc déverse une eau de source
sur une rosace de zelliges formant bassin à ablutions. Au fond, la salle de prière
s'ouvre par un grand arc à stalactites ; remarquer sur les intrados les admirables
rosaces de plâtre ciselé.

La cour comporte deux galeries latérales qui supportent les chambres d'étudiants.
Aux quatre coins, de sveltes colonnes d'albâtre sont reliées par de petits arcs à
stalactites aux angles des murs : savante combinaison, chef-d'œuvre d'audace et
de raffinement.

Mais la splendeur et l'inépuisable fantaisie de la décoration y dépassent peut-être
les qualités architecturales. Du sol au toit, zelliges, stucs et cèdre sculpté conju-
guent leurs effets subtils. On admirera l'heureuse répartition des masses ; quant à
l'habileté technique des décorateurs, elle éclate dans les plâtres ciselés et dans l'inscription en céramique excisée qui court à mi-hauteur des piliers.

Avec ce monument d'une folle élégance, qui confine à la préciosité sans jamais y
tomber, l'art mérinide atteint son apogée.

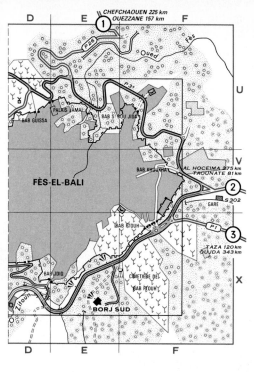

Prendre à gauche en sortant de la médersa et tourner aussitôt à gauche, à l'angle de la mosquée Karaouiyne, dans la très étroite rue Bou Touil.

★ **Mosquée Karaouiyne** (**EV**) – La mosquée primitive, dont il ne reste rien, fut fondée au milieu du 9e s. par une femme pieuse, dans le quartier des Kairouanais. Agrandi une première fois en 956 – le **minaret** date de cette époque –, l'édifice reçut sous les Almoravides ses dimensions actuelles qui en font le plus vaste oratoire d'Afrique du Nord ; elle peut abriter plus de 20 000 fidèles. Grande mosquée de Fès, elle est le siège de la fameuse Université qui compta, au 14e s., jusqu'à 8 000 étudiants. Sa bibliothèque, déjà célèbre au Moyen Age, possède une collection unique de corans enluminés, de livres et de manuscrits.

Jalousement fermée aux non-musulmans, la Karaouiyne laisse cependant entrevoir par ses nombreuses portes quelques-unes de ses richesses.

L'entrée principale, rue Bou Touil, donne sur la grande cour, bordée d'un portique à arcs outrepassés.

On remarquera, à droite et à gauche de cette cour, les deux pavillons saadiens des 16e et 17e s. dont la disposition et l'architecture évoquent ceux de la cour des Lions à l'Alhambra de Grenade.

Autour de la Karaouiyne – Continuer la rue Bou Touil puis, après un passage sous voûte, tourner à angle droit dans l'étroite rue Sbalouïat qui se glisse entre le mur oriental de la Karaouiyne et des maisons dont les étages en encorbellement s'avancent jusqu'à toucher la mosquée. A gauche s'ouvre l'entrée du fondouk Tsétaounine.

★ **Fondouk Tsétaounine** (**EV E**) ⏱ – En même temps que les médersas, hôtelleries pour étudiants, les sultans faisaient édifier des **fondouks**, hôtelleries pour commerçants. Ces établissements avaient, eux aussi, un double usage. Au rez-de-chaussée, autour de la cour où étaient parqués les animaux, de petites pièces servaient de boutiques et d'entrepôts pour les marchandises. Au-dessus, plusieurs étages de galeries desservaient les chambres. Aujourd'hui, les fondouks de Fès sont presque tous transformés en entrepôts où viennent s'approvisionner les boutiquiers des souks.

Le fondouk Tsétaounine, ainsi appelé parce qu'il était originellement réservé aux marchands de Tétouan, s'ouvre sur la rue Sbalouïat par une robuste porte au heurtoir sculpté. Un vestibule, dont on remarquera le beau plafond d'époque mérinide, conduit à la cour, surmontée de deux étages de galeries dont les balustrades sont décorées de fer forgé et de bois tourné.

Juste en face du vestibule d'entrée, sous un auvent, est suspendue la grande balance à plateaux sur laquelle on pèse les marchandises entreposées dans le fondouk.

Continuer la rue Sbalouïat qui longe toujours la Karaouiyne.

Par la troisième porte de la mosquée, on a un aperçu de la salle de prière aux 270 colonnes avec son grand lustre du 13e s.

La rue Sbalouïat débouche sur la **place Seffarine** qui retentit du vacarme des marteleurs de cuivre et de maillechort. C'est le quartier des dinandiers : on y travaille des plateaux et divers ustensiles, parmi lesquels d'énormes chaudrons pour régaler de mouton plus de cent personnes.

Après avoir traversé la place, se diriger vers le pont Gzam ben Skoum qu'on ne franchira pas.

Juste avant le pont s'ouvre une étroite ruelle au pavé luisant, c'est le **souk des teinturiers**, rutilant de couleurs.

Prendre, au fond du souk, à droite, la rue Cherratine jusqu'à un passage couvert où l'on trouve l'entrée d'une médersa.

★ **Médersa Cherratine** ⏱ – Ce vaste édifice (1670), dû au sultan alaouite Moulay Rachid, pouvait abriter 150 étudiants. Il présente de charmants détails : le heurtoir ciselé de sa lourde porte, le plafond sculpté de son vestibule, les gracieuses petites fenêtres ornées de stucs et de moucharabiehs qui donnent sur la cour centrale.

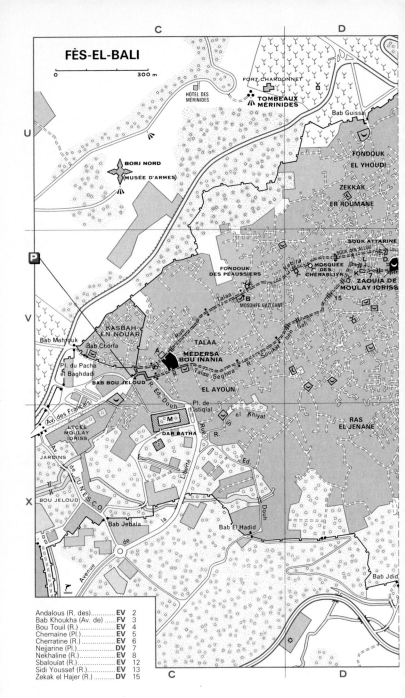

FÈS-EL-BALI

0   300 m

Andalous (R. des)	**EV**	2
Bab Khoukha (Av. de)	**FV**	3
Bou Touil (R.)	**EV**	4
Chemaïne (Pl.)	**EV**	5
Cherratine (R.)	**EV**	6
Nejjarine (Pl.)	**DV**	7
Nekhaline (R.)	**EV**	8
Sbalouiat (R.)	**EV**	12
Sidi Youssef (R.)	**EV**	13
Zekak el Hajer (R.)	**DV**	15

Sa décoration est modeste, si on la compare à celle de ses aînées ; on peut aimer cependant la simplicité monacale des hauts murs blancs qui contrastent avec le brun chaud du cèdre sculpté.

Au fond et à droite de la cour centrale, passer dans une cour intérieure où deux étages de galeries masquées de moucharabiehs desservent des cellules d'étudiants.

Sortant de la médersa, continuer la rue Cherratine.

Une cinquantaine de mètres plus loin se trouve, à droite, la petite **place Chemaïne** (**EV 5**) où se tient le marché des fruits secs et le commerce de ceintures brodées d'or et d'argent ainsi que des tarbouches.

Rejoindre la rue Cherratine et tourner à droite.

Kissaria (**EV F**) ⊙ – Là s'étalent à profusion les broderies de Fès, si réputées, les soieries, les brocarts, la passementerie et les babouches brodées. La Kissaria est particulièrement animée aux heures de vente à la criée.

Après avoir parcouru la Kissaria, sortir par la même porte et reprendre l'itinéraire qui contourne la zaouïa de Moulay Idriss.

★★ Zaouïa de Moulay Idriss (**DEV**) ⊙ – La zaouïa de Moulay Idriss est l'une des plus saintes du Maroc ; elle abrite le tombeau d'Idriss II, considéré longtemps comme le fondateur de Fès. Autour d'elle, les ruelles sont barrées par une poutre de bois qui interdit le passage aux bêtes et oblige les passants à se baisser.

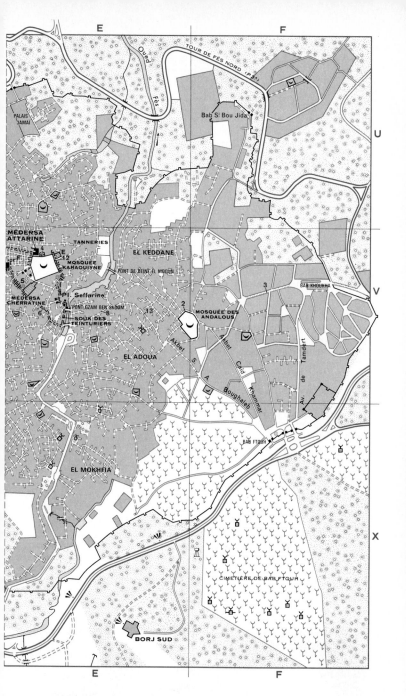

La barre franchie, on se trouve dans le « horm », périmètre sacré tout imprégné de la « baraka » du bienheureux Idriss.

La ruelle qui longe la zaouïa est le refuge des mendiants venus solliciter la générosité des pèlerins. Naguère se mêlaient à eux des gens recherchés par les autorités et venus bénéficier du droit d'asile du horm. Remarquer à droite, sous un auvent, une fontaine encadrée de plâtres ciselés rehaussés de couleurs, d'une finesse remarquable. A quelques pas, sous une fenêtre grillagée, un beau moucharabieh de cèdre porte en son centre une plaque de cuivre percée d'un trou : c'est le **tronc des offrandes★** où les fidèles viennent glisser leur obole avant de baiser le mur sacré derrière lequel s'élève la tombe du saint protecteur de Fès.

La ruelle contourne l'angle de la zaouïa. Aussitôt après s'ouvre la **porte principale**, très richement décorée de bois peints aux vives couleurs. Par l'une des trois baies, on aperçoit la salle de prière, avec ses lustres innombrables et son étonnante collection d'horloges ; au fond de la salle, le tombeau de Moulay Idriss, paré de bannières.

Un peu plus loin, d'autres portes permettent de voir la cour des ablutions, dominée par le très haut minaret (il date du 19e s. : le reste de l'édifice doit sa dernière version au 18e s).

Prendre, en face de l'entrée principale, la ruelle où s'entassent les boutiques d'objets de piété : elle mène à la place Nejjarine.

★★**Place Nejjarine** (**DV 7**) – C'est un des coins les plus attachants du vieux Fès. Au fond de la place, on découvre le **fondouk Nejjarine**★ (**DV K**) (fin du 17e s.), dont la porte monumentale, très décorée, est surmontée d'un magnifique auvent. Plus à droite, la célèbre **fontaine Nejjarine**★ (**DV L**), véritable « autel dressé à l'eau » dans un très joli décor de zelliges. Plus à droite encore s'ouvre le souk Nejjarine (menuisiers) qui fleure bon le cèdre.

Prendre contre la fontaine la ruelle qui s'enfonce sous une maison, et tourner à gauche dans la rue Zekak el Hajer.

Cette rue passe entre des habitations bourgeoises qui ne laissent rien deviner de leur charme intérieur.

Revenir à Bab Bou Jeloud.

AUTRES CURIOSITÉS

★**Dar Batha** (**CX**) ⊘ – Dar Batha est un palais construit par les Alaouites à la fin du 19e s. et aménagé depuis en musée des **Arts et Traditions**★ de Fès et de sa région. Une salle est consacrée à la poterie ancienne de Fès, une autre à la broderie. On remarquera, en outre, de belles portes de bronze, une intéressante collection d'astrolabes du 11e au 18e s. et une autre de livres d'art.
Entre les deux ailes du palais s'étend un beau jardin andalou.

★**Mosquée des Andalous** (**EFV**) – Fondée peu après la Karaouiyne (9e s.), agrandie et embellie par les Almohades au début du 13e s., elle est le principal sanctuaire de la rive droite.
Une grande **porte monumentale**★, ornée de zelliges et surmontée d'un auvent de cèdre sculpté, s'ouvre au Nord-Ouest et domine tout le quartier. Pour mieux apprécier sa silhouette élancée, prendre un peu de recul en descendant la rue à degrés qui y mène. Remarquer au passage les boutiques où des musiciens, assis sous leurs instruments suspendus à la cloison, attendent qu'on vienne louer leurs services pour quelque fête.

★**Tanneries** (**EV**) – Les archaïques tanneries de Chouara s'annoncent par leur odeur tenace. En bordure de l'oued Fès, elles offrent un spectacle assez extraordinaire avec leurs grandes cuves remplies de liquides de couleurs vives où pataugent les tanneurs. En montant sur l'une des terrasses on a une **vue** d'ensemble sur les tanneries et les rives de l'oued.

Quartier des potiers – *A l'Est de Bab Ftouh par* ②.
D'origine très ancienne, la céramique vernissée de Fès se caractérise de nos jours par une décoration, géométrique ou florale, d'un bleu profond sur fond blanc. La visite du quartier des potiers permet de voir naître sur le tour, puis patiemment décorer à la main, ces vases et ces plats dont la réputation a dépassé les frontières du Maroc. On y prépare aussi les carreaux de faïence qui seront découpés ensuite pour servir à la fabrication des zelliges, autre spécialité des artisans fassis.

Ateliers de brocarts (**BY**) – *Gagner le boulevard Mohammed V.*
La fabrication des brocarts, étoffes brochées d'or ou d'argent, est également une activité traditionnelle à Fès. Ils sont tissés sur des métiers dont les lisses très nombreuses sont actionnées à la main par une équipe d'ouvriers, cependant que le maître-tisseur, assis à l'extrémité du métier, manie le peigne et lance la navette. Le spectacle est plein d'intérêt tant par le chatoiement des fils que par la virtuosité des tisserands.

Tanneries

Mellah (**BCX**) – Jusqu'au 13e s. les Juifs étaient logés près de [...] quartier qu'on appelle encore Fondouk el Yhoudi. Lorsque Fès [...] durent y transporter leurs pénates. Beaucoup d'entre eux, qui [...] dans la médina, préférèrent se convertir à la religion musulman[...] donner leurs biens. Les autres s'entassèrent dans un quartier s[...] du sultan : celui-ci leur avait promis sa protection moyennant q[...] plémentaires. Ce ghetto prit le nom de « mellah », ce qui signifi[...] parce qu'il revenait aux Juifs de vider et saler les têtes des rebelles décapités, avan[...] qu'elles fussent exposées aux portes de la ville.

Le mellah, déserté par les Israélites, a perdu beaucoup de son caractère ; cependant, ses rues sont toujours bordées de pittoresques maisons aux loggias de bois sombre. Pour visiter le mellah, suivre à pied la **Grande Rue** (**BX 15**), toujours très animée. Près de Bab Smarine, dans de minuscules échoppes, les orfèvres cisèlent de fins bijoux d'or et d'argent. L'une des ruelles tortueuses qui se détachent de la Grande Rue conduit au cimetière israélite, fort curieux avec ses tombes serrées les unes contre les autres et blanchies à la chaux.

Fès-Jdid (**BCX**) – Pour avoir un aperçu du quartier de Fès-Jdid, l'aborder par la place des Alaouites (**BX 4**). Elle est bordée sur 2 côtés par l'enceinte du **palais royal** ⊙. Au Nord de la place, remarquer une **porte monumentale** (**BX D**) : auvent de tuiles vertes soutenu par des colonnes sculptées et abritant 3 portes de bronze doré qu'entourent des stucs ciselés et peints ; c'est l'entrée principale du palais réservée aux cérémonies.

Suivre la rue Bou-Ksissat qui passe entre le palais et le mellah. Tournant à gauche sous les voûtes de Bab Smarine, emprunter la Grande Rue de Fès-Jdid, artère bordée de nombreuses boutiques où l'on doit frayer patiemment son chemin à travers une foule dense. A droite, la première mosquée rencontrée (el Hamra : la Rouge) (**CX**) a conservé un beau **minaret** d'époque mérinide.

EXCURSIONS

★**Sidi-Harazem** – *15 km – Sortir par* ③ *du plan – Description p. 113.*

Moulay-Yâkoub – *20 km – Sortir par* ⑥ *du plan ; suivre la direction de Meknès pendant 5 km puis prendre à droite le S 308.*
La S 308 procure de beaux points de vue sur la plaine du Saïs ; Moulay-Yâkoub apparaît bientôt au fond d'une cuvette.
C'est un lieu de pèlerinage depuis longtemps fréquenté par les musulmans qui viennent y chercher la guérison des rhumatismes. C'est aussi une ville d'eau où l'on soigne, dans des installations médicales ultra-modernes, les affections oto-rhino-laryngologiques, en plus de soins esthétiques et de remise en forme.

★★**Massif du Kandar** – *Circuit de 123 km – 1/2 journée – Voir à ce nom.*

★**Haute vallée du Sebou** – *Circuit de 168 km – 1 journée – Description p. 113.*

FIGUIG★★

14 542 habitants
Carte Michelin n° 959 plis 6 et 26.

Figuig, située à l'extrémité orientale du Maroc, est l'une des plus célèbres oasis de l'Afrique du Nord.
L'achèvement de la route qui la relie à Oujda (368 km) l'a rendue plus accessible sans pour autant lui permettre, sur le plan touristique, de sortir de son isolement accentué par le peu d'aménagement hôtelier dans cette région.
On peut également atteindre Figuig, venant de l'Ouest, par la P 32 qui s'embranche sur la route du Ziz entre Erfoud et Er-Rachidia : itinéraire très long (388 km) et difficile, passant par Boudenib, Bouânane et Mengoub.
Figuig occupe, à 900 m d'altitude, le bord d'une dépression, au pied de l'Atlas saharien. Les ksour qui la composent sont disposés autour d'une **palmeraie★★** de 90 000 palmiers produisant une grande quantité de fruits de qualité très diverse. Cette palmeraie, née de la présence de sources artésiennes, est séparée en deux parties par une falaise appelée « sorf ».

TOUR DE L'OASIS

30 km dont 25 par des pistes parfois très mauvaises – environ 2 h 1/2 – schéma ci-après.

Prendre la piste qui s'amorce tout près du Cercle de Figuig. Au bout de 300 m, laisser la voiture sur un emplacement où le demi-tour est facile. Continuer à suivre à pied la piste qui devient très étroite et tourne à gauche à hauteur d'une tour de guet. Une centaine de mètres plus loin, on atteint une plate-forme.

★★**Plate-forme de Figuig** – On découvre une très belle **vue★★** sur la « mer de palmes », le ksar de Zenaga en face de soi, le jbel Tarhla à gauche, le col de Zenaga, le jbel Zenaga, le col de la Juive, le jbel Melah et, tout à fait à droite, le jbel Grouz.

De retour au Cercle, prendre la piste de gauche, vers Bouârfa. Arrivé entre les ksour d'Ouled-Slimane et d'El-Oudarhir, quitter la voiture et prendre, à gauche, une ruelle étroite et rectiligne.

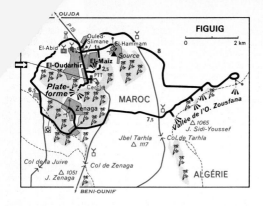

★Ksar d'El-Oudarhir – Ce ksar, particulièrement pittoresque avec ses ruelles étroites, parfois couvertes, possède une source d'eau salée et une source d'eau chaude. Du haut du minaret de sa mosquée, on jouit d'une **vue★** sur les architectures de terrasses, de baies, d'arcades disposées autour des cours intérieures, sur l'ensemble des ksour de Figuig, leurs palmeraies et, au loin, leur cadre de montagnes.

Reprendre la voiture, continuer tout droit et, peu après, tourner à gauche.

Ksar de Zenaga – C'est le plus important de Figuig. Quitter la voiture sur la grande place où se trouve un marabout, pour s'enfoncer dans les curieuses ruelles du ksar.

★Vallée de l'oued Zousfana – L'oued Zousfana creuse au pied des rochers arides du jbel Sidi-Youssef une vallée très encaissée dont le fond constitue une véritable « rue de palmiers ». Il faut, pour en avoir un bon aperçu, quitter la piste et s'avancer à droite vers le jbel. Alors apparaît la vallée de l'oued Zousfana que l'on ne soupçonnait pas. Les belvédères sur la rive droite de l'oued en révèlent les perspectives les plus pittoresques.

Source chaude d'El-Hammam – *Laisser la voiture à l'entrée du ksar d'El-Hammam.* A gauche d'un marabout s'ouvre une porte, sous laquelle on tourne à droite pour gagner une grande place. Au centre de cette place un escalier descend à la source chaude (33° environ) où les habitants de l'oasis viennent procéder à leurs ablutions.

Au 1ᵉʳ carrefour après El-Hammam, prendre à gauche.

★Ksar d'El-Maïz – Village fortifié dont les habitations présentent vers le Sud de larges baies juxtaposées. On en aura une vue d'ensemble de la piste qui contourne le ksar.

*Créez vos propres itinéraires
à l'aide de la carte des principales curiosités et régions touristiques.*

GUELMIM

38 140 habitants
Carte Michelin n° 959 plis 4 et 44 – Souk le samedi.

Guelmim se situe en bordure des dernières pentes arides de l'Anti-Atlas, à 62 km de l'océan. Cette grosse bourgade, construite en désordre au pied d'une vieille kasbah en ruine, est l'une des « portes du désert » qui jalonnent le Sud marocain, ouvrant sur un infini de pierre et de sable : c'est là, pour le touriste, un spectacle auquel s'ajoute, à quelques kilomètres, celui des premières oasis sahariennes.
Guelmim fut dans le passé un centre caravanier très important, fréquenté par les « **hommes bleus** ». Ces nomades des confins mauritaniens que l'on ne rencontre plus guère aujourd'hui, sauf sous les traits de chameliers, sont vêtus de cotonnade indigo, la tête couverte d'un long tissu noir ou bleu cachant en partie leur visage et bleuissant leur peau sombre. Leurs femmes sont également habillées de bleu et de noir et parées de nombreux bijoux, notamment des bracelets : ce sont elles qui dansent la « **guedra** ». Le marché aux chameaux, s'il n'est plus aussi important qu'autrefois, demeure très animé et attire chaque samedi de nombreux visiteurs.

★Souk aux chameaux – Il se tient dans un très vaste enclos *(au Sud-Ouest de la ville sur la route de Tan-Tan)* tous les samedis, du lever du soleil jusqu'à 14 h ; *il est recommandé d'arriver à Guelmim tôt le matin ou mieux, la veille au soir.*
Ce marché hebdomadaire est la grande attraction de Guelmim. Le jour se lève sur un grouillement d'hommes et de bêtes arrivés là au cours de la nuit (il en vient de très loin, à plusieurs jours de marche). Une partie de l'enclos est réservée aux chèvres, aux ânes et aux moutons. Dans l'autre, plusieurs centaines de dromadaires foulent le sable de leur pas mou, tandis que se tiennent les palabres qui décideront de leur sort. Les « hommes bleus » s'achètent entre eux des chamelons qu'ils élèveront avant de les revendre ; ils cèdent aux Chleuhs ou aux sédentaires du Nord les bêtes adultes destinées à la boucherie ou à la charrue. La grande affaire est d'examiner les dents, pour déterminer l'âge de la bête. Les marchés se concluent sur parole et les versements se font en espèce ; après quoi l'acquéreur coupe à la bête une touffe de poils qui symbolise la prise de possession, puis l'entrave en lui liant une patte repliée.
Les hommes bleus vendent aussi des bijoux ; ici la circonspection s'impose et le touriste devra apprendre à distinguer la pièce authentique du bijou de pacotille.

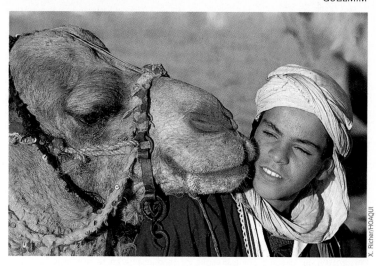

X. Richer/HOAQUI

Un bienfaiteur de l'humanité : le dromadaire – Le malheureux n'est pas très beau : haut de presque deux mètres, long de trois, avec sa bosse, son ventre en tonneau, sa lèvre épaisse, l'écume qui lui coule parfois de la bouche, ses longues pattes aux genoux cagneux qui s'entrechoquent quand il marche, ses yeux bordés d'une lourde frange de cils épais, il a dans ses déplacements quelque chose de dis-gracieux, de ridiculement solennel qu'accentue son air dédaigneux... et malgré tout, il a une bonne tête même s'il est vrai qu'il a un fichu caractère !

Le dromadaire est surtout connu pour sa sobriété et son endurance. Au plus fort de l'été, on doit en principe l'abreuver tous les trois ou quatre jours... Mais s'il ne travaille pas trop durement et dispose de bons pâturages, il peut rester plusieurs semaines sans boire, car il puise dans sa nourriture l'eau nécessaire pour s'abreuver grâce aux cellules aquifères qui garnissent la panse de son estomac. Celui-ci, d'une grande capacité, doit également être très résistant car l'animal dévore tout sur son passage : graminées poussant dans le désert, feuilles d'acacia séchées par le soleil... et, lorsqu'il a très faim, tout lui convient, aussi bien la toiture d'une paillote, que du fil de cuivre !

Et pourtant, c'est selon le Prophète, l'animal le mieux réussi de la création ; pour le Bédouin, le bien de prestige et le gage de richesse par excellence, et pour le voyageur du désert, le plus précieux des dons d'Allah : si les camions s'enlisent dans le sable, lui, jamais, grâce à ses pieds garnis de coussinets larges et ronds ; son lait, beaucoup plus riche que le lait de vache, est souvent la nourriture essentielle des nomades, et sa chair fait le délice des amateurs ; au moment de sa mue annuelle, son poil fournit de quoi fabriquer vêtements, tapis et couvertures, et jusqu'à son crottin qui est recherché pour ses qualités de combustible et son urine comme shampooing ou comme remède contre les mor-sures d'insectes.

Alors, on peut bien lui pardonner sa laideur, sa susceptibilité maladive et jusqu'à cette démarche particulière qui est, pour le cavalier non averti, un véritable supplice, car il va l'amble, ce qui lui donne un balancement inusité. Les cas de « mal de mer » sont assez répandus parmi les passagers néophytes du « vaisseau du désert », sans parler de la désa-gréable surprise de se voir projeté brutalement en avant, puis en arrière, lorsque l'animal, accroupi initialement, se redresse soudain !

Mais pour l'homme des villes qui a goûté à l'aventure d'une randonnée à dos de chameau à travers le désert, reste le souvenir fabuleux de cette marche lente, quasi inexorable, progression magique dans le silence des pas qui foulent le sable, et l'im-pression d'absolu qui étreint le voyageur.

C'est en Amérique du Nord que la famille des camélidés (chameaux, dromadaires, vi-gognes, guanacos, lamas, alpagas, etc.) a vu le jour, il y a quarante millions d'années. Les chameaux et dromadaires gagnèrent l'Ouest en passant par une langue de terre qui reliait alors la Sibérie et l'Alaska.

Le chameau à deux bosses, ou chameau de Bactriane (Camelus bactrianus), préféra les régions froides. Le chameau à une bosse, ou dromadaire (Camelus dromedarius), plus grand et plus rapide (son nom viendrait du grec « dromos », qui signifie course), choisit, lui, les sables brûlants de l'Arabie...

Au IVe siècle, venant d'Arabie et d'Égypte, le dromadaire a pénétré au Maghreb, après avoir franchi le Nil. Son implantation a trans-formé le cours de l'Histoire : il a rendu pos-sibles les échanges commerciaux à travers l'immense désert du Sahara qui isolait l'Afrique noire de la Méditerranée, de l'Europe et de l'Orient. Sans lui le désert n'aurait sans doute pu être exploré, encore moins habité.

EXCURSION

★**Aït-Bekkou** – *17 km au Sud-Est de Guelmim par Asrir – environ 1h 1/2. Route goudronnée jusqu'à Asrir. Des guides peuvent proposer leurs services.*
Sortir de Guelmim par l'Est et tourner à gauche près du Service des Travaux Publics pour prendre la direction d'Assa. Au bout de 4 km prendre à droite la direction d'Asrir. Après avoir franchi à gué l'oued Sayad, on arrive en vue du ksar d'**Asrir** où l'on fera une petite halte : à l'emplacement actuel du village se trouvait dès le 10e s., d'après les historiens arabes, la ville de Noul Lamta, fief des grands nomades Lamta et point de rencontre des caravanes chamelières qui traversaient le désert. Filer ensuite au Nord-Est en passant par Tighmert en direction de la palmeraie que l'on aperçoit au loin : c'est Aït-Bekkou.
Laisser la voiture en bordure de l'**oasis**★ et descendre à pied vers les sources qui arrosent champs de maïs et jardins, au pied des palmiers, des oliviers, des grenadiers. De l'autre côté s'étend le village saharien que l'on pourra parcourir.

IFRANE★

7 717 habitants
Carte Michelin n° 959 plis 5, 23 et 41 – Schéma p. 59 – Souk le dimanche
Lieu de séjour p. 216.

Plus encore qu'Azrou, Ifrane a quelque chose d'insolite en ce pays avec ses pignons aigus, ses hautes cheminées et ses toits de tuiles roses ; les maisons sont des villas entourées de jardins, noyées dans les arbres, desservies par des rues qui serpentent comme les allées d'un parc. Création des années 30, cette petite ville européenne transplantée au Maroc est une station d'altitude (1 650 m) agréable en toutes saisons. Les amateurs de calme et d'air pur s'y plaisent particulièrement ainsi que pêcheurs, chasseurs et, bien sûr, les skieurs (Mischliffen et le Jbel Hebri sont proches et facilement accessibles). Un réseau satisfaisant de routes et de pistes, une capacité hôtelière importante font d'Ifrane une bonne base d'excursions dans le Moyen Atlas.

EXCURSIONS *schéma p. 59*

★**Val d'Ifrane** – *10 km, puis 3/4 h de marche ou de visite.*
Au Nord-Ouest de la ville, l'oued Tizguit s'enfonce progressivement dans le plateau calcaire : ce « val d'Ifrane » rappelle les plus frais paysages de France par ses pâturages, ses sous-bois épais, ses cours d'eau dévalant en cascades. Il constitue une promenade très agréable.
Sortir d'Ifrane par la S 309 en direction de Meknès.

★**Cascade des Vierges** – A 4 km de la ville, prendre à droite une piste *(panneau signalant « source Vittel » 0,5 km)* qui mène à un pont franchissant l'oued Tizguit. Tourner à droite après le pont et suivre la rive opposée jusqu'à la source « Vittel ». Laisser la voiture sur la plate-forme, et continuer à pied *(1/4 h AR)* le long du torrent pour aller voir la belle cascade qui s'écoule parmi les frênes, les érables et les peupliers.
Revenir à la S 309 et tourner à droite. 4 km plus loin, prendre à droite la route 3330 qui descend vers Zaouïa-d'Ifrane.

Zaouïa-d'Ifrane – Ce curieux village abrite encore des familles de chorfa *(p. 33)*. Les anciennes habitations troglodytiques, en contrebas de la route, servent de nos jours d'écuries.
Au pied du village, en bordure de l'oued, le grand marabout blanc au toit vert attire beaucoup de monde à l'époque du moussem.

★**Causse d'Ifrane** – *Circuit de 66 km.* Cet itinéraire, au Nord et à l'Est d'Ifrane, conduit dans un paysage calcaire, caractéristique des plateaux du Moyen Atlas. Recoupant des terrains de parcours pour les troupeaux, il offre maintes occasions de rencontrer des groupes de pasteurs semi-nomades. Aux amateurs de pêche, les lacs proposent leurs eaux poissonneuses.
Sortir d'Ifrane par la P 24, en direction de Fès. A 16 km, prendre à droite la route 4628 et aussitôt à gauche la 4629 qui longe la rive Nord du Dayèt Aaoua.

Dayèt Aaoua – Ce petit lac occupe le fond d'une dépression résultant de la dissolution de la couche calcaire du plateau. Un rideau de peupliers et de pins maritimes répand une ombre agréable sur son rivage. On peut louer des pédalos au « chalet du lac ».
Après avoir passé un petit barrage, laisser à droite la route qui fait le tour du lac et poursuivre l'itinéraire par la 4627 et la 4630. Puis, prenant à droite la 3325, on arrive en vue du dayèt Ifrah.

★**Dayèt Ifrah** – La piste surplombe cette grande cuvette dont les eaux scintillent dans un paysage de collines dénudées. Dans ce « bout du monde » quelques maisons au bord du lac manifestent la présence humaine, et surtout les vastes **tentes** noires des pasteurs, ancrées par petits groupes dans la rocaille.
Continuer jusqu'à la maison forestière du dayèt Hachlaf, au-delà de laquelle on tournera à droite vers la vallée des Roches.

★**Vallée des Roches** – La piste qui y mène est mauvaise. Mais quelques kilomètres suffisent pour s'approcher de cette curieuse vallée aux versants encombrés de blocs calcaires aux formes bizarres.

Revenir à la piste 3325.

Tandis qu'à gauche on longue une forêt de cèdres et de chênes, on aperçoit bientôt sur la droite un vaste cirque de **roches ruiniformes** qui évoque, de façon saisissante, quelque vieille ville *(une mauvaise piste permet de s'en approcher)*. Peu après on débouche sur la S 309 qui ramène à Ifrane.

★**Circuit du Mischliffen** – *60 km* – *Ce circuit, décrit p. 78, peut aussi bien se faire au départ d'Ifrane.*

Rond-point d'IGUI-N-TAMA★

Carte Michelin n° 959 pli 22 – 91 km au Nord d'Agadir.

La piste d'accès est en mauvais état dans les derniers kilomètres.

D'Agadir à **Tamri**, la P 8 longe la côte, traversant les villages de Tamrhakt, de Taghazout et d'Aghrod où de belles plages s'offrent aux baigneurs et autres surfeurs. A hauteur du **Cap Rhir** et jusqu'à Tamri, la route bordée d'euphorbes cactoïdes longe des rochers contre lesquels les vagues d'une mer souvent forte à cet endroit viennent se fracasser.

Quitter la P 8 entre Tamri (bananeraies) et **Tamanar**, « capitale des Arganiers », par la route 6649. A la fourche qu'on trouve au bout de 3 km, prendre à gauche la « piste des crêtes ». Cette route domine la mer à environ 300 m d'altitude, offrant au regard l'océan et la côte entre la pointe Imsouane et le cap Rhir. De là, on a une très jolie **vue★** sur la baie et les flots tumultueux de l'Atlantique. Au débouché de l'étroite vallée d'Imoucha se profilent les marabouts de Tildi ; sur l'autre versant on aperçoit le gouffre d'Agadir Imoucha.

A l'arrière se pressent les premiers contreforts de l'Atlas, tout couverts d'une forêt claire d'arganiers.

Au bout de la route, le petit village de pêcheurs d'**Imsouane** offre le pittoresque spectacle de ses nombreuses barques échouées les unes contre les autres au pied des maisons, attendant qu'à l'aube les pêcheurs viennent les prendre sur leurs épaules pour les porter au bord de l'eau, guettant la vague qui leur permettra d'embarquer à destination de leur lieu de pêche.

Chèvres broutant un arganier

Un arbre typiquement marocain – L'**arganier** est certainement l'arbre le plus original du Maroc. C'est une « relique » de l'ère tertiaire, qui occupe une partie du Sud-Ouest du pays. Il fait une timide apparition dans les parages de l'oued Tensift ; à l'Est et au Sud d'Essaouira, il couvre de grandes surfaces ; on le voit partout dans le Sous ; dans l'Anti-Atlas il est présent jusqu'aux confins du désert.

C'est un arbre de dimensions comparables à celles de l'olivier ; son tronc multiple est court et tourmenté, sa couronne dense est ronde, son feuillage épineux. Il rend de tels services aux populations qu'il est parfois cultivé. Son bois servait autrefois à fabriquer des tablettes à écrire, lorsque la pâte à papier n'existait pas et que l'encre elle-même était faite d'un mélange d'eau et de cendre de laine. Aujourd'hui l'arganier fournit du bois d'œuvre et de chauffage, mais surtout il constitue un « pâturage suspendu ». Son fruit, l'argan, une baie verte de la taille d'une grosse olive, est une nourriture pour les bestiaux – qui en rejettent les noyaux – et pour l'homme qui tire de ces noyaux une huile couramment consommée dans la région, que ce soit pour la cuisine ou pour les soins du corps (mélangée à des amandes, l'huile d'argane donne un lait d'amandes qui protège la peau contre les brûlures du soleil). Son feuillage est un régal pour les caprins. Il est toujours déconcertant et amusant pour un touriste de voir les petites chèvres noires grimper aux plus hautes branches pour brouter les jeunes pousses.

Région du KANDAR ET SEBOU★★

Carte Michelin n° 959 plis 29 et 41.

Sous ce titre sont réunis deux circuits qui ont une partie commune et qu'il est commode d'effectuer à partir de Fès.

★★ 1 MASSIF DU KANDAR

Circuit de 118 km au départ de Fès - environ 1/2 journée – schéma ci-dessous.

Quitter Fès par ⑤ du plan (p. 102).

La P 24 traverse la riche plaine du Saïs où l'irrigation a multiplié vergers et cultures maraîchères. Plus au Sud on voit apparaître le massif du Kandar dont les premières pentes abritent des vallons frais et ombragés.

Aïn-Chifa – Cette source jaillit sur le plateau d'Aït-Sebaa, à mi-pente du massif du Kandar, dans un site verdoyant. L'eau, canalisée dans des bassins bordés de fleurs, alimente une piscine.

Retour à la P 24 par le chemin 4633.

Celle-ci s'élève en lacet sur un versant boisé de chênes verts et de pins. Au col du Kandar, à 1 350 m d'altitude, la **vue**★ est très étendue sur la plaine du Saïs, Fès et le Jbel Zalagh.

Imouzzèr-du-Kandar – C'était un village berbère, bâti sur le rebord d'un plateau qui se détache du Moyen Atlas. La fraîcheur de l'air, la beauté du site et l'abondance des sources ont fait naître ici une petite station estivale qu'agrémentent de larges avenues ombragées, un lac artificiel, des parcs, une piscine entourée de peupliers.

Tourner à droite sur la place et laisser la voiture près de la kasbah.

On ira voir à l'intérieur de celle-ci les très curieuses **habitations souterraines**★ de la tribu des Aït Serhouchene : elles s'ouvrent sur la place par des rampes bordées de petits murs.

Quitter Imouzzèr à gauche par la piste 4620, en mauvais état. Au km 6, un bloc de maçonnerie indique la direction « tour de guet du Jbel Abad ». Emprunter la piste 4622 qui pique droit vers la montagne : ce mauvais chemin assez raide mène à une plate-forme près du sommet.

★**Jbel Abad** – *1/4 h à pied AR.* En escaladant ce point culminant du Kandar (1 768 m), on découvre brusquement devant soi la plaine du Saïs et Fès ; le **panorama**★★, magnifique, se développe sur Meknès et le jbel Zerhoun, le Rif et, du côté du Moyen Atlas, le jbel Bou Iblane et les sommets du Tichchoukt.

Rejoindre la 4620 et suivre la direction de Sefrou.

La route contourne le massif du Kandar, auquel un épais tapis de chênes verts donne un aspect crépu ; elle atteint bientôt le rebord oriental assez abrupt et marqué de gros bancs calcaires. Puis elle descend vers la P 20 par une vallée aux versants rocheux et dénudés contrastant avec le fond étroit où serpente un mince ruban de cultures. Sortant de la vallée, elle traverse une zone sèche, caillouteuse, et débouche sur le vert vallon de Sefrou.

★**Sefrou** – *Voir à ce nom.*

Sortir de Sefrou par ① du plan.

A 4 km, la route 4603 monte vers un gros village accroché au rebord du plateau limitant au Sud la plaine du Saïs.

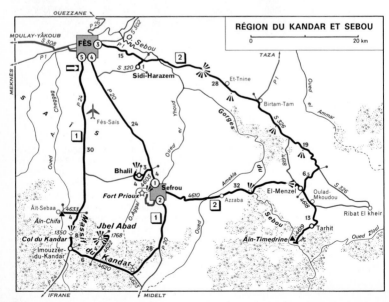

RÉGION DU KANDAR ET SEBOU

★**Bhalil** – Diverses légendes entourent le passé de ce village.

L'une d'entre elles veut que ses habitants, niant toute origine arabe ou berbère pour se donner une ascendance chrétienne, aient été convertis à l'Islam par Idriss II en personne. On raconte même qu'à cette occasion il aurait fait jaillir une source pour abreuver son cheval fatigué : c'est Aïn Reta, qui coule près de la grande mosquée. L'origine du nom du village est liée aussi à plusieurs traditions dont l'une voudrait que le mot Bhalil ait signifié : hommes courageux, guerriers.

Arrivé en vue du village, prendre à gauche la piste en forte montée conduisant au sommet d'une colline.

A gauche, belle vue sur la chaîne du Bou Iblane. Du sommet, la **vue**★ est plus étendue : au loin la plaine, Fès, le Rif ; au premier plan le village à moitié taillé dans le roc.

Faire demi-tour et, dans la descente, prendre à gauche le chemin du village.

On entre par une porte étroite. Dépasser le lavoir d'où partent des ruelles pittoresques, très animées. Plus loin le chemin traverse des jardins et offre encore une belle vue sur Bhalil. On rejoint la route d'arrivée dans laquelle on tournera à gauche.

Rentrer à Fès par la P 20 qu'on trouvera 3 km plus loin.

★② HAUTE VALLÉE DU SEBOU

Circuit de 168 km au départ de Fès – 1 journée – schéma p. 112.

Sortir de Fès par ③ du plan (p. 103).

La P1 descend rapidement vers la vallée de l'oued Sebou. A 14 km à l'Est de Fès, la S 320 se détache de la route de Taza et s'engage dans une vallée aux versants arides.

★**Sidi-Harazem** – Minuscule oasis dont la présence surprend aux environs de Fès. Une petite koubba blanche y perpétue le souvenir d'un saint du 13ᵉ s. qui a donné son nom au village et dont la fête réunit chaque année en avril de nombreux fidèles.

Il y a là une source d'eau tiède connue depuis longtemps puisque l'historien Léon l'Africain (16ᵉ s.) en vantait déjà les bienfaits. Les eaux de Sidi-Harazem possèdent, en effet, des vertus curatives qui intéressent particulièrement les affections du foie et des reins. Aujourd'hui captées en profondeur, elles alimentent une usine de mise en bouteilles et un ensemble thermal ultra-moderne. Remarquer la **piscine**, réalisée par l'architecte Zevaco. On peut encore voir, près du marabout, l'antique piscine sacrée, dans un riche décor d'eucalyptus, de palmiers et de lauriers-roses.

A sa sortie du Moyen Atlas, le Sebou, l'un des plus grands fleuves du Maroc, creuse des gorges profondes au Sud-Est de Fès.

★**Gorges du Sebou** – La P1 en direction de Taza traverse le Sebou et escalade l'autre versant, dominant Fès et son site qu'on aperçoit à plusieurs reprises. Du plateau qu'on aborde ensuite, la **vue** est dégagée sur le Rif (à gauche), le massif du Tazzeka (devant soi) et le Moyen Atlas (à droite). Peu après Et-Tnine, la route, en descendant, donne un premier aperçu des gorges du Sebou.

A Birtam-Tam, prendre à droite la S 326.

On traverse une riche région agricole où domine la grande propriété : des rideaux de peupliers et d'eucalyptus protègent les plantations d'arbres fruitiers, sur la droite les **vues**★ sont belles sur les parois, rouges et nues, des gorges du Sebou.

A 19 km de Birtam-Tam, prendre à droite la 4610 vers El-Menzel. Ne pas entrer dans le bourg mais prendre à gauche la piste 4618 signalée « Sources du Sebou ».

La piste remonte le cours d'un oued étroit, parmi les terres rouges, dans un paysage profondément marqué par la présence humaine. Cultures en terrasses, figuiers et larges oliviers, villages perchés... ce petit pays rappelle la Provence ; mais les muletiers aux couffins débordant de tomates, de légumes, de volailles sont bien africains.

Laisser à gauche la piste Ribat El Kheir et tourner à droite (piste 4619).

Tarhit – Charmant village dont les maisons roses escaladent les deux versants de l'oued ; à gauche, en contrebas, un lavoir retentit d'une pittoresque animation.

★**Aïn-Timedrine** sourd dans une cuvette calcaire cernée de pentes douces. La nappe d'eau, très claire, a donné naissance à une ravissante petite oasis où des chemins serpentent parmi les bosquets et les fleurs, à l'ombre des trembles où nichent une grande variété d'oiseaux.

Revenir à la piste principale en direction d'El-Menzel.

El-Menzel – Le **site** d'El-Menzel se découvre plusieurs kilomètres avant d'arriver à ce gros village double dont la partie basse, noyée dans la verdure, est dominée par une vieille kasbah et ses deux minarets ; bien irrigué par de multiples sources, c'est le marché important d'une riche région agricole.

Traverser le village et prendre la direction de Sefrou.

La route s'élève, dégageant de beaux points de vue sur El-Menzel. Elle devient très pittoresque à l'approche du Sebou : longeant le canyon, puis le traversant, elle offre des **vues**★ impressionnantes sur ce décor sauvage de murailles calcaires puissantes et violemment colorées. Plus loin le relief s'apaise et, par la vaste oliveraie d'Azzaba, on arrive en vue de Sefrou.

★**Sefrou** – *Voir à ce nom.*

★**Bhalil** – *Voir ci-dessus.*

Rentrer à Fès par la P 20.

113

Route des KASBAHS★★

Carte Michelin n° 959 plis 34 et 35.

Succédant aux pistes séculaires, cette route est un tronçon de la grande rocade qui, de Ksar-es-Souk à Agadir, profite d'une enfilade discontinue de plateaux et de plaines pour s'insérer entre les massifs montagneux. Au Nord de cette dépression le Haut Atlas s'enlève brutalement – redoutable barrière longtemps couronnée de neige ; le Sud côtoie l'Anti-Atlas et ses prolongements orientaux, le jbel Sarhro et l'Ougnat.
De Tinerhir à Ouarzazate la route va d'oasis en oasis ; les kasbahs par leur nombre et leur beauté si particulière constituent l'originalité de cette région.

Une architecture de terre crue – Les **kasbahs** du Dadès sont des citadelles élevées dans le passé par des chefs locaux et qui perpétuent le souvenir des luttes d'influence dans une zone qui est un carrefour de communications. Châteaux sans seigneurs désormais, elles sont occupées, quand elles ne tombent pas en ruine, par des notables, ou partagées par des paysans.
A la différence des grandes forteresses inspirées de l'art citadin et construites par les sultans (Mehdiya, Kasba-Tadla, Boulâouane...), elle ne doivent rien à l'art hispano-mauresque ni à l'art d'Occident ; elles relèvent d'un art autochtone, berbère, à caractère rural et familial. Les kasbahs sont construites suivant un modèle simple, pouvant se compliquer par juxtaposition d'éléments. Ce sont des quadrilatères d'épaisses murailles de pisé dont la partie haute est souvent faite de briques crues, couronnées de merlons en épis. A chaque angle, une tour qui va s'amincissant vers le sommet confère un peu de légèreté à ces ensembles massifs. Rares sont les ouvertures : des meurtrières, quelques fenêtres étroites et grillagées ; une seule porte monumentale donne accès, par un dédale de couloirs voûtés et de cours, à la demeure du chef de famille et de ses serviteurs.
La pauvreté de la matière première est compensée par la décoration. Damiers, triangles, chevrons, losanges, croix, roues solaires quelquefois : on retrouve là des éléments de ce décor berbère connu par les tapis, les poteries, les bijoux – et qui bannit toute forme de vie, même végétale. Cette abstraction géométrique envahit les murs, monte à l'assaut des tours avec une profusion de recherches qui exclut la monotonie. Il s'agit presque toujours d'un décor en creux, obtenu par incision ou par l'agencement des briques crues, auquel les éclairages obliques donnent une espèce de vie. Le sommet des tours, souvent badigeonnées de blanc, porte des merlons dont les formes digitées ou cornues sont destinées à conjurer le mauvais sort.

★★LA VALLÉE DU DADÈS

De Tinerhir à Ouarzazate *226 km – 1 journée – schéma ci-après.*

★★ Tinerhir – *Voir à ce nom.*
Sur les 53 km qui séparent Tinerhir de la vallée du Dadès, la route serre de près puis traverse la « khéla », plateau désertique découpé en lanières par les oueds. Sur la gauche, tel un énorme bastion en ruine, le Jbel Sarhro profile ses sommets noirâtres et déchiquetés sur la pureté du ciel. Après la kasbah de **Timadriouine**, le plateau se relève quelque peu aux abords du seuil d'Imiter où passe la ligne de partage des eaux entre le Drâa vers le Sud-Ouest, le Rheris et le Ziz vers le Sud-Est. Là se dressent les belles kasbahs d'**Imiter** entourées de jardins.
Au-delà, on retrouve la morne khéla où des troupeaux de chameaux cherchent une maigre nourriture.

Boumalne-du-Dadès – Cette ville (souk le mercredi) apparaît en contrebas de la route peu après le virage qui contourne le quartier militaire et administratif ; la **vue**★ est remarquable sur la kasbah hérissée de tours, l'oued verdoyant, tandis qu'au Nord s'annoncent les gorges du Dadès.
Quitter la P 32 et prendre à droite la 6901 en direction de M'Semrir.

Vallée du Dadès

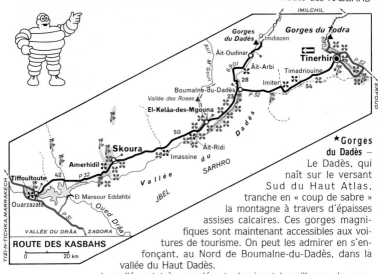

ROUTE DES KASBAHS

0   20 km

★**Gorges du Dadès** – Le Dadès, qui naît sur le versant Sud du Haut Atlas, tranche en « coup de sabre » la montagne à travers d'épaisses assises calcaires. Ces gorges magnifiques sont maintenant accessibles aux voitures de tourisme. On peut les admirer en s'enfonçant, au Nord de Boumalne-du-Dadès, dans la vallée du Haut Dadès.

La vallée est très peuplée et, dominant les villages, de nombreux châteaux forts se dressent au-dessus des jardins qu'ombragent noyers et peupliers ; les palmiers sont absents de ces oasis en raison du climat montagnard. Remarquer les belles kasbahs des **Aït-Arbi**.

A la sortie des **Aït-Oudinar**, un pont franchit le Dadès et permet d'atteindre les gorges. La vallée se resserre rapidement entre les parois vertigineuses de calcaire massif qui constituent l'entrée des gorges proprement dites du Dadès.

A la hauteur de l'hôtel-restaurant-camping « La Kasbah de la Vallée », la route carrossable se termine.

Halte appréciée des randonneurs, cet hôtel simple mais accueillant est le point de départ de plusieurs excursions en montagne, à effectuer à pied ou en voiture ⊘ accompagné d'un guide :

– excursion à pied dans le canyon jusqu'au village d'Imdiazen ;
– excursion à pied ou en voiture dans la Vallée des Roses ;
– excursion à pied (5 jours) ou en 4 x 4 (1 journée) en effectuant la boucle Vallée du Dadès-Gorges du Todra.

Revenir sur ses pas jusqu'à Boumalne.

En aval de Boumalne, le Dadès parcourt une large **vallée** dont les versants désertiques contrastent avec le ruban de verdure qui serpente au voisinage de la rivière et de ses nombreux affluents. La route offre fréquemment de belles vues sur les kasbahs.

★**El-Kelâa-des-Mgouna** – Située dans la vallée du M'Goun, patrie des Mgouna, El-Kelâa est le pays des roses. Elle possède deux usines où se fabrique cette eau de rose dont les Marocains font une grande consommation ; chaque année, en mai, une fête des Roses se déroule dans la petite cité (expositions, manifestations folkloriques). Il y a là un ensemble ruiné de kasbahs remarquables par l'ampleur et la richesse de la décoration ; l'une d'elles se dresse fièrement sur un éperon.

Important carrefour commercial dont le souk se tient le mercredi, El-Kelâa est aussi le point de départ de randonnées pédestres vers Azilal au Nord et d'une excursion dans la vallée des roses. Cette piste qu'il vaut mieux parcourir au printemps, en 4 x 4 ou en R. 4 accompagné d'un guide expérimenté, longe l'oued M'Goun et conduit aux villages de Tourbist et de Bou Thrarar à travers les rosiers.

X. Richer/HOA QUI

Gorges du Dadès

On remarque encore au passage la kasbah des **Aït-Ridi** et celle d'**Imassine** avant d'atteindre la palmeraie de Skoura.

★★**Skoura** – Cette oasis séduit par sa végétation luxuriante, les palmiers qui réapparaissent dans le paysage, ses merveilleuses et nobles kasbahs, enfouies dans la verdure ou se détachant sur un fond étincelant de haute montagne.

Se faire montrer la kasbah magnifiquement ouvragée d'**Amerhidil**★.

Au-delà de Skoura, la route s'approche du lac de retenue (4 500 ha) du nouveau barrage El Mansour Eddahbi construit sur l'oued Drâa. Inauguré le 18 mars 1969 par S.M. Hassan II et mis en eau le 26 avril 1972, cet ouvrage à voûte mince, large de 285 m et haut de 63 m, offre une capacité de retenue de 560 millions de m³. Les eaux retenues permettent l'irrigation de plus de 25 000 hectares, 14 000 hectares de culture et quelque 800 000 palmiers le long de la vallée du Drâa, créant ainsi une oasis presque ininterrompue jusqu'à M'hamid.

A une vingtaine de km avant d'arriver à Ouarzazate on aperçoit à gauche au bord du lac, un ensemble d'élégantes kasbahs de villégiature construites récemment près du golf royal.

Ouarzazate – *Voir à ce nom.*

KASBA-TADLA

28 332 habitants
Carte Michelin n° 959 plis 5 et 22 – Souk le lundi.

Sur la rive droite de l'Oum er Rbia, cette petite ville est une ancienne citadelle commandant la plaine du Tadla qui constituait au pied de l'Atlas un important passage entre Marrakech et Fès ou Meknès. Kasba-Tadla fut, en 1913, le point de départ d'opérations menées par des troupes françaises contre les tribus montagnardes, rebelles à la fois à une présence étrangère et à l'autorité du sultan.

D'importants travaux d'irrigation ont fait de la plaine du Tadla, brûlante en été, une riche région céréalière (« tadla » signifie en berbère « gerbe »).

★**Kasbah** – Elle fut édifiée par Moulay Ismaïl et l'un de ses fils. C'est la plus importante des forteresses dont ce sultan multiplia la construction à travers le Nord du pays, afin de tenir en respect les puissants Berbères Sanhaja. Exceptionnellement bien conservée, elle dresse au-dessus du cours sinueux de l'Oum er Rbia ses murailles crénelées le long desquelles se pressent des bastions.

Non loin de là, sur la grande place du centre ville, le **jardin public** avec ses parterres chamarrés de fleurs et ses bosquets multicolores où – au printemps – les bougainvilliers, les géraniums, les capucines le disputent au vert tendre des palmiers pour offrir aux visiteurs un moment de fraîcheur, est une halte agréable dans une ville parfois étouffante.

Du côté opposé au fleuve, un joli minaret tapissé d'un réseau d'entrelacs domine l'enceinte de la kasbah.

Pont – Construit par Moulay Ismaïl, il franchit l'Oum er Rbia de ses dix arches inégales. Jolie **vue**★ sur la kasbah.

Point de vue – *Accès par un petit chemin qui s'embranche sur la route de Casablanca (P 24) près du grand carrefour qu'elle forme avec la route P 13. Laisser la voiture à l'entrée du chemin.*

Ce point de vue se signale par quatre hauts piliers élevés à la mémoire des soldats français tombés entre 1912 et 1933 dans la région du Tadla.

De là, on a une vue d'ensemble sur la ville, la kasbah, et l'Oum er Rbia élargi par le barrage de Kasba-Zidania ; de l'autre côté sur le Moyen Atlas dont les sommets restent couverts de neige jusqu'en avril-mai.

KÉNITRA

188 194 habitants
Carte Michelin n° 959 plis 5 et 8.

Cette ville – qui porta le nom de **Port-Lyautey** de 1932 à 1958 – est une création française. Moderne, agréablement agencée, elle témoigne de l'urbanisme pratiqué à cette époque. Son équipement hôtelier met à la portée du touriste d'intéressantes promenades dans les environs.

Capitale du Rharb – Le rayonnement de Kénitra fait d'elle une véritable capitale régionale qui s'est développée en même temps que le Rharb prenait son essor. Car ce dernier n'a pas toujours été riche et peuplé : « ni village, ni route, ni arbre », notait Pierre Loti qui traversait, vers 1880, cette contrée alors désolée.

Les choses ont bien changé depuis que l'assainissement des marécages et la régularisation des cours d'eau ont chassé le paludisme et fait de cette plaine alluviale une des grandes régions agricoles du Maroc, particulièrement spécialisée dans la culture du riz et de la betterave à sucre. Le Rharb constitue d'ailleurs actuellement l'une des principales zones de production de la betterave sucrière au Maroc.

La fonction industrielle de la ville ne cesse de s'affirmer : conditionnement des produits agricoles (betteraves sucrières, riz), industrie du coton, des papiers et cartons.

Le port – Sur la rive gauche du Sebou, à 17 km de l'océan, l'accès en fut longtemps précaire et le franchissement de la « barre » était souvent impossible. Pour remédier à cette situation et stabiliser le chenal, deux jetées furent lancées à l'embouchure du fleuve et des dragages entrepris.

Aujourd'hui le port de Kénitra étend, en bordure de la ville, ses quais et ses entrepôts, son grand silo, son chai qui reçoit la production de vins du Saïs et du Rharb. Il occupe la 6ᵉ place dans l'activité portuaire du Maroc, après Casablanca, Safi, Agadir, Mohammedia et Tanger. Par lui s'exportent des céréales, de la pâte à papier et de la cellulose en provenance de Sidi Yahia et divers autres produits.

EXCURSIONS

★**Forêt de la Mamora** – *Circuit de 98 km – description p. 171.*

★**Mehdiya** – *7 km à l'Ouest. Quitter Kénitra par la S 212 en direction de Mehdiya-Plage. Au bout de 5 km, prendre à gauche une petite route goudronnée qui monte vers la kasbah.* On s'accorde à reconnaître en Mehdiya, à l'embouchure du Sebou, la fondation carthaginoise Thymiatérion. Occupée au 10ᵉ s. par une tribu berbère, elle porte alors le nom d' « El Mamora » (la bien peuplée) qui est encore celui de la forêt voisine. Fortifiée par l'Almohade Abd el-Moumen, elle végète jusqu'à ce qu'elle devienne, au 16ᵉ s., un repaire de pirates. C'est pour protéger leurs communications que les Espagnols s'en emparent en 1614 – gagnant de vitesse les Hollandais – et élèvent l'enceinte dont les ruines couronnent aujourd'hui les restes de la kasbah.

Les Espagnols sont chassés en 1681 par Moulay Ismaïl qui donne à la ville son nom actuel et y entreprend de grands travaux. En même temps la flotte de Mehdiya reprend sur les mers, et pour le compte du sultan, une course fructueuse qui ne cessera qu'au début du 19ᵉ s.

Kasbah ○ – *Visite : 1/2 h.*

Sa robuste **porte**★ en pierre de taille est due à Moulay Ismaïl, comme l'indique une inscription qui court sur le bandeau. La baie en fer à cheval est circonscrite par une voussure à festons et surmontée d'une élégante fenêtre géminée ; les petites consoles latérales devaient supporter un auvent. Deux saillants encadrent le corps central, couronnés, comme lui, de petites pyramides. Passé la baie, on traverse un vestibule à ciel ouvert. De là une allée, passant devant les ruines du souk (à gauche) et longeant la mosquée, mène au palais du gouverneur.

Ce **palais**, très ruiné, laisse encore voir une belle porte sculptée, un hamman *(voir p. 46)* voûté, une cour carrée sur laquelle s'ouvrent quatre portes surmontées chacune d'une petite fenêtre à trois baies, et l'ancienne salle à manger.

Gagnant le **bastion Nord-Ouest** de la kasbah, monter sur la terrasse où s'alignent d'antiques canons : belle **vue**★ sur l'estuaire du Sebou comme guidé dans l'océan par ses deux jetées et, de l'autre côté, sur le lac de Sidi Bourhada cerné par la forêt.

Rejoindre la S 212 et prendre à gauche vers Mehdiya-Plage.

Plage – Une longue et large étendue de sable fin a donné naissance à la petite station de Mehdiya-Plage qui aligne plusieurs rangées de villas le long des dunes. Divers aménagements et un petit complexe balnéaire y attirent les citadins de Kénitra et de Rabat ainsi que les voyageurs séjournant dans ces villes.

Thamusida – *17 km au Nord-Est de Kénitra. Description p. 121.*

KETAMA

14 476 habitants
Carte Michelin n° 959 plis 5 et 10 – Souk le jeudi.

Le Rif ne fut longtemps desservi que par une route médiocre allant de Chefchaouèn à Melilla : cette « route des crêtes », devenue la P 39, permet aujourd'hui de parcourir le relief tourmenté du Nord marocain. En outre, alors que seules des pistes permettaient de traverser la chaîne du Sud au Nord, la « route de l'Unité » (S 302) réalisée depuis l'indépendance, perce aujourd'hui le Rif en son milieu et ouvre la route de Fès. Ketama se trouve à la jonction de ces deux axes de circulation. C'est une petite bourgade nichée dans un **décor** agréable de forêts et d'alpages sur un plateau d'où la vue s'étend sur les sommets voisins.

Étape fraîche en raison de son altitude (1 500 m), cette petite station constitue également une villégiature reposante. Les **cédraies**★ les plus proches proposent d'agréables promenades à pied ; celle du mont Tidiquin (2 448 m) est accessible à dos de mulet ou d'âne *(location chez un particulier de la région)*. En voiture on peut rayonner sur Fès ou Chefchaouèn, ou encore vers la Méditerranée toute proche. Les hôtels des villes voisines organisent aussi des excursions.

Vous aimez la nature.
Respectez la pureté des sources,
la propreté des rivières, des forêts,
des montagnes...
Laissez les emplacements nets de toute trace de passage.

KHENIFRA

38 840 habitants
Carte Michelin n° 959 plis 5,22 et 48 – Souk le dimanche.

Khenifra est bâtie à 830 m d'altitude, sur les bords de l'Oum er Rbia, dans le couloir encombré de coulées basaltiques qui sépare le Moyen Atlas de la meseta. Ancienne capitale du pays zaïane, étape naturelle sur la grande rocade de l'Atlas, elle commande également les communications d'Ouest en Est. Moulay Ismaïl l'avait bien compris, qui y avait construit une kasbah pour la protéger, et un pont.

A la fin du 19e s. **Moha ou Hammou** affirmait une autorité grandissante en pays zaïane ; il fit alliance avec Moulay Hassan, ce qui lui valut le titre de caïd et des armes modernes. Mais, vassal ombrageux, il devait bientôt rompre avec le sultan et guerroyer pour son propre compte. De Khenifra il fit sa capitale, y entreprit de grands travaux, y attira des commerçants.

A l'arrivée des Français, il était au faîte de sa puissance et rassembla contre eux la tribu zaïane. Le vieux caïd resta irréductible, et c'est en faisant le coup de feu contre des Zaïanes ralliés aux Français qu'il trouva la mort, en 1921.

Coup d'œil sur la ville – Cité rouge dans une terre rouge, telle apparaît Khenifra quand on l'aborde du Sud ou de l'Est. Pour qui vient du Nord, elle reste longtemps cachée, s'annonçant seulement par un surcroît de vergers ; juste avant l'entrée de l'agglomération, là où la route touche un coude de l'Oum er Rbia, on ne voit encore rien de la ville, mais la **vue** est assez belle sur la rivière aux eaux rapides et claires et sa vallée.

Allées ombragées, parcs et jardins abondent à Khenifra. Verdure aménagée, qui ne parvient pas cependant à tempérer le caractère un peu farouche qu'a conservé la vieille cité zaïane. A l'entrée de la médina les tours crénelées de la **kasbah** élevée par Moha ou Hammou ont encore quelque allure. Du vieux **pont** du 17e s., en dos d'âne, on a une vue intéressante sur la ville en bordure de la rivière.

Les produits de l'artisanat local : nattes de doum, couvertures blanches rayées de soie noire et tapis zaïanes de haute laine de couleur sombre décorés de losanges sont vendus au marché central de tapis.

A la sortie Sud de la ville se trouve un hippodrome où se perpétuent les qualités de brillants cavaliers des Zaïanes.

En saison, le nombre de chambres vacantes dans les hôtels est souvent limité.
Nous vous conseillons de retenir par avance.

LARACHE

63 893 habitants
Carte Michelin n° 959 plis 5 et 9 – Souk le dimanche.

Au bord d'une terrasse à l'embouchure du Loukos, la ville, de construction relativement récente, domine à l'Ouest l'océan, à l'Est la basse plaine alluviale dans laquelle le fleuve inscrit ses profonds méandres enserrant, vers l'estuaire, le quadrillage miroitant de vastes marais salants.

Au charme de son **site★**, Larache ajoute celui d'être environnée de lieux que hantent l'histoire et la légende ; Lixus *(p. 120)*, le jardin des Hespérides, la plaine où – entre le Loukos et l'oued Makhazen – se déroula la bataille des Trois Rois.

Le port, ensablé et qui, en raison de la « barre » assez forte en cet endroit de la côte, ne connut jamais un trafic très important, assure toutefois à la ville une certaine activité grâce à la pêche à la madrague qui alimente plusieurs conserveries de thon, aux importations de bois pour emballages et aux exportations de céréales.

Au jardin des filles d'Atlas – Si l'on en croit certains auteurs, c'est près de Larache, dans la vallée du Loukos, que les Anciens situaient le fameux **jardin des Hespérides**, filles d'Atlas et d'Hespéris, la déesse de l'Occident. Là se trouvait l'arbre fantastique chargé de pommes d'or, ces fruits merveilleux dont Hercule réussit à s'emparer après avoir vaincu leur gardien, un terrifiant dragon. Pour certains esprits, plus rationnels que poètes, les pommes fabuleuses seraient des oranges, et il ne faudrait voir dans le terrible monstre que le Loukos aux multiples méandres.

La bataille des Trois Rois

Le 4 août 1578, l'armée marocaine commandée par **Moulay Abdelmalek Es-Saâdi**, oncle du roi **Moulay Mohammed** à qui il avait pris le pouvoir, livrait bataille sur la rive gauche de l'oued Makhazen à l'armée portugaise commandée par le jeune roi du Portugal, **Sébastien 1er**. Ce dernier, désireux de christianiser le Maghreb, cherchait à reconquérir les villes autrefois investies par les Portugais (Tanger, Agadir, Mogador, Safi, Azemmour, Mazagan, etc.), les Portugais ne conservant plus que trois places fortes en 1578 : Mazagan, Tanger et Ceuta. Le destin voulut que les trois souverains qui participèrent à la bataille y périssent, d'où le nom de bataille des Trois Rois. Cette bataille, l'une des plus meurtrières de l'histoire militaire du 16e s., eut pour conséquence l'avènement du propre frère d'Abdelmalek, Abou el Abbas Ahmed, qui monta sur le trône le soir même de la bataille, se voyant octroyer en cette occasion le surnom d'**El-Mansour**, le Victorieux.

Un fleuve récalcitrant – Depuis l'exploit d'Hercule, le fleuve-dragon ne cessa de se montrer hostile aux étrangers. Les Portugais, les Espagnols, les Français furent successivement ses victimes.

A la fin du 15ᵉ s., les Portugais, franchissant la « barre », remontent le Loukos et entreprennent de construire un fort en amont des ruines de Lixus. Mais les Marocains arrivent en nombre et leur coupent la retraite, obstruant avec des troncs d'arbres l'embouchure du fleuve. Les Portugais sont décimés, les survivants pourchassés jusqu'à Asilah.

En 1689, la grande armée de Moulay Ismaïl attaque les Espagnols, maîtres de la ville depuis près de 80 ans. Après 3 mois de siège au cours desquels une escadre de secours tenta en vain de remonter le Loukos, les assiégés durent capituler.

En 1765, pour mettre fin aux raids des corsaires marocains, une escadre française vint mouiller devant Larache et un détachement de marins fut envoyé dans le port pour détruire les vaisseaux des pirates ; mais, la mer s'étant retirée, leurs chaloupes s'échouèrent sur les sables du fleuve où elles furent capturées par les Marocains placés en embuscade.

CURIOSITÉS *visite : 1/2 h*

Les Espagnols, à nouveau installés à Larache de 1911 à 1956, ont édifié auprès de la médina une ville européenne dans laquelle on pénètre par l'avenue Mohammed V, large et bordée de bougainvillées.

Remarquer à droite, dominant un jardin public, le château des Cigognes édifié au début du 17ᵉ s. par le roi d'Espagne Philippe III.

Place de la Libération – Elle est située à la limite de la ville européenne et de la médina. Vaste, légèrement ovale, occupée en son centre par un jardin, elle a des allures de place espagnole, avec ses maisons à arcades qui la bordent côté médina, et, du côté de la ville moderne, ses immeubles du début du siècle au pied desquels cafés et restaurants étalent leurs terrasses.

Médina – Presque aussitôt après avoir franchi Bab el-Khemis, haute porte blanche et ocre qui donne sur la place de la Libération, on débouche sur le **Zoco** (souk) **de la Alcaiceria★**. Cette longue place rectangulaire, de chaque côté de laquelle court une galerie à arcades que supportent des piliers peints, est le point le plus animé de la médina.

Au fond du Zoco s'ouvre la **porte de la kasbah**, ancienne, sous laquelle on passe pour tourner presque aussitôt à droite dans une ruelle que l'on suit jusqu'au bout. Après un passage sous voûte, on arrive bientôt à une mosquée moderne ; à droite de celle-ci, une porte en brique donne accès à une place en terrasse. De là, on découvre une partie de la ville et la campagne environnante : au premier plan les conserveries de poisson, plus loin les marais salants au-delà desquels s'élève la colline de Lixus, à droite la plaine du Loukos ; à gauche, des fragments de murailles dominés par un minaret ancien.

Revenir place de la libération.

Esplanade de l'avenue Moulay Ismaïl – De la place de la Libération, deux rues larges et très courtes, percées dans l'axe de l'avenue Mohammed V, conduisent à ce balcon fleuri face à l'Atlantique.

A son extrémité, à droite, la forteresse de Kebitat (« les petites coupoles »), ancienne kasbah construite sur une avancée rocheuse, domine l'océan.

LE MAROC ANTIQUE

Il reste peu de traces du passage des Phéniciens et des Carthaginois au Maroc en dépit du rôle considérable qu'ils y ont joué.

Il n'en va pas de même des Romains dont l'influence d'abord, la longue présence ensuite, offrent à la curiosité du touriste des vestiges importants que l'on retrouve soit dans les musées (Rabat, Tetouan, Tanger) soit dans des sites archéologiques décrits ou rappelés ci-après.

Le siècle de Juba II – Au Maroc, l'attraction de Rome devint décisive lorsque l'empereur Auguste fit de la Maurétanie (voir « Quelques faits historiques », p. 21) une espèce de protectorat confié à un roi berbère, Juba II. Fils du roi Juba de Numidie – adversaire malheureux de Jules César – et d'une princesse maurétanienne, le jeune Juba avait connu à Rome une captivité dorée : élevé par la propre sœur d'Auguste, on lui fit épouser Cléopâtre Séléné, fille de la grande Cléopâtre.

Curieux personnage que ce souverain lettré qui présida, de 25 avant J.-C. à 24 après J.-C., aux destinées de la Maurétanie. Parlant couramment le latin, le grec et le punique, il se piquait de sciences, et les auteurs anciens ont lu ses énormes compilations. Grand voyageur, il parcourut l'Atlas et le Sud marocain, organisa une expédition aux Îles Fortunées (Canaries). Il développa l'industrie de la pourpre sur le site de l'actuelle Essaouira. Constructeur et grand amateur d'art, il embellit et enrichit de ses collections non seulement sa capitale orientale (actuellement Cherchell en Algérie) mais aussi Volubilis et les autres cités de la Maurétanie occidentale : on lui doit sans doute une bonne part de la statuaire retrouvée au Maroc.

Ptolémée (24-40 après J.C.), qui lui succéda, marcha sur les traces de son père. Mal lui en prit : la prospérité de son pays et sa propre opulence suscitèrent la convoitise de l'empereur Caligula qui le fit assassiner à Lyon et mit fin à l'autonomie du royaume maurétanien.

La Maurétanie Tingitane – Cependant il a fallu près de quatre ans aux légions romaines pour venir à bout de la révolte animée par un affranchi du roi défunt et vite transformée en résistance de toutes les tribus. En l'an 42 de notre ère, l'empereur Claude a partagé l'ancien royaume en deux provinces. A la « Maurétanie Tingitane » échoit tout le territoire à l'Ouest de la Moulouya ; mais la pénétration romaine n'y fut jamais bien profonde *(voir carte ci-après)*. Rome adopte le principe de l'occupation restreinte et d'un système d'alliances avec les tribus voisines ; cet équilibre n'a pas été gravement compromis jusqu'au 3e s. Les villes se développent, d'autres se créent ; la plupart ont acquis le droit de s'administrer elles-mêmes et, comme partout dans l'Empire, elles calquent leurs institutions sur celles de Rome. Les dieux latins rejoignent le panthéon des divinités berbères, puniques, grecques, tandis que s'affirme le culte de l'empereur. Les cités s'urbanisent à la romaine : chacune veut son capitole, son forum, sa basilique, ses thermes, son arc de triomphe. La bourgeoisie connaît une certaine opulence dont témoignent monuments et habitations. On exporte de l'huile, du blé, des produits de la pêche, l'ivoire, le bois de thuya, et aussi des bêtes sauvages pour les amphithéâtres d'Italie. En échange on importe des objets de luxe et des œuvres d'art. Tout cela profite pour une large part aux Berbères car les étrangers n'ont jamais été ici qu'une faible minorité.

PRINCIPAUX SITES

★**Lixus** – Carte Michelin n° 959 pli 9 – 4 km à l'Est de Larache. *Visite : 3/4 h. Laisser la voiture près du carrefour de la P 2 et de la route de la plage de Lixus, et monter à pied par le chemin qui escalade la colline.*

Dominant la rive droite du Loukos, le site archéologique de Lixus présente des traces d'occupation continue depuis le néolithique – il y a environ 10 000 ans – jusqu'au début de l'islamisation du pays à la fin du 7e s.

C'est au 12e s. avant J.-C. que se placerait la fondation de la ville, vraisemblablement par les Phéniciens.

Sept siècles plus tard les Carthaginois exploitent cette position-maîtresse de leurs routes maritimes et tiennent sous leur surveillance un riche arrière-pays qui fait rêver les Grecs (c'est le légendaire « Jardin des Hespérides »).

Prospère sous les rois maurétaniens, Lixus devient « colonie » romaine lors de l'annexion du royaume. Elle joue un rôle de premier plan en Maurétanie Tingitane jusqu'à la fin du 3e s. de notre ère.

Usines de salaisons – Un véritable quartier industriel s'étendait le long de l'actuelle route de Tanger, avoisinant le port sur le Loukos. Il s'agit de la plus importante installation d'usines de salaisons qu'on ait trouvée au Maroc : 10 ateliers et 147 bassins ont été dégagés ; on distingue fort bien les alignements de bassins ; plusieurs passages les reliant ont gardé leurs arcs en plein cintre. Ces conserveries fabriquaient également le **« garum »**, cette sauce de poisson aromatisée dont les Romains étaient friands.

Théâtre – *Emprunter le chemin qui monte vers la ville haute.*

C'est le seul vestige de théâtre romain connu au Maroc. Il s'agit en réalité d'un théâtre-amphithéâtre – compromis architectural dont on trouve plusieurs exemples en Gaule à la même époque (1er s. après J.-C.) : gradins en hémicycle autour d'une profonde arène circulaire.

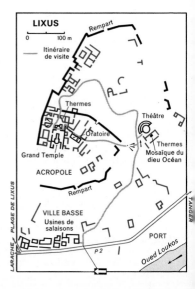

LIXUS

★Mosaïque du dieu Océan – Au-delà de l'arène, les substructures de la scène ont révélé un aménagement plus tardif de thermes : on ira voir la belle mosaïque qui en pavait le tepidarium (salle tiède). Au centre, très bien conservée, se détache la tête du dieu marin : visage puissant, yeux grands ouverts à l'iris bleu profond, bouche charnue soulignée par une épaisse moustache, barbe ondoyante comme la chevelure auréolée de pattes de crustacés.

Acropole – Au sommet du plateau, l'acropole avait sa propre enceinte dont le gros appareil est encore en partie debout. Contre la muraille, à droite, une haute salle a conservé sa voûte en berceau. A gauche on reconnaît les restes de thermes. Le **Grand Temple**, dont l'agencement évoque les sanctuaires de Carthage, fut reconstruit sous Juba II ; chacun des petits côtés s'incurve en hémicycle ; la cella (chambre de la statue du dieu) est entourée sur trois côtés d'une grande cour bordée de portiques.

Des abords du grand temple, la **vue★** remarquable sur l'estuaire du Loukos avec ses marais salants, la ville et le port de Larache, l'océan, permet de comprendre la valeur stratégique et commerciale du site de Lixus. A 50 m à l'Est du grand temple, un oratoire terminé par une abside serait une église datant des premiers siècles de l'ère chrétienne. Continuer ensuite de descendre vers l'Est pour rejoindre le chemin de l'aller à proximité du théâtre. On jouit d'une **vue** étendue sur les méandres et la plaine alluviale du Loukos avec le Rif au loin.

★Volubilis – Carte Michelin n° 959 plis 5, 9 et 27 – 30 km au Nord de Meknès – *Voir à ce nom.*

Banasa – Carte Michelin n° 959 plis 5, 9 et 27 – 18 km au Nord-Ouest de Mechra-Bel-Ksiri. *Visite : 1/2 h. Accès par une bonne piste partant de la S 210. Laisser la voiture près d'une koubba qui domine les ruines.*

Les ruines de Banasa se situent au milieu de la plaine du Rharb, en bordure de l'oued Sebou. Le niveau le plus ancien des fouilles remonte au 3ᵉ s. avant J.-C. C'était donc déjà un établissement maurétanien important lorsque, vers 30 avant J.-C., Octave en fit une colonie romaine. Ce fut probablement le port fluvial le plus avancé des Romains en Maurétanie Tingitane. La ville semble avoir atteint son apogée au 3ᵉ s. de notre ère : de nombreux édifices furent reconstruits à cette époque.

Forum – C'est une vaste place dallée entourée de colonnes. Au fond, à droite, un arc en plein cintre marque l'entrée de la basilique civile. A gauche, sur une haute terrasse, s'élèvent les ruines du temple du **Capitole**. Traversant le Forum en direction du cardo principal (voie Nord-Sud) on longe la tribune aux harangues.

Thermes – Les « grands thermes de l'Ouest » s'étendent de l'autre côté du cardo : on distingue nettement un grand tepidarium pavé de marbre blanc, les salles chaudes attenantes, et la piscine également revêtue de marbre blanc.

Le long du cardo, au Nord du Forum, se pressent les ruines des boutiques et demeures bourgeoises. On pourra voir d'autres thermes, de chaque côté de la rue, en tournant à gauche dans l'importante voie transversale qu'on rencontre un peu plus loin.

Thamusida – Carte Michelin n° 959 plis 5, 8 et 9 – 17 km au Nord-Est de Kénitra. *Visite : 1/2 h. De la P 2, à proximité de la borne kilométrique : Kénitra 14 km, Sidi Allal Tazi 28 km, prendre vers l'Ouest une piste médiocre mais praticable par temps sec qui traverse d'abord un petit village berbère. Arrivé à une fourche à 3 dents, prendre la piste centrale. On débouche en vue de Sebou sur une piste perpendiculaire. Prendre à gauche et rouler quelques centaines de mètres jusqu'à une maison ombragée de grands eucalyptus ; la contourner et laisser la voiture près du champ de fouilles.*

Ancienne ville maurétanienne abandonnée, Thamusida fut reconstruite autour d'un camp fortifié érigé par les Romains au 2ᵉ s. après J.-C. Les fouilles ont mis au jour des **thermes** importants qu'on verra au passage. Comme Banasa, Thamusida fut un port fluvial et, en bordure du Sebou, l'ancien niveau des **quais** est encore visible. Le camp fortifié est quadrillé de rues se coupant à angle droit qui desservaient les casernements : on y a dégagé le **praetorium**, c'est-à-dire le siège du commandement (nombreuses bases de colonnes et de pilastres, meules à farine). Une enceinte, dont il reste de nombreux vestiges, fermait la ville.

Sala Colonia – *Voir à Rabat.*

Cotta – Carte Michelin n° 959 plis 5,9 – *15 km à l'Ouest de Tanger – Schéma et description p. 186.*

GUIDES MICHELIN

Les guides Rouges (hôtels et restaurants) :

Benelux - Deutschland - España Portugal - main cities Europe - France - Great Britain and Ireland - Italia - Suisse.

Les guides Verts (paysages, monuments, routes touristiques) :

Allemagne - Autriche - Belgique Grand-Duché de Luxembourg - Canada - Espagne - France - Grande-Bretagne - Grèce - Hollande - Irlande - Italie - Londres - Maroc - New York - Nouvelle-Angleterre - Paris - Portugal - Le Québec - Rome - Suisse

... et la collection des guides régionaux sur la France.

MARRAKECH★★★

439 728 habitants (les Marrakchis)
Carte Michelin n° 959 plis 4, 20 et 51

Ville impériale et capitale du Sud, Marrakech exerce sur les populations de toute la partie méridionale du pays – de l'Atlas au Sahara – un extraordinaire attrait. Dès son arrivée, le voyageur est assailli de toutes parts par les parfums, les fleurs, les verts palmiers et les murs roses recouverts de bougainvillées, et pour celui qui arrive du Nord, l'apparition de la célèbre palmeraie au milieu de la plaine ardente du Haouz constitue un étonnant spectacle. En hiver et au printemps, lorsque étincellent au loin les neiges du Haut Atlas, la surprise est plus forte encore.

Une ville moderne, le **Guéliz** (dont le nom vient de la colline située au Nord-Ouest de la ville et dont le grès schisteux fut employé pour la construction de plusieurs monuments), s'étend à l'Ouest de la médina. Le boulevard Mohammed V en est l'axe majeur ; de luxueux hôtels accueillent une clientèle internationale ; quelques industries (minoteries, huileries, conserveries de fruits et légumes, brasseries) alimentées par les régions irriguées de la plaine du Haouz, des usines de montage de moteurs et des fabriques de béton moulé ou précontraint se groupent en un « quartier industriel ».

Construit sur cinq niveaux, dans un style à la fois moderne et classique, et décoré de nombreuses toiles de peintres marocains, le **Palais des Congrès** accueille depuis 1989 différents salons, séminaires et manifestations culturelles : concerts de musique classique, ou de jazz, soirées folkloriques, pièces de théâtre, expositions de peinture, etc.

Marrakech (« Merrakch », en arabe), 3e ville du Maroc après Casablanca et Rabat, n'en demeure pas moins une énorme agglomération essentiellement rurale dont la vie semble conserver parfois un caractère presque médiéval, mais où modernité et tradition cohabitent cependant, et où la terre et les habitations se confondent en une même couleur ocre rouge.

Pavillon de la Ménara

Nœud d'échanges, grand centre artisanal, « Marrakech-la-Saharienne » ne ressemble à aucune des autres cités impériales. Dans ses remparts de terre règne une foire perpétuelle. Sur ses places, dans les galeries couvertes de ses souks, c'est tout au long des jours une cohue bigarrée, dans laquelle se mêle aux citadins une population fluctuante descendue de l'Atlas, ou venue du Sous, de l'Anti-Atlas, du Sahara.

Elle offre aux touristes, surtout de novembre à mai, l'attrait de ses monuments et le charme de ses immenses jardins, son climat doux et sec et son atmosphère limpide. La proximité du Haut Atlas, dont Marrakech commande les deux grands cols (Tizi-n-Test et Tizi-n-Tichka), en fait une excellente base d'excursions en montagne ; et les champs de ski d'Oukaïmeden ne sont pas très lointains.

UN PEU D'HISTOIRE

Un conquérant saharien – Vers le milieu du 11e s., des Berbères sahariens franchirent l'Atlas et descendirent dans le Haouz. A peine avaient-ils atteint la plaine que leur chef, Abou Bekr, se vit obligé de retourner en Mauritanie pour y réprimer une révolte de ses sujets en laissant son armée et sa femme à son lieutenant **Youssef ben Tachfin**. A son retour, deux ans plus tard, il ne tarda guère à mesurer son imprudence et, chargé de cadeaux, il dut regagner son désert.

Youssef avait établi son camp en un lieu si redouté des voyageurs que les Berbères l'avaient appelé « Marroukech », c'est-à-dire « Marche vite ». Protégé par les rochers du Guéliz, le site était bien choisi mais l'eau manquait. Youssef fit donc creuser des puits et les relia par un réseau de conduits souterrains amenant l'eau jusqu'au camp : ce système de « rhettaras » apporte aujourd'hui encore la vie aux jardins de Marrakech. En vrai Saharien, il fit planter des palmiers : ainsi s'explique la présence d'une grande palmeraie au Nord de l'Atlas. Très vite, le camp devint un marché puis une ville d'où

Youssef partit à la conquête du Maghreb. Quarante ans après sa fondation, Marrakech était la capitale d'un empire qui s'étendait d'Alger à l'Atlantique, de l'Èbre au Drâa, et dont l'influence rayonnait jusqu'au Sénégal.

Une dynastie de bâtisseurs – En 1147 **Abd el-Moumen** prend Marrakech et fonde la dynastie almohade. Le premier soin du nouveau sultan est de raser le palais des Almoravides et d'élever sur son emplacement une mosquée, la Koutoubia, dont l'admirable minaret domine aujourd'hui encore la ville et la palmeraie. Son fils **Youssef** continue son œuvre et entreprend la construction d'une immense kasbah. Amoureux de l'Espagne, il fait édifier à Séville une grande mosquée, la Giralda, réplique de la Koutoubia. Le troisième souverain almohade, **Yacoub el-Mansour** (« le Victorieux »), complète l'œuvre de ses pères et grand-père : à Marrakech il termine la Koutoubia et dote la ville de palais et de mosquées ; à Séville il achève la Giralda. Mais c'est à Rabat qu'il accomplit une œuvre grandiose.

Ahmed « le Doré » – Avec les Mérinides qui adoptent Fès pour résidence, Marrakech entre dans une période de luttes entre tribus et de révoltes contre les sultans, la ville décline. Au 16e s., les Saadiens, arrivent du Sous prêchant la guerre sainte contre les Chrétiens, installés sur la côte marocaine. Victorieux à Agadir, à Safi, à Azemmour, s'emparent de Fès et règnent bientôt sur tout le Maroc. Le plus célèbre, **Ahmed el-Mansour**, surnommé aussi El Dehbi (« le Doré ») à cause de ses fabuleuses richesses, consacre une partie de celles-ci à embellir Marrakech. Afin de perpétuer son souvenir, il fait élever le palais d'El Badia ; il prépare également une luxueuse résidence posthume à sa dynastie, les Tombeaux saadiens, et dote la ville de mosquées, de fontaines et de médersas.

Déclin et renouveau – A la mort du « Doré », Marrakech retombe dans le désordre et l'anarchie. La dynastie des Saadiens s'écroule et les Alaouites prennent le pouvoir ; Moulay Ismaïl s'installe à Meknès et fait abattre le palais d'El Badia.
Ses successeurs montrent plus de modération. Fès est leur résidence préférée mais ils ne délaissent pas tout à fait Marrakech. A la fin du 19e s., l'un d'eux, le grand sultan **Moulay Hassan**, vient même s'y fixer et redonne à la ville un brillant éclat. Sous son règne et sous celui de son fils, Moulay Abdelaziz, de beaux palais sont édifiés : Dar el Beïda, Dar Si Saïd, et surtout la magnifique demeure de la Bahia.

Marrakech et la résistance du Sud – Marrakech a été le théâtre d'événements qui ont jalonné les débuts de la pénétration française dans le Sud, puis la marche du pays vers son indépendance.
En 1912, le chef de la résistance du Sud, **El Hiba** *(voir à Tiznit)*, se rend maître de la ville avant d'entreprendre sa marche vers le Nord. Mais il se heurte aux troupes du colonel Mangin. La bataille se livre à 35 km au Nord de Marrakech, à Sidi-Bou-Othmane. Les Français, bénéficiant de la complicité discrète du **Glaoui** *(voir p. 199)*, pénètrent dans la ville, tandis qu'El Hiba doit se replier vers l'extrême Sud. Deux mois plus tard, le sultan Moulay Youssef, frère et successeur du signataire du traité de Fès Moulay Hafid, fait son entrée solennelle dans Marrakech et y reçoit l'hommage des grands caïds de l'Atlas qui lui sont restés fidèles.
C'est à Marrakech qu'un complot animé par le Glaoui aboutit, en 1953, à l'éloignement du sultan Mohammed ben Youssef. C'est le pacha de Marrakech encore qui, par un retournement spectaculaire, devait fortement contribuer, en 1955, au retour du souverain.

La capitale du folklore marocain – Chaque année, en mai-juin, les ruines du palais d'El Badia prêtent leur cadre grandiose au **festival national des Arts Populaires**. Son ampleur, sa qualité, son authenticité surtout, attirent un public exigeant et nombreux. Les danses et les chants présentés, les instruments qui les accompagnent, les costumes, les parures, les bijoux des participants, sont ceux-là même qui, dans les tribus, rehaussent la célébration des fêtes religieuses ou familiales.

★★★ LES QUARTIERS SUD DE LA MÉDINA

Circuit en voiture – environ 3 h – plan p. 130

★★★ **La Koutoubia** (EV) *Entrée interdite aux non-musulmans* – Ce nom, qui est celui d'une mosquée, désigne aussi son célèbre minaret. La mosquée de la Koutoubia, ou « des Libraires », ainsi appelée parce que les marchands de livres tenaient autrefois boutique autour d'elle, fut édifiée au 12e s.
Quand il se fut emparé de Marrakech, Abd el-Moumen éleva un premier sanctuaire ; l'orientation de celui-ci par rapport à La Mecque n'ayant sans doute pas été jugée satisfaisante, il entreprit d'en construire un deuxième, de plan semblable. Les deux édifices, contigus, coexistèrent probablement pendant plusieurs années, avant que ne soit démoli le premier dont on distingue encore les fondations dans le terrain qui s'étend à droite de l'actuelle Koutoubia, et les traces du mihrab sur le mur extérieur Nord de celle-ci.
C'est sous le règne de Yacoub el-Mansour (1184-1199) que fut achevé l'admirable **minaret**, considéré comme un chef-d'œuvre de l'art hispano-mauresque. Haut de 70 m, il révèle de très loin sa silhouette élancée et robuste. Les murs sont en moellons d'une chaude couleur allant du rose au roux. La délicate décoration sculptée de sa partie supérieure, variant avec chaque face, contraste avec la sobriété qui règne à sa base, et atténue la rudesse du matériau. Une frise de faïence vert et blanc, dont il reste des fragments, revêtait le sommet de la tour que couronnent de fin merlons. Les arcs entrecroisés au-dessus des baies du lanternon constituent l'un des premiers exemples de ce décor à losanges caractéristique des minarets d'Occident. Les boules dorées qui surmontent la tour auraient été fondues, selon la légende, avec les bijoux en or d'une femme de Yacoub el-Mansour.

Indicatif téléphonique : 04

Transports :

– **Aéroport de Marrakech-Ménara** : ☎ 44 78 62 / 44 79 03.

– **Royal Air Maroc**, avenue Mohamed V, ☎ 44 64 44 / 43 62 05.

– **Gare O.N.C.F.** *(train)*, avenue Hassan II, ☎ 44 77 68/44 77 03 (plusieurs liaisons par jour avec les principales villes du Maroc, dont les lignes express vers Casablanca, Rabat, Tanger et Fès).

– **Gare routière**, Bab Doukkala, ☎ 43 39 33 et avenue Zerktouni, Guéliz, ☎ 44 83 28 *(différentes lignes d'autocars intervilles, dont ceux de la C.T.M. équipés de l'air conditionné).*

– **Garage Renault**, à l'entrée de Marrakech (croisement des routes de Safi et de Casablanca). ☎ 44 80 82.

Tourisme :

– **Délégation du Tourisme**, place Abdelmoumen Ben Ali, ☎ 43 61 57 / 43 61 79.

– **Syndicat d'Initiative**, 176 Bd Mohamed V, ☎ 43 20 97

– **Ensemble artisanal**, avenue Mohamed V, ☎ 42 38 36

– **Palais des congrès**, avenue de France, ☎ 44 90 60, fax 44 90 79.

En cas d'urgence :

– **Commissariat central** : ☎ 43 05 70/43 19 87

– **Consulat de France** : rue Ibn Khaldoun, ☎ 44 40 06 / 44 17 87.

– **Pharmacies de nuit**, rue Khalid Ben El Oualid, Guéliz, ☎ 43 42 75 et avenue de la Palestine, Hay El Mohamadi, ☎ 30 25 69

– **Polyclinique Les Narcisses**, El Ghoul, 112 route de Targa (derrière le Petit Marché), ☎ 44 75 75

Hôtels et clubs de vacances

L'implantation du Club Méditerranée sur la place Djemaa el Fna, en 1971, a lancé la mode des clubs à Marrakech ; la plupart sont situés en dehors de la ville (Kappa-Club, Sangho), et notamment dans la palmeraie (Palmariva).

Les hôtels sont légion ; il y en a pour tous les goûts et tous les budgets. Ceux situés en dehors de la ville disposent d'un service de navettes avec le centre ville. Ceci permet d'apprécier le calme de la palmeraie et de profiter des nombreuses activités sportives proposées (forte fréquentation des groupes cependant).

Parmi les hôtels situés avenue de Casablanca (à 800 m environ du centre-ville), l'hôtel Tichka, décoré dans la plus pure tradition de l'art mauresque par Bill Willis, est très agréable. La végétation luxuriante qui l'entoure offre des réveils enchanteurs alors que pépient les oiseaux cachés dans les bougainvillées et que des frémissements de bien-être parcourent l'extrémité des palmiers.

Pour ceux qui disposent d'une voiture et qui recherchent le calme, le petit hôtel Sidi Mansour, à 12 km sur la route de Fès, offre une ambiance plutôt familiale ; pétanque et boule lyonnaise !

Balade

Une autre façon de visiter Marrakech consiste à louer l'une des **calèches** qui stationnent près des grands hôtels du Guéliz ou, en médina, en face de la Mamounia. La fin de l'après-midi est le meilleur moment pour cette balade.

Pâtisseries

Pâtisserie **Hilton**, rue de Yougoslavie/Bd Mohamed V

Pâtisserie **Al Jawda**, rue de la Liberté, Guéliz

Glaciers-salons de thé

– **Oliveri**, rue Mansour Eddahbi

– **Boule de Neige**, place Abdelmoumen

– **Ezzohor**, rue de la Liberté

– **Les Négociants**, avenue Mohamed V

Prendre un verre

– **Café Renaissance** *(à l'angle de l'avenue Mohammed V et du boulevard Zerktouni)* : Après avoir marché toute la journée dans le bruit, la chaleur et la circulation quelque peu intense et désordonnée, il est agréable de s'arrêter pour prendre un verre sur la **terrasse panoramique** *(accès par ascenseur)* de ce café. Au coucher du soleil, les bâtiments prennent une douce couleur rose orangée ; au loin se détachent le robuste et fier minaret de la Koutoubia, irréel dans la poussière d'or du couchant, et, lorsque le temps est dégagé, le Haut Atlas et la chaîne des Jbilet.

– **Café de France et Café Argana** *(Place Jemaa el Fna)* : de leurs terrasses on embrasse du regard toute la place et l'extraordinaire fourmillement de sa foule hétéroclite et bigarrée

– **Le Palmier d'Or** *(circuit de la Palmeraie)* : boire un jus d'orange frais, non additionné d'eau, sous l'une de ses tentes berbères est des plus agréable.

– **La Mamounia** *(avenue Bab Djedid)* : pour choisir entre la lumineuse verrière du **Bar du Soleil** donnant sur les célèbres jardins, et l'ambiance raffinée du **Churchill Piano-Bar** décoré de vitraux encadrés d'acajou représentant les plus grandes figures du jazz.

Quelques bonnes tables marocaines

A l'intérieur de la médina. Dans la plupart des cas il vaut mieux réserver et s'y rendre plutôt en taxi car certains restaurants, notamment Yacout, ne sont pas faciles à trouver.

– **Yacout** (☎ 31 01 04), *fermé le lundi*. Dispose d'une terrasse surplombant la vieille ville. Décor intérieur digne d'un palais des mille et une nuits.

– **Dar Fès** (☎ 31 01 50), *ouvert tous les jours*. Attraction musicale (ambiance groupe parfois).

– **Stylia** (☎ 44 58 37). Beau décor ; délicieuse pastilla au lait.

– **Dar Marjana** (☎ 44 57 73), *fermé le mardi*. Agencé autour d'un beau riad ; musique traditionnelle.

– **Al Baraka** (☎ 44 23 41), *place Jemaa el Fna*. Apéritif sur la terrasse (vue partielle sur la place) ; dîner en plein air dans le patio ou mieux encore, dans la « salle du pacha ».

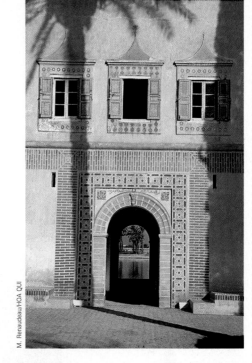

M. Renaudeau/HOA QUI

A noter que l'alcool est interdit dans les cafés de la médina ; seuls les restaurants disposent d'une autorisation spéciale.

En ville, près des grands hôtels qui bordent la route de Casa, le **Restaurant des Arts** (☎ 43 11 31) mérite aussi une halte pour les nombreuses œuvres de peintres marocains qui y sont exposées.

Pour terminer la soirée

Plusieurs grands hôtels disposent d'une discothèque : le **Paradise** (hôtel Mansour Eddahbi), le **Byblos** (hôtels N'Fis), le **Club** (hôtel de La Mamounia), le **Cotton Club** (hôtel Tropicana) ou le **New Feeling** (Palmeraie Golf Palace) où vient le tout Marrakech, pour ne citer que ceux-là. A signaler également, le **Grand Casino** de la Mamounia (18 tables de jeux : roulette, black jack, baccara, chemin de fer… et plus d'une centaine de machines à sous).

Manifestations

– **Festival National des Arts Populaires (juin)**

– **Marathon international**. Cette course dont le départ a lieu chaque année en janvier place Jemaa el Fna réunit coureurs anonymes et champions. Le coureur français Jacky Boxberger en remporta la première édition en 1987.

Lire au bord de la piscine

– **Librairie Chatr et Librairie Gilot**, avenue Mohamed V

– **Librairie Galerie Liberté**, 17 rue de la Liberté

– **Librairie El Ghazzali**, 51 Bab Agnaou, médina

– **Librairie d'art ACR**, 55 boulevard Zerktouni

Sports

– **Bowling** : au Palmeraie Golf Palace, circuit de la Palmeraie.

– **Équitation** : Royal Club Equestre, à 6 km du centre ville. Club équestre « Ranch Palmeraie » (☎ 31 31 30) : promenades d'une heure (100 DH) ou d'une demi-journée (250 DH) dans la palmeraie. *Voir aussi à Ouirgane*.

– **Golf** : *voir en fin de volume au chapitre Loisirs.*

– **Karting** : Kart hôtel (☎ 11 27 72), à 12 km de Marrakech, en bordure de la palmeraie. Pistes de karting homologuées, location karts de loisirs, cours de pilotage sur kart Yamaha 100 cm^3, ouvert de 10 h à 21 h.

– **Polo** : au Royal Polo Club de la Palmeraie, à 3 km du centre de Marrakech ; plusieurs trophées y sont organisés par Hermès.

– **Quad** (sport de glisse sur un engin Yamaha tout terrain à quatre roues, qui passe partout et peut rouler jusqu'à 100 km/h). Initiation avec moniteur et location à l'heure à l'hôtel Palmariva, à 8 km de Marrakech sur la route de Fès, ou excursion d'une demi-journée. ☎ 44 88 20 ou 43 62 84.

– **Ski** : à 74 km de Marrakech, à 2600 m d'altitude. *Voir à Oukaïmeden.*

– **Vol en avion ou en montgolfière** : *voir en fin de volume au chapitre Loisirs.*

De la Koutoubia à la mosquée d'El-Mansour – Prendre en voiture la rue Ibn Khaldoun, sur laquelle donne le portail monumental de Dar Moulay Ali (**EV A**), aujourd'hui résidence du consul de France. Après avoir traversé la place Youssef ben Tachfine au fond de laquelle s'élève le modeste tombeau (**EX B**) du fondateur de Marrakech, on prend la rue Sidi Mimoun qui conduit à deux portes voisines, Bab er Rob et **Bab Aguenaou★** (**EX**). Cette dernière, contemporaine de la Koutoubia, est un bel exemple de porte monumentale almohade, avec ses voussures polylobées ou à claveaux saillants, ses écoinçons à décor floral et sa bande d'encadrement ornée de caractères coufiques.

Franchir la muraille par un passage aménagé à côté de Bab Aguenaou.

La Koutoubia

Mosquée d'El-Mansour (**FX**) – On l'appelle aussi « mosquée de la Kasbah ». C'est Yacoub el-Mansour qui, à la fin du 12ᵉ s., fit construire ce sanctuaire pour donner une mosquée à sa kasbah. L'édifice fut en partie détruit en 1574 par une explosion. Des restaurations ont modifié son aspect primitif. Le **minaret**, d'allure assez massive, porte un joli décor losangé d'entrelacs, et une frise de faïences vertes.

A droite de la mosquée, un couloir étroit conduit à l'entrée des tombeaux saadiens.

★★★**Tombeaux saadiens** (**FX**) ⊙ – Les splendides mausolées où reposent les membres de la dynastie saadienne furent construits à la fin du 16ᵉ s. par Ahmed « le Doré ». Un siècle plus tard, Moulay Ismaïl, n'osant les raser, se contenta de les enfermer dans une haute enceinte où seuls quelques initiés pouvaient pénétrer en passant par la mosquée. En 1917, l'existence des tombeaux fut révélée au public ; un couloir d'accès fut alors percé dans l'épaisseur de l'enceinte pour permettre aux non-musulmans de les admirer.

Cette nécropole, le « St-Denis des chorfa saadiens », compte plusieurs koubbas disposées autour d'un charmant cimetière fleuri où se balancent des palmiers.

Le mausolée principal, à la jolie porte en cèdre gravé, comprend trois salles. La **salle du Mihrab**, aux quatre colonnes de marbre, abrite surtout des tombes d'enfants. La dentelle de stuc très légèrement ocré qui décore le plafond, le mihrab et la porte qui lui fait face, contrastent avec la nudité des colonnes et des murs.

La **salle des Douze Colonnes**, souvent considérée comme le chef-d'œuvre de l'art hispano-mauresque, illustre le goût de la magnificence qu'imprima à cette période la dynastie saadienne. Dans une lumière diffuse, sous une coupole à stalactites en bois de cèdre sculpté et rehaussé d'or, soutenue par 12 colonnes de marbre d'Italie, s'alignent trois tombeaux renfermant les dépouilles d'Ahmed « le Doré », de son fils et de son petits-fils. Autour de la salle,

Les tombeaux saadiens

au pied des murs tapissés de zelliges aux délicates couleurs et d'une dentelle de plâtre sculpté, reposent des membres de la famille du sultan.

La troisième salle, dite **« salle des Trois Niches »**, abrite des tombeaux d'enfants. Le mausolée situé au centre du jardin renferme le tombeau très vénéré de Lalla Messaouda, mère du « Doré ».

Des tombeaux saadiens au palais d'El Badia – *Reprendre la voiture. Suivre la rue de la Kasbah. A son extrémité, tourner à gauche dans la rue du Méchouar. Au bout de celle-ci, passer sous une porte percée dans la muraille, à droite. Débouchant sur une grande place, on prend à gauche, pour se trouver aussitôt à l'intérieur d'un vaste enclos rectangulaire (à droite, s'ouvre l'entrée de l'Aguedal, voir p. 100).*

Au fond une porte donne accès au **méchouar (FGX)** ; c'est là que le sultan donnait, aux 18e et 19e s., audience à ses sujets et aux ambassadeurs des pays européens. Quittant le méchouar par la petite porte qui s'ouvre à l'angle gauche de la place, on franchit bientôt la muraille pour emprunter la rue Berrima, qui longe à droite le mellah, à gauche (à son extrémité), le **palais royal** *(on ne visite pas)*.

El Badia (FX) ⊘ – *Entrée près de Bab Berrima, dans une sorte de couloir entre deux murailles.*
Ce palais édifié à la fin du 16e s. par Ahmed « le Doré » était, au dire des chroniqueurs de l'époque, la merveille du monde musulman. Pour sa construction et sa décoration, des ouvriers étaient venus de tout le Maghreb et même d'Europe. Marbres d'Italie, onyx de toutes les couleurs, mosaïques, stucs, revêtements de feuilles d'or paraient les murs et les plafonds. Quand le palais fut terminé, Ahmed fit venir son bouffon et lui demanda ce qu'il en pensait. Le bouffon répondit : « Quand il sera démoli, il fera un gros tas de terre. »
Fâcheuse prédiction qui se réalisa un siècle plus tard, quand Moulay Ismaïl fit détruire El Badia. Il en reste de hauts murs formant une vaste enceinte sur laquelle nichent les cigognes. Au centre ont été aménagés des bassins d'eau dormante entre des plantations d'orangers. C'est dans ce cadre que se déroule le festival national du folklore.
De l'autre côté de la cour, dans une salle voûtée, sont exposés des fragments de zelliges et de stucs trouvés dans les ruines, et un beau minbar (chaire) du 12e s., en cèdre sculpté, provenant de la Koutoubia.

Du palais d'El Badia à la Bahia – *Reprendre la voiture*. Après être passé sous Bab Berrima, on traverse la place des Ferblantiers. Prendre à droite l'avenue Houmman el Fetouaki qui longe d'un côté un cimetière, de l'autre le mellah.

A l'angle de la rue Riad ez Zitoun el Jdid, s'ouvre l'entrée du palais de la Bahia.

★**Palais de la Bahia (FX)** ⊘ – Le palais de la Bahia (« la Belle »), aux décorations superbes, fut construit, à la fin du siècle dernier, par Ba Ahmed, vizir des souverains Moulay Hassan et Abdelaziz.
Comme la plupart des palais arabes, agrandis peu à peu sans plan d'ensemble, la distribution des cours et des appartements est assez désordonnée. Un dédale de couloirs et d'escaliers relie entre elles d'innombrables pièces de dimensions très inégales.
On visite la cour des communs ; le grand riad, jardin planté d'orangers, de cyprès, de daturas et de jasmins ; la salle des réceptions ; la grande cour, autrefois réservée aux femmes du vizir ; la salle du conseil, couverte d'un magnifique plafond aux poutres sculptées et peintes ; l'appartement de la favorite avec sa riche décoration de peintures et de zelliges ; un patio entouré de chambres et un petit riad empli de bananiers et d'orangers.

De la Bahia à Dar Si Saïd – *Sortant de la Bahia, suivre la rue Riad ez Zitoun el Jdid jusqu'à une place sur laquelle s'ouvre un jardin public. Laisser la voiture (parking à gauche) et prendre à droite par un passage sous voûte l'étroite rue de la Bahia, puis la 1er ruelle à gauche.*

★**Dar Si Saïd et musée des Arts marocains** (**FV**) ⊘ – Construite à la fin du 19e s., pour servir de résidence au frère du grand vizir Ba Ahmed, Dar Si Saïd est contemporaine de la Bahia. Un riad où croît une gigantesque bougainvillée agrémente cette belle demeure convertie en musée. Des portes et un coffre en bois de cèdre provenant de maisons du Haut Atlas et de l'Anti-Atlas jalonnent le long couloir d'entrée ; un tableau donne des indications sur l'artisanat dans la région de Marrakech et le Sud du pays. Avant d'accéder au grand riad, remarquer quatre éléments d'une balançoire traditionnelle.

Dans les pièces, souvent très décorées, sont exposés des bijoux en argent ciselé, niellé ou filigrané, dont se parent les femmes du Haut Atlas, de l'Anti-Atlas et de l'extrême-Sud ; des tapis du Haouz (Chichaoua, Ouled Bousbaa) et du Haut Atlas (Glaoua, Ouaouzguit, Taznakht) ; des lampes à huile, en pierre de Taroudannt ; des cuirs bordés ou excisés de Marrakech ; des poteries de facture rustique provenant d'Amizmiz ; des marbres, des jarres, des coffres. Dans un patio, très beaux moucharabiehs de l'époque saadienne. La pièce consacrée aux armes est particulièrement riche : fusils berbères, pistolets, épées damasquinées, poignards, boîtes et poires à poudre, selles d'apparat rehaussées de fils d'or.

Dar Si Saïd : porte berbère   Dar Si Saïd : porte berbère

En sortant du musée revenir dans la rue de la Bahia et s'arrêter, à gauche, au n° 8.

Maison Tiskiwin ⊘ – Ancienne demeure d'un haut fonctionnaire, cette maison construite au début du siècle dans le style hispano-mauresque et qui porte le nom d'une danse du Haut Atlas abrite une exposition permanente intitulée « Matière et Manière dans les arts du Maroc ». La visite de cette exposition créée par **Bert Flint**, un ancien professeur néerlandais d'histoire de l'art installé au Maroc depuis près de quarante ans et qui, au travers de nombreuses publications, conférences et expositions à travers le monde, a cherché à faire connaître l'extrême variété des formes, des techniques et des matériaux utilisés dans les arts populaires du Maroc, vient compléter judicieusement celle du musée Dar Si Saïd. Chaque région est présentée ici au travers d'une matière : le Moyen Atlas avec la laine (quenouilles et handiras des Beni Ouarain, tapis noué Zemmour, tentures de khaïma), le Rif avec la poterie, l'Anti-Atlas et le Haut Atlas avec les métaux utilisés dans la fabrication de bijoux et de poignards, le pays Djebala, entre Tanger et Tetouan, avec le lin et le coton (éléments de costumes tissés sur de petits métiers à tisser de basse lisse).

De Dar Si Saïd à la place Jemaa el Fna – *Reprendre la voiture et revenir à la place des Ferblantiers. L'avenue Houmman el Fetouaki, puis à droite la rue de Bab Aguenaou conduisent à la place Jemaa el Fna.*

★★★**Place Jemaa el Fna** (**FV**) – A l'entrée des souks, cette vaste place, dont le nom signifierait « réunion des trépassés », était autrefois la place de Grève de Marrakech : c'est là que les sultans suppliciaient les criminels et les rebelles et exposaient leur tête.

Lieu d'échange entre l'extérieur et la médina dont elle est le cœur, Jemaa el Fna a acquis à travers le temps une renommée et une importance capitales au sein de la ville ; de jour comme de nuit il y règne une intense animation. Cependant,

Place Jemaa el Fna

dégagée en partie de ses baraques et du stationnement des véhicules, elle a perdu un peu de son côté « cour des miracles », bien que tout le jour il y règne un mouvement incessant où se mêlent le misérable et le sublime et où se pressent acheteurs et badauds. A l'ombre de grands paillassons soutenus par des perches ou à l'intérieur de petites échoppes dressées autour de la place s'installent des marchands de toutes sortes : marchands d'oranges, nombreux sur la place même, porteurs d'eau, vendeurs d'épices, de fruits, d'herbes rares, de babioles, d'amulettes et même de dentiers ! Ce n'est que le soir qu'elle redevient elle-même. A la fin de l'après-midi en effet, acrobates, charmeurs de serpents soufflant dans leur « ghaïta » ou excitant les reptiles avec leur baguette (et poussant parfois l'effronterie jusqu'à placer l'un d'entre eux autour du cou d'un spectateur), danseurs et musiciens gnaouas, conteurs et écrivains publics autour desquels des cercles se font et se défont, gargotiers occupés à préparer des beignets ou à faire griller des saucisses et des brochettes, s'emparent de la place qui s'éclaire alors de nombreuses lampes à gaz scintillant d'une lumière très blanche. Des groupes se forment, la foule accourt, attirée par le bruit puis grisée de senteurs, de la fumée des brochettes qui se juxtapose à l'odeur des beignets ou du poisson frit, de la musique déversée par les bateleurs ; le tintamarre s'enfle, l'agitation croît, et Jemaa el Fna mérite alors vraiment le surnom de « place folle », que lui donnèrent les écrivains Jean et Jérôme Tharaud (*Marrakech ou les Seigneurs de l'Atlas*, 1920). C'est à cette heure qu'il convient de s'y attarder. De la **terrasse** du café de France (**D**) ou du café Argana qui la bordent on embrasse du regard la place avec l'extraordinaire fourmillement de sa foule hétéroclite et bigarrée.

★★★ CENTRE DE LA MÉDINA

Circuit à pied – environ 3 h – plan p. 133

Le charme de la médina est de s'y perdre, mais l'on hésite parfois à s'engager seul dans le labyrinthe de ses ruelles sombres et de ses impasses étroites.
Les visiteurs désireux de se faire accompagner par un guide officiel s'adresseront au syndicat d'initiative ⊙. Nous leur conseillons d'imposer à leur cicérone l'ordre de visite qui suit.
Partir de la place Jemaa el Fna (décrite ci-dessus). Au fond de la place, à gauche, prendre la rue du Souk Smarine.

★★**Souks** (**FV**) – Ils constituent l'une des grandes attractions de Marrakech. Dans la lumière zébrée des ruelles couvertes, au long desquelles s'étalent les richesses d'un artisanat infiniment varié, déambulent, se mêlant à la population citadine, des montagnards descendus de l'Atlas, des hommes venus du Sud et des touristes.
Passant sous une porte dont l'arc outrepassé s'orne de stuc sculpté, on pénètre dans le domaine de la passementerie, des coupons d'étoffes, de la confection des sacs et des babouches.
A l'endroit où la rue se divise en deux branches, prendre à gauche le souk des Chaudronniers, où des artisans martèlent encore des chaudrons aux flancs rebondis. Sous une porte en arc brisé, à gauche, s'ouvre une ruelle conduisant au **souk des Teinturiers**, tendu d'écheveaux teints séchant au-dessus de la rue, en guirlandes multicolores.
On débouche sur une petite place où s'élève, à gauche, la **fontaine du Mouassine** (**FV E**), construite au 16e s., comme dépendance de la mosquée du même nom, toute proche.
Revenir sur ses pas dans la rue des teinturiers et, vers le milieu de celle-ci, à l'endroit où elle forme une fourche, prendre la branche de gauche. Le **souk des Forgerons**, dont les antres enfumés retentissent du battement des marteaux,

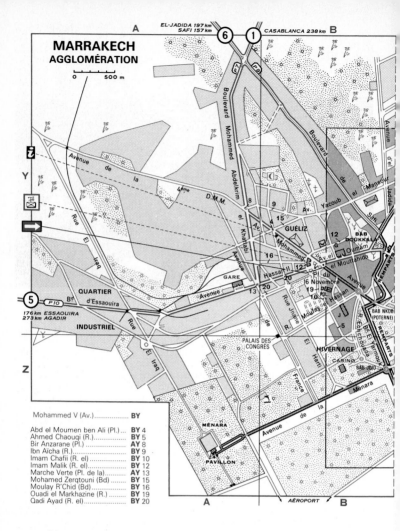

représente, avec celui des teinturiers, un des « sommets » de la visite des souks ; dans le fond obscur ou « à la devanture » de réduits, tous semblables et alignés en rang serré, est accroché aux murs ou étalé à même le sol tout ce que l'artisanat marocain semble pouvoir produire de variétés de clous, de peignes à laine, de lanternes, de grilles et autres objets en fer forgé comme ces crotales dont s'accompagnent les danseurs gnaouas.

On débouche bientôt sur une place dont le centre est occupé par une koubba.

Koubba Ba'Adiyn (**FV**) ⊘ – Sa construction remonte au début du 12ᵉ s. Ce petit édifice très restauré est le seul témoin de l'architecture almoravide à Marrakech. La diversité des arcs, le couronnement de merlons, les étonnants reliefs d'arcs brisés et de chevrons qui recouvrent l'extérieur de la coupole dénotent ce goût du décor et cette faculté d'invention qui, avec les Almoravides, commencent à marquer l'art musulman.

Sur la place, prendre à gauche une rue qui s'amorce par un passage sous voûte ; on passe devant une porte (**FV F**) en brique ocre décorée d'entrelacs. Toute proche, la jolie **fontaine Echrob ou Chouf**, dont le nom signifie « Bois et regarde », est surmontée d'un bel auvent de cèdre sculpté. Tourner bientôt à droite dans la rue Hart es Soura, silencieuse, bordée d'habitations aux murs roses et nus, et dont seules les belles portes cloutées laissent deviner la richesse. Au bout de celle-ci, à droite, une ruelle en partie couverte conduit à la médersa ben Youssef que l'on contourne par la droite.

★★ **Médersa ben Youssef** (**FV**) ⊘ – *Pour la description générale et le plan habituel d'une médersa, voir les explications données à Fès.*

Cette école coranique, qui tient son nom de la mosquée toute proche, est la plus vaste du Maghreb. Vers 1570, le souverain saadien Moulay Abdallah fit édifier ces bâtiments d'inspiration mérinide ; ils ont été désaffectés et restaurés en 1960.

Après avoir passé la porte aux lourds battants de bronze, on pénètre dans un couloir décoré de mosaïques et de poutres sculptées.

La **cour** forme un vaste rectangle, dallé de marbre blanc, dont le centre est occupé par un bassin qui dans le passé servait aux ablutions. Une frise de zelliges multicolores orne le soubassement des murs que recouvrent des stucs délicatement ciselés. Le toit se termine par un auvent de cèdre sculpté. Sur les côtés de la cour, au-dessus des galeries soutenues par des piliers massifs, s'alignent les fenêtres de cellules d'étudiants.

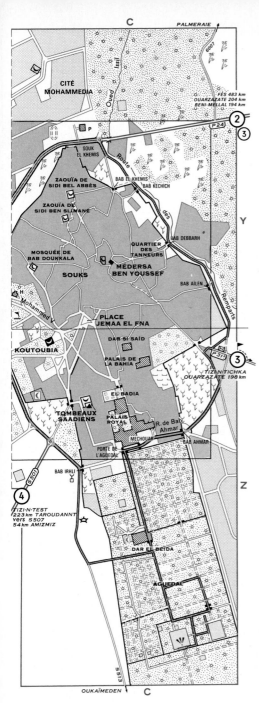

Au fond, face à l'entrée, un très beau portail ouvragé s'ouvre sur la **salle de prière**. Divisée en trois parties par des colonnes très fines, cette salle est surmontée d'une coupole pyramidale en cèdre, sous laquelle court une rangée de 24 petites fenêtres en plein cintre grillagées de stuc ajouré. Le mihrab est décoré d'une dentelle de plâtre sculpté.

Les parties réservées au logement des étudiants occupent ici une place plus importante que dans les médersas antérieures. Elle en abrita jusqu'à 900. On visite, à l'étage, quelques-unes des 150 chambres où ils dormaient et préparaient leurs repas. Les plus favorisés avaient vue sur la cour centrale. Les autres cellules donnent sur 7 minuscules courettes intérieures bordées de balustrades en bois tourné.

De la médersa ben Youssef à la place Jemaa el Fna — *En sortant de la médersa, tourner à gauche et suivre la rue Tala qui longe la place de la mosquée ben Youssef. Parvenu à une petite place triangulaire, prendre à droite, pour tourner dans la rue du Souk qui s'amorce sous une porte ancienne. On passe devant les échoppes des* **marchands de sacoches et de babouches** (FV **K**) : *puis, après une impasse dans laquelle les* **bijoutiers** (FV **L**) *cisèlent des bracelets et des bagues, tourner à gauche pour gagner le souk des* **marchands de tapis** (FV **N**), *de couvertures, d'armes et de cornes à poudre. Par un étroit passage, on débouche sur la place Rahba Kedima où se tient le marché aux épices.*

Tourner à gauche, puis prendre à droite la rue Rahba Kedima, aux nombreuses échoppes et couverte de claies. Au premier croisement, tourner à droite pour regagner la place.

★★LES REMPARTS ET LES JARDINS
Circuit en voiture – environ 3 h – plan p. 130

*Partir de la place du 16-Novembre (place de la Poste) (**BY**) et prendre, en direction de la Koutoubia, l'avenue Mohammed V. Arrivé face à la Poterne (Bab Nkob) (**BY**), simple coupure dans les remparts, tourner à gauche pour longer ceux-ci.*

★**Remparts** – C'est l'Almoravide Ali ben Youssef qui, en 1132, dota Marrakech de sa célèbre enceinte. Celle-ci, élargie sous le règne des Almohades puis sous celui des Saadiens, développe autour de la ville ses 19 km de murailles flanquées de 202 tours carrées et percées de 9 portes. Construite en pisé, elle présente une chaude coloration qui varie du rose au rouge, selon l'éclairage. Les parties les mieux conservées sont : à l'Est, le tronçon qui borde le quartier compris entre Bab Aïlen et Bab Rhemat ; à l'Ouest, du côté de l'« Hivernage », l'admirable alignement de bastions qui, sans une brèche, se déploie sur près de 1 300 m, puis se coude à plusieurs reprises pour se continuer au-delà de Bab Doukkala.

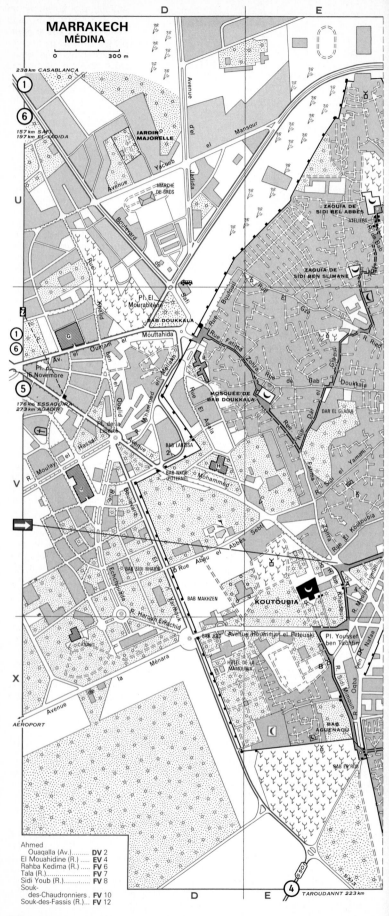

MARRAKECH
MÉDINA

0   300 m

238 km CASABLANCA

157 km SAFI
197 km EL JADIDA

JARDIN MAJORELLE

MARCHÉ DE GROS

ZAOUIA DE SIDI BEL ABBÈS

ATELIERS

ZAOUIA DE SIDI BEN SLIMANE

Pl. El Mourabitène

BAB DOUKKALA

Mouttahida

MOSQUÉE DE BAB DOUKKALA

DAR EL GLAOUI

Pl. du 16 Novembre

176 km ESSAOUIRA
273 km AGADIR

Pl. de la Liberté

BAB LARISSA

BAB NKOB (POTERNE)

BAB SIDI RHARBI

BAB MAKHZEN

KOUTOUBIA

Pl. Youssef ben Tachfine

CASINO

BAB JDID   Avenue Houmman el Fetouaki

HÔTEL DE LA MAMOUNIA

AÉROPORT

BAB AGUENAOU

BAB ER ROB

TAROUDANNT 223 km

132

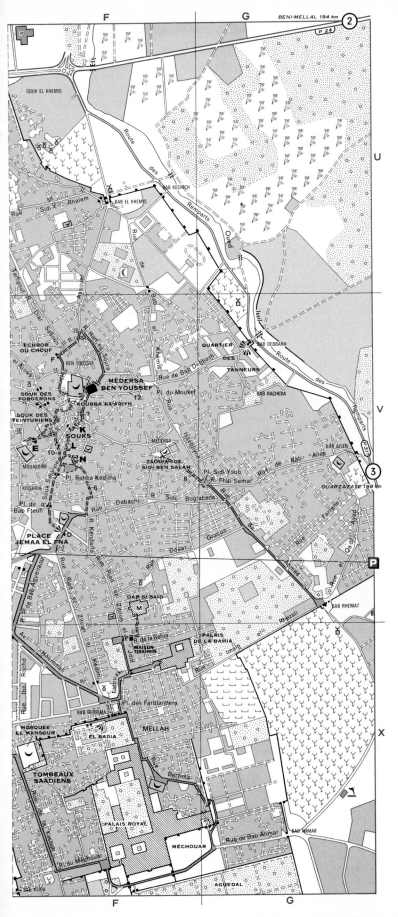

P 24

F
G

U

SOUK EL KHEMIS

Route
des

BAB KECHICH

Rue Sidi el Rhalem

BAB EL KHEMIS

Remparts

Oued

Rue de

Rue de Bab el Khemis

Issil

ECHROB OU CHOUF

R. Hart es Soura

R. Assouel

BEN YOUSSEF

QUARTIER DES TANNEURS

BAB DEBBARH

Route

des

SOUK DES FORGERONS

MEDERSA BEN YOUSSEF

KOUBBA BA'ADIYN

Rue de Bab Debbarh

Pl. du Mouket

BAB RACHIDIA

V

SOUK DES TEINTURIERS

K SOUKS

MEDERSA

Rue

Iselfalne

BAB AILEN

Ailen

R. Souk Smarine

E

L

MOUASSINE

N

Pl. Rahba Kedima

KISSARIA

ZAOUIA DE SIDI BEN SALAH

Pl. Sidi Youb

R. Fhal Semar

Rue de Bab

QUARZAZATE 198 km ③

P 31

Pl. de Bab Fleuh

Rue

R. Sidi

Boulabada

R. Kennaria

Rue Riad

PLACE JEMAA EL FNA

D

Rue

Dabachi

Douar

Gradna

Rue

Farghte

Rue Oa d'n Ayad

P

Rue de Bab Agnaenaou

DAR SI SAID

M

Rue Riad el Zitoun

Rue el Arsa

R. de la Bahia

MAISON TISKIWIN

PALAIS DE LA BAHIA

Rue

Imam

BAB RHEMAT

Rue Riad el Zitoun el Kedim

Av. Houmman

Rue Ibni Richd

Rielt

Pl. des Ferblantiers

BAB BERRIMA

MELLAH

X

MOSQUEE EL MANSOUR

EL BADIA

TOMBEAUX SAADIENS

Berrima

PALAIS ROYAL

Rue de la Kasbah

MECHOUAR

Rue de Bab Ahmar

BAB AHMAR

Pl. du Mechouar

BAB KSIBA

AGUEDAL

F
G

On passe devant **Bab Doukkala** (**BY**), porte défendue par deux massives tours carrées.

Prendre à droite le long des remparts fléchés Beni-Mellal, Fès, Ouarzazate.

Puis on atteint le souk El Khemis (« marché du Jeudi »), très animé, le matin surtout.

Laissant la route P 24, tourner à droite ; puis là où s'embranche la route rectiligne qui conduit à Bab El Khemis, prendre à gauche, vers Bab Debbarh. Laisser la voiture.

★**Quartier des tanneurs** (**CY**) – Proche de l'oued Issil, il s'étend à l'intérieur des remparts. On peut, si l'on ne craint ni la boue ni les odeurs (il n'est pas inutile néanmoins de se munir, par exemple, de quelques feuilles de menthe fraîche !), descendre pour voir de près les diverses opérations du tannage et les peaux étendues au soleil sur de la paille, près des cuves.

Reprendre la voiture.

On franchit l'enceinte à Bab Ahmar (porte par où entrait le sultan quand il venait à Marrakech), pour déboucher face au **palais royal** (**CZ**), dont les bâtiments datent en grande partie du 18e et du 19e s. On traverse deux méchouars communiquant par une porte crénelée.

Au fond du 2e méchouar tourner à gauche puis continuer tout droit vers El Beïda.

★**Aguedal** (**CZ**) – Créé au 12e s. par Abd el-Moumen, agrandi par les Saadiens, ce verger, véritable havre de paix où dominent les oliviers, était réservé aux sultans et à leur cour. Sous ses ombrages et sur l'eau calme de ses bassins, des fêtes magnifiques étaient données.

De la terrasse du premier petit **pavillon (Dar el Hana)** ⊘, on découvre un beau **panorama**★ : au Nord sur le bassin, l'olivette, Marrakech, les Jbilet ; au Sud sur le Haut Atlas.

Sortir de l'Aguedal par la route à droite vers Bab Irhli, sur la route S 513.

On laisse sur la droite **Dar El Beïda**, la « maison blanche », palais construit au 19e s., aujourd'hui résidence royale (*on ne visite pas*).

Hôtel de la Mamounia

Quelque 500 m après le croisement avec la route de Taroudannt, l'itinéraire aborde la partie la plus belle des remparts, derrière lesquels s'abrite - jusqu'à Bab Jdid - le fameux hôtel de **La Mamounia**, construit en 1923 par les architectes Prost et Marchisio et classé parmi les meilleurs palaces du monde. Le luxe et l'élégance des lieux ont attiré de nombreux hôtes de prestige parmi lesquels Winston Churchill, qui aimait venir s'y reposer et peindre.

La décoration intérieure, inspirée, entre autres, des créations de Jacques-Emile Ruhlmann et de Leleu, allie l'art marocain et l'art déco. L'Orient et l'Occident se rejoignent également dans le grand salon décoré de peintures de **Jean Besancenot** illustrant des danses marocaines, et dans le restaurant « l'Impériale » dont le plafond aux motifs jaune et vert créé par **Jacques Majorelle** utilise les formes géométriques propres à l'art musulman.

Ménara (**AZ**) – L'olivette de la Ménara était elle aussi réservée aux sultans. Dotée d'un bon système d'irrigation, elle est aujourd'hui exploitée comme verger d'essai. Le grand bassin, bordé à fleur d'eau par un promenoir, reflète un élégant **pavillon** encadré de cyprès, avec – en toile de fond – les sommets de l'Atlas. Ce pavillon fut élevé en 1866 ; c'était le rendez-vous galant des sultans, et on dit que l'un d'eux avait pour habitude de faire jeter au matin, dans le bassin, l'élue de la veille.

La façade donnant sur les jardins, du côté opposé à la pièce d'eau, avec son arcade surmontée de trois petites fenêtres encadrées de dessins naïfs, évoque la grâce toscane.

Revenir à Bab Jdid.

Le boulevard El Yarmouk, dans lequel on tourne à gauche, suit toujours les remparts et longe le quartier résidentiel de l'**hivernage** (**BYZ**), le plus verdoyant de Marrakech.

Par l'avenue Mohammed V, à gauche, on regagne la place du 16-Novembre

AUTRES CURIOSITÉS

L'entrée aux différentes zaouias est interdite aux non-musulmans.

Mosquée de Bab Doukkala (DEV) – *En franchissant les remparts à Bab Doukkala et en suivant la rue Fatima Zohra, on peut aller en voiture jusqu'à la mosquée.* Élevée, au milieu du 16ᵉ s., par la pieuse Lalla Messouada, cette mosquée est dominée par un élégant **minaret** portant un décor d'entrelacs sur fond vert.

Zaouïa de Sidi ben Slimane (**EU**) – *Venant de la mosquée de Bab Doukkala, accès par la rue Dar el Glaoui qu'on prend à gauche dans la rue Fatima Zohra. On laisse la voiture sur une petite place, et on continue à pied, par d'étroites ruelles.*
Ce sanctuaire abrite le tombeau de l'un des 7 patrons de Marrakech.
A côté de la zaouïa, jolie fontaine avec carreaux de faïence et auvent sculpté.

★**Zaouïa de Sidi Bel Abbès** (**EU**) – *S'y rendre à pied de la zaouïa de Sidi ben Slimane.*
Sidi Bel Abbès, enterré ici, est un saint guérisseur et le patron le plus vénéré de Marrakech. Les abords du sanctuaire constituent une sorte de cour des Miracles. Un pittoresque passage bordé de petits ateliers, s'ouvrant à ses deux extrémités par une très jolie porte, précède la cour carrée sur laquelle donne l'entrée du sanctuaire ; face à celle-ci, on remarque une fontaine coiffée d'un auvent de cèdre sculpté et peint. On peut s'avancer dans une deuxième cour, pour mieux voir le minaret.

Zaouïa de Sidi ben Salah (**FV**) – *Accès à partir de Bab Rhemat, et par la rue Ba Ahmad. Laisser la voiture place Sidi Youb et continuer à pied par la rue du même nom.*
Le minaret de Sidi ben Salah date de l'époque mérinide (14ᵉ s.).

La cité des saints

Moulay Ismaïl, qui avait choisi Meknès pour capitale, institua à Marrakech (pour se faire pardonner les destructions qu'il y avait commises) un pèlerinage (« zyâra ») dont les jalons étaient les tombes de sept hommes.
Ces hommes, les sept saints patrons locaux de Marrakech, rapprochés au-delà des siècles par le lieu de leur sépulture (et qui, selon la croyance populaire, ne sont pas morts mais simplement endormis), valurent à la ville d'être appelée « la cité des saints » ou « la Bagdad du Maroc ». Il s'agissait de **Sidi Bel Abbès** (né à Ceuta en 1130), grand patron de la ville, vénéré des marchands, des paysans et des aveugles ; **Sidi Youssef**, sorte de Job marocain, protecteur des lépreux, enterré dans la zaouïa près de Bab Aghmât et dont la coupole date des Saadiens ; cadi **Aayad**, le juste ; **Mohamed ben Slimane el Djazouli**, le grand mystique du 14ᵉ s., qui repose dans la zaouïa non loin de Sidi Bel Abbès ; **Sidi Abd el Aziz**, mort en 1508 ; **Sidi Abdallah el Ghezouani**, l'ascète qui mourut en 1528 après avoir prophétisé la décadence de Fès ; et **l'imam Assouheili**, vieil érudit ramené d'Espagne par Abou Yacoub Youssef, enterré près de Bab Rob.
Aujourd'hui encore le pèlerinage qu'effectuent les fidèles, partant du Sud-Est de la ville, pour rejoindre le Sud-Ouest (la dernière halte étant la tombe d'Assouheili), est l'occasion d'autant de rassemblements autour de ces mausolées, perpétuant ainsi le culte des saints.

★**Jardin Majorelle** (**DU**) ⏱ – *Accès par l'avenue Yacoub el Mansour.*
Ce jardin fut dessiné et planté par le peintre français Jacques Majorelle qui vécut de 1922 à 1962. Il apparaît tel un tableau qui pourrait illustrer quelque roman de Pierre Loti : bambous géants, yuccas, daturas, bougainvillées, philodendrons, nénuphars, papyrus, cocotiers, palmiers associés à des touffes de cactées ou de succulentes et dont les feuilles se découpent dans le bleu du ciel, etc. autant d'essences, autant de couleurs naturelles se mêlent ici, dans un heureux mariage, à celles plus acides mais délibérément voulues par le peintre, de sa maison, des allées et pergolas, du kiosque, alliant le bleu dur des fontaines, des bordures et des façades au vert Véronèse des zelliges et des bassins et au rouge foncé qui recouvre allées et poteries.
Racheté par Yves Saint Laurent et Pierre Bergé qui ont su à merveille réhabiliter ce jardin polychrome, il abrite un **musée** d'art islamique (tapis, céramiques, poteries, bijoux, portes berbères provenant de différents villages du Sud...) et des souvenirs de Majorelle.

De Nancy à l'Atlas : Jacques Majorelle (1888-1962)

Fils de Louis Majorelle, un des maîtres de l'École de Nancy, Jacques Majorelle *(1)*, après des études à l'école des Beaux-Arts de Nancy et à l'Académie Julian à Paris, voyagea en Italie, en Espagne et, en 1910, en Égypte où il découvrit l'Afrique, ses foules, sa lumière. Adoptant l'existence du peuple, il prit pour thème principal la vie des fellahs.

Invité par le général Lyautey, nancéen comme lui et ami de sa famille, Majorelle gagna le Maroc et s'établit à Marrakech en 1917 en plein cœur de la médina, parcourant la ville en tous sens, la peignant sous tous les angles. En 1921 il entreprit l'ascension de l'Atlas à dos de mulet, peignant les forteresses de terre, puis voyagea aux confins du Sahara avant de s'établir définitivement à Marrakech en 1923 où, autour de sa villa de Bou-Saf-Saf se constitua une colonie d'artistes.

Marquée par un amour profond du Maroc, son œuvre fit preuve d'une grande variété de styles. Hésitant entre les représentations réalistes de la vie marocaine – adoptant tantôt des formes géométriques *(Le souk aux tapis à Marrakech)*, tantôt des scènes traitées en flou – et des peintures plus subtiles dans lesquelles il s'attachait à rendre la lumière du pays et les contrastes de couleurs, il influença bien des peintres vivant alors au Maroc.

Il réalisa toute une série de superbes gravures publiées en 1930 dans un ouvrage intitulé « *Les kasbahs de l'Atlas* », préfacé en ces termes par Lyautey : « Vos dessins aux chaudes couleurs, aux lignes résolument modernes, évoquent le charme prenant et toute la poésie des kasbahs de l'Atlas. »

Si Majorelle est plutôt méconnu en France aujourd'hui alors qu'il fit l'objet en son temps d'importantes expositions tant au Maroc qu'à Paris, et si la plupart de ses tableaux sont désormais dispersés dans des collections privées, on rencontre encore au Maroc certaines de ses œuvres exposées dans des édifices publics comme la Wilaya de Casablanca, l'hôtel de la Mamounia, le Consulat de France ou le musée du jardin Majorelle à Marrakech notamment. En France, le musée de l'École de Nancy possède plusieurs de ses œuvres, dont un portrait de son père et des paysages marocains.

---

(1) Pour en savoir plus sur ce peintre à qui on donna le surnom de « peintre de Marrakech », consulter le beau livre de Félix Marcilhac « Jacques Majorelle » paru aux Éditions ACR.

EXCURSIONS

Route de la Palmeraie – *Circuit de 20 km, au Nord-Est. Sortir par* ① *du plan, P 7 (route de Casablanca).*

Juste avant le pont sur l'oued Tensift, tourner à droite dans la petite route sinueuse qui s'enfonce dans la palmeraie.
De toutes les palmeraies du Maroc, celle de Marrakech est la plus septentrionale. Elle compte près de 100 000 arbres.

Au bout d'environ 7 km, on rejoint la P 24, qu'on prend à droite.

Sur la route d'Amizmiz – *54 km au Sud-Ouest. Sortir par* ④ *du plan, route S 501, puis à droite la S 507.*
Traverser la plaine du Haouz dominée par la haute muraille de l'Atlas, on aperçoit à l'écart de la route d'importantes kasbahs comme celle de Tamesloht ou du blond village d'Oumnast, puis on atteint la vallée de l'oued Nfiss.

Barrage Lalla Takerkoust – Appelé naguère encore barrage Cavagnac, il a pris le nom du marabout qui se trouve dans le voisinage : Lalla Takerkoust. Le Nfiss prend sa source au cœur du Haut Atlas dont les neiges l'alimentent jusqu'en mai. Dans la montagne, sa vallée est longée par la route de Tizi-n-Test. Puis elle s'échappe par des gorges pittoresques pour déboucher dans la plaine du Haouz : c'est à cet endroit qu'a été édifié un barrage long de 357 m, haut de 62 m, épais de 47 m à la base, destiné à l'irrigation du plat pays. La piste *(à gauche, 300 m après le pont sur le Nfiss)* qui conduit à la partie supérieure du barrage aboutit au sommet d'une colline d'où le regard embrasse tout le lac de retenue (longueur : 7 km ; capacité 78 millions de m³).
Quittant la vallée la S 507 se dirige, à travers le « dir », vers l'oliveraie d'Amizmiz.

Amizmiz – La douceur du nom d'Amizmiz n'a d'égale que celle de son **site**★ tel qu'on le découvre entre les oliviers à l'entrée de l'agglomération, bâtie sur les premières pentes du jbel Erdouz. Elle est traversée par un oued, affluent du Nfiss, qui s'enfonce profondément dans un vallon verdoyant dominé par la vieille kasbah.
Près des bureaux du Centre Administratif (à droite, immédiatement après le bois d'oliviers) on a une belle **vue** sur le bourg et le Haut Atlas. De l'autre côté de l'oued, au pied de la kasbah, le souk du mardi propose notamment la **poterie** d'Amizmiz, de facture très simple mais qui comporte de belles formes décorées d'un strict feston noir.

★★**Région d'Oukaïmeden** – *Circuit de 192 km au Sud-Est de Marrakech. Voir à Oukaïmeden.*

Circuit de 367 km à l'Est – *Environ 1 journée. Prévoir un pique-nique. Quitter Marrakech par* ② *du plan.*

La P 24 traverse la palmeraie, puis s'engage dans la plaine du Haouz, irriguée et couverte d'oliviers, de champs de blé et, vers Tamelelt, de plantations d'arbres fruitiers. L'horizon, au Sud, est limité par la barrière du Haut Atlas ourlée de neige une partie de l'année. Au Nord s'alignent les Jbilet, montagnettes hérissées de pointements rocheux.

Peu après Tamelelt, on laisse la grande route pour prendre à droite la S 508. Au bout de 44 km, à la bifurcation de Demnate, prendre à gauche vers Tanannt.

La route s'élève dans la zone de contact entre le Haut et le Moyen Atlas, empruntant des vallées plantées de céréales et d'arbres fruitiers. 22 km après **Tanannt**, petit bourg juché sur une colline au milieu des vergers, tourner à gauche dans la route 1811 qui, à travers des paysages très vallonnés, conduit aux cascades d'Ouzoud.

★ **Cascades d'Ouzoud** – *Page 66.*

Revenir par le même chemin jusqu'à la bifurcation de Demnate ; là, prendre à gauche.

Demnate – Au pied des premiers contreforts du Haut Atlas, dans la zone privilégiée qu'on appelle le « dir », Demnate émerge de la houle grise des oliviers. Cette grosse bourgade constituée de plusieurs villages aux maisons de pisé (ou de béton pour les plus récentes) était close par une enceinte aujourd'hui délabrée. Autrefois importante cité de passage et de commerce entre le Nord et le Sud, Demnate est aujourd'hui connue pour ses poteries vernissées et ses olives. C'est d'ailleurs l'une des villes où l'on rencontre le plus grand nombre de moulins à huile et où l'on sent une très forte odeur d'olive lorsque l'on y passe vers la fin novembre au moment de leur cueillette. Demnate est aussi l'une des portes principales pour les randonnées dans le Haut Atlas Central. Au pied des remparts, près de la porte de Marrakech que couronnent des merlons en épis, se tient le dimanche un souk animé et pittoresque.

A la sortie de Demnate, prendre à gauche.

La route s'élève, offrant des **vues**★ sur la ville, la kasbah et l'olivette. Puis elle s'accroche en corniche sur les versants fraîchement boisés dominés par une falaise calcaire. On remonte la vallée de l'oued Masseur, tapissée d'oliviers. A la sortie d'un virage, on découvre l'arche naturelle d'Imi-n-Ifri aux parois de calcaire ocre tapissées de verdure.

★ **Pont naturel d'Imi-n-Ifri** ⏱ – Imi-n-Ifri signifie en berbère « porte du gouffre ». Du chemin qui franchit celui-ci, on a une vue à droite sur la profonde cavité creusée par l'oued Masseur qui tombe en cascades parmi d'énormes rocs. Un sentier, très glissant par endroits, s'amorce avant le pont à gauche. Il permet de descendre au fond du gouffre, à l'entrée de la voûte garnie de stalactites *(durée : 1/2 h).* D'après la légende, un djinn habitait autrefois cette caverne. Ce génie à 7 têtes se plaisait à capter le torrent et à enlever les jeunes filles du voisinage. Pour l'amadouer, les gens de Demnate se résignèrent à lui livrer tous les ans une des plus belles filles du pays. Or, il arriva qu'une année ce fut la fille du caïd qui fut désignée. Son père, ne pouvant se résoudre à un tel sacrifice, fit appel à un homme énergique qui alla combattre le monstre dans son antre, et le terrassa. Du corps du djinn sortirent alors des milliers de vers qui donnèrent naissance à autant de corneilles. A l'entrée de l'arche, des oiseaux tournoient par centaines ; les enfants du pays les chassent la nuit.

Redescendre à Demnate pour rejoindre la route 6707, vers Marrakech.

A 38 km, tourner à gauche dans la route qui longe l'oued Tessaout bordé de superbes massifs de lauriers-roses et conduit au barrage.

On dit du **laurier-rose** qu'il est beau à voir mais cache de l'amertume. Cette plante est par ailleurs considérée comme le symbole de toutes les douleurs et de toutes les peines.
La légende prétend que Fatima, fille unique du Prophète, cracha par terre le jour où son époux fit entrer dans la maison une seconde épouse, et que de sa marque de rage naquit alors le laurier-rose, et le proverbe « la rivale est amère comme le laurier-rose ».

★ **Lac des Aït-Aadel** – Ce lac est formé par le barrage Moulay-Youssef. L'ouvrage, inauguré en 1970, est du type barrage-poids, en terre. Il s'inscrit dans un paysage de collines rouges dominées par un arrière-fond de montagnes.
Le lac, dont la profondeur peut atteindre 150 m, est riche en poissons de toutes sortes, et plus particulièrement en black-bass qui peuvent atteindre plusieurs kilos. La pêche peut s'y pratiquer toute l'année (pêche au lancer léger, pêche au leurre, pêche en bateau là où les berges sont trop escarpées pour la pêche à la mouche ou au poper).
Se reporter en fin de volume au chapitre des Loisirs pour connaître la réglementation concernant la pêche.

Revenir à la route de Marrakech.

Tazzerte – Se dressant légèrement à l'écart du village de Tazzerte, à gauche et un peu en retrait de la route *(accès par un chemin de terre)*, les anciennes **kasbahs**★ du Glaoui et de son cousin forment un ensemble de très belle allure. Les enfants qui se trouvent là indiquent comment pénétrer dans la cour de l'une des deux demeures, élégante avec ses deux étages de galeries, mais combien délabrée !

MEKNÈS★★

319783 habitants (les Meknassi)
Carte Michelin n° 959 plis 5, 22 et 27 – Lieu de séjour, p. 216.

Remarquablement située, comme Fès sa voisine, sur le grand axe qui traverse le Maroc d'Ouest en Est, Meknès se trouve également au carrefour de la route de Tanger et des voies de pénétration vers le Moyen Atlas.

La ville ancienne, que l'on découvre de très loin avec ses innombrables minarets, est bâtie sur une colline. L'oued Boufekrane la sépare de la ville moderne. Ville du Nord par son ciel, son architecture, ses couleurs, elle rappelle Marrakech par ses vastes espaces libres, ses imposantes proportions, sa population mêlée et la vie turbulente de ses souks.

Outre les remarquables monuments religieux qu'elle doit aux souverains almohades et mérinides, elle a gardé – de l'époque où Moulay Ismaïl la promut au rang de capitale –, de fort belles portes et les impressionnants vestiges de ses palais.

Si elle connut, sous le règne de Moulay Ismaïl, un exceptionnel éclat, Meknès a su demeurer une ville riche. Au 18e s. encore, première place de commerce du pays pour les cuirs et les grains, elle est restée un très gros marché. La culture des céréales, l'exploitation des oliviers et celle de la vigne dans la riche plaine du Saïs alimentent son commerce ainsi que ses minoteries, ses huileries, ses caves vinicoles – parmi les plus importantes du pays.

Une création berbère – Meknès fut fondée au 10e s., en même temps que Taza, par la tribu zénète des Meknassa.

L'abondance des eaux, la fertilité du sol, le nombre des arbres avaient séduit ces nomades venus des plaines et des plateaux désertiques de l'Est. Sur les rives de l'oued Boufekrane, ils établirent une série de villages entourés de jardins, qu'ils nommèrent « Meknassa-ez-zitoun » (« Meknès des Oliviers »).

Sous les Almoravides, une ville fortifiée naquit à côté des cités-jardins, sur l'emplacement de l'actuelle médina. Les Almohades, puis les Mérinides embellirent la ville, faisant édifier des mosquées et des médersas. Ces derniers avaient choisi Fès pour capitale ; Meknès devint au 14e s. le séjour préféré de leurs vizirs.

La chute des Mérinides amena le déclin de Meknès qui connut le sort sans gloire des petites villes de province, jusqu'au jour où le sultan Moulay Ismaïl en fit une cité impériale.

Bab Mansour

MOULAY ISMAÏL, LE GRAND SULTAN (1647-1727)

En 1672, à la mort de son frère Moulay Rachid, fondateur de la dynastie alaouite, Moulay Ismaïl proclamé sultan vint se fixer à Meknès, remodela la ville et en fit une capitale.

C'est l'une des figures les plus curieuses de l'histoire marocaine. A son avènement, il a 25 ans. Son caractère est un surprenant mélange de qualités remarquables et d'effroyables défauts. Historiographes, captifs, Européens venus à la cour de Meknès pour y négocier le rachat de prisonniers, diplomates – tel le Français Pidou de Saint-Olon – nous ont laissé sur ce souverain de nombreux témoignages : tous s'accordent pour vanter sa prestance, son extraordinaire force physique, son adresse à monter à cheval, son courage, sa volonté, sa vivacité d'esprit, sa clairvoyance politique, ses qualités d'organisateur et de guerrier, sa piété.

Mais ce prince qui, dans ses palais grandioses, menait une vie sans luxe, s'habillait de laine et se nourrissait sobrement, était pétri d'orgueil et aimait les richesses avec avidité. Il pressura ses sujets, allant jusqu'à faire dévaster leurs maisons, n'hésitant pas à les faire disparaître pour les déposséder. Cet homme instruit, qui se plaisait en discussions théologiques, était d'une cruauté et d'une violence inouïes. Il prenait plaisir, dit-on, à inventer des supplices inédits, et, pour des raisons futiles ou tout simplement afin de prouver son adresse, il lui arrivait de percer de sa lance ou de décapiter de son sabre des esclaves ou des prisonniers.

Les chiffres avancés à son propos donnent une idée de ce personnage hors mesure. 36 000 personnes auraient péri de sa main. Selon le sieur de Mouette, qui pendant plus de dix ans fut retenu à Meknès en captivité, « ses prisons contenaient 25 000 chrétiens... plus environ 30 000 criminels ». Dans ses écuries 30 000 esclaves entretenaient 12 000 chevaux. Son harem comptait 500 femmes de toutes races. Ses enfants ne se comptaient plus...

Un prétendant éconduit – Contemporain de Louis XIV, Moulay Ismaïl souhaitait voir se multiplier les échanges commerciaux entre le Maroc et la France ; il avait, de plus, beaucoup d'admiration pour la gloire et la puissance dont jouissait le Grand Roi. A plusieurs reprises, il envoya auprès de lui des ambassadeurs chargés de cadeaux : lions, tigres, autruches, etc. Du Roi Soleil, il reçut en retour des montres, des armes précieuses, des étoffes brochées d'or.

En 1699, l'une de ses ambassades obtint à la cour de Versailles un vif succès. Son chef ne manquait pas d'esprit. Comme on lui demandait pourquoi dans son pays on épousait plusieurs femmes, il répondit : « C'est afin de trouver réunies en plusieurs les qualités que chaque Française possède à elle seule. » Revenu à Meknès, l'envoyé fit part au sultan de l'émerveillement que lui avait causé la princesse de Conti, fille de Louis XIV et de Mademoiselle de Lavallière. Aussitôt, Moulay Ismaïl fit demander la main de la princesse. Louis XIV déclina la proposition.

Des haras humains – Dès le début de son règne, Moulay Ismaïl forma avec 16 000 esclaves noirs ramassés au Maroc ou achetés au Soudan une armée permanente dévouée à sa personne. Pour grossir régulièrement les effectifs, il donna à ses Noirs des femmes de leur couleur. C'est ainsi qu'il constitua des sortes de haras humains, établis à l'Ouest de Meknès dont il surveillait lui-même le rendement. Dès leur naissance, les enfants appartenaient à l'État. A 12 ans, ils étaient amenés au palais. Après leur avoir enseigné les rudiments d'un métier, on utilisait les garçons comme maçons ; vers leur quinzième année, ils étaient incorporés. A 10 ans, les filles étaient initiées aux travaux ménagers ; puis mariées aux jeunes recrues.

Grâce à ce système, la garde noire de Moulay Ismaïl, qui constituait une véritable famille, comptait vers la fin de son règne environ 150 000 hommes. Elle lui permit de soumettre les tribus dissidentes de l'Atlas, de chasser les chrétiens de la côte marocaine (à l'exception de Mellila, de Ceuta et de l'actuelle El-Jadida), d'arrêter l'invasion des Turcs maîtres de la Tunisie et de l'Algérie, d'unifier et de pacifier l'empire chérifien.

Un constructeur mégalomane – Ce grand monarque avait une passion : durant tout son règne, il fit bâtir, démolir et rebâtir sans trêve. 30 000 esclaves et 3 000 prisonniers chrétiens étaient employés à ces travaux ; ils édifièrent des kilomètres de murailles, d'immenses palais, des mosquées, des bassins, des magasins, des écuries, une formidable ville fortifiée. Le sultan se rendait en personne sur les chantiers et surveillait les ouvriers, ne dédaignant pas de donner lui-même l'exemple. La moindre négligence, le plus court répit dans le travail le mettaient hors de lui. Du fouet il réveillait les indolents, ou de la pique les plongeait dans un sommeil définitif.

Dans un premier temps, Moulay Ismaïl s'attacha à protéger et à embellir la cité. On la ceintura de remparts percés de portes monumentales, on la dota de nouvelles mosquées et de fontaines ; à sa limite, on construisit un vaste palais, Dar Kebira.

Mais Moulay Ismaïl ne pouvait se contenter de cela. Il imagina d'édifier, au Sud de la ville, une cité impériale aux colossales proportions, et dont le cœur était cette fois la résidence princière. Un nouveau palais fut construit ; on lui adjoignit de gigantesques dépendances : pavillons, entrepôts, écuries, casernes, arsenal s'ordonnaient autour de nombreuses cours, étaient séparés par d'immenses espaces libres, de vastes jardins, des pièces d'eau. Près de 25 km de murailles entouraient cet ensemble cyclopéen.

Ce qui reste d'une œuvre colossale – Malgré le mot présomptueux du sultan bâtisseur : « Moi, j'ai fait ces constructions ; on les démolira si l'on peut », la ville impériale de Meknès est tombée en ruine. Le temps n'a pas été le seul destructeur. Pour embellir ses appartements et ses jardins, Moulay Ismaïl avait pillé les ruines de Volubilis et dévasté le palais d'El Badia à Marrakech ; pour décorer leurs mosquées, leurs médersas et leurs demeures, ses fils et petits-fils dépouillèrent les palais de Meknès de leurs marbres et de leurs mosaïques, en arrachèrent les tuiles et réemployèrent les briques et les matériaux de toutes sortes dans leurs propres constructions.

En dépit des ravages du temps et des hommes, la ville de Moulay Ismaïl conserve une indéniable grandeur. Ses amples espaces, ses couloirs démesurés, « ses portes géantes... qui s'ouvrent sur le souvenir d'une majesté défunte », les vestiges solennels de ses édifices évoquent de façon saisissante la puissance d'un sultan qui terrifia le Maroc mais y fit régner l'ordre et la sécurité.

⋆⋆LE TOUR DE LA MÉDINA ET LA VILLE IMPÉRIALE

Promenade en voiture – environ 4 h – itinéraire indiqué sur le plan p. 140

Partir de l'avenue Mohammed V, la grande artère commerçante de la ville nouvelle.

La rue Almriniyine (**BY**) offre de très belles **vues⋆** sur la ville ancienne bâtie à flanc de colline, et formant une longue bande de murs ocre et blanc, hérissée de minarets. Le soir, cette vision de la médina avec ses innombrables petites lumières, au-delà de la zone d'ombre formée par la dépression de l'oued Boufekrane, prend un caractère d'irréalité.

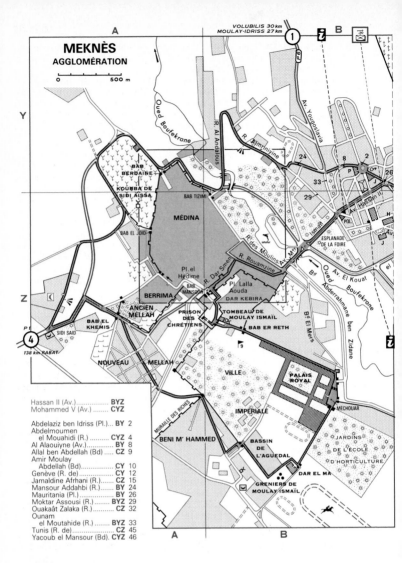

MEKNÈS
AGGLOMÉRATION

0   500 m

VOLUBILIS 30 km
MOULAY-IDRISS 27 km

MÉDINA

BAB BERDAÏNE
KOUBBA DE SIDI AÏSSA
BAB TIZIMI
BAB EL JDID
Pl. el Hédime
BERRIMA
BAB MANSOUR
Pl. Lalla Aouda
DAR KEBIRA
ANCIEN MELLAH
PRISON DES CHRÉTIENS
TOMBEAU DE MOULAY ISMAÏL
BAB ER RETH
BAB EL KHEMIS
SIDI SAÏD
138 km RABAT
NOUVEAU MELLAH
VILLE
PALAIS ROYAL
MÉCHOUAR
IMPÉRIALE
MURAILLE DES RICHS
BENI M' HAMMED
BASSIN DE L'AGUEDAL
JARDINS DE L'ÉCOLE D'HORTICULTURE
DAR EL MA
GRENIERS DE MOULAY ISMAÏL
ESPLANADE DE LA FOIRE

Oued Boufekrane
R. El Andalous
R. Aïmriniyine
Av. Yougoslavia
R. des Moulins
R. Rouamzine
R. Dar Smen
Bd. El Mers
Oued Abderrahmane ben Zidane
Av. El Kouat

Hassan II (Av.)................. **BYZ**
Mohammed V (Av.) .... **CYZ**

Abdelaziz ben Idriss (Pl.)... **BY** 2
Abdelmoumen
  el Mouahidi (R.) .... **CYZ** 4
Al Alaouiyne (Av.).............. **BY** 8
Allal ben Abdellah (Bd) ..... **CZ** 9
Amir Moulay
  Abdellah (Bd)................ **CY** 10
Genève (R. de).................. **CY** 12
Jamaldine Afrhani (R.)....... **CZ** 15
Mansour Addahbi (R.)...... **BY** 24
Mauritania (Pl.)................. **BY** 26
Moktar Assousi (R.)........ **BYZ** 29
Ouakaât Zalaka (R.).......... **CZ** 32
Ounam
  el Moutahide (R.) .... **BYZ** 33
Tunis (R. de)...................... **CZ** 45
Yacoub el Mansour (Bd). **CYZ** 46

★**Bab Berdaïne (AY)** – Cette belle porte massive, flanquée de deux énormes bastions carrés et décorée de faïences vertes, fut construite par Moulay Ismaïl. Son arc encadre le haut minaret de la mosquée du même nom, édifiée elle aussi par ce souverain.

Après Bab Berdaïne, la route contourne le plus ancien cimetière musulman de la ville.

Koubba de Sidi Aïssa (AYZ) *Entrée interdite* – Dans ce petit bâtiment carré, très blanc, surmonté d'un toit à quatre pans couvert de tuiles vertes, repose le patron de Meknès. Sidi Aïssa vivait, dit-on, au temps de Moulay Ismaïl, et parcourait le Maroc, prêchant la pure doctrine islamique. On ne comptait plus ses miracles. Ses admirateurs devinrent si nombreux qu'il résolut de faire un choix parmi eux.

Si on en croit la légende, il les rassemble un jour sur une vaste place devant sa maison et leur dit : « Le Prophète exige que je sacrifie mes plus fidèles disciples. Que ceux d'entre vous qui prétendent l'être entrent chez moi pour y être immolés. » Un premier disciple se présente ; Sidi Aïssa l'introduit dans sa demeure. On entend bientôt un grand cri et un flot de sang s'écoule sur le seuil de la porte. Un deuxième s'offre, puis un troisième, et chaque fois un ruisseau de sang se répand hors de la maison. Cet horrible spectacle fait peu à peu le vide parmi les assistants. Après le quarantième volontaire, il ne reste plus personne sur la place. Alors Sidi Aïssa sort de son logis à la tête des quarante immolés. Parcourant la ville, il déclare aux populations ébahies qu'Allah a donné à ses disciples le pouvoir de faire couler leur propre sang sans en mourir. Les incrédules racontent que ce miracle coûta la vie à quarante moutons. Telle serait l'origine de la puissante confrérie des **Aïssaouas** et des rites sanglants qui, autrefois, accompagnaient ses pratiques religieuses, tenues comme impies par les autres musulmans.

C'est à Meknès, à l'époque du Mouloud, que les Aïssaouas tiennent leur grand moussem. Venus de tous les points du Maroc, et même d'Algérie et de Tunisie, ils se rassemblent dans le cimetière qui entoure la koubba de Sidi Aïssa, et, de là, partent en processions à travers la ville.

Face à la koubba de Sidi Aïssa, prendre à droite.

La route, en descente, procure des vues à gauche, sur le mellah. Arrivé à un carrefour où s'élève la mosquée de Sidi Saïd (18e s.), tourner à gauche, en face du minaret.

140

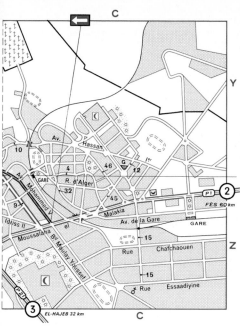

On entre dans la ville ancienne par Bab el Khemis.

★**Bab el Khemis (AZ)** – Par son architecture et sa décoration, cette très belle porte ressemble à Bab Berdaïne. Flanquée comme elle de deux bastions carrés, ici en partie ruinés, elle est ornée de sculptures et de céramiques vertes. Une bande d'inscriptions en caractères cursifs sombres surmonte son encadrement. Du quartier « des jardins » que Moulay Ismaïl fit édifier à l'Ouest de Dar Kebira, pour ses vizirs et des hauts fonctionnaires, Bab el Khemis est le seul reste. Moulay Abdallah son fils fit en effet raser cette partie de la ville pour se venger des acclamations iro-niques qui l'avaient accueilli au retour d'une expédition infruc-tueuse contre les Berbères.

Tout de suite après Bab el Khe-mis, prendre à droite une rue qui traverse le nouveau mellah.

Après avoir croisé une voie importante, à double chaussée sur la gauche, on continue jusqu'à une muraille que l'on franchit par un passage à double arcade. Les habitants de Meknès désignent cette muraille par le nom de « muraille des riches » car, au 17e s., habiter à l'intérieur de cette enceinte, qui constituait une protection supplémentaire contre les invasions berbères, était un privilège réservé aux Meknassi les plus aisés.

Bassin de l'Aguedal (BZ) – Aménagé par Moulay Ismaïl, ce vaste réservoir était destiné à l'irrigation des jardins de l'Aguedal et aux divertissements nautiques des femmes du sultan. Il pouvait en outre constituer une réserve d'eau, pour le cas où des tribus berbères auraient assiégé Meknès.
Le bassin est dominé, à droite, par les ruines des anciens greniers de Moulay Ismaïl.
Après le bassin, la route décrit un coude ; à droite, s'ouvre l'entrée de Dar el Ma.

★**Dar el Ma (BZ)** ⊙ – Cet énorme bâtiment carré constituait l'un des magasins de Moulay Ismaïl. Construit à l'échelle du palais, il donne une idée des dimensions que le grand sultan donnait à ses créations.

C'est ici que l'on entreposait les réserves de grains et le foin destiné aux 12 000 che-vaux qui composaient l'écu-rie de Moulay Ismaïl. Mais « Dar el Ma » signifie « mai-son de l'eau », et l'on peut y voir aujourd'hui encore les citernes profondes de 40 m, d'où on faisait monter l'eau grâce à un système de no-rias actionnées probable-ment par des chevaux.

Ces salles immenses, d'une hauteur impressionnante, et aux murs épais de plusieurs mètres, sont éclairées par des ouvertures ménagées au centre de la voûte.

★**Greniers de Moulay Ismaïl** – On les appelle aussi « écu-ries de Moulay Ismaïl » car ils pouvaient abriter jusqu'à 12 000 chevaux. Comme Dar el Ma auquel ils sont contigus, ils servaient d'en-trepôts.

Il s'agit en fait d'une unique salle, comprenant 23 nefs, et dont la hauteur devait être supérieure à 12 m.

Greniers de Moulay Ismaïl

L'étendue de l'édifice, les longues perspectives de puissants piliers et d'arcs massifs privés de leurs voûtes, la nudité du pisé rongé par le temps donnent à ces ruines un caractère de rudesse et de solennité.

Le toit de Dar el Ma, en terrasse, a été aménagé en jardins auxquels on accède par un escalier extérieur. De là on découvre, au pied de l'édifice, la pièce d'eau de l'Aguedal, puis les ruines du palais du sultan et, plus loin, la médina.

On longe les jardins de l'école d'Horticulture à droite, puis on traverse le méchouar, sur cette cour aménagée à l'intérieur des fortifications, donne à gauche l'entrée du palais royal, partie du **nouveau palais** de Moulay Ismaïl restaurée au 19e s. *(On ne visite pas.)*

Aussitôt après, la rue rectiligne, bordée de hautes murailles, forme une sorte de couloir. Ce passage reliait à l'ancienne Meknès et au palais de Dar Kebira la nouvelle cité impériale conçue par Moulay Ismaïl.

Bab er Reth (**BZ**) – Porte monumentale dont les gros piliers de marbre, de 1,25 m de diamètre, annoncent ceux de Bab Mansour (voir ci-dessous).

On débouche sur une petite place : à droite se trouve le tombeau de Moulay Ismaïl.

★**Tombeau de Moulay Ismaïl** (**BZ**) ⊙ – Cet édifice a fait l'objet d'importants travaux de restauration. C'est le seul sanctuaire du Maroc qui soit ouvert aux non-musulmans.

On pénètre dans le mausolée par une porte très ouvragée, décorée d'entrelacs et surmontée d'un auvent aux tuiles vertes. Une suite de salles, à ciel ouvert, et une cour aux ablutions précèdent le sanctuaire. D'une pièce contiguë à ce dernier, et à l'entrée de laquelle on doit se déchausser, on admire la salle ornée de stucs et de mosaïques où repose le sultan.

Du mausolée de Moulay Ismaïl, se rendre à la prison des Chrétiens : en sortant, passer sous la porte à triple arcade, et descendre les quelques marches qui se trouvent de l'autre côté de la rue.

Près d'un pavillon qui était réservé aux ambassadeurs, au bord d'une allée, s'ouvre un peu en contrebas l'entrée de la prison des Chrétiens.

Prison des Chrétiens (**ABZ**) – Dans cette prison constituée par de vastes souterrains, les sultans détenaient, dit-on, les captifs européens qui travaillaient aux fortifications.

On appelle aussi cette prison « prison de Cara », du nom d'un prisonnier portugais à qui Moulay Ismaïl aurait promis la liberté s'il parvenait à trouver le plan d'une prison pouvant contenir 40 000 captifs.

Une partie de ces souterrains, qui mesuraient 7 km sur 7 km, a été détruite lors d'un tremblement de terre. Les salles sont éclairées grâce à des trous d'aération pratiqués il y a un demi-siècle dans les voûtes.

Reprendre la voiture.

Aussitôt après être repassé sous la porte à triple arcade proche du mausolée de Moulay Ismaïl, tourner deux fois à droite pour rejoindre la vaste place Lalla Aouda que dominent les remparts de Dar Kebira, le premier palais de Moulay Ismaïl, dont il ne reste que des ruines.

La rue fait un coude à gauche et on traverse la place pour franchir une double porte ; en tournant à gauche tout de suite après cette dernière, on débouche sur la place el Hédime.

Place el Hédime (**AZ**) – Cette grande place est située à la limite de la ville ancienne et de la cité impériale de Moulay Ismaïl. Elle doit son nom (place « de la Démolition ») aux décombres qui y furent entreposés lorsque le sultan bâtisseur eut fait raser un nombre considérable d'édifices, avant d'entreprendre ses gigantesques travaux.

Une grande animation y règne, particulièrement l'après-midi. Des porteurs d'eau y agitent leurs clochettes, en quête d'amateurs photographes et de clients.

Deux portes monumentales dominent la place : Bab Jema en Nouar et la célèbre Bab Mansour.

Détail de Bab Mansour

F. Peuriot/O.N.M.T.

MEKNÈS
MÉDINA

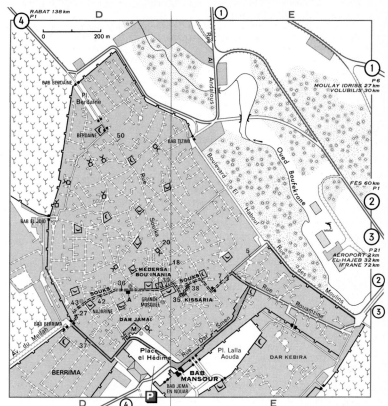

★★Bab Mansour (**ABZ**) – Moulay Ismaïl couronna son œuvre de bâtisseur par cette construction aux proportions majestueuses, commencée peu de temps avant sa mort, et achevée vers 1732 par son fils Moulay Abdallah. Cette porte, la plus importante de Meknès et l'une des plus célèbres d'Afrique du Nord, marquait d'une sorte d'arc triomphal l'accès à la cité impériale.

Bab Mansour, appelée aussi la porte « du renégat », aurait eu pour architecte un chrétien converti à l'Islam.

Elle reprend, dans sa partie centrale, des thèmes traditionnels de l'architecture musulmane : baie en fer à cheval légèrement brisé, voussure polylobée rehaussée d'entrelacs, écoinçons enrichis d'une décoration extrêmement fouillée, encadrement orné d'un réseau de losanges incrustés de céramiques où dominent les tons de vert, et, couronnant le tout, une frise portant une inscription en caractères cursifs, que surmonte une rangée de créneaux.

Les mêmes motifs de décoration se retrouvent dans les deux bastions en avancée qui flanquent le corps central ; ces derniers, ajourés dans leur partie inférieure d'arcades à piliers trapus, sont traités en manière de loggia. De part et d'autre de la porte, deux autres avancées, beaucoup plus étroites, reposent sur de hautes colonnes de marbre à chapiteaux composites provenant vraisemblablement de Pise.

★★LA MÉDINA *Circuit à pied – environ 2 h 1/2 – plan p. 140*

Prendre sur la place el Hédime la rue Dar Smen qui commence devant Bab Mansour. Au bout de cette rue tourner à gauche, puis, à un nouveau croisement, encore à gauche dans la rue Akba Ziadine, assez étroite et en forte montée. Aussitôt après avoir franchi une double porte voûtée on tourne à droite, et un peu plus loin à gauche, pour pénétrer dans les souks.

★Souks – Ils rayonnent autour de la Grande Mosquée. Si le commerce des produits manufacturés y occupe parfois, au gré du visiteur, une trop large place, les souks de Meknès n'en restent pas moins très pittoresques par leur cadre et par l'atmosphère qui y règne. Souvent couverts de treilles ou de roseaux, très animés, bruyants, ils sont pleins d'imprévu.

Le premier souk rencontré est celui des marchands de tapis et d'objets d'art local. Un peu avant d'arriver à la Grande Mosquée dont on aperçoit le minaret au bout de la ruelle, pénétrer sous un porche à gauche, pour traverser la **kissaria** (souk des étoffes).

Au sortir de la kissaria, tourner à droite dans la rue Sabab Socha, puis à gauche dans le souk Kebbabine. On contourne ainsi la Grande Mosquée séparée de la rue par une bordure de maisons. On arrive bientôt à la médersa Bou Inania.

143

★**Médersa Bou Inania** (D) ⌚ – La médersa Bou Inania, désaffectée, a été édifiée – comme la plupart des médersas – par les sultans mérinides, au 14ᵉ s. Sa construction fut achevée en 1358 par Abou Inan, qui donna son nom à l'édifice (ainsi qu'à l'autre médersa Bou Inania de Fès).

Une belle porte aux vantaux recouverts de bronze, abritée par un auvent que surmonte un dôme, donne accès à un vestibule sur lequel s'ouvre la **cour**★★.

Les murs de cette cour, tapissés de zelliges, d'inscriptions, de plâtres ciselés, et de magnifiques sculptures sur bois de cèdre, offrent un merveilleux exemple de décoration hispano-mauresque.

Au premier étage, sur des galeries, donnent les fenêtres des chambres d'étudiants (la Bou Inania pouvait en accueillir une centaine). Le bassin des ablutions est constitué par une très jolie vasque en forme de coquille.

A droite, s'ouvre la salle de prière, très haute, de plan carré, au beau plafond de cèdre sculpté. Le mihrab de stuc fait face à la porte.

On visite quelques chambres d'étudiants, extrêmement exiguës.

En sortant de la médersa, continuer à suivre la grande rue des souks, qui prend à partir de là le nom de rue Sebat.

Ce quartier est plus spécialement réservé aux marchands de lingerie. Quelques boutiques de maroquinerie et de dinanderie bordent la rue.

Peu après une bifurcation au milieu de laquelle se trouve une fontaine, s'ouvre à gauche un **fondouk** (D A) où, dans une odeur de bois de cèdre, travaillent des menuisiers. Au rez-de-chaussée, la cour carrée est bordée d'ateliers. Dans quelques-unes des anciennes chambres qui, au 1ᵉʳ étage, donnent sur une galerie, des fabricants de babouches se sont installés.

On continue à suivre la rue Sebat, à laquelle fait suite le souk Kiatine el Najarine.

Ici et là, s'ouvrent des boutiques de caftans et de djellabas ; des magasins minuscules où sont empilés des fuseaux de soie multicolores, servant à la confection de ces vêtements ; dans de petites cours en impasse, on peut observer le travail des tailleurs dans leurs ateliers.

Une odeur de cèdre annonce le souk des menuisiers, que domine le minaret de la mosquée Najarine. Puis, c'est le tintamarre des chaudronniers.

Sortir de la médina en tournant à gauche au bout du souk Ksadria, puis à droite dans une ruelle en escalier ; à gauche, la rue Sékakine ramène à la place el Hédime.

Dar Jamaï (D) ⌚ – *Entrée sur la place el Hédime*. Cette jolie demeure fut construite à la fin du 19ᵉ s. par le grand vizir Jamaï – dignitaire de la cour de Moulay Hassan – qui tomba en disgrâce sous le règne du sultan Abdelaziz, vit ses biens confisqués et mourut en prison.

Autour du jardin, s'ordonnent les appartements convertis en musée.

★**Musée des Arts marocains** (D M) – Il est consacré à l'artisanat meknassi ainsi qu'à celui du Haut Atlas et du Sud marocain. Travail du bois, céramique, orfèvrerie, damasquinage, ferronnerie, broderie, y sont représentés ; des notices instruisent le visiteur sur ces différentes formes d'artisanat.

Au rez-de-chaussée, la première salle que l'on visite est réservée au travail du bois (essentiellement meknassi) : panneaux décoratifs pour plafonds ou fontaines, arcs à stalactites qui encadrent l'entrée des pièces de réception et des alcôves, etc. Partout on rencontre une très belle décoration peinte à motifs géométriques ou floraux.

On remarque aussi, entourée de divers cadeaux de mariage, une grande chaise en bois sculpté et peint destinée à la présentation de la nouvelle épousée, ainsi que des Corans anciens.

Donnant sur une sorte de patio, deux salles sont réservées à la céramique. On retrouve, dans ce domaine, une décoration tantôt bleu et blanc, tantôt polychrome, dont les motifs sont empruntés à la géométrie ou au monde végétal.

Une troisième salle, donnant également sur le patio, est consacrée aux broderies meknassies – caractérisées par un semis en diagonale, ainsi que des broderies de Rabat et de Tétouan.

Dans un passage de nombreuses grilles permettent d'apprécier l'évolution du fer forgé.

Dans la salle suivante (anciennes cuisines), reconstitutions d'un atelier de maréchal-ferrant : les outils présentés ici sont pour la plupart utilisés encore aujourd'hui ; d'une scène berbère : Berbère du Rif dans sa tente ; d'une scène citadine : femme en caftan s'apprêtant pour le thé.

Dans une petite salle sont présentés, dans leur fourreau d'argent ciselé, des sabres de parade portés par les dignitaires de la cour et les militaires de haut rang.

A l'étage, flanquée d'une chambre à coucher et d'une salle à manger, une grande pièce au plafond sculpté reconstitue la salle de réception du vizir. Dans les appartements des femmes, ravissants par leur décoration, sont exposés les bijoux berbères et citadins.

En redescendant, on remarque, accrochée au mur, une trompette de cuivre utilisée lors des manifestations folkloriques ou pour réveiller les fidèles durant les nuits de ramadan : c'est un travail extrêmement soigné, exécuté par des artisans de Meknès.

Du jardin, typiquement andalou, on peut entrer dans l'ancien oratoire du palais, très simple, où sont présentés un minbar (chaire à prêcher) du 17ᵉ s., et des bois anciens.

EXCURSION

★★ Moulay-Idriss – *62 km – environ 4 h. Quitter Meknès par ① du plan, route P 6.*

Dès la sortie de Meknès, on traverse une zone de cultures, très irriguée et assez accidentée. Arrivé à une bifurcation, à 10 km de la ville, prendre à droite la P 28 vers Moulay-Idriss ; on aborde bientôt les premières pentes du Zerhoun.

Le **Zerhoun** forme la pointe occidentale des « collines prérifaines » qui s'étendent, d'Ouest en Est, de l'oued Beth à Taza. De tous les massifs qui composent ce Prérif, il est le plus vaste et le plus élevé (1 118 m). L'érosion l'a entaillé de gorges et y a découpé une multitude de falaises et de pitons. Les eaux y abondent, aussi ses flancs sont-ils très peuplés, et depuis longtemps. De nombreux villages, établis à mi-pente sur la ligne des sources, ceinturent le versant Sud. Dans les régions basses, on cultive les céréales ; plus haut, orangers, citronniers, figuiers, vignes et oliviers, font des pentes du Zerhoun un véritable verger. Bientôt Moulay-Idriss apparaît bâtie sur une éminence.

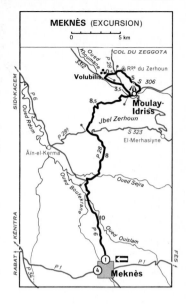

Arrivé au pied de Moulay-Idriss (que l'on visitera au retour), laissant la ville sur la droite, continuer la P 28, puis prendre à gauche la 3312 en direction de Volubilis ; puis tourner à droite dans la petite route qui conduit aux ruines.

★ Volubilis – *Voir à ce nom.*

En sortant de Volubilis, revenir à la P 28, dans laquelle on tourne à gauche ; aussitôt après, prendre à droite la route S 306 (route du refuge du Zerhoun) qui s'élève, sinueuse, parmi les oliviers.

En arrivant à Moulay-Idriss, on découvre à droite de belles **vues** sur la ville.

★★ Moulay-Idriss – *Voir à ce nom.*

Rentrer à Meknès par le même chemin qu'à l'aller.

MELILLA

Territoire espagnol

58 449 habitants

Carte Michelin n° 959 plis 6 et 11 – Lieu de séjour, p. 216

On accède à Melilla à partir de Nador par une large route qui, dans un morne paysage, longe une lagune. La ville est située à la racine d'une presqu'île dont les reliefs tourmentés forment dans la Méditerranée une saillie longue de 20 km à l'extrémité de laquelle se dresse le cap des Trois Fourches. Melilla est une cité vivante, mais calme, presque exclusivement européenne, dont le centre, percé de larges artères, présente un aspect cossu. La zone maraîchère et les vergers qui à l'Ouest et au Sud entourent l'agglomération, la présence de deux parcs au cœur de celle-ci, les barques de pêche et les voiliers font un peu oublier les installations portuaires.

Formalités et renseignements pratiques – *Voir à Ceuta.*

UN PEU D'HISTOIRE

Melilla eut sans doute pour ancêtre l'antique Rusaddir, comptoir phénicien dont le nom contenait, dans sa racine sémitique « rus », le mot « cap ». Comme la plupart des villes côtières du Nord, elle fut la proie des peuples navigateurs et conquérants. De la domination de Carthage, elle passa sous celle de Rome. C'est ainsi qu'on la trouve, au 1er s. après J.-C., à l'extrême pointe orientale de la Maurétanie Tingitane. A la fin du 15e s., les Espagnols qui, par la prise de Grenade (1492), venaient d'achever leur « Reconquête », rêvaient de pousser leur victoire de l'autre côté du détroit. Les accords passés avec les Portugais leur interdisaient les places du Maroc, exception faite pour Melilla ; aussi, est-ce tout naturellement vers ce port que leurs ambitions se tournèrent.

La ville a cessé, depuis 1497, d'appartenir à l'Espagne. Ni les tentatives de Moulay Ismaïl, à la fin du 17e s., ni, près d'un siècle plus tard, l'énorme effort de Mohammed ben Abdallah qui réussit à reprendre Mazagan aux Portugais, ne furent couronnés de succès. En 1909, à la suite d'une attaque rifaine au cours de laquelle plusieurs ouvriers européens qui travaillaient aux mines proches de Melilla trouvèrent la mort, l'Espagne décida d'élargir le territoire de protection de la ville. Une campagne de plusieurs mois la rendit maîtresse d'une zone qui s'étendait de l'oued à la Moulouya et qui, ultérieurement, s'agrandit encore.

Mais en juillet 1921, la victoire remportée par les troupes de la résistance rifaine ralliées autour d'Abd el Krim, ramena les Marocains aux portes de Melilla. En 1926, après la défaite d'Abd el Krim, les Espagnols raffermirent leur position. Ils conservèrent Melilla en 1956, quand fut reconnue l'indépendance du Maroc.

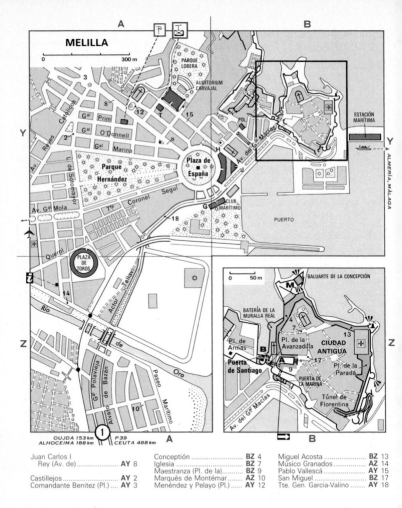

CURIOSITÉS *visite : 1 h*

Après avoir franchi le Rio de Oro, on débouche sur la **plaza de España** (**AY**), qui fait face au port.

Sur cette place circulaire, centre de la ville moderne, donne le **parc Hernandez** dont les parterres, les tonnelles fleuries, les palmiers et les araucarias font la fierté des habitants de Melilla. Ici aboutit l'avenida de Juan Carlos I, Rey, l'artère commerçante de la ville.

★**Vieille ville** (**BZ**) – *Accès par une montée d'escaliers pratiquée dans la muraille qui se dresse à l'extrémité de l'avenida del General Macias.*
Bâtie sur une presqu'île rocheuse, ceinte de fortifications construites aux 16e et 17e s., la vieille ville domine le port.
Elle constitua, jusqu'au début du 20e s., le cœur de la cité.
Pénétrer à l'intérieur des remparts par la porte de la Marine (puerta de la Marina) ; on débouche sur la petite plaza de la Maestranza ; là prendre à gauche puis traverser la minuscule **chapelle de Santiago** (**A**) *(au fond d'un passage en tunnel)*, que l'on reconnaîtra à sa voûte gothique ; puis, après la plaza de la Avanzadilla, l'ancienne **salle des gardes** (**B**).

Porte de Santiago (Puerta de Santiago) – Elle s'ouvre sur un pont donnant accès à la place de Armas ; sur sa face extérieure, un écusson aux armes de Charles Quint. Revenir à la plaza de la Maestranza, au fond de laquelle on gravit quelques marches ; tourner aussitôt à gauche pour longer les fortifications ; on parvient au Baluarte de la Concepción, bastion à l'intérieur duquel a été aménagé un petit musée.

Musée municipal (**M**) ⊘ – Des poteries, des vases, des monnaies, des bijoux, trouvés dans la région de Melilla évoquent les civilisations phénicienne, carthaginoise et romaine. Remarquer, dans la 2e vitrine à droite en entrant, un curieux biberon romain en forme de petit chien ; dans la vitrine suivante, des bracelets phéniciens et diverses pièces préhistoriques provenant du Sahara occidental.
Des armes espagnoles sont accrochées aux murs, tels cette arquebuse du 17e s., placée au-dessus de la 2e vitrine, et ces fusils arabes, des 18e et 19e s.

Points de vue – De la terrasse qui surmonte le musée, on découvre un **panorama**★ sur la vieille ville, le port, la ville nouvelle et, au Nord, sur le cap des Trois Fourches.
En sortant du musée, continuer tout droit, pour descendre vers le port.
La plate-forme proche du phare offre une bonne vue sur les échancrures de la côte et sur le cap. A l'extrémité de la plaza de la Parada, on découvre le port, la plage de la Hipica et la lagune.

146

MIDELT

24 578 habitants

Carte Michelin n° 959 plis 5, 23 et 50 – Schéma p. 152 – Souk le dimanche.

Un quartier d'aspect très européen et, de l'autre côté d'un vallon, un ancien ksar composent Midelt, cité montagnarde installée à 1 488 m d'altitude, et ville d'étape entre le Moyen et le Haut Atlas, sur la route du Sud Marocain.

En outre, Midelt offre au voyageur son remarquable **site** au pied de **jbel Ayachi** (3 737 m), et constitue, été comme hiver, une base de départ idéale pour des randonnées ⏱ plus ou moins longues, à pied, à cheval ou en 4 x 4, pour rayonner dans la région ou effectuer des circuits en montagne.

En été, il est possible, par exemple, de faire le tour du jbel Ayachi, au départ de Midelt ou de Tattiouine, à travers une forêt mixte de genévriers et de chênes verts. En hiver, la longue et sévère muraille de l'Ayachi, enneigée une grande partie de l'année, se parcourt également à skis.

Au Nord-Est de Midelt, d'importants gisements de plomb furent exploités jusqu'à ces dernières années, à **Mibladen** et **Aouli** (ce dernier était connu pour la variété de ses échantillons minéralogiques), le minerai étant après traitement sur place acheminé vers Kénitra. Aujourd'hui, les mines ont cessé toute activité.

Celles-ci, à environ 25 km de Midelt par la route 3419, constituent cependant un agréable but d'excursion dans un paysage de gorges, le long de l'oued Moulouya bordé de larges massifs de lauriers-roses *(route étroite et par endroits en mauvais état)*. Si le site est beau, il s'en dégage une certaine mélancolie qu'accentuent les modestes habitations des mineurs disséminées dans les rochers, la petite mosquée rose tout aussi abandonnée surplombant l'oued, les rails à flanc de colline, sur lesquels sont encore accrochés quelques wagonnets. Au-delà de la mine, il est possible de poursuivre jusqu'au village d'Aouli, en longeant l'oued.

Atelier de tissage des Sœurs Franciscaines ⏱ – Il est installé dans un petit couvent situé à gauche de la route 3418 *(signalisation pour Jaffar et Tattiouine)*, qui traverse la kasbah Myriem. On y fabrique des couvertures, des tapis, des tentures berbères et de la broderie marocaine.

EXCURSION

★★Cirque de Jaffar – *Circuit de 79 km, 54 km de pistes très mauvaises et praticables seulement par temps sec, ne permettent de l'entreprendre que de mai à novembre. Se renseigner à Midelt sur l'état des pistes. Compter une journée, et emporter un repas froid.*

Quitter Midelt par la route de Meknès (P 21), de loin en loin jalonnée de kasbahs ; elle traverse le plateau de l'Arid dont la terre caillouteuse porte quelques touffes d'alfa.

Au bout de 15 km, prendre à gauche une piste en direction d'Ait ben Ali-Mitkane et suivre la signalisation pour Mitkane (piste 3426).

On passe auprès de kasbahs ou de simples villages, dispersés dans un paysage de steppe et composés de quelques maisons basses, carrées, en pisé d'un ocre blond, refermées sur elles-mêmes derrière leurs rares ouvertures.

A mesure qu'on s'élève, apparaissent les chênes verts, puis les thuyas. Le jbel Ayachi, tout proche, ferme complètement ce paysage sur lequel règnent quelques beaux cèdres. Cet arbre, que l'on trouve fréquemment au-dessus de 1 500 m dans le Rif et le Moyen Atlas, ne se rencontre guère dans le Haut Atlas que dans les régions situées au Sud-Ouest de Midelt.

A la maison forestière de Mitkane, prendre à gauche la piste 3424 ; rouler au pas.

Le cirque de Jaffar se creuse au pied de la montagne. Des abords du col qu'emprunte la piste de retour vers Midelt, une **vue**★★ superbe s'offre sur l'amphithéâtre boisé et rocheux dominé par les crêtes de l'Ayachi couvertes de neige jusqu'en mai.

On revient à Midelt en continuant à suivre toujours la même piste, sinueuse, partiellement mauvaise et coupée de cassis.

Après le col, la descente sur la ville offre des vues très étendues sur la plaine de la Haute-Moulouya et le Moyen Atlas.

MOHAMMEDIA

105 120 habitants

Carte Michelin n° 959 plis 5 et 21 – Lieu de séjour, p. 216.

A la place d'une agglomération dont la croissance a été très rapide, il n'y avait au début du siècle, que la kasbah délabrée de **Fédala**, vivant de pêche et du commerce des céréales du pays des Zénata. Son port – qui avait eu quelque notoriété au Moyen Age – végétait au fond d'une rade pourtant remarquable, bien protégée à l'Ouest par deux îlots rocheux.

Au temps du protectorat, les îlots furent reliés à la terre ferme par des digues tandis que le développement intensif des cultures maraîchères de l'arrière-pays et l'implantation de plusieurs industries donnaient à la cité un autre visage ; bientôt les tentes de plage et les bungalows des Casablancais envahirent le rivage. Ainsi s'amorçait la double vocation industrielle et balnéaire de la ville.

Un port industriel – Au cours de la Deuxième Guerre mondiale, le port fut affecté au déchargement des pétroliers au Maroc. Ce fut le point de départ de la destinée pétrolière de Mohammedia confirmée en 1959 par la construction, au Sud-Ouest de la ville, de la principale raffinerie marocaine, celle de la SAMIR. D'autres industries furent créées ou agrandies ; la ville est le siège d'un groupe textile important, ICOMA. Mohammedia est devenu le 2e port marocain (plus de 8 200 000 tonnes en 1993), le trafic pétrolier constituant 99 % de son activité.

Un centre balnéaire – Bien à l'écart des installations industrielles et portuaires, la longue plage de Mohammedia est fort appréciée des habitants des grandes villes voisines et de la clientèle internationale. Elle s'étend sur plus de 3 km. Autour d'elle : digue-promenade, casino, terrain de golf, port de plaisance, hôtels de classe constituent un complexe balnéaire agréable et qui ne cesse de se développer.

MOULAY-IDRISS★★

11 128 habitants

Carte Michelin n° 959 plis 5, 9 et 27-28 – Schéma p. 108 – Souk le samedi.

Par son **site**★★ étonnant et par son prestige de ville sainte, Moulay-Idriss attire de nombreux visiteurs.

Coiffant deux éperons rocheux, Khiber et Tasga forment deux quartiers distincts, presque deux villages ; leurs maisons étroitement serrées les unes contre les autres, séparées par un lacis de venelles, dévalent en un enchevêtrement de petits cubes gris et blancs, jusqu'à une conque au creux de laquelle se détache, avec son toit de tuiles vertes, le mausolée où repose Idriss Ier, « père du Maroc ».

Uniquement peuplée de musulmans, Moulay-Idriss a conservé intact son caractère de ville religieuse islamique.

Chaque année, à partir du dernier jeudi d'août, c'est-à-dire après les moissons, le grand **moussem**, le plus important du Maroc, y attire des milliers de pèlerins et dure plusieurs semaines (les mercredis, jeudis et vendredis). Aux abords de la cité, sur le flanc d'une colline, surgit alors toute une ville de tentes, au pied de laquelle, sur l'esplanade du Khaïbar, se déroulent les fantasias. Tant que dure le moussem, les réjouissances alternent avec les sacrifices et les prières.

UN PEU D'HISTOIRE

A la fin du 8e s., **Idriss**, un descendant d'Ali – gendre de Mahomet – arriva dans la région du Zerhoun. Il venait de La Mecque, et avait fui l'Orient afin d'échapper aux persécutions du calife abbasside de Bagdad. Il s'arrêta à Oulili (Volubilis), entreprit de convertir à l'Islam les Berbères qui l'avaient accueilli, et y réussit si bien que toutes les populations de la montagne le reconnurent pour chef. Un an plus tard, il fondait Fès.

Cependant, les échos de la popularité d'Idriss étaient parvenus jusqu'aux oreilles du calife de Bagdad qui résolut de le faire périr. Il envoya donc auprès de lui un émissaire à qui il donna pour mission de le tuer. Ce dernier parvint à gagner la confiance du chérif et, devenu son commensal, réussit à l'empoisonner. A sa mort, en 791, Idriss était sans descendance ; mais deux mois plus tard, sa femme, une Berbère, mettait au monde un fils. Cet enfant posthume allait succéder à son père, sous le nom d'Idriss II. Ainsi naquit la première dynastie musulmane au Maghreb, celle des Idrissides.

Moulay-Idriss

CURIOSITÉS

Visite : 1 h 1/4 – Il est conseillé de se faire accompagner par un guide officiel.

La meilleure façon d'aborder Moulay-Idriss est d'y arriver, en venant de Volubilis, par la route S 306 *(schéma p. 145)* qui offre de très belles **vues** d'ensemble sur la ville. Juste avant de pénétrer dans Moulay-Idriss, on traverse une vaste place où se tient le souk. La rue qui longe la maison du pacha conduit à une autre place, plus petite, sur laquelle donne le collège, et où on laisse la voiture.

Quartier de Khiber – Il est perché sur son rocher abrupt. Après avoir longé la mosquée de Sidi Abdallah, on atteint une petite terrasse d'où l'on a une **vue**★★ étonnante sur l'agglomération avec la cascade de ses maisons et, en contrebas, les toits verts et le minaret du sanctuaire où repose Idriss. Le mausolée actuel est l'œuvre de Moulay Ismaïl qui, au début du 18ᵉ s., fit détruire la première koubba afin d'en reconstruire une plus belle. Un siècle plus tard, le sultan Moulay Abderrahman apporta au mausolée d'autres embellissements. Par un dédale d'escaliers et de ruelles, on descend vers le sanctuaire.

Le horm ⊘ – C'est le lieu sacré ; une poutre de bois en barre l'entrée, rappelant aux visiteurs non-musulmans qu'ils ne peuvent aller plus avant.

Minaret – Fort paradoxalement Moulay-Idriss, ville fidèle à la tradition, possède un minaret moderne (1939 : 1358 de l'hégire) dont la forme cylindrique est unique au Maroc ; la céramique verte qui le recouvre est ornée d'inscriptions stylisées tirées du Coran.

Point de vue de la route d'El-Merhasiyne – *Reprendre la voiture et revenir à la grande place qui se trouve à l'entrée de la ville. Là, prendre à droite, et aussitôt, encore à droite (signalisation : « 13 – El-Merhasiyne »)* . La route très sinueuse, dans un site assez sauvage, domine un vallon aux creux duquel on découvre un bassin circulaire, ancienne piscine romaine. A 1,5 km de la ville, **vue** à droite sur Moulay-Idriss.

Cromlech de M'SOURA

Carte Michelin n° 959 pli 9 – 38 km au Nord-Est de Larache.

Accès difficile. Gagner Souk-Tnine-de-Sidi-el-Yamani par une petite route goudronnée qui se détache de la P 37 à gauche, 4 km après l'embranchement de cette dernière avec la route P 2 Larache-Tanger. Au-delà de ce hameau, le parcours, de 6 km environ, emprunte des pistes, carrossables par temps sec seulement, et souvent à peine tracées. Se faire accompagner par un habitant de Souk-Tnine (rétribution).

Le cromlech de M'Soura est l'un des rares monuments de ce genre découverts au Maroc. Dans un site dénudé, se détachant sur un arrière-fond de collines, près de 170 menhirs font cercle – selon la disposition la plus couramment rencontrée – autour d'un tumulus d'environ 55 m de diamètre que des fouilles ont largement entamé.
Ces monolithes, pour la plupart dressés, mesurent de 50 cm à 6 m de hauteur ; la circonférence de l'un d'entre eux atteint 5 m.
A M'Soura, a été maintes fois lié le nom d'Antée qui, selon les Anciens, aurait été enseveli entre Larache et Tanger. Mais pour certains historiens, à en juger par les proportions des pierres et l'étendue du site funéraire – il s'agit de la tombe d'un personnage de marque qui vécut entre les premières apparitions puniques au Maroc et l'occupation romaine.

OUARZAZATE

17 227 habitants
Carte Michelin n° 959 plis 5, 34 et 52 – Schémas p. 65, 87, 148 – Souk le dimanche.

Le contraste est saisissant entre le Haut Atlas avec ses reliefs grandioses, ses forêts, sa fraîcheur, et le vaste plateau désertique au sein duquel s'élève Ouarzazate. On est ici au seuil du grand Sud, où la vie se concentre en un ruban d'oasis et de kasbahs, le long des vallées du Dadès et du Drâa.
Avec ses maisons au crépi ocre et son allée centrale démesurément large, la ville elle-même, créée en 1928 comme centre de garnison, risque – lorsqu'on l'aborde venant de Marrakech – de quelque peu décevoir. Ce serait pourtant ignorer son atmosphère spéciale qui annonce déjà le Sahara avec ses images de bivouacs, de nuits passées en plein désert à observer le ciel et les étoiles, de randonnées en 4 x 4 ou à dos de chameau à travers dunes de sable et oasis verdoyantes. L'infrastructure hôtelière dont elle dispose déjà (plusieurs clubs de vacances et hôtels de luxe), son aéroport international et l'existence d'un complexe golfique, d'un palais des congrès et de studios de cinéma – sans parler du fait que Ouarzazate est le point de passage de nombreux rallyes (Trophée des Gazelles, rallye des Villes impériales), marathons (Super-marathon du Sahara, Marathon des Sables) et randonnées pédestres – encouragent la venue de nombreux visiteurs.

★★**Kasbah de Taourirt** ⊘ – *A 1,5 km à l'Est, au bord de la route P 32.*
La kasbah *(voir p. 114)* de Taourirt est, pour son importance, son architecture et sa décoration, l'une des plus belles du Maroc. Elle fut, parmi tant d'autres, résidence du Glaoui.

Kasbah de Taourirt

Dans une large courbe de la route, on la découvre soudain. Véritable ville fortifiée, elle dresse au-dessus de la vallée son extraordinaire entassement de constructions de pisé flanquées de tours carrées, percées de petites ouvertures et dentelées de créneaux.

Des maisons plus basses, imbriquées les unes dans les autres, s'étagent en une masse compacte vers l'oued Ouarzazate, né dans le Haut Atlas et qui un peu en aval s'unit au Dadès et prend alors le nom de Drâa.

Ancienne demeure du Glaoui – Les deux pièces ayant conservé quelque décor sont la chambre de la favorite dont le haut des murs est orné de stucs peints et dont le plafond est en bois de cèdre, et la salle à manger où dans des médaillons sont inscrits des versets du Coran.

De la terrasse, on a une **vue★** remarquable sur le village fortifié, la vallée et ses oasis, et les montagnes cernant l'horizon.

Le village – Il compte encore plusieurs centaines d'habitants. On peut flâner dans les étonnantes ruelles enserrées entre de hauts murs de pisé brun, tout en recoins. La Kasbah de Taourirt abrite le **Centre de Conservation et de Réhabilitation du Patrimoine architectural des zones atlasiques et subatlasiques**.

Ce centre a pour rôle d'inventorier les sites et édifices présentant un intérêt particulier du point de vue historique, architectural et environnemental (kasbahs, greniers collectifs, édifices religieux, ksours etc.), et d'établir des programmes de

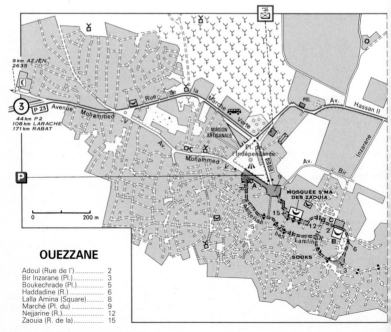

OUEZZANE

sauvegarde et de réhabilitation, en tenant compte à la fois des normes internationales (Charte de Venise) et des nécessités inhérentes aux conditions et traditions locales. La Kasbahh de Taourirt est d'ailleurs le premier exemple d'ensemble architectural restauré selon ces normes. Le site d'**Aït Ben Haddou**, proposé et inscrit sur la liste du Patrimoine mondial, fait à son tour l'objet de travaux de restauration.

Point de vue du fort – *Accès par une piste qui s'élève à droite de la route de Zagora (P 31), à environ 1 km du carrefour avec la P. 32.*
De la plate-forme à côté du fort, on peut faire un large tour d'horizon : vers le Sud-Est la vallée du Drâa dominée par le jbel Sarhro ; de l'autre côté de l'esplanade, l'Atlas.

Coopérative artisanale ⊙ – *Au bord de la P 32, en face de la poste.*
On y vend des objets en pierres taillées, des poteries berbères, des couvertures et des tapis des Aït-Ouaouzguit, confédération de tribus berbères dont le centre est marqué par le jbel Siroua, au Sud-Ouest d'Ouarzazate. Quelques beaux tapis anciens sont également exposés (fonds généralement noirs sur lesquels se détachent de grands losanges) ; on remarquera un glaoua, vieux de plus de 100 ans. Face à la kasbah, un nouveau complexe artisanal a été créé ⊙

EXCURSION

★**Tiffoultoute** – *8 km à l'Ouest d'Ouarzazate, par la route de Marrakech (P 31), puis au bout de 2,5 km, à gauche la route P 31 E vers Zagora.*

Kasbah ⊙ – Juchée sur une hauteur aride, elle domine la vallée cultivée de l'oued Ouarzazate, où pointent des palmiers. On aperçoit de loin, se détachant sur le ciel, cette forteresse de pisé, bâtie il y a 250 ans pour sa partie la plus ancienne, couleur de la terre qui la porte. A ses pieds, d'humbles maisons s'accrochent à la pente. Elle fut habitée par un cheikh qui jalousait le caïd d'Ouarzazate et entretenait dans la vallée une guerre constante ; plus tard, elle devint la résidence d'un khalifa du Glaoui. Cette riche demeure a depuis lors subi des transformations ; un restaurant sous tente y sert des repas typiquement marocains.
On peut aller en voiture jusque dans la cour à galerie. D'une terrasse panoramique, la **vue**★ est fort belle sur la vallée ; au Nord, le Haut Atlas ferme l'horizon.
Un passage très étroit s'ouvrant entre les deux portes voûtées qui donnent accès à la cour conduit à l'intérieur du village. Une ruelle en partie couverte se faufile entre les minuscules maisons et de pauvres enclos. Arrivé à un élargissement en forte pente, descendre vers le lit de l'oued, et prendre à droite le sentier escarpé qui longe à l'extérieur le petit mur d'enceinte, jalonné de maisons carrées formant bastions. La pente au pied de laquelle on débouche bientôt, rocailleuse, d'une nudité totale, et dominée par des ruines, offre un spectacle d'une désolation saisissante.

OUEZZANE★

40 485 habitants
Carte Michelin n° 959 plis 5, 9 et 27 – Souk le jeudi.

A la limite du Rif et des collines prérifaines, Ouezzane occupe, au sein d'une contrée verdoyante, un **site**★ agréable et riant. La ville s'étage sur les pentes boisées du jbel Bou-Hellal, face au Rif qui déploie ses chaînes enneigées de janvier à mars.

Dans ce paysage de collines couvertes d'oliviers, de champs de céréales et de vallons peuplés d'arbres fruitiers, on pourrait se croire en quelque endroit du Midi de la France, n'était la forme cubique des maisons et leur éclatante blancheur.

Une ville deux fois sainte – Sainte par ses origines, Ouezzane se développa autour d'une zaouïa fondée en 1727 par le chérif idrisside Moulay Abdallah ben Brahim. Cette zaouïa, berceau de la confrérie religieuse des **Taïbia**, acquit très vite sur le plan politique une importance qui, durant le 18e et le 19e s., alla croissant. Les chorfa d'Ouezzane qui constituèrent tour à tour à l'égard du sultan un élément de soutien et une force d'opposition, finirent par étendre leur influence jusque dans le centre et le Sud du Maghreb.
Ouezzane fut aussi un but de pèlerinage pour les israélites qui vinrent nombreux implorer Rabbi Amrane, un pieux rabbin faiseur de miracles, dont le tombeau se trouve à Azjèn, à 9 kilomètres au Nord-Ouest de la ville.

Ouezzane et les visées européennes – A la fin du 19ᵉ s., à une époque où nombre de sociétés européennes tâchaient d'obtenir des avantages économiques au Maroc (concession de mines, exploitation de terres, etc.), le chérif d'Ouezzane, Si Abdeslam, passant outre à la volonté du sultan de pratiquer une politique de repli, favorisa l'implantation d'intérêts français dans le Rif. Cette affaire lui valut d'obtenir la protection de la France, mais attira sur lui les foudres du souverain, qui le déchut de son autorité.

Ce curieux personnage, descendant du Prophète, qui ne cachait point son penchant pour tout ce qui venait d'Europe, et « dans la bouche duquel le champagne se transformait en lait », finit par épouser une jeune fille de la bonne société anglaise.

CURIOSITÉS *visite : 1/2 h*

Laisser la voiture place de l'Indépendance, et suivre l'itinéraire indiqué sur le plan pages précédentes.

Du centre de cette place triangulaire, très animée les jours de souk, on a une jolie vue sur la ville étagée au flanc du Bou-Hellal. A l'angle de la place et de la rue de la Marche Verte se trouve un nouveau complexe artisanal.

Gravir l'escalier à droite du Grand Hôtel (**A**), et suivre la rue Abdellah ben Lamlih, en montée et coupée de marches, qui conduit aux **souks** où les boutiques de tailleurs et les ateliers de tisserands se rencontrent nombreux.

Arrivé place Bir Inzarane, prendre à gauche, pour emprunter la rue Haddadine. Aussitôt après, encore à gauche, la rue de l'Adoul longe la **mosquée Moulay Abdallah Chérif** (**B**) qui est le rendez-vous des pèlerins.

A droite, en contrebas de la rue, s'alignent les curieuses baraques couvertes de chaume du **souk des Forgerons** (**C**).

On débouche dans la rue Nejjarine, sur les marches de laquelle travaillent les menuisiers. Au bas de l'escalier, tourner à gauche dans la rue de la Zaouia que l'on aborde par un passage sous voûte très étroit. On longe bientôt la **mosquée S'Ma des Zaouia** appelée aussi « mosquée verte », en raison de la couleur des faïences de son **minaret★** octogonal à décoration d'entrelacs.

Après la mosquée, la rue de la Zaouia, coupée d'escaliers, descend vers la place du marché.

EXCURSION

★**Jbel Bou-Hellal** – *3 km, puis 1/2 h à pied AR. Au sortir de la place de l'Indépendance, prendre à droite la route P 26 (vers ② du plan) en direction de Fès, et gagner la ville nouvelle. A l'endroit où la route de Fès oblique vers la gauche, continuer tout droit.*

Longer un jardin public : 50 m plus loin, s'embranche à droite la route du jbel Bou-Hellal. La montée au Bou-Hellal (dont on n'atteindra pas le sommet : 609 m), constitue une très agréable promenade. Cette montagne est couverte d'orangers, de figuiers et d'oliviers.

Laisser la voiture à l'endroit où la route cesse d'être goudronnée, et continuer à pied jusqu'à une plate-forme située à 400 m plus loin dans un virage.

On découvre une très belle **vue★** sur Ouezzane – toute blanche avec ses toits en terrasse – et sur les collines des Ghezaoua s'arrondissant en des plans successifs jusqu'à l'horizon que barrent les montagnes du Rif.

OUJDA

260 082 habitants
Carte Michelin n° 959 plis 6 et 12 – Souk le mercredi et le dimanche.

A l'extrême limite du Maroc oriental, Oujda est une ville importante bâtie dans la plaine des Angad, au sein d'une région aride, que ferment aux influences océaniques la barrière du Rif et du Moyen Atlas, et à celles de la Méditerranée les monts des Beni-Snassen.

De création ancienne, elle n'était encore, au début du 20ᵉ s., qu'une cité d'à peine 20 000 habitants. Sa tardive expansion fut essentiellement liée au développement des voies ferrées et à l'exploitation de mines (charbon, plomb, zinc), au Sud.

Les Européens, qui s'étaient tout d'abord cantonnés à l'intérieur de la médina, édifièrent autour de celle-ci une autre ville aérée de larges artères. Depuis, Oujda s'est agrandie de quartiers industriels.

La cité de la peur – Peu de villes marocaines furent disputées comme Oujda.

Fondée à la fin du 10ᵉ s. par des nomades du Maghreb central gagnés à la cause de l'Islam et dont l'importance allait croissant dans tout le Nord du Maroc, elle fut ensuite ballottée entre les maîtres de ce pays et ceux de l'Algérie.

Un siècle plus tard, ayant fondé Marrakech d'où il allait partir à la conquête du Maghreb, l'almoravide Youssef ben Techfin s'empara d'Oujda.

Prise, reprise, ruinée et inlassablement reconstruite, la ville connut des années de prospérité relative et des périodes de complète déchéance. Au cours de ces alternatives heureuses et malheureuses, toujours la crainte d'une contre-attaque et des habituelles représailles fit trembler ses habitants, à tel point qu'elle fut surnommée « medinat el haïra », la « cité de la peur ».

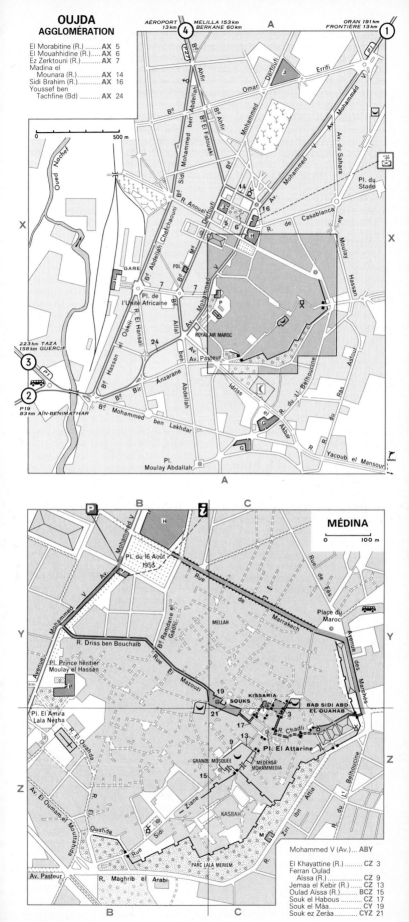

OUJDA
AGGLOMÉRATION

AÉROPORT 13 km
MELILLA 153 km
BERKANE 60 km
ORAN 191 km
FRONTIÈRE 13 km

223 km TAZA
158 km GUERCIF
P 19
83 km AÏN-BENIMATHAR

Oued Nachef

Bd Abdellah Chefchaouni

PI. de l'Unité Africaine

GARE

ROYAL AIR MAROC

Av. Pasteur

Bd Mohammed ben Lakhdar

PI. Moulay Abdallah

PI. du Stade

R. de Casablanca

Moulay Hassan

A

MÉDINA

0　　　　100 m

PI. du 16 Août 1953

R. Driss ben Bouchaib

PI. Prince héritier Moulay el Hassan

PI. El Amira Lala Nezha

Av. El Oumam el Mouttahida

Av. Pasteur

R. Maghribi el Arabi

MELLAH

Rue de Marrakech

Place du Maroc

Avenue des Marchés

KISSARIA
SOUKS

BAB SIDI ABD EL OUAHAB

PI. El Attarine

GRANDE MOSQUÉE

MEDERSA MOHAMMEDIA

KASBAH

PARC LALA MERIEM

Oujda, ville frontière – Oujda est la principale porte du Maroc ouverte sur l'Algérie, distante de 13 km. Cette situation lui valut d'être, en 1844, la première ville marocaine à connaître l'occupation des troupes françaises lancées à la poursuite d'Abdelkader qui s'était réfugié au Maroc, ralliant le sultan à sa cause. Une tentative d'entente pacifique ayant échoué, la France déclara la guerre au Maroc. Oujda fut prise par les Français qui, le 14 août, remportaient sur l'armée chérifienne la **bataille de l'Isly**, à 5 km à l'Ouest de la ville.

A la croisée des routes – Ville frontière, Oujda est aussi une ville carrefour située sur l'axe ferroviaire et routier qui, passant par Meknès, Fès et la « trouée » de Taza *(voir à ce nom)*, relie les ports de la côte atlantique au Maroc oriental et au reste du Maghreb. A Oujda, passe également la voie de communication entre les riches plaines agricoles de la « frange méditerranéenne » et, au Sud, les Hauts Plateaux voués à l'élevage et à l'exploitation de l'alfa vendu en quasi-totalité à l'Angleterre.

LA MÉDINA *visite : 1/2 h*

Partir de la place du 16-Août-1953. L'avenue Mohammed V, puis à gauche la rue Driss ben Bonchaïb et enfin la rue El Mazouzi conduisent aux souks.

Kissaria (CY) – Sur une petite place bordée d'arcades sont installées des boutiques de velours, de vêtements traditionnels, d'habits typiquement marocains. Au fond de cette place, à droite, un porche s'ouvre sur une cour : là on peut voir, parmi les écheveaux de laine multicolores, fonctionner des métiers à tisser.

Au sortir de la kissaria, prendre à droite la rue El Khayattine.

Place El Attarine (CZ) – Ombragée de quelques arbres, c'est le carrefour central de la médina.

Arrivé sur la place, tourner immédiatement à gauche.

La rue Chadli traverse le souk el Kenadsa où les boutiques de tissus et de vêtements sont – là encore – nombreuses. On parvient à une vaste place sur laquelle se tient le marché.

Bab Sidi Abd el Ouahab (CZ) – La célèbre « porte des têtes » permet de franchir la muraille. Sous ses créneaux, le pacha suspendait la tête des criminels et des rebelles suppliciés. Aux abords de cette porte, règne une grande animation.

Franchir la muraille.

En tournant à gauche, on atteint la place du Maroc, sur laquelle on prend à gauche la rue de Marrakech pour regagner la place du 16-Août-1953.

★★LES MONTS DES BENI-SNASSEN

Circuit de 170 km, au Nord–Ouest – compter 1 journée – prévoir un pique-nique – schéma ci-dessous

Ce circuit, parfois impressionnant par endroits (et à déconseiller aux véhicules de tourisme), ne doit être entrepris que par beau temps et lorsque le sol est très sec. Sortir d'Oujda par ④ du plan, route P 27. Se munir d'une lampe-torche pour la grotte du Chameau.

Les monts des Beni-Snassen constituent le relief principal de la région côtière comprise entre la Moulouya et la frontière algérienne.

Ce massif calcaire sépare deux plaines agricoles : au Nord la riche région des Triffa, bien irriguée grâce à l'aménagement de l'oued Moulouya, où l'on cultive les céréales, le coton, les argumes, la vigne ; au Sud la fertile plaine des Angad.

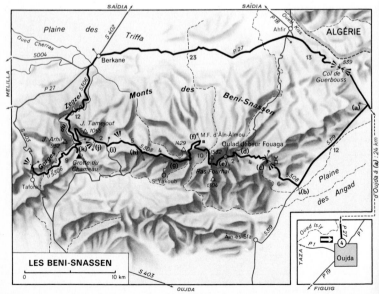

LES BENI-SNASSEN

Une importante tribu de Berbères zénètes, qui déjà vivaient dans ces montagnes lorsque l'Islam apparut dans l'Ouest du Maghreb, a donné son nom au massif.
La population, sédentaire, y est comme dans le Rif assez dense, sur le versant Nord surtout, où des jardins et des vergers révèlent la présence des sources.

★Traversée du massif – A 24 km d'Oujda (**a**), prendre à gauche la route 5319 d'Âïn-es-Sfa, tracée à la limite de la plaine et des premiers contreforts des Beni-Snassen. Les kilométrages indiqués ci-dessous sont comptés à partir de cet embranchement.

Km 12 (**b**) – Tourner à droite. La route s'élevant en corniche pénètre rapidement dans le massif.

Un peu avant un petit col (**c**), vue en arrière et à gauche, sur Oujda. Vers les sommets affleurent des bancs calcaires qui, en certains endroits, forment des arêtes déchiquetées par l'érosion. Sur les pentes, des vergers en terrasses, où dominent les amandiers et, çà et là, des villages rappellent que cette zone montagneuse est l'une des plus peuplées du Maroc.

Km 22 (**d**) – La route se divise en deux branches ; prendre à gauche.

Après Oulad Jabeur Fouaga *(km 24 – e)*, hameau composé de quelques maisons basses à toit de terre et de chaume, autour duquel des plantations d'amandiers mettent une note riante, on traverse une zone de forêts rabougries et un paysage cahotique d'éboulis calcaires. Puis la route passe au pied du **Ras Fourhal**, à droite, point culminant du massif (1 532 m).

Km 34 (**f**) – Maison forestière d'Âïn-Almou en retrait de la route dans une boucle très accentuée ; aussitôt après, on aborde un tronçon particulièrement difficile.

Le chemin, très étroit, en descente, sans parapet, domine un à-pic.
A cette descente, succède un parcours en crête, au cours duquel on change de versant. On domine un nouvel à-pic à gauche.

Km 41 (**g**) – Bifurcation avec, en son milieu, une petite butte rocheuse : prendre à droite.

Au fur et à mesure que l'on descend, le paysage s'élargit.

Km 45 (**h**) – Nouvelle bifurcation formant une sorte de rond-point devant une maisonnette en ruine : prendre à droite.

Dans le lointain, en avant et à droite, s'ouvre la plaine de Berkane.

Km 50 (**i**) – Bifurcation, on suit la branche de droite (lacet).

La route s'élève rapidement en corniche, dans un paysage désolé.

Km 52 (**j**) – La route continue, sinueuse.

Dans un virage, d'énormes rochers semblent barrer la route. De cet endroit, la **vue★** plonge sur la vallée du Zegzel.
La falaise du Jbel Tamejout qui domine la route à droite contraste avec les pentes boisées et moins abruptes du Jbel Arhil, de l'autre côté de la vallée vers laquelle on descend.

Km 57 (**k**) – On débouche sur la route 5306, que l'on prend tout d'abord à gauche en direction de Taforalt, pour remonter la vallée du Zegzel.

★Gorges du Zegzel – La route que l'on suit jusqu'à son intersection avec la S 403 traverse le torrent en maints endroits.
Le fond de la vallée est planté d'orangers. Les versants, dans la partie moyenne du Zegzel, portent des cultures en terrasses de céréales, d'oliviers, d'arbres fruitiers. Puis, la haute vallée se resserre entre des parois boisées ou des falaises creusées de grottes.

A un carrefour important et bien signalé, on prend à droite la route S 403 (direction Berkane).

Presque aussitôt, sur la gauche, on découvre un beau **point de vue★** sur la vallée de la Moulouya, les monts Kebdana, la plaine des Triffa et, par temps clair, la Méditerranée.

Là, rebrousser chemin et reprendre la route 5306 qui longe le Zegzel. A 7 km, à droite, route conduisant à la grotte du Chameau et se terminant face à un chaos de rochers.

Grotte du Chameau – S'en tenir à l'entrée de la grotte. Au flanc de la muraille rocheuse, légèrement au-dessus de l'oued, se trouve l'orifice d'une source vauclusienne. Un sentier en pente très raide donne accès à plusieurs salles ornées de concrétions calcaires.

Reprendre la route 5306 à droite, vers Berkane.

On longe toujours le torrent, dont le lit occupé, en période d'étiage, par des cultures, offre le spectacle d'un véritable jardin. Les pentes sont également couvertes d'arbres fruitiers et de vignes. A mesure que l'on descend, la vallée s'encaisse entre des parois rougeâtres. Au sortir des gorges, la route débouche dans la plaine industrialisée de Berkane.

Berkane – Important centre agricole et vinicole, Berkane possède une cave coopérative réputée.
La route P 27 longe le pied des monts des Beni-Snassen, franchit leur extrémité Est au col de Guerbouss (belle **vue**), et descend dans la plaine des Angad, pour rejoindre Oujda.

Région d'OUKAÏMEDEN★★

Carte Michelin n° 959 plis 4, 33 et 51.

Circuit décrit au départ de Marrakech – 192 km – 1/2 journée – Schéma p. 157.

Quitter Marrakech en longeant les murailles de l'Aguedal. La S 513 se dirige vers le Haut Atlas dont les cimes – étincelantes la plus grande partie de l'année – barrent l'horizon. Traversant la plaine du Haouz, irriguée par d'importants réseaux de séguias et de « rhettaras », elle atteint les premiers contreforts de la montagne près de l'olivette de Dar-Caïd-Ouriki où des ksour confondent les stratifications brunes de leurs toits avec les versants argileux où ils s'enracinent. Sinueuse et pittoresque, la route s'enfonce dans la montagne en remontant l'oued Ourika.

★**Vallée de l'Ourika** – Cette riante vallée est un but de promenade et un lieu de repos depuis longtemps apprécié des habitants de Marrakech. D'abord ample et faisant une large place aux vergers et aux cultures maraîchères, la vallée s'encaisse après Arhbalou : le pointement des hauts sommets s'inscrit entre des versants rougeâtres où s'accrochent hardiment les villages et leurs terrasses de cultures. Le long de la route, bars et restaurants ne sont pas rares, et des villas profitent de l'ombrage des eucalyptus, des peupliers et des grands saules pleureurs. Plus bas, c'est l'enchantement d'une eau limpide et abondante courant sur les rochers ; rivière à truites, l'Ourika se faufile entre de petites prairies dont l'herbe reste verte en plein été et invite au pique-nique. La route s'arrête à l'entrée de Setti-Fatma.

Setti-Fatma – Situé à 1 500 m d'altitude, ce village *(souk le jeudi – moussem en août)* occupe un site pittoresque dans son cadre de noyers centenaires et de châtaigniers au pied de la montagne vertigineusement dressée. L'escalade de ses rochers, accompagné d'un guide, permet d'accéder aux cascades *(compter 2 h AR – 30 mn jusqu'à la première halte où une buvette permet de s'arrêter avant de poursuivre l'ascension).*

Au retour, la descente de la montagne au milieu des noyers, puis des cerisiers, réserve des vues dégagées sur les villages berbères bâtis au bord de l'Ourika.

Redescendre la vallée de l'Ourika jusqu'à Arhabalou. Aussitôt après, prendre à gauche la route d'Oukaïmeden (6035A).

La route s'élève immédiatement au-dessus de l'Ourika et s'engage dans une petite vallée affluente, plus rocailleuse et plus sauvage. Après avoir longé les pentes abruptes du jbel Ikis, la route se hisse sur le plateau d'Oukaïmeden, découvrant au Nord des **échappées** sur la plaine du Haouz. Après un passage entre deux parois de roches rouges zébrées de coulées noires, on parvient à l'entrée de la station d'Oukaïmeden.

Un péage donne droit au stationnement sur les emplacements aménagés du **parking** Ⓥ.

★★**Oukaïmeden** – *Lieu de séjour, p. 216.* Le nom Oukaïmeden vient du berbère et signifie rassemblement de gens ou carrefour des vents. Au pied du jbel Oukaïmeden (3 273 m), un des sommets du Haut Atlas central, Oukaïmeden est le mieux équipée des stations marocaines de **sports d'hiver**. Son altitude élevée (2 650 m) en fait un centre à la fois estival et hivernal. En été, quand il fait 45° à Marrakech, la température à Oukaïmeden ne dépasse pas les 25° ; en cette saison le massif montagneux environnant se prête aux excursions. En hiver, l'enneigement qui dure de la mi-décembre à la mi-avril permet toute la gamme des **parcours à skis** Ⓥ.

Le site d'Oukaïmeden fut habité à l'époque préhistorique : on peut voir plusieurs **gravures rupestres** figurant des personnages, des animaux, des armes, des roues solaires, en particulier près de l'hôtel Juju et des refuges du Club Alpin, de la Jeunesse et des Sports, des Travaux Publics et à côté de l'ancien court de tennis.

Village au bord de l'Ourika

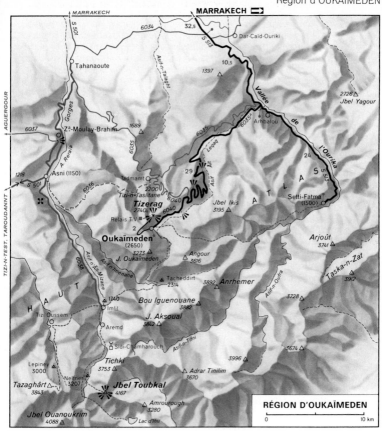

Un Parc National des Gravures Rupestres, s'étendant sur les provinces de Tahanaoute (Oukaïmeden, Tasrag, Yageur, Tirghiyst) et d'Azilal, a été inauguré en 1994. La création de ce parc a pour but de sauvegarder ce patrimoine préhistorique et de le faire connaître aux chercheurs et autres amateurs.

★★**Point de vue du Tizerag** – *2 km de la station plus 1/2 h de marche AR.*
Pour atteindre la falaise du Tizerag qui domine la station au Nord, on emprunte une route signalisée ; à partir du col où un relais de télévision a été construit, un petit sentier mène au sommet (2 740 m) du Tizerag. De là, le panorama s'étend au Nord sur la plaine du Haouz ; du Nord-Est à l'Ouest en passant par le Sud (Jbel Toubkal), se dessine le vaste amphithéâtre du Haut Atlas.

LES PROVINCES SAHARIENNES

Carte Michelin n° 959 plis 41 à 44.

Au Sud de Guelmim, c'est le pays du grand désert. Le ciel y est immense, l'horizon n'a pas de fin car il n'y a rien qui arrête la vue, à part quelques broussailles, quelques arbustes secs, quelques chameaux, des lacs de sel et des lagunes, les crêtes mouvantes des dunes qui avancent au fur et à mesure que l'on marche vers elles, et de l'autre côté, passé le bord des hautes falaises, l'immensité de l'océan.

La civilisation du désert – Les caravanes aux cargaisons d'or, de sel et de cotonnades, ne naviguent plus sur cet océan asséché qu'est le désert, et la population du Sahara marocain est passée peu à peu du nomadisme à la sédentarité, bien que l'on assiste, généralement en octobre et en mai, à des migrations de populations vers l'Est et le Sud-Est, certains Sahraouis (ceux qui sont liés à une activité d'élevage) regagnant le désert dès les premiers jours de pluie. Reste cependant la « civilisation du désert », où les traditions, notamment les chants et les poésies, se transmettent par voie orale de génération en génération. Cette culture propre aux Sahraouis se retrouve par exemple pendant la pause du thé qui peut durer plusieurs heures et au cours de laquelle ils récitent en **hassanya** des poésies apprises dès l'enfance, échangent des informations sur les zones où il y a de l'eau ou de l'herbe, sur les familles qui se déplacent, sur les dromadaires égarés. Dans le désert en effet, les nomades connaissent le point de passage dans les dunes où le sable reste ferme ; ils savent toutes les traces des animaux et reconnaissent celles de leur propre dromadaire, le moment de son passage, s'il s'agit d'un mâle ou d'une femelle rien que par les empreintes laissées dans le sable. La musique sahraouie, un peu triste, utilise la flûte et d'anciens instruments comme le **tbal** (sorte de grand tam-tam) qui accompagne une danse locale du même nom, exécutée par les femmes, ou parfois l'**imzad**, petit violon monocorde joué surtout par les Touareg.

Un référendum devrait prochainement mettre un terme au statut politique ambigu de la région, statut qui a pesé lourd sur le développement touristique de ces dernières années : présence de nombreux militaires bien qu'il n'y ait plus de combats ; contrôles policiers fréquents sur les routes ; à Laâyoune, hôtels classés réquisitionnés pour loger le contingent onusien de la Minurso et de ce fait affichant complet à longueur d'année, hébergement quasi inexistant ou des plus rudimentaires dans les autres villes, etc., tout ceci n'encourageait guère les touristes à découvrir le Grand Sud et ses beautés naturelles.

Toutefois, l'attrait du désert, les plages superbes pratiquement inviolées qui s'étendent sur des kilomètres, la proximité des Canaries, l'achèvement complet de la nouvelle route transsaharienne et le développement de l'infrastructure hôtelière devraient être des atouts pleins de promesses pour l'avenir proche, et faire que cette région mérite le voyage.

Réseau routier

Le Maroc a prodigué d'énormes efforts pour développer le réseau routier saharien. Des centaines de kilomètres de routes ont été construites ou refaites qui sillonnent la région et relient les localités entre elles. Cependant, en raison de la traversée, la plupart du temps, de grands espaces désertiques, sans habitations ou postes d'essence, il est prudent de prendre ses précautions : prévoir des bouteilles d'eau, remplir le réservoir d'essence, toujours garder ses papiers à portée de main car les contrôles d'identité sont fréquents, et ne pas rouler trop vite de manière à pouvoir s'arrêter de manière inopinée.

Indicatif téléphonique de la région : (0) 8

Laâyoune

Hébergement

Plusieurs hôtels classés, dont deux★★★★★ ; les hôtels★★ et les non-classés sont plutôt à éviter. Dans tous les cas de figure, et compte tenu de la situation politique actuelle, ne pas manquer d'effectuer une réservation avant de se rendre sur place. Camping près de la plage de Foum el Oued, à 20 km au Sud.

Liaisons aériennes

L'aéroport régional Hassan Ier, ☎ 89 37 91, assure des liaisons certains jours de la semaine, avec Agadir (1 h 30 de vol), Casablanca (2 h 30), et Las Palmas, aux Canaries (50 mn) – Royal Air Maroc, 7, place Bir Anzarane, ☎ 89 40 71.

Tourisme

Délégation du Tourisme, Av. de l'Islam, ☎ 89 33 75 / 89 16 94.
Massira Travel, Av. de La Mecque, ☎ 89 42 29. Cette agence organise des croisières maritimes entre Las Palmas, Laâyoune et Agadir.

Banques

Toutes les banques n'assurent pas le change ; seule la Banque Marocaine de Commerce Extérieur (BMCE) échange les traveller's chèques moyennant une commission.

Routes

Taxis collectifs (compter 60 DH pour aller de Laâyoune à Tan-Tan, 3 600 DH si l'on souhaite voyager seul dans ce même taxi).

Dakhla

Plusieurs vols hebdomadaires relient Dakhla à Agadir et Casablanca. Aéroport, ☎ 89 70 50 ; Royal Air Maroc, avenue des PTT, ☎ 89 70 49.

Office de tourisme : 1, rue Tiris, ☎ 89 82 28.

Climat : sahélien ; un peu frais parfois du fait des alizés ; nuits toujours froides.

De Guelmim à Tan-Tan – *(125 km par la P 41, route en très bon état et suffisamment large pour que deux véhicules puissent se croiser sans mordre sur les bas-côtés. Poste d'essence et café à une cinquantaine de kilomètres après Guelmim).* Sur cette route qui traverse des paysages désertiques, puis montagneux après Rass Oumlil, on croise essentiellement des camions lourdement chargés. Premier contrôle de police avant de traverser l'oued Draâ, 18 km avant d'arriver à Tan-Tan.
À l'entrée de la ville, deux chameaux de pierre encadrent la route en une sorte d'arc de triomphe.

TAN-TAN

Construite non loin de l'océan Atlantique, aux confins d'un vaste désert de pierres, Tan-Tan dispose d'un aéroport, d'un port, l'un des plus importants de la côte saharienne, aménagé pour la pêche et le trafic de marchandises, et auquel sont rattachés plusieurs usines de traitement du poisson (dont les fumées obscurcissent parfois l'horizon) et le tout récent Institut de technologie des pêches maritimes – et d'un camping. À Tan-Tan, il est possible de se restaurer (plusieurs cafés) et faire le plein d'essence (station-service à la bifurcation entre Tan-Tan et Tan-Tan-Plage).

Quitter la ville et poursuivre sur la P 41 en direction de Tan-Tan-Plage (au bout de 7 km, une route à gauche, la P 44, mène à Smara) .

À Tan-Tan-Plage, à 25 km de la ville, la plage de sable est bordée de quelques villas et d'un hôtel, laissant présager l'existence future d'une station balnéaire, même si pour le moment il n'y a guère d'équipements.

De Tan-Tan à Tarfaya *(236 km ; quelques commerces et cafés dans le village d'Akhfennir)* – La route est bonne et longe la mer dont la vision fait du bien au milieu de cet univers désertique. La **côte**★ déchiquetée, superbe dans la brume, offre par endroits des petites criques de sable fin auxquelles cependant il est pratiquement impossible d'accéder. Au bord des falaises, des pêcheurs jettent leurs échelles de corde et leurs paniers, que d'autres hommes, en bas, remplissent de courbines, de sarres, de loups et surtout de pousse-pieds ramassés sur les rochers à marée basse. Disséminées le long de la côte on aperçoit les tentes rudimentaires des pêcheurs ; à l'intérieur des terres quelques dromadaires paissent tranquillement chardons et feuilles d'euphorbes. La route traverse ensuite plusieurs oueds : l'oued Chbika, dont l'embouchure cernée de dunes forme une lagune, paradis des flamants roses, et l'oued Oumafatma qu'enjambe un pont de pierre. Après le village d'**Akhfennir**, les dunes de sable surgissent de part et d'autre de la route (qui peut être dangereuse lors des tempêtes de sable, fréquentes de janvier à mars), alors qu'on s'éloigne de la côte et qu'apparaissent des salines faisant irrésistiblement penser à des mirages... (La saline de Sebkha Tarzgha, à 30 km de Tarfaya, s'étend sur 6 000 ha dont 2 000 sont exploités, produisant 20 millions de tonnes de sel par an.)

En se rapprochant de Tarfaya, la côte s'adoucit, les falaises disparaissent, mais la mer reste forte et l'on aperçoit plusieurs navires échoués sur la grève.

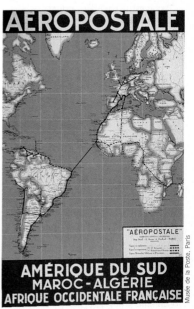

Trajet de l'Aéropostale

Musée de la Poste, Paris

TARFAYA

Situé à plus de 500 km d'Agadir, Tarfaya, près du **Cap Juby**, fut le point de rassemblement et de campement de la **Marche Verte** en 1975.

C'est aujourd'hui un petit port de pêche (sardines), et pour les passionnés d'aviation, l'étape du souvenir de l'**Aéropostale**. Au bord de la plage, un monument de taille réduite la commémore : un avion Bréguet (quelque peu stylisé) décolle en direction de l'Atlantique, surmonté de quatre flèches représentant les points cardinaux, la flèche orientée vers l'Est symbolisant la direction de La Mecque, elle-même symbolisée par les trois boules que l'on retrouve sur le jamour des mosquées.

Une escale mythique

En 1918, **Pierre-Georges Latécoère**, un industriel toulousain passionné d'aviation, présente au Gouvernement français son projet de ligne aérienne Toulouse-Dakar. En 1919 naissent les Lignes Aériennes Latécoère, avec pour « cheval de bataille », un avion conçu par **Bréguet** et construit par **Michelin** en 1914-18 dans les ateliers de Clermont-Ferrand, afin d'équiper l'Armée française d'appareils de bombardement. Plusieurs modèles Bréguet-Michelin successifs contribuèrent à la victoire finale, en particulier le biplan Bréguet XIV B2, dont quelques exemplaires furent rachetés par Latécoère, pour « transporter le courrier en reliant hommes et continent ».

Une épopée commence...

Naviguant à vue et sans radio, menacés par les pannes comme par les pillards du désert ou la disparition en mer, des dizaines d'héroïques pilotes, tels Daurat, Mermoz, Saint-Exupéry et Henri Guillaumet, font avancer la « Ligne », d'abord de Toulouse à Rabat (1919), puis à St-Louis-du-Sénégal (1926), enfin, au-delà de la Cordillère des Andes.

En 1927, Latécoère céda ses lignes à une nouvelle compagnie, l'Aéropostale, absorbée en 1933 par Air France.

En 1993, les équipages du rallye Toulouse-St-Louis-du-Sénégal volant sur les traces des pionniers de l'Aéropostale, commémorèrent le cinquantenaire de la mort de Latécoère.

En 1994, la 12ème édition du rallye a été l'occasion de rendre hommage au pilote-écrivain **Antoine de Saint-Exupéry**, 50 ans après sa disparition. Chargé des vols postaux depuis Toulouse vers l'Espagne et le Maroc, puis chef d'escale au Cap Juby à partir de 1927, Saint-Exupéry approfondira jusqu'à l'extrême sa recherche de la fraternité humaine, de la lumière enfouie au cœur de chaque homme, et de l'infini – infini du ciel, du désert, des limites à dépasser au-delà de soi-même –, quête d'absolu que l'on retrouvera dans *Courrier Sud*, puis dans *Vol de nuit*, *Terre des Hommes* et *Pilote de guerre*, sans oublier *Le Petit Prince*, traduit en de nombreuses langues, et dont la version en berbère du Hoggar a valeur de symbole.

Sur la plage, on aperçoit, entourée d'eau et battue par les vagues à marée haute, la maison de la mer, **Casamar**, petit fortin construit par un Anglais du nom de Mackenzie en 1882, avec des pierres provenant de Smara et transportées à dos de dromadaires.

Mais l'événement majeur à Tarfaya est l'arrivée, chaque année en octobre, du **rallye aérien Toulouse-St-Louis-du-Sénégal**. Les pilotes de ce rallye sportif qui existe depuis 1983 et dont la caractéristique est le vol à vue, refont le trajet des lignes Latécoère, et après avoir fait escale à Tanger, Fès, Casablanca et Agadir, se posent à Tarfaya, sur une piste en sable et terre battue mêlés, avant de

Tarfaya

repartir le lendemain (après une soirée de festivités sous de grandes tentes caïdales dressées près de la plage) vers Dakhla, Nouadhibou et St-Louis.

De Tarfaya à Laâyoune *(115 km ; aucun poste d'essence ou de ravitaillement entre les deux villes. Ne jamais rouler trop vite bien que la route soit bonne car il peut y avoir des risques d'ensablement par endroits)* – Paysages désertiques avec, pour seule compagnie, des dromadaires et quelques camions lourdement chargés. A 65 km de Laâyoune, le monument commémoratif de **Tah**, au bord de la route, évoque la visite en ces lieux (considérés autrefois comme la frontière entre le Sahara espagnol et le Maroc), du sultan Hassan Ier le 12 mai 1886 et celle de S. M. Hassan II le 3 mars 1985.

LAÂYOUNE

Fondée par les Espagnols en 1932, Laâyoune fut à l'origine une grande oasis sur l'oued Sakia el Hamra qui traverse le Sahara marocain d'Est en Ouest. C'est aujourd'hui l'une des capitales provinciales du Sahara occidental et un important centre administratif et minier. C'est aussi la ville étape à partir de laquelle on peut se lancer à la découverte du désert dont les dunes de sable s'étendent sur une distance de 300 km au Sud de la ville, et où font halte plusieurs rallyes. Dans la ville même, les rues sont larges et bordées d'habitations de style saharien, de couleur ocre ou jaune et surmontées de coupoles. A quelques constructions de prestige comme la **mosquée Moulay Abdelaziz**, le **palais des congrès**, place de l'Allégeance (qu'il faut voir dans la lumière du soir), et l'**ensemble artisanal** où l'on peut visiter des ateliers de tapis et de broderies, s'ajoute la **colline aux oiseaux**, parc ornithologique planté d'hibiscus, dont les grandes volières octogonales renferment diverses espèces d'oiseaux et notamment de superbes perroquets multicolores.

Les longues plages de sable de **Foum el Oued** et **Laâyoune-Plage**, à 25 km au Sud, sont bordées de villas (et de nombreuses tentes en été), et propices à la baignade car la mer y est propre et en pente douce. Possibilité d'hébergement à la Maison des Pêcheurs, annexe de l'hôtel Parador ; camping également sur la plage. Le port de commerce et le port des phosphates (alimenté par l'important gisement de **Boukraâ** situé à l'Est de la ville dont les phosphates sont transportés sur tapis roulant jusqu'à Laâyoune) sont situés sur la route de Boujdour.

À la sortie de Laâyoune, sur cette même route de Boujdour, une piste à droite permet d'atteindre en 4 x 4 à travers les dunes, le canyon de la Sakya al Hamra. Lorsqu'on descend au fond de cette immensité vide et palpitante de chaleur, il règne un silence tel qu'on a l'impression d'entendre les battements de son propre cœur... Les passionnés de déserts côtiers pourront continuer sur la P 41 vers **Boujdour**, ville côtière créée autour d'un phare construit par les Portugais, escale de Magellan sur la route du Safran, et **Dakhla**, l'ancienne « Villa Cisneros » située à 544 km de Laâyoune, sur une presqu'île s'étirant sur une quarantaine de kilomètres et qui forme une vaste baie, immense vivier où les bancs de poissons se succèdent et où les pêcheurs trouveront de nombreuses espèces tropicales de la côte africaine.

De Laâyoune à Smara *(240 km : route goudronnée mais pas toujours en bon état ; nombreux nids-de-poule). Avant de partir, faire le plein d'essence (et de provisions), et prévoir de relier Tan-Tan car la ville de Smara n'est pour l'heure guère équipée en hébergement adéquat.*

13 km après avoir quitté la ville de Laâyoune, on aperçoit sur la gauche l'**oasis de Lemsid**, miracle de fraîcheur et de verdure dans le lit desséché de l'oued Sakia el Hamra.

SMARA

Ville historique, culturelle et religieuse du Sahara, Smara fut construite sur ordre du sultan Moulay Hassan I par le cheikh **Ma el Aïnine**. Entourée à l'origine d'un rempart de boue autour duquel chaque jour de nouveaux campements s'installaient, la ville fut le point de rassemblement de différentes tribus nomades (comme les Reguibat, au visage voilé de noir) venues du Sud et du Nord (la tombe de Moulay Abdessalam ben Amchich, l'arrière grand-père de cette tribu, se trouve à Fès).

L'Eau des Yeux

Né en 1838, Moulay Ahmed ben Mohammed el Fadel – celui qu'on appelait Mâ el Aïnin, « l'Eau des Yeux » –, fils d'un marabout de la tribu des Sankaja, mena d'abord une vie de nomade puis s'installa à Smara où il écrivit des ouvrages de théologie et de musique. Il fit construire, grâce aux matériaux envoyés d'Essaouira et de Safi et débarqués à Tarfaya, une vaste kasbah qui comprenait une mosquée, une zaouia dont la célèbre bibliothèque conservait les écrits du cheikh et de ses disciples, des logements et des lieux de stockage pour les céréales. Il créa ainsi vers 1896 un centre caravanier depuis lequel avec ses hommes bleus, il fit régner l'ordre sur les routes du Sahara, du Sous à la Saguiat el Hamra, jouant un rôle décisif pendant près d'un demi-siècle dans la lutte entre les tribus du Sahara et les étrangers de l'époque coloniale. Il mourut en octobre 1910 à Tiznit, toujours vénéré mais vaincu, n'ayant pu atteindre Marrakech où se trouvaient le sultan Moulay Hafid, et l'un de ses fils, Moulay Hiba.

En 1930, un jeune Français, Michel Vieuchange, partit à la découverte de la ville sainte de Smara, parcourant à pied et à dos de chameau des centaines de kilomètres à travers le désert du Sahara, avant d'atteindre cette ville jusque-là inexplorée par les Européens. Il mourut deux ans plus tard terrassé par la dysenterie, ayant réalisé son rêve et laissant derrière lui ses carnets de route publiés à sa mort par son frère et récemment réédités.

« ... je me suis lancé jusqu'à Smara à travers 300 kilomètres de désert...

J'ai vu tes deux kasbahs et ta mosquée en ruine. Je t'ai vue tout entière posée sur ton socle, face au désert, déserte, dans le silence, sous l'ardent soleil.

Tu es bien l'œuvre d'un homme, de Mâ el Aïnin au sommet de sa puissance...

Comme s'il eût voulu étonner les nomades par une chose miraculeuse, il t'établit sur un piédestal face au couchant, comptant sur cela pour leur donner une idée de sa grandeur : lui seul dans les pierres, fort entre les murs de solide appareil de ses kasbahs, ses sujets tout autour sous la toile des guitounes.

Il donna une mosquée à ces hommes qui errant dans le Sahara n'avaient jusqu'à ce jour prié que dans le vent du matin et du soir, se prosternant au hasard de leur route sur le roc ou le sable.

Et ces hommes n'ayant jamais vu de ville durent voir s'élever avec ébahissement ces murs, ces kasbahs, ces coupoles. »

M. Vieuchange, *Smara, Carnets de route d'un fou du désert (1932)* – Éd. Phoébus, 1990.

Capitale de province, Smara est aujourd'hui une étape sur l'axe routier transsaharien. Son développement autour de la zaouia, dans la partie basse de la ville, tend à en faire la principale cité du désert, sans qu'elle ait retrouvé pour autant son importance et sa notoriété légendaires. De la kasbahh de Mâ el Aïnine, aux remparts percés de cinq portes monumentales, et de la grande mosquée proprement dite, il ne reste en effet que des vestiges, balayés parfois par des tempêtes de sable et toujours couverts d'un soleil de plomb. Cependant, ici comme à Laâyoune, des efforts importants sont entrepris en vue de réaliser divers projets d'équipement.

Regagner Guelmim en empruntant la P 44 qui, sur des kilomètres et des kilomètres, n'est qu'un large ruban goudronné coupant l'immensité pour rejoindre Tan-Tan, avec pour seule animation des tourbillons jaunâtres de sable et de poussière dansant sur la pierraille du sol.

Oasis de Lemsid

A. Abou Ghazala/MICHELIN

RABAT★★★

518 616 habitants (les R'batis)
Carte Michelin n° 959 plis 5 et 8.

Moins turbulente que Casablanca, moins prestigieuse que Fès, moins violente que Marrakech, Rabat fait figure de capitale sereine. L'agitation urbaine est ici assourdie, à l'image de ce ciel qui dispense à la ville une lumière quelque peu tamisée par la brume atlantique et lui vaut un climat à l'abri de tout excès.

Réussite d'un urbanisme auquel les moyens n'ont pas manqué, Rabat est une ville aérée, coquette, ordonnée avec goût. Ses avenues plantées d'arbres et de fleurs, la profusion de ses jardins publics, la beauté de ses quartiers résidentiels en font un lieu de séjour agréable que rehausse un patrimoine archéologique important.

UN PEU D'HISTOIRE

La ville antique – C'est au Sud-Est de l'agglomération actuelle, sur le territoire de Chellah qu'on trouve les origines de Rabat. Un établissement maurétanien y apparaît dès le 8e s. avant J.-C., colonisé ensuite par les Puniques.

Puis viennent les Romains. Le mot Chellah est, en effet, la déformation du latin Sala, nom donné alors au Bou Regreg, dont les méandres ont divagué depuis, mais qui baignait à cette époque la ville même de **Sala Colonia**. Le port fluvial, que sa distance de la mer mettait à l'abri de toute surprise, était aussi l'un des postes avancés de l'occupation romaine (*voir à Larache*) en Maurétanie Tingitane.

Tour Hassan

Indicatif téléphonique : 07

Informations touristiques
- ONMT : angle avenue Al Abtal, rue Oued Fès, ☎ 77 51 79/71
- Délégation du Tourisme : 22, rue d'Alger, ☎ 73 05 62
- Syndicat d'initiative : rue Patrice-Lumumba, ☎ 72 32 72

Transports

Aéroport
- Aéroport de Rabat–Salé (12 km au Nord de Rabat), ☎ 78 83 81

Compagnies aériennes
- Air France : 281, avenue Mohammed V, ☎ 70 70 66
- Royal Air Maroc : avenue Mohammed V, rue Abou Faris El Marini, ☎ 76 97 10 ou 70 97 66

Transports ferroviaires
- Gare de Rabat Agdal : rue Abderrahman El Ghafia, ☎ 77 23 85
- Gare de Rabat Ville : avenue Mohammed V, ☎ 76 73 53

Gare routière
- Autocars CTM/LN : route de Casa–Kamra. Bus pour toutes les villes

Location de voitures
- Avis : 7 Zankat Abou Faris El Marini, ☎ 76 75 03
- Inter Rent–Europcar : 25 bis, rue Patrice-Lumumba, ☎ 27 23 28
- Hertz : 291, avenue Mohammed V, ☎ 76 92 27

Camping
- Gambusias, rue Chiahna, route de Casa, ☎ 74 91 42
- Rose Marie, Jawhara Plage, km 30 Route de Casa, ☎ 74 92 51

Restaurants

Marocains
- Dar Rabatia (à 300 m des Oudayas), rue Ferrane Khachane Sidi Fateh, ☎ 70 13 17
- Hôtels Tour Hassan, Safir et Hyatt Regency

Spécialités poissons et fruits de mer
- Les Sables d'Or, plage des Sables d'Or, ☎ 74 42 37
- Miramar, plage Harhoura, ☎ 74 76 56
- L'Entrecôte, 74 Charia Al Amir Fal Ould Oumeir, Agdal, ☎ 77 11 08.

Librairies
- Kalila Wa Dimna, 344, avenue Mohammed V (des rencontres littéraires y ont lieu assez régulièrement)
- Livre Service, avenue Allal Ben Abdellah

Galeries d'art
- Galerie Bab Rouah
- Galerie du Ministère de la Culture, rue Ghandi

Théâtre
- Théâtre Mohammed V, avenue Al Mansour Eddahbi, ☎ 70 75 28 : théâtre, ballets, soirées de variétés, expositions artistiques, etc.

Sports
- **Golf :** Royal Golf Dar es Salam *(18 trous)*, route de Zaer km 10, ☎ 75 58 64 et Golf Club du Souissi, ☎ 75 03 59
- **Yachting :** Yacht Club de Rabat, quai de la Tour Hassan, ☎ 72 02 54

Ambassades
- France : 3, rue Sahnoun, ☎ 77 78 22
- Belgique : 6, avenue de Marrakech, ☎ 76 47 46
- Canada : 13bis, rue Jaâfar Assadik (Agdal), ☎ 77 13 75
- Suisse : Square Berkane, ☎ 76 69 74

Numéros d'urgence
- Police : ☎ 19
- Pompiers : ☎ 15
- Gendarmerie : ☎ 177

La ville berbère – L'empire disparu, subsiste une petite cité qui sera peu à peu isla-misée puis déclinera car son port s'est ensablé.

Au 10ᵉ s. des Zénètes dominent une vaste région au Nord du Bou Regreg. Maîtres de Chellah ils édifient Salé et fortifient sur la rive gauche l'éperon rocheux où s'élève aujourd'hui la kasbah des Oudaïas : une garnison de moines-soldats y est installée pour tenir en respect les populations hérétiques qui occupent le pays au Sud du fleuve. De ce « ribat » (couvent fortifié) le nom même de Rabat a gardé le souvenir.

La position gagne encore en importance lorsque les Almohades entreprennent la guerre sainte en Espagne. Le sultan Abd el Moumen fait de la kasbah une véritable place forte comportant un palais et une mosquée. L'ambition de son petit-fils, Yacoub el-Mansour, est plus grande encore.

Le grand dessein – **Yacoub el-Mansour** a-t-il voulu, comme on l'a dit, créer à l'embouchure du Bou Regreg une nouvelle Alexandrie ? Toujours est-il que son règne (1184–1199) est marqué par un essor sans précédent de Rabat. Il s'emploie à faire de la ville une vaste et somptueuse capitale, mais tout entière tournée vers la lutte contre l'Infidèle : immense camp où se rassemblent les troupes destinées à l'Espagne. Les réalisations sont grandioses. Deux longues murailles se coupant à angle aigu courent sur 6 km de l'Atlantique au Bou Regreg, flanquées de cinq portes monumentales. Les travaux reprennent à la kasbah où s'édifie la grande porte des Oudaïas tandis que, plus au Sud, commence à s'élever la colossale mosquée de Hassan qui doit dépasser en majesté la Giralda de Séville et la Koutoubia de Marrakech. Pour couronner le tout, un nom prestigieux : « Ribat el Fath », le ribat de la victoire. C'est ainsi qu'on appellera la ville après la bataille d'Alarcos (1195) gagnée sur les Castillans par l'armée d'El Mansour.

Mais le glorieux sultan disparu, les travaux sont interrompus. L'effondrement des Almohades entraîne le déclin de Rabat. Si la piété des Mérinides redonne vie quelque temps à Chellah seule la kasbahh est encore habitée au 16e s. et Rabat s'étiole dans sa grande enceinte vide.

Une république de pirates – Au 17e s. un afflux de population étrangère apporte à Rabat une espèce de renouveau. Il y a de tout parmi ces immigrants, mais la plupart viennent d'Espagne où les Rois Catholiques leur rendent la vie difficile. Les premiers arrivés se sont solidement installés dans la vieille kasbah dont ils ont relevé les murs. Par milliers, des **« Andalous »** les rejoignent, par suite du décret de Philippe III d'Espagne chassant les derniers Maures de son royaume (1609). Fortement hispanisés, beaucoup de ceux-ci ont oublié l'arabe et certains sont chrétiens. Au Sud de la kasbah, ils construisent une ville nouvelle ; ils la ferment par le « mur des Andalous », muraille Ouest-Est qui limite encore aujourd'hui la médina.

Entre-temps, des groupes nombreux d'individus peu recommandables sont venus grossir ces flots d'immigrants : pirates mauresques de la côte, chrétiens renégats, forbans de toutes nationalités.

Tout ce monde éprouve quelque difficulté à s'entendre. Mais très vite, une activité commune galvanise les énergies et suscite la richesse : la piraterie. Redoutés de l'Europe sous le nom de « corsaires de Salé », les pirates de Rabat ont pris goût à cette occupation dangereuse mais rémunératrice.

Des Canaries aux côtes de l'Islande, toutes les marines marchandes sont menacées. Vaisseaux et cargaisons sont capturés, marins et passagers vendus comme esclaves ou échangés contre de fortes rançons.

Si l'on en croit Daniel De Foe, Robinson Crusoé aurait été leur victime avant d'échouer sur son île déserte.

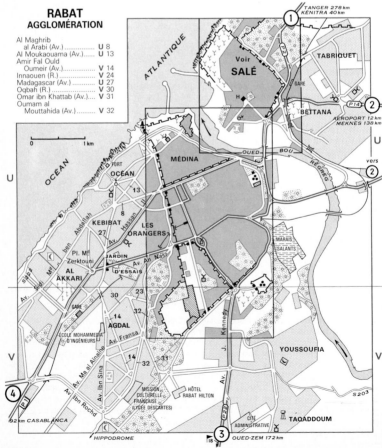

RABAT
AGGLOMÉRATION

Al Maghrib
  al Arabi (Av.) .... U 8
Al Moukaouama (Av.) ...... U 13
Amir Fal Ould
  Oumeir (Av.) .... V 14
Innaouen (R.) .... V 24
Madagascar (Av.) .... U 27
Oqbah (R.) .... V 30
Omar ibn Khattab (Av.) ... V 31
Oumam al
  Mouttahida (Av.) .... V 32

La vieille ville de Salé subjuguée et désormais complice, c'est une République indépendante qui, de 1621 à 1647, étend son pouvoir sur les deux rives du Bou Regreg, s'enrichit du trafic des pirates, traite d'égal à égal avec les puissances étrangères.

La ville alaouite – Bientôt l'autorité des Alaouites s'étend sur la ville. Maîtres de Rabat depuis 1666, Moulay Rachid et ses successeurs complètent les fortifications de la kasbah et du port, tant pour contenir les turbulences de la cité qu'en prévision d'attaques étrangères. A cette époque le déclin de la « course » affecte l'expansion de la ville. Et si depuis le 18e s. celle-ci a gardé quelque lustre, elle le doit à l'insécurité de la route impériale de Fès à Marrakech qui obligeait les souverains à faire le détour de Rabat. Aussi vit-on s'élever pour les sultans, à l'angle Sud des vieux murs almohades, une résidence qui est à l'origine de l'actuel palais royal.

La ville moderne – En 1912 le sultan Moulay Youssef quitte Fès et transporte à Rabat, avec sa personne, l'administration chérifienne. Du coup, la capitale avortée de Yacoub el-Mansour devient le cerveau du Maroc moderne. Lyautey lui imprime sa marque personnelle et surveille l'édification des quartiers neufs. Entre la médina et le palais royal, le vaste espace clos par la muraille almohade trouve enfin son emploi, tandis qu'au-delà, vers l'Ouest, les constructions vont bon train. Un Service des Plans s'occupe de la distribution et du tracé des voies, de l'emplacement des bâtiments publics dans le respect du paysage. Pour loger les Services administratifs, on élève de gracieuses demeures entourées de jardins, construites dans un style où s'unissent souvent les traditions mauresques et les tendances de l'architecture moderne.

Rabat, capitale du pays, est la résidence habituelle du roi, le siège des ambassades et de l'Université Mohammed V ; elle connaît une croissance rapide. Certes le port est inactif : l'ensablement de l'estuaire, la proximité de Kénitra et de Casablanca ont découragé toute velléité de développement et livré le plan d'eau du Bou Regreg aux sports nautiques et aux pêcheurs dont certains effectuent sur leurs barcasses la traversée entre Rabat et Salé. Au bord de l'eau s'improvise un marché aux poissons où l'on peut faire griller sur place ce que l'on vient d'acheter. Mais les activités industrielles ne sont pas négligeables, en particulier dans les domaines alimentaire et textile. L'artisanat est resté vivant (tapis, tissus, ferronnerie). La beauté de la ville et le prestige du passé lui valent une importante fréquentation touristique.

★LA MÉDINA

★★LA KASBAH DES OUDAÏAS

Promenade à pied : environ 3 h. Laisser la voiture avenue Hassan II près du marché couvert.

De l'avenue Hassan II à la kasbah des Oudaïas – L'avenue Hassan II longe le « mur des Andalous », élevé au 17e s., qui sépare la médina de la ville nouvelle.

Prendre, à droite du marché couvert, l'avenue Mohammed V qui pénètre dans la médina ; tourner aussitôt à droite.

Rue Souika – Artère principale de la médina, bordée de cafés maures et de boutiques d'alimentation, elle est toujours très animée. Elle mène à la Grande Mosquée dont on aperçoit le minaret au fond à droite de la rue : ce sanctuaire a été reconstruit à la fin du 19e s. Une partie de la rue est couverte de roseaux : c'est le souk es Sebat où dominent marchands de babouches et maroquiniers.

Tourner à gauche.

★**La rue des Consuls et ses abords (AX)** – Cette rue, ainsi dénommée parce que les diplomates des pays étrangers y résidèrent jusqu'en 1912, constitue le centre du commerce local. Là sont offerts à la curiosité et à la convoitise des passants les tapis de Rabat, les tentures de Salé, les cuivres martelés et ajourés, les cuirs repoussés, les broderies de soie.

On remarquera, à droite, l'impasse du Consulat-de-France ; le père du poète André Chénier, représentant du roi de France au Maroc, y vécut de 1768 à 1782, au n° 62.

Les boutiques de la rue des Consuls masquent un quartier bien différent. Pour s'en faire une idée il suffit de passer à gauche, entre les n°s 32 et 30 (**AX A**), dans une ruelle qui s'amorce sous une maison : à deux pas de l'agitation et du bruit voici le calme et le silence d'une vieille cité bourgeoise. Le visiteur pourra faire quelques pas dans d'étroites venelles encadrées de hauts murs d'une éblouissante blancheur rehaussée par le bleu outremer de quelque volet. Il appréciera les portes de pierre taillée ou sculptée de maintes demeures, souvent le seul ornement de la façade : leurs arcs en plein cintre ou surbaissés retombent sur des pilastres, la plupart du temps surmontés d'un faux linteau reposant sur des colonnettes. Un placage de stuc y ajoute une note mauresque, mais l'esprit de la Renaissance apparaît dans ces portes, œuvres de musulmans venus d'Espagne au 17e s.

Revenir à la rue des Consuls.

Celle-ci aboutit à une vaste place où récemment encore se tenait le souk el Ghezel, le marché de la laine ; mais aux beaux temps de la « course » on y vendait aussi des esclaves – et parmi eux nombre de chrétiens.

★★**Kasbah des Oudaïas** – Cette citadelle est ainsi appelée parce qu'un contingent de la tribu des Oudaïas y fut installé par les sultans alaouites pour y tenir garnison et surveiller la ville. Mais sa création remonte au 10e s.

Longeant la muraille crénelée, monter jusqu'à la grande porte monumentale.

★★ Porte des Oudaïas (AX B) – Bâtie à la fin du 12ᵉ s. par Yacoub el-Mansour sur le plus haut lieu de Rabat, c'est un bel exemple de l'habileté des architectes almohades à faire d'un ouvrage défensif une authentique œuvre d'art. Massive mais de proportions harmonieuses, entièrement taillée dans une belle pierre rousse, c'est une véritable forteresse comportant une enfilade de 3 salles pouvant loger une petite garnison. L'entrée est protégée par deux robustes saillants dont la seule décoration est faite de l'alternance d'assises épaisses et minces de la pierre. Entre eux s'ouvrent deux arcs concentriques en fer à cheval outrepassés et brisés ; le plus grand s'orne de lobes pointus entourés d'entrelacs façonnés en relief profond. Aux écoinçons s'épanouissent deux grandes palmettes. Une inscription en caractères coufiques court le long du bandeau et retombe de part et d'autre des arcs. Une large frise d'arcatures aveugles couronne le tout, prolongée par deux consoles en saillie que supportent des colonnettes. La porte est en chicane pour rendre plus difficiles les assauts.

A l'intérieur, des expositions temporaires sont organisées dans la galerie Bab el Kebir.

Tourner à droite pour pénétrer dans la kasbah.

En jetant un coup d'œil en arrière on appréciera l'autre face de la porte. Sans atteindre à la majesté de la première, elle ne manque pas de caractère. L'absence de saillants, inutiles du côté intérieur, donne plus d'espace et de liberté au décor sculpté.

Plate-forme du sémaphore (AX D) – Continuant droit devant soi, on emprunte la rue Jemaa qui traverse la kasbah. Remarquer, à gauche, la plus vieille mosquée de Rabat ; fondée vers 1150 par les Almohades, elle a été reconstruite au 18ᵉ s. Franchissant une porte on atteint la plate-forme du sémaphore : belle **vue★** sur l'embouchure du Bou Regreg et sur le grand cimetière musulman qui s'étale sur le versant de la colline entre la médina et la mer.

Atelier de tapis (AX E) ⊘ – Cet atelier s'est spécialisé dans la fabrication des tapis de Rabat.

Franchir la porte des Oudaïas et redescendre vers la place Souk el Ghezel. A gauche, entre 2 vieux canons, une porte s'ouvre dans la muraille sur une allée qui conduit au musée.

★ Musée ethnographique des Oudaïas (AX M¹) ⊘ – On pénètre d'abord dans un édifice, à cour centrale, dominé par une tour massive de quatre étages. Construit à la fin du 17ᵉ s. sous le règne de Moulay Ismaïl, ce palais fut sans doute un pied-à-terre pour le sultan ou la résidence du caïd de la kasbah, avant d'être converti en médersa. Le vaste patio s'orne d'une vasque de marbre blanc ; il est cerné de sobres colonnes, jumelées aux angles, qui supportent les arcs outrepassés de la galerie.

Dans l'ancien oratoire *(en cours de restauration)* à droite de l'entrée on admire une collection de tapis de différentes régions du Maroc ainsi que du mobilier.

De part et d'autre de la cour, dans des loggias surélevées, est exposée une belle collection de céramiques de Fès : céramique bleue et céramique polychrome. Dans un réduit d'angle, broderies de Fès, Salé, Meknès. Dans la grande salle du fond on a reconstitué l'intérieur d'une riche demeure : divans couverts de brocarts (Fès, 19ᵉ s.), lits de parade aux lourdes draperies brodées, tapis anciens de Rabat. Une grande baie vitrée garnie de très beaux fers forgés offre une agréable perspective du jardin des Oudaïas. Dans le salon face à la grande salle, bijoux anciens de collection, en or et en argent.

Dans un bâtiment adossé au rempart Moulay Rachid, une salle abrite des instruments de musique traditionnelle citadine et rurale.

Un autre bâtiment tout proche réunit dans une grande salle une intéressante collection consacrée à la vie berbère. On y verra des armes, de somptueux harnachements, des bijoux du Sud, ainsi que des mannequins costumés représentant toutes les régions marocaines.

Jardin des Oudaïas (AX K) – Son enceinte fortifiée par Moulay Rachid voyait jadis une grande agitation : gardes, palefreniers, esclaves, gens du caïd ou du sultan s'y affairaient. Mais tout est calme aujourd'hui dans l'agréable jardin andalou qu'on y a aménagé au début du siècle. Baignant au passage une vieille noria, l'eau coule paisiblement parmi les terrasses étagées, plantées de citronniers, de cyprès et de daturas. Les remparts, vieux murs dorés, tapissés de volubilis, où nichent les cigognes, ont oublié depuis longtemps la ronde des sentinelles.

Dans le mur Est du jardin, une porte donne accès à la terrasse du café maure qui domine le Bou Regreg. Déguster ici le thé à la menthe est un plaisir apprécié des habitants de Rabat, car la **vue★** est très belle sur le fleuve et Salé, surtout au coucher du soleil.

Sortir sur la place Souk el Ghezel et emprunter le boulevard Al Alou.

De la kasbah des Oudaïas à l'avenue Hassan II – Le boulevard Al Alou longe le cimetière musulman de la kasbahh. Aussitôt après une petite mosquée formant l'angle, tourner à gauche dans la rue Sidi Fatah. Parmi les nombreux sanctuaires qui bordent celle-ci, la **mosquée Moulay el Mekki (AX L)** présente un élégant minaret octogonal orné d'arcs à stalactites au-dessus des fenêtres et une jolie porte surmontée d'un auvent de bois peint.

La rue Sidi Fatah longe, à l'angle de la rue Souika, la mosquée Moulay Sliman (1812) et ramène, par Bab al Bouiba, à l'avenue Hassan II.

DE BAB ER ROUAH À LA TOUR HASSAN *environ 2 h 1/2*

Partir en auto de l'avenue Mohammed V, devant la poste. Prendre la rue Soekarno qui franchit la muraille par une porte double. Tourner aussitôt à gauche.

L'avenue Ibn Toumerte longe les remparts ocre bordés de pelouses fleuries et de palmiers.

Parvenu à hauteur de l'avenue An Nasr, garer la voiture sur la place devant Bab er Rouah.

★**Bab er Rouah** (**AYZ**) — Enchâssée dans la muraille almohade, cette porte – son nom signifie « porte des Vents » car elle est fouettée par les vents marins – est contemporaine de celle des Oudaïas. C'est un ouvrage défensif en chicane. Deux énormes saillants donnent quelque rudesse à la façade de pierre dont la sculpture offre pourtant une aimable composition : deux grands arcs festonnés dessinent les lignes maîtresses ; dans chaque écoinçon une grande palmette s'épanouit dans une végétation d'entrelacs ; une citation ancienne se déroule sur le bandeau, tandis que deux colonnettes d'angle ajoutent une note de fantaisie au monument.

L'intérieur comporte plusieurs salles dont deux à ciel ouvert ; la première est couverte d'une remarquable coupole sur trompes, à cannelures rayonnantes. Des expositions temporaires sont organisées dans ces salles.

La galerie Bab Rouah installée dans ces lieux présente en effet régulièrement des expositions d'artistes marocains contemporains. **Mohamed Chebaa**, **Hassan Glaoui**, **Labied Miloud**, **Mohamed Melehi** et **Farid Belkahia** – pour ne citer qu'eux – y exposèrent leurs œuvres à plusieurs reprises. C'est dans cette même galerie que se tint en 1960 la première exposition collective de peintres marocains, préfigurant le foisonnement de la création picturale de ces dernières années.

Reprenant la voiture, on traverse l'enceinte à gauche de Bab er Rouah.

Suivre l'avenue Moulay Hassan et, 200 m plus loin, franchir, à droite, la porte qui donne accès au méchouar, vaste enclos où se dresse le palais du roi. Contourner le méchouar.

Palais du Roi (**AZ**) ⊙ — Sur la droite s'ouvre l'entrée principale du palais, grande porte monumentale de pierre jaune au toit de tuiles vernissées.

L'actuel Dar el Makhzen fut édifié en 1864, sur l'emplacement d'un palais de la fin du 18ᵉ s. ; il a été considérablement agrandi jusqu'à ces dernières années.

Dans l'enceinte du palais se répartissent des cours et patios andalous autour desquels se trouvent le Cabinet Royal, le ministère de la Maison Royale et du Protocole et les Services du Premier ministre.

Traverser l'esplanade dallée.

A gauche s'élève la mosquée Ahl Fas où le roi se rend parfois en grand cortège, le vendredi de 12 h 30 à 13 h.

Quitter le méchouar par une porte après laquelle on tourne à droite dans l'avenue Yacoub el Mansour. Franchir Bab Zaers et suivre la petite route qui se dirige vers l'enceinte de Chellah.

★★**Chellah** (**BZ**) ⊙ — Aux portes de la ville, Chellah sommeille dans un isolement quasi rural. « Le site le plus romantique du Maroc » a-t-on dit ; de fait, une forte impression de mystère et de solitude plane sur ses murailles, ses ruines et ses tombes.

Ancienne ville romaine longtemps désertée, Chellah connut un nouveau destin lorsque, au 13ᵉ s., les souverains mérinides choisirent ce lieu pour leur dernier repos. La muraille rougeâtre de pisé, partiellement renforcée de pierre et de brique, comporte des tours aménagées en chambres de tir. Elle fut achevée en 1339 par le sultan Abou l'Hassan afin de protéger les tombeaux de ses ancêtres et les fondations pieuses de Chellah.

★**La porte** — Une belle porte en pierre de taille, élégante réussite de l'art mérinide, donne accès à la cité des morts. Sa façade, richement sculptée, est flanquée de deux tours hexagonales : le passage au plan carré des bastions qui les couronnent se fait harmonieusement par des encorbellements garnis de stalactites.

Franchir la porte coudée.

Un sentier coupé d'escaliers descend vers un vallon silencieux où croissent en liberté roseaux et figuiers de Barberie, micocouliers, oliviers et bananiers : un charme émouvant se dégage de la cité morte où une végétation vigoureuse envahit les ruines, où des cultes divers se sont succédé à travers les âges, où traînent maintes légendes d'un passé fabuleux. Ne raconte-t-on pas que Chellah fut jadis une cité merveilleuse où l'or et l'argent se trouvaient en telle abondance qu'on allait jusqu'à en faire les chaînes pour tenir en laisse les ânes et les chiens ? Et qu'aujourd'hui des génies gardent encore des trésors enfouis dans la terre ?

★**La nécropole** (**BZ N**) — *Se diriger d'abord à droite, vers les koubbas qu'on aperçoit à flanc de coteau.*

Au pied de la dernière (le saint qu'on y vénère est peut-être d'époque pré-islamique) s'étend un bassin de pierre qui sert de fontaine aux ablutions pour les sanctuaires mérinides. La source miraculeuse qui l'alimente fait l'objet d'un culte dont l'origine remonte sans doute à des temps immémoriaux. Elle contient des anguilles sacrées et des tortues ; on veut aussi qu'au fond de la source vive un poisson fabuleux paré d'anneaux d'or.

Revenant sur ses pas, franchir l'enceinte qui ferme la nécropole royale.

On traverse d'abord une petite mosquée en ruine à trois travées (à gauche une porte montre encore partiellement un revêtement de céramique vernissée).

Au fond à droite, un passage, près d'un minaret tronqué, donne accès à la **chambre funéraire d'Abou l'Hassan**. Au pied d'un mur de pierre rose finement ciselée, on peut voir la tombe du sultan, mort en 1351. (C'est le dernier souverain mérinide enterré ici : ses successeurs se firent inhumer à Fès.)

Tout près, un autre tombeau : celui de son épouse, une chrétienne convertie à l'Islam, dont l'épitaphe nous apprend qu'elle répondait au nom charmant de « Soleil du Matin » (Chems ed Douha). Connue aussi sous le nom de Lalla Chellah, la « Dame de Chellah » fait l'objet d'un véritable culte, et règne sur tout l'enclos.

Se diriger vers le minaret qui domine la nécropole.

On atteint une cour, pavée de mosaïque autour d'un bassin rectangulaire avec deux vasques ; elle est encadrée de galeries sur lesquelles s'ouvrent de petites cellules. L'édifice, assez ruiné, est une **zaouïa** ; dans cette maison de prières, des lecteurs du Coran assuraient aux hôtes défunts de la nécropole le bénéfice de perpétuelles oraisons.

La disposition des lieux est assez analogue à celle d'une médersa. A droite on peut voir les restes de l'oratoire avec son mihrab cerné d'un couloir semi-circulaire ; il suffisait jadis de faire sept fois le tour de ce mihrab pour mériter le titre de hajj, normalement réservé aux pèlerins de La Mecque. A gauche s'élève le charmant **minaret** construit par Abou l'Hassan où la pierre, le marbre et la faïence s'allient à la patine des ans pour le plus joli effet ; un nid de cigognes couronne le lanternon décoré de zelliges.

Revenir à l'entrée de la nécropole. Aussitôt après la porte, tourner à droite et longer le mur jusqu'au pied du minaret. A droite s'ouvre l'accès aux ruines romaines.

Ruines de Sala (**BZ R**) ⊘ — *(Voir : « La ville antique », p. 162.)* On remarquera tout d'abord, sur la gauche, une petite fontaine garnie de niches. Le forum auquel

Chellah : minaret

on accédait par une rampe s'ouvrait à gauche par un arc de triomphe à trois arches dont on voit encore la base des piles.

A droite de l'arc de triomphe, huit profondes salles voûtées en plein cintre sont d'anciennes boutiques qui soutiennent une terrasse sur laquelle était édifié le temple du Capitole. Au-delà du temple, la voie principale de la ville – le Decumanus Maximus – a été dégagée. Elle croise une voie secondaire, pavée de larges dalles, où s'étendaient une douzaine de boutiques.

Reprendre la voiture, revenir vers Bab Zaers mais tourner à droite dans le boulevard Moussa ibn Nossaïr.

Il longe les remparts almohades et offre une jolie **vue** sur Chellah. On domine ensuite la vallée du Bou Regreg.

Garer la voiture près des ruines de la mosquée Hassan.

Ruines de la mosquée Hassan et mausolée de Mohammed V (**BX**) – Un cimetière de colonnes et un minaret inachevé, c'est tout ce qui reste de la plus vaste mosquée d'Occident. Nul monument n'exprime mieux la grandeur de l'empire almohade. Construite par Yacoub el-Mansour vers 1196, ses dimensions inusitées devaient répondre aux besoins d'une troupe nombreuse concentrée en permanence dans le « Ribat el Fath » pour la guerre sainte. Couvrant plus de 2,5 ha, elle comptait 400 colonnes ou piliers traçant 19 nefs de 21 travées, et 14 portes. Son plan rectangulaire était d'une parfaite symétrie, ce qui est rare dans les sanctuaires marocains qui ont souvent été l'objet de remaniements successifs.

Mais l'édifice ne fut jamais terminé. Laissé à l'abandon, il tomba peu à peu en ruine tandis que les habitants de la kasbah venaient y prélever des matériaux pour leur usage. Le grand tremblement de terre de 1755 lui donna le coup de grâce. (Le beau dallage blanc qui supporte aujourd'hui l'alignement des colonnes a été posé récemment.)

★★ **Tour Hassan** – Le minaret a mieux résisté à la destruction et au pillage. Sa silhouette puissante peut paraître un peu lourde à qui oublierait qu'il s'agit d'une œuvre inachevée et que cette tour de 44 m devait en compter une soixantaine.

Construite en gros appareil de pierre elle est d'une telle couleur ocre – sauf le côté Nord où le vent marin l'a recouverte d'un dépôt gris argent. Profondément sculptées, ses quatre faces offrent chacune un décor différent où la force et la subtilité trouvent le juste point d'équilibre d'une perfection toute classique. Les fenêtres sont enchassées dans des arcatures lobées ou à lambrequins, qui s'élèvent jusqu'au magnifique tapis de réseaux losangés couronnant l'édifice.

Traverser à nouveau les ruines de la mosquée jusqu'à l'extrémité opposée au minaret.

Mausolée de Mohammed V

★ **Mausolée de Mohammed V** – L'esplanade de la mosquée Hassan est le cadre grandiose choisi pour immortaliser la mémoire de Mohammed V, réalisateur de l'indépendance marocaine. Dans le prolongement du sanctuaire détruit, une nouvelle mosquée prend le relais de l'ancienne. A droite une élégante colonnade entoure le musée-bibliothèque où seront rassemblés les souvenirs du roi défunt ; à gauche s'élève le **mausolée**★ de style traditionnel.

Le tombeau du roi se trouve dans une vaste chambre funéraire que surplombe une galerie courant le long des murs de marbre, richement décorés ; la salle est couverte d'une somptueuse coupole d'acajou et de cèdre revêtue de feuilles d'or. Le concours des meilleurs artisans du Maroc a été requis pour exécuter la décoration de ce mausolée, suivant les techniques du passé.

Reprendre la voiture et continuer jusqu'au boulevard Mohammed V qui ramène à la poste.

AUTRES CURIOSITÉS

★ **Musée Archéologique** (ABY) ⊘ – *23, rue Al Brihi.*
Créé au début des années 30, ce musée offre le fruit des fouilles exécutées dans les principaux sites préhistoriques, pré-islamiques et islamiques.

Dans le hall sont présentées les méthodes de recherches archéologiques (prospection, photogrammétrie, restauration, datation…) et une carte des principaux sites du Maroc.

Le rez-de-chaussée réservé à la préhistoire marocaine abrite différents objets qui caractérisent les principales civilisations : Pebble culture, acheuléen, moustérien, atérien, épipaléolithique, néolithique et protohistoire.

Le premier étage est consacré en partie à l'archéologie islamique. Les fouilles conduites sur les sites de Volubilis, Sijilmasa, Belyounech, Qsar Saghir, Chichaoua… montrent l'importance et la variété des témoins matériels de l'histoire du Maroc musulman : al Maghrib al Aqsa (le Maghreb extrême) était un des foyers les plus florissants du monde musulman ; le site de Sala-Chellah – ville maurétanienne et romaine devenue, au 13e s., nécropole royale – révèle le raffinement du décor dans l'art de bâtir ; Chichaoua, célèbre pour son industrie du sucre qui remonterait au 11e s. et que les Saâdiens développèrent par la mise en place d'une installation hydraulique, se distingue également par le soin apporté au décor de ses demeures ; Belyounech, où l'on a retrouvé les vestiges de la muniya (ville de plaisance islamique), nous renseigne sur les rapports ville-campagne à l'époque médiévale (13-15e s.). Des céramiques, mises au jour sur ce site et attribuées au Bas Moyen Age mérinide, témoignent par ailleurs des échanges commerciaux avec la péninsule Ibérique.

En prolongement du rez-de-chaussée, un patio des collections lapidaires offre aux visiteurs toute une série de stèles, d'ex-voto et de gravures rupestres.

Musée Archéologique : chien de Volubilis

La salle ovale, marquant le terme de la visite et le point d'orgue de l'exposition, rassemble une très intéressante collection de **bronzes romains**★★★ : certaines œuvres se rattachent à la tradition hellénistique (Juba II, le Pêcheur...), d'autres n'excluent pas une certaine stylisation dans leur traitement réaliste (chien de Volubilis). D'autres pièces provenant de Mogador, Banasa, Lixus, Cotta, sont présentées par thèmes évoquant la vie publique et privée aux époques phénicienne, cartaginoise, mauritanienne et romaine (céramiques peintes, diplômes militaires, statues des dieux locaux, mobilier en bronze...).

Musée national de l'Artisanat (AX M²) – *6, tarik Al Marsa. Fermé pour travaux.*

Ensemble artisanal ⏱ – *Tarik Al Marsa, juste en face du musée.*
La visite de ce centre, qui comprend plusieurs ateliers et un magasin de vente, permet de découvrir et d'apprécier le travail minutieux des artisans qui font de leur art un métier à part entière, que ce soit en gravant le bois dans des racines de thuya, en martelant le cuivre, en façonnant le cuir, en tournant et peignant la poterie, ou en réalisant de beaux décors muraux à l'aide de zelliges aux couleurs végétales.
Un centre de recherche a, par ailleurs, été créé afin de garder la mémoire de ces gestes ancestraux et veiller au respect des traditions ; de nombreuses planches pédagogiques ont ainsi été réalisées afin de transmettre ce savoir tout en essayant d'innover, notamment dans le choix des motifs décoratifs.

Jardin d'essais – *Voir plan p. 164* (U).
Ce vaste jardin est divisé en deux par l'avenue An Nasr. La partie Sud est réservée aux essais d'acclimatation des plantes exotiques : belle collection de cactées. La partie Nord est en grande partie plantée d'orangers et de palmiers.

★**Quartier des ministères et des ambassades** (BYZ) – De tous les quartiers modernes de Rabat, le plus élégant est l'ancien quartier de la Résidence où se groupent, dans un véritable parc de verdure et de fleurs, ambassades et ministères.
En revenant vers le centre, on contourne la mosquée As Sounna (18ᵉ s.) dont le haut minaret domine la belle perspective de l'avenue Mohammed V qui pénètre au cœur de la cité : là, entre la gare et le jardin du Triangle de Vue, se concentrent l'activité commerciale et l'animation de la ville moderne.

EXCURSIONS

★★**Salé** – *3 km au Nord par le pont Moulay Hassan. Voir à ce nom.*

Jardins exotiques de Rabat-Salé ⏱ – *13 km ; sortir par ① du plan. Deux circuits fléchés permettent de parcourir les jardins. L'un, fléché sur fond blanc, d'un parcours très accidenté, demande 1 h 1/2 environ. L'autre, fléché sur fond rouge, n'offre pas de difficultés et demande 3/4 h.*
Créés en 1951 par M. François, ingénieur horticole, ces jardins ont pour but scientifique d'introduire et d'acclimater au Maroc des espèces exotiques ornementales, et de démontrer que, sur une terre primitivement stérile, il est possible de faire pousser une végétation luxuriante issue des climats les plus divers. Plus de 1 500 espèces ou variétés différentes y sont représentées.
Le visiteur, en parcourant un dédale de sentiers, fait connaissance avec les flores du Congo, du Mexique, du Brésil, de l'Australie, de Madagascar, de Polynésie, du Japon, des Antilles et de la Chine, dans des sites évoquant les paysages de ces différents pays.

★**Forêt de la Mamora** – *Circuit de 98 km. Quitter Rabat par ② du plan et suivre la P 1 jusqu'à Sidi Allal Bahraoui où l'on tournera à gauche en direction de Kénitra. Rentrer à Rabat par la P 2. On évitera de s'engager en voiture sur les pistes et les tranchées sablonneuses dont la viabilité est très incertaine.*
La forêt de la Mamora, au Nord-Est de Rabat, représente à elle seule près de la moitié des boisements de chêne-liège du Maroc. Elle couvre 134 000 ha d'un seul tenant, soit plus de 5 fois la superficie de la forêt de Fontainebleau.
Les chênes-lièges auxquels se mélangent des poiriers sauvages sont de beaux arbres qui poussent rapidement grâce à l'humidité du climat atlantique. L'espacement des arbres et l'absence presque complète de taillis donnent à la forêt l'allure d'un immense parc, très agréable à parcourir, surtout au printemps quand le sol se couvre, dans les parties humides, de jacinthes, d'iris et de narcisses et que les poiriers sont en fleur.
La forêt est exploitée pour le liège, qui est excellent, et pour le bois. Le liège de reproduction (liège femelle) qui se forme après l'enlèvement de la première couche (liège mâle) atteint en neuf ans l'épaisseur marchande de 25 mm.
D'importants reboisements ont été entrepris depuis la guerre. Dans le Nord, en particulier, ils affectent plusieurs dizaines de milliers d'hectares en plantation d'eucalyptus et de pins. L'eucalyptus alimente l'usine de cellulose et de pâte à papier de **Sidi Yahia** du Rharb, toute proche.

Pour tout ce qui fait l'objet d'un texte dans ce guide
(villes, sites, curiosités isolées, rubriques d'histoire ou de géographie, etc.),
reportez-vous à l'index.

SAFI★

283 180 habitants
Carte Michelin n° 959 plis 4 et 19.

De part et d'autre du ravin creusé dans le plateau gréso-calcaire des Abda par l'oued Châaba, Safi s'étale, en bordure de l'Atlantique, au fond d'une anse encadrée de falaises. Elle offre le triple attrait d'anciens édifices portugais, d'un port très actif et d'une cité vivante et en plein développement.

On sait peu de chose sur les origines de Safi. Comptoir phénicien – s'il faut croire le géographe Ptolémée – probablement fréquenté plus tard par les Romains, elle apparaît dans les textes arabes sous le nom d'Asfi, à partir du 11e s. ; c'est alors un petit port d'intérêt local.

L'ouverture à l'Europe – Au 15e s. Safi s'ouvre au commerce européen. Les Portugais apprécient même si bien sa rade naturelle qu'ils s'en emparent en 1508, par une vaste opération combinée - par terre et par mer - montée à partir de leur base de Mogador (Essaouira).

Autour de la ville ils élèvent une enceinte et construisent une forteresse au bord de la mer. Mais cette occupation dure peu. Dès 1541, les Portugais, qui viennent de perdre Agadir, évacuent volontairement Safi.

Cela n'interrompt point les échanges avec l'Europe qui, au contraire, s'intensifient. Les Français y ont leur part. Au 17e s. le consul de France a sa résidence à Safi et c'est dans ses murs que le commandeur de Rasilly signe au nom de Louis XIII plusieurs traités de commerce entre la France et l'Empire chérifien. Mais au 19e s. c'est le complet déclin.

Le tournant du 20e s. – Le renouveau est venu de la pêche industrielle d'abord : la sardine est la spécialité de Safi depuis que le développement de la conserverie a ouvert à ses pêcheurs un énorme marché, concurrencé peu à peu cependant, en ce qui concerne la pêche proprement dite, par le développement de Tan-Tan, autre grand port sardinier des provinces sahariennes. Puis les minerais du Jbilet, qui ne sont plus exploités de nos jours, et

Le port

les phosphates de Youssoufia et Ben Guerir ont envahi les quais, entraînant l'extension et la modernisation du port. Cette extension se poursuit actuellement sur une superficie de 12 ha afin de créer de nouvelles zones industrielles et de chantiers navals et générer ainsi un accroissement du trafic portuaire.

Enfin, c'est à Safi que le Maroc a fait ses premiers pas dans la grande industrie : un important complexe a été implanté quelques km au Sud. Une partie des pyrites et des phosphates extraits dans la région sont désormais valorisés par « Maroc-Chimie » et « Maroc-Phosphore » sous forme d'acide sulfurique, d'acide phosphorique et d'engrais.

QUARTIER DE LA MÉDINA *visite : 1 h*

Partir de la place de l'Indépendance.

C'est l'ancienne place du R'bat, cœur de la cité.

★**Qasr el Bahr** (B) ⊘ – Il s'élève en bordure de la place, face à l'océan. Ce « château de mer » construit par les Portugais au 16e s. fut sans doute, en même temps qu'une forteresse pour défendre le port et la ville, la résidence du gouverneur. Il a été restauré en 1963.

En traversant la grande cour intérieure entourée de casemates, on atteint, par une rampe, la plate-forme où sont alignés de vieux **canons** espagnols ou hollandais, notamment deux belles pièces fondues à Rotterdam (Rotterdamæ sur l'inscription) en 1619 et deux autres à La Haye (Hagæ) en 1621. Du bastion Sud-Ouest, la **vue**★ est remarquable sur l'océan, le quartier du R'bat et ses sombres falaises, la médina, le port et le cap Safi.

Sous le haut perron qui donne accès à la tour carrée, une ouverture laisse voir l'ancienne prison souterraine de la forteresse. Du sommet de la tour, belle **vue** sur la médina, délimitée par ses remparts, qui s'élève en pente douce vers la Kechla (citadelle) ; côté Nord, immédiatement au pied de la forteresse, on reconnaît le petit port primitif.

★Colline des Potiers ⊘ – En passant sous les arches de Bab Khouas, la blanche silhouette de la Kechla s'impose au regard, ceinturée par le mur de la médina et dominant le vallon du Châabah. Le vieux quartier des potiers s'étend sur le versant opposé : dans les ruelles qui l'escaladent, on peut voir encore de ces **fours** et de ces **ateliers** d'artisans qui ont fait la réputation de la poterie de Safi.

En contrebas, une longue **galerie marchande** (**B A**) expose un échantillonnage complet de la production : poterie traditionnelle bleu et blanc, poterie d'inspiration plus récente qui joue d'harmonies plus sombres et d'éclats métalliques. A l'extrémité de la galerie, on visite l'**école de la Coopérative** (**C B**) ⊘ des artisans de Safi, où on peut suivre les opérations du tournage, de la décoration et de la cuisson des poteries safiotes.

En tournant à droite, au pied des galeries marchandes, on atteint Bab Châabah.

Médina – Dans la **rue du Souk**, artère principale de la vieille ville, on aura plaisir à se frayer un chemin parmi les étals bariolés. Juste avant la Grande Mosquée, à gauche, un passage sous voûte introduit à l'étroite rue du Cadi Ayad ; on l'empruntera pour aller voir, à moins de 100 m à gauche, la « **chapelle portugaise** »★. Il s'agit, en fait, du chœur de la cathédrale de Safi, construit en 1519.

Ayant servi fort longtemps de bain maure, la chapelle est assez délabrée ; on peut admirer sa voûte sur croisées d'ogives décorée d'un cartouche aux armes du Portugal et de huit médaillons dont les sculptures représentent des emblèmes religieux et des armes seigneuriales.

En sortant, continuer la rue du Cadi Ayad.

Terminer le circuit dans le vieux Safi par de pittoresques ruelles aux nombreuses arcades ; elles amènent aux remparts qu'on longe intérieurement jusqu'à la tour d'angle Sud-Ouest par où l'on rejoint la place de l'Indépendance.

SAFI

Indépendance (Pl. de l')	**B**	15
R'bat (R. du)	**B**	

Allal ben Abdallah (R.)	**B**	2
Bellevue (R.)	**A**	4
Cadi Ayad (R. du)	**B**	6

Cimetière (R. du)	**A**	7
Dridat (R. de)	**A**	8
Forgerons (R. des)	**C**	9
Ibn Khaldoun (R.)	**A**	10
Idriss ben Nacer (R.)	**B**	13
Jardin-Public (R. du)	**A**	17
Médina Mounouara (R.)	**AC**	18
Moulay Idriss (R.)	**C**	19
Ravin (R. du)	**A**	22

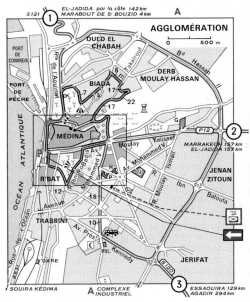

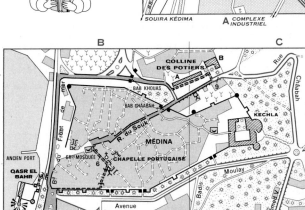

AUTRES CURIOSITÉS

★**Kechla** (C) ⊙ – Les murs puissants
de cette citadelle datent de l'occupation portugaise. Franchi la porte
monumentale, tourner à droite pour
gagner, par une rampe, la plate-
forme garnie de vieux canons et la
grosse tour semi-circulaire : de là,
on jouit d'un **panorama**★ sur la ville et
particulièrement sur la cascade des
maisons de la médina, dévalant vers
Qasr el Bahr et l'océan. Ces fortifications abritent le haut palais blanc
qui domine toute la ville, construit
par les Marocains à partir du 18ᵉ s.
pour loger le gouverneur et les bureaux du Makhzen.

**Musée national de la Céra-
mique** ⊙ – Installé de part et
d'autre d'un patio qu'entourent les
anciens appartements et composé
de deux sections bien distinctes (la
céramique de Safi et la céramique de
Fès et de Meknès), ce musée a pour
vocation d'illustrer la place qu'occupe la céramique émaillée et vernissée dans les arts traditionnels ma-

Musée de la Céramique

P. Saharoff/HO AQUI

rocains, et l'ancienneté de sa production. Deux autres sections devraient être
ouvertes prochainement, l'une consacrée à l'archéologie, l'autre à la céramique
contemporaine, auxquelles s'ajouteront une bibliothèque spécialisée et un centre de
restauration des pièces anciennes.

– Céramique bleue de Safi *(bâtiment de gauche)* : divers objets, plats, vases,
encriers, etc., montrent l'évolution des techniques et le savoir-faire des artisans
safiotes, héritiers des potiers de Fès venus s'installer à Safi au siècle dernier : originalité des formes, utilisation progressive du brun, harmonie des motifs sculptés
(voir dans la dernière salle des vases reproduisant les motifs des tapis de l'Atlas),
faïences à reflets métalliques caractéristiques de l'œuvre de **Boujmaa El Lamali**. Cet
artiste algérien, mort en 1971, créa dans les années 1930 la première école de
céramique moderne à Safi et participa à plusieurs expositions internationales dont
l'Exposition coloniale de 1931 à Paris.

– Céramique de Fès et de Meknès *(bâtiment à droite du patio, ancien palais du
Sultan noir)* : céramique vernissée, plats polychromes aux motifs décoratifs variés
de plumes et de palmes.

Le port (A) – Le boulevard du Front-de-Mer mène à l'entrée du **port de pêche**★. Près
de 48 000 t de poisson, toutes espèces confondues, ont été débarquées en 1992, la
part de la sardine représentant 80 %. Safi est l'un des grands ports sardiniers du
monde : cette pêche alimente une vingtaine d'usines de conserve qui s'alignent dans
la partie Sud de la ville. Elle se pratique à partir du mois de mai. L'activité est grande
et le spectacle coloré lorsque les bateaux sont à quai et déchargent leur cargaison. Tôt
le matin, les arrivages se vendent à la criée dans la grande halle qui borde les quais.
A la suite du port de pêche, au-delà du silo à grains, s'étendent les installations
du port de commerce où près de 500 bateaux ont effectué, en 1992, un trafic
global de 4 100 000 t (1 550 000 t importées et 2 550 000 t exportées), ce qui
place Safi au 4ᵉ rang du Maroc, après Casablanca, Mohammedia et Jorf Lasfar.

Points de vue sur la ville (A) – Par la route de l'Aouinat se rendre au **point de vue
de la Biada** : de la partie haute du cimetière musulman qui domine le quartier des
potiers on a une vue intéressante sur la ville et le port.
Suivre l'itinéraire indiqué sur le plan.

Après avoir longé les murs de la Kechla, rejoindre la rue Ibnou Badis qui borde en
corniche le quartier du Plateau : le **point de vue du vieux cimetière**★ permet d'embrasser
un vaste horizon, avec une remarquable vue plongeante sur le Qasr el Bahr qui se
détache sur la mer.

EXCURSIONS

Marabout de Sidi-Bouzid – *4 km au Nord par* ① *du plan.*
Ce marabout est situé sur la falaise, à 120 m d'altitude. De ce point, **vue**★★
d'ensemble sur la ville, le port et les falaises de la côte. Par temps clair, on aperçoit les cimes de l'Atlas.

Souira Kédima – *30 km au Sud. Emprunter la 6531 qui suit le rivage, puis la 6537.*
On se rend compte de l'importance, à Safi, de l'industrie sardinière : à la sortie de
la ville et sur 5 km la route est bordée de **conserveries**.
A 8 km de la ville on longe le très important complexe industriel « **Maroc-Chimie** » et
« **Maroc-Phosphore** ». Puis la route serpente en haute corniche accrochée aux escar-
pements calcaires qui surplombent l'océan – notamment à Jorf-el-Yhoudi (le cap
du Juif) – avant de descendre vers Souira Kédima.

Il y avait là autrefois un « ribat » (couvent fortifié) ; les Portugais y édifièrent une petite forteresse dont on voit les vestiges sur un promontoire, à droite de la route. Une belle **plage** de sable fin protégée par un cordon de récifs fait de Souira Kédima un lieu de promenade agréable. En été cependant, l'afflux et l'engouement des estivants pour ce site balnéaire nuit quelque peu au charme de l'endroit. On aperçoit, au Sud, l'estuaire de l'oued Tensift.

★**Kasbah-Hamidouch** – *76 km au Sud. Sortir par* ③ *du plan. Prendre la S 120 puis la P 8 jusqu'à Dar-Tahar-ben-Abbou où on prendra, à droite, la 6617 puis la 6611.* En arrivant à Dar-Caïd-Hadji on voit se dresser à droite les ruines de la kasbah-Hamidouch, dominant la rive gauche de l'oued Tensift près de son embouchure. C'est une grande forteresse qui date du sultan Moulay Ismaïl (1672-1727). L'enceinte extérieure, flanquée de bastions et surmontée de merlons, a encore grande allure malgré les ravages du temps. Longue de 150 m sur chacun de ses 4 côtés, elle renferme, outre une mosquée et divers bâtiments en ruine, une autre enceinte de 70 m de côté, entourée d'un large fossé.

Dans ce guide,
les plans de villes indiquent essentiellement
les rues principales et les accès aux curiosités.
Les schémas mettent en évidence les grandes routes et l'itinéraire de visite.

SALÉ★★

289 391 habitants (les Slaouis)
Carte Michelin n° 959 plis 5 et 8.

Bien qu'un large pont la relie à la capitale, Salé la blanche, étendue sur la rive droite du Bou Regreg, a gardé jusqu'à nos jours une jalouse individualité et la marque d'un long isolement. Elle a – tout au moins à l'intérieur des remparts – conservé la vie repliée des petites villes d'Islam avec ses souks ombreux et ses corporations d'artisans, les places ensoleillées où s'agitent les saltimbanques, les rues tranquilles de ses quartiers bourgeois, les nombreux sanctuaires d'une cité traditionnellement pieuse et savante.

Naissance d'un arsenal – En 1260, des Espagnols, venus pour livrer des armes au gouverneur de Salé révolté contre le sultan mérinide, débarquent sur les rives du Bou Regreg, s'emparent de la ville par surprise et se retirent avec un énorme butin.
Pour éviter le retour d'une telle mésaventure, le sultan, après avoir repris la ville, élève une muraille du côté du Bou Regreg et de la mer. A l'intérieur des remparts il fait construire un arsenal et creuser un bassin communiquant avec le fleuve par un canal. De hautes portes permettent aux embarcations de franchir l'enceinte. A l'exception de Bab Mrisa, demeurée presque intacte, elles sont aujourd'hui ensablées.

Une cité florissante – Jusqu'à la fin du 16ᵉ s., Salé est une ville fortunée. Les marchands génois, vénitiens, anglais et flamands s'y donnent rendez-vous ; elle est à cette époque l'entrepôt commercial et le port de tout le « royaume de Fès ». Puis la ville, définitivement éclipsée par Rabat, se replie sur les activités artisanales, intellectuelles et religieuses qui ont fait sa réputation.

CURIOSITÉS

★**Bab Mrisa** – Cette porte monumentale enjambait autrefois le canal. Construite, après l'alerte de 1260, par le premier sultan mérinide, elle manifeste un art encore très proche des portes almohades de Rabat. Flanquée de deux étroites tours, elle développe un arc brisé d'une magnifique ampleur (bien que les remblaiements l'aient privée d'une partie de sa hauteur) et porte un décor sculpté d'inscriptions et d'entrelacs floraux.
Laisser la voiture sur la place Bab Khebaz et continuer à pied par la rue du même nom.

Quartier des souks – On longe tout d'abord la kissaria. Après un passage sous voûte, on atteint une petite place plantée d'arbres où se tient le très pittoresque **souk el Ghezel★**, marché de la laine, le lieu le plus original et l'un des plus vivants de Salé. Aux boutiques qui le cernent pendent des écheveaux de toutes les couleurs. La place elle-même est occupée par des morceaux de laine brute : autour d'eux les acheteurs observent, palpent, discutent, et font peser d'énormes écheveaux à l'aide de « romaines » suspendues à des trépieds de branchages.
Sortir de la place par l'autre bout et tourner deux fois à droite : on traverse le **souk el Merzouk** où travaillent bijoutiers, vanniers et nattiers. Remarquer à droite, après une fontaine, la belle **porte** du fondouk Askour (**A**).

Rue de la Grande-Mosquée – On l'atteint après deux passages sous voûtes. Divers petits métiers s'y exercent : les **brodeurs** de caftans retiennent l'attention, accroupis dans leurs minuscules échoppes, aidés par des bambins qui dévident la soie avec adresse. De part et d'autre de la rue s'étend le quartier bourgeois où l'on peut voir, comme à Rabat, de vieilles demeures andalouses et de beaux **portails** Renaissance. Un décrochement vers la droite introduit à une charmante petite place en escaliers, au fond de laquelle s'élève la **Grande Mosquée**, d'époque almohade. A gauche, près d'une fontaine du 18ᵉ s., se trouve l'entrée de la médersa.

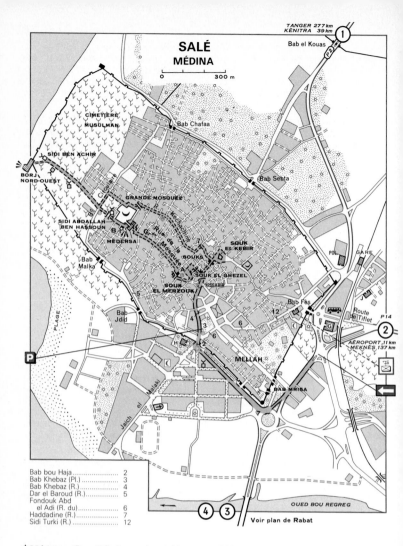

SALÉ
MÉDINA

0   300 m

Voir plan de Rabat

★**Médersa** ⊙ – *Détails sur les médersas p. 100.*

C'est le Mérinide Abou l'Hassan qui fit édifier en 1333 cette médersa qui « illustre un moment heureux où l'art hispano-mauresque incline vers la grâce au détriment de la robustesse ». Elle s'ouvre en haut d'un perron par une remarquable **porte**★ : tympan de pierre sculptée d'entrelacs et d'inscriptions, auvent de cèdre finement découpé.

La **cour**★★, petite, offre une belle harmonie de couleurs. Aux murs, la blanche exubérance des stucs crée de larges « surfaces animées » où s'accrochent la lumière et les ombres. Le sol est couvert de zelliges, qui épousent également l'arrondi des colonnes. Le cèdre sculpté, d'une richesse remarquable, montre ici ou là des tons patinés – vestiges des couleurs éclatantes qui le couvraient primitivement. Au fond de la cour, la salle de prière est coiffée d'un beau plafond pyramidal de cèdre sculpté et peint.

Ici les minuscules chambres d'étudiants ne prennent pas jour sur la cour mais sur l'extérieur de l'édifice. De la terrasse, la **vue**★ embrasse tout Rabat et Salé.

En sortant de la médersa, tourner à gauche pour passer entre elle et la Grande Mosquée. Remarquer à gauche la belle **porte** de la zaouïa de Sidi Ahmed el Tijani (**B**).

Marabout de Sidi Abdallah ben Hassoun – Le saint patron de la ville et de ses bateliers, vénéré ici, passe pour protéger les voyageurs. Par les fenêtres de l'élégant mausolée construit au 19ᵉ s., on aperçoit son tombeau autour duquel sont suspendus des lustres de cire multicolore. Ces énormes lanternes sont sorties une fois par an, lors de la **procession des Cires**, et promenées à travers la ville par la corporation des barcassiers – tout chamarrés de soie pour la circonstance. Cette cérémonie a lieu la veille du Mouloud en fin d'après-midi. Le sixième jour du Mouloud, le **moussem** de Sidi Abdallah attire une foule bigarrée : des chanteurs de différentes confréries psalmodient des chants mystiques qui remontent aux premiers temps de l'Islam.

Les touristes disposant d'une demi-heure pousseront jusqu'au bordj Nord-Ouest (voir ci-après) ; les autres tourneront à droite dans le boulevard Circulaire.

Du boulevard Circulaire aux souks – Faire une centaine de mètres dans le boulevard puis tourner à droite en direction de la Grande Mosquée. Au bord des rues adjacentes se voient encore de belles portes d'inspiration Renaissance, malheureusement délabrées ; on passe près du **minaret**★, reconstruit au 19ᵉ s. dans les formes traditionnelles.

La rue Kechachine est occupée par les petits commerces d'alimentation mais elle traverse, comme la rue de la Grande-Mosquée, le quartier des demeures bourgeoises, discrètement retirées derrière leurs hauts murs.

Le **souk el Kébir** est une place très animée : on y exposait jadis, pour la vente, les esclaves chrétiens capturés par les pirates. Près de là travaillent les menuisiers et les fabricants de babouches.

Continuer jusqu'à la kissaria et reprendre en sens inverse l'itinéraire de départ pour rejoindre la place Bab Khebaz.

Cimetière musulman – Ce vaste cimetière qui sépare la ville de l'océan est un spectacle curieux avec ses innombrables stèles dont certaines sont peintes de couleurs vives.

Marabout de Sidi ben Achir – Sous sa blanche coupole repose un saint qui passe pour avoir accompli de nombreux miracles de son vivant (au 14e s.) et jusqu'à nos jours ; il est particulièrement invoqué pour soulager les maladies nerveuses.

Bordj Nord-Ouest – Ce fortin qui date du 18e s. comporte une cour où sont alignés de vieux canons de bronze, anglais et espagnols. Il se termine par un bastion dit « bastion des larmes », édifié sous le règne de Sidi Mohammed Ben Abdallah, et qui abrite aujourd'hui un musée régional de la Poterie. Du bastion, belle **vue**★★ panoramique sur l'océan, l'estuaire du Bou Regreg, les villes de Rabat et Salé.

EXCURSIONS

Complexe des Potiers ⊘ – Situé à la périphérie de Salé *(2 km à l'Est, sur la route de Meknès)*, ce village des arts marocains réunit une trentaine de potiers et de céramistes qui travaillent l'argile des carrières toutes proches d'Oulja. Les caractéristiques du décor de ces poteries salétines sont la discrétion des teintes posées sur une engobe blanche ou brune, parfois vert d'eau, et la variété des motifs décoratifs.

Jardins exotiques de Rabat-Salé – *10 km au Nord par* ① *du plan.*

★**Forêt de la Mamora** – *Circuit de 98 km par* ② *du plan.*

SEFROU★

38 833 habitants (les Sefriouis)
Carte Michelin n° 959 plis 5, 23 et 41 – Souk le jeudi.

Sefrou, étagée entre 800 et 900 m d'altitude sur les deux rives de l'oued Aggaï, occupe un **site**★ séduisant aux confins de la plaine de Fès et des plateaux du Moyen Atlas. Cascades et ruisseaux coulent dans un nid de verdure, grâce aux sources abondantes qui jaillissent à la base des plateaux.

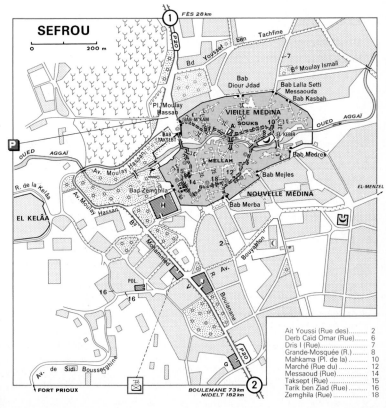

Ait Youssi (Rue des)	2
Derb Caïd Omar (Rue)	6
Dris I (Rue)	7
Grande-Mosquée (R.)	8
Mahkama (Pl. de la)	10
Marché (Rue du)	12
Messaoud (Rue)	14
Taksept (Rue)	15
Tarik ben Ziad (Rue)	16
Zemghila (Rue)	18

Très ancienne ville du Maroc, elle avait déjà une certaine importance alors que Fès n'était encore qu'un gros village. Idriss Ier passe pour y avoir séjourné et avoir converti à l'Islam les Berbères et les juifs qui l'habitaient. La population israélite s'est encore accrue par la suite et fut rassemblée au centre de la cité. Plus tard, Sefrou a joué un rôle actif en assurant les échanges indispensables entre Fès et le Tafilalt à travers le Moyen Atlas insoumis.

Aujourd'hui c'est un centre d'artisanat et un gros marché agricole pour les céréales et les fruits. Les cerises de Sefrou sont renommées. Chaque année en juin, la fête des Cerises donne lieu à toutes sortes de réjouissances – chants berbères, danses du pays, fantasia, défilé de chars, sous la présidence de la « Reine des Cerises » et de ses suivantes.

CURIOSITÉS *visite : 1 h 1/4*

★**La vieille médina** – *Itinéraire de visite indiqué sur le plan.* Vus de la place Moulay Hassan *(où on laisse la voiture)*, les remparts crénelés édifiés à la fin du 18e s. cachent une vieille ville fort colorée et animée.

Pénétrant dans la médina par Bab m' Kam, on descend rapidement vers la rivière qui coule en torrent entre de hautes murailles envahies par la verdure. Devant une petite mosquée (**A**) bordée de boutiques, un pont sur l'oued donne accès au **mellah**, enfermé au cœur de la médina : cet ancien quartier israélite a gardé en partie son caractère.

Revenir au pont ; continuer de suivre la rivière puis prendre la première ruelle à gauche et tourner immédiatement à droite.

Les **souks**, sous leurs toits de roseaux qui filtrent la lumière, offrent un spectacle varié ; les spécialités sont ici les grilles de fer forgé, les cordages de chanvre, les babouches berbères à pompons et à paillettes multicolores, les bijoux d'argent. Longeant la mosquée El Kebir, au minaret simple mais élégant, on parvient à un pont qui enjambe l'Aggaï et d'où l'on aperçoit, au fond d'une gorge étroite, le lit de l'oued avec ses moulins à eau. Après avoir dépassé le marché couvert, continuer jusqu'à Bab Merba, près de laquelle les cordonniers tiennent boutique dans une galerie surélevée.

Revenir sur ses pas, emprunter la ruelle en escaliers qu'on a devant soi.

Tournant aussitôt à gauche, on poursuivra par de pittoresques ruelles. Traversant à nouveau l'oued Aggaï, on atteint Bab Taksebt qui débouche sur la place Moulay Hassan.

Promenade au fort Prioux – *En venant de l'avenue Moulay Hassan, tourner à droite après la poste.*

On rejoint bientôt une route en corniche qui s'élève en découvrant de belles **vues** sur la cité et passe au pied de la koubba du marabout Sidi bou Srhine. Des abords du fort Prioux *(entrée interdite)* on embrasse un vaste **panorama**★ allant du Rif au Moyen Atlas et encadrant la ville de Sefrou.

EXCURSIONS

★★**Massif du Kandar** – *Circuit de 123 km – environ 1/2 journée. Voir à ce nom.*

★★**Haute vallée du Sebou** – *Circuit de 173 km – 1 journée. Description p. 113.*

TAFRAOUTE★★★

1 540 habitants
Carte Michelin n° 959 plis 4 et 32 – Souk le mercredi.

Il faut passer au moins une nuit à Tafraoute. Très tôt le matin, et mieux encore au coucher du soleil, ce site – l'un des plus extraordinaires du Maroc – prend toute sa valeur. Au cœur de l'Anti-Atlas, à 1 000 m d'altitude, le petit bassin de Tafraoute est creusé dans des granites roses qui forment l'ossature de la chaîne.

Il est peuplé, ainsi que la vallée voisine, par la tribu des Ameln dont le genre de vie et l'habitat sont particuliers.

Le génie du commerce – Les **Ameln** sont des Chleuhs qui pratiquent une culture irriguée où dominent l'orge et l'amandier. Agriculture moins pauvre que dans la plupart des régions de l'Anti-Atlas, mais qui ne saurait justifier à elle seule l'aisance manifeste de la population. Le complément des ressources vient des profits de l'émigration : dans les grandes cités du Maroc les Ameln tiennent commerce, comme épiciers surtout. Ils laissent au village leur famille, s'enrichissent à la ville et reviennent de temps en temps, au volant d'une grosse voiture, signe de leur réussite. Ils se font construire une belle demeure et s'y retirent, fortune faite.

Des maisons typiques – La maison traditionnelle diffère ici notablement de celles que l'on rencontre dans le reste du Maroc.

C'est un bâtiment carré de deux à trois étages avec une cour centrale très étroite et une tour d'angle crénelée de faible hauteur. Sur la terrasse légèrement débordante on remarque des pierres dressées à intervalles réguliers, protection contre les influences maléfiques. Les murs sont faits de grosses pierres du pays recouvertes d'un enduit épais coloré d'ocre ou plus souvent de rose. Rares et étroites – vraies meurtrières parfois – les fenêtres sont cernées de blanc.

Maison traditionnelle

La façade comporte deux saillants qui s'élèvent sur toute la hauteur de la maison et encadrent la porte d'entrée, les fenêtres de la salle de réception au 1er étage, et une arcature couronnant le tout. Là se concentre toute la décoration extérieure de l'édifice ; sur un fond blanchi à la chaux se détachent des motifs géométriques composés de petites pierres plates de schiste verdâtre placées de chant.

Même bâties de nos jours, les demeures des Ameln perpétuent la tradition ; dans la décoration, mosaïques et carreaux de faïence prennent toutefois le relais des schistes verts.

CURIOSITÉS *visite : 3 h*

★★★ **Le site** – Le bourg de Tafraoute ne présente pas en lui-même un très grand intérêt : ses larges rues tracées au cordeau, l'alignement de ses boutiques n'offrent guère de pittoresques surprises.

Mais la petite ville s'inscrit dans un **cirque montagneux** étrange et grandiose. Une palmeraie clairsemée en occupe le fond, où les dattiers voisinent avec de petits champs d'orge, des arganiers, des amandiers et des caroubiers. Au-dessus de cette verdure, à part quelques villages, ce ne sont que montagnes de granite rose : leurs pains de sucre ou leurs arêtes aiguisées par l'érosion disparaissent en partie sous d'énormes éboulis aux formes bizarres. (Dominant les petits villages d'Asgaour et de Tandilt, la roche qu'un soleil matinal réchauffe, n'évoque-t-elle pas pour le spectateur attentif une tête de lion veillant sur la vallée ?).

Quand vient le soir, la roche s'embrase et le spectacle a quelque chose de fantastique : elle rougeoie longtemps avant de s'estomper dans le mauve et de disparaître dans la nuit.

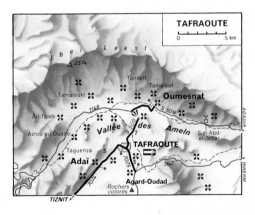

★★ **Adaï** – *3 km à l'Ouest de Tafraoute.* Sur la route de Tiznit, là où la palmeraie devient plus dense, le village d'Adaï, serré autour de son minaret d'un rose agressif, grimpe à l'assaut d'un invraisemblable chaos rocheux.

On se plaît à escalader ses ruelles étroites à l'ombre de pittoresques maisons plantées dans le roc. Et peut-être aura-t-on la chance de rencontrer encore le costume du pays : jeunes filles vêtues de bleu, femmes mariées, de noir ; un large galon de couleur vive et de lourds bijoux égayant leurs sobres drapés.

★ **Agard-Oudad** – *3 km au Sud de Tafraoute sur la 7075.* Le gros village d'Agard-Oudad est blotti contre une énorme pyramide rocheuse à la pointe arrondie que les gens du pays appellent « le doigt ».

A 4 km du village, une piste, à droite *(accès signalé)*, mène aux rochers colorés par le Belge **Jean Verame** dans les années 1980. Quelque peu incongru dans ce site superbe, cet ensemble recouvert de peinture, bleue principalement, se rattache au Land Art qui, en intervenant sur des sites naturels, en propose une vision nouvelle.

★★Vallée des Ameln – *4 km au Nord de Tafraoute par la route S 509.* Le rideau rocheux qui ferme le site de Tafraoute cache la vallée des Ameln qui s'incurve sur une vingtaine de kilomètres au pied du Jbel Lekst.

Au km 3,5 la route amorce un grand coude à gauche pour contourner un piton rocheux, découvrant bientôt une **vue générale★★** de la verte vallée des Ameln dominée par les croupes abruptes du Jbel Lekst (2 374 m). Incroyablement peuplée, cette vaste oasis de montagne ne compte pas moins de 27 villages accrochés aux pentes de granite et de grès, au bord des torrents qui permettent l'irrigation des champs et des vergers. Le spectacle est inoubliable en février lorsque les amandiers sont en fleur.

Laisser à gauche la route de Taguenza ; 2 km plus loin, emprunter la piste située à gauche.

★★Oumesnat – Continuer la piste vers le village qu'on a devant soi, à flanc de montagne ; on traverse des jardins ombragés où parmi les figuiers, les amandiers et les palmiers, s'affairent des paysannes vêtues du costume traditionnel. Au-delà, Oumesnat s'élève d'un joli mouvement vers la falaise rose. Dans ses rues tortueuses – qui sont plutôt des sentiers taillés dans le roc – jouent des petites filles parées richement. La **maison traditionnelle** ⊙ des Ameln, largement représentée ici, se visite. Elle est construite sur plusieurs niveaux à l'aide de pierres, d'argile et de cailloux ; son plafond est constitué de roseaux et les poutres qui soutiennent l'édifice, d'arganiers et de palmiers. A l'intérieur on peut voir divers éléments de la vie quotidienne : moulins de pierre dont on se sert pour extraire l'huile d'argane, pour moudre le café, le henné ou bien encore l'orge dont la farine sert pour le pain et le couscous ; ustensiles de cuisine (tajines, couscoussier) et jarres en argile dans lesquelles sont conservés le beurre, le miel ou le raisin ; sacs en peau de bœuf et aux anses en poil de chèvre, etc. Si l'occasion se présente, les visiteuses ne devront pas manquer de se draper (jusqu'aux yeux) du costume traditionnel des paysannes berbères dont la robe noire ne représente pas moins de 5 m de tissu brodé de motifs dorés !

Chaque coin de rue offre des **vues★** sur le village voisin de Tamalout qui se signale par une grande mosquée blanche, sur la montagne et sur la vallée.

Revenir sur la S 509 et poursuivre en direction d'Agadir. Après avoir parcouru 40 km environ, on aperçoit à gauche de la route le village perché de Tioulit.

Tioulit – Construit sur une butte-témoin, ce village chleuh, véritable forteresse à laquelle on accède en grimpant sur les rochers, abrite quelques familles de la tribu des Ida-ou-Gnidif. En se promenant dans les ruelles on peut voir de belles portes en bois sculptées de motifs géométriques.

TALIOUINE

4 277 habitants
Carte Michelin 959 pli 33 - Souk le lundi.

Traversée par l'oued Zagmouzen qui sépare la kasbah des nouvelles constructions, cette petite ville située dans un cadre désertique grandiose de montagnes plissées où l'ocre de la terre se confond avec celle des bâtisses, et où la silhouette de l'ancienne demeure du glaoui se dresse fièrement dans le bleu intense du ciel, est connue pour son **safran** de la meilleure variété. Cultivé presque exclusivement dans la région de Taliouine (entre Tagouyamt et Aïr es Sine notamment), sur une superficie de 410 ha dispersés en plus de 3 000 parcelles, le safran se récolte entre octobre et novembre. Séché et conservé soigneusement à l'abri de la lumière, il est ensuite vendu à la coopérative locale (⊙).

Taliouine est aussi le point de départ de superbes randonnées pédestres (⊙) dans le massif du Siroua – randonnées qui au printemps réservent des découvertes fort intéressantes sur le plan ornithologique –, et de randonnées en 4 x 4 et à dos de mulet au lac d'Ifni, dans le massif du Toubkal.

Le Crocus sativus l. ou Safran

Plante bulbeuse appartenant à la famille des iridacées, le safran est constitué d'un bulbe ou oignon, au sommet duquel partent des feuilles et deux ou trois pédoncules floraux. La fleur, hermaphrodite, de couleur violette, comporte dans la partie allongée du pistil trois stigmates rouges et odorants qui constituent ce qu'on appelle le safran. La récolte consiste en la cueillette des fleurs une par une, tôt le matin, avant que le soleil ne soit trop haut et ne risque de les flétrir. Les stigmates sont ensuite détachés de chaque fleur et mis à sécher. Pour obtenir 1 kg de safran sec, il faut 90 000 à 100 000 fleurs, car si le séchage des stigmates permet de développer l'arôme de cette épice à la saveur un peu piquante, il entraîne la perte des 4/5 du poids frais cueilli.

Utilisé comme condiment et colorant dans diverses préparations culinaires ainsi que dans la composition de nombreuses pharmacopées ou dans la coloration de tissus et de fleurs artificielles, le safran se présente dans le commerce, tantôt en filaments entiers – comme c'est le cas à Taliouine –, tantôt en filaments coupés en morceaux, tantôt en poudre.

TANGER★★

266 346 habitants
Carte Michelin n° 959 plis 5 et 9

Tanger offre à qui la découvre par la voie des airs ou l'aborde par la mer le séduisant tableau d'une ville bâtie en amphithéâtre au bord d'une baie admirable. Au centre se pressent, sur les pentes d'un piton rocheux, les maisons blanches et bleutées et les minarets de la vieille ville ; à gauche c'est l'étagement harmonieux et plus lâche de la ville moderne ; à droite, ce sont les hauteurs boisées du quartier résidentiel de « la Montagne ». A l'entrée de l'un des grands carrefours maritimes du monde, le port de Tanger s'efforce de tirer parti d'une position remarquable.

Un climat doux (moyenne 13° en hiver et 23° en été), une vaste plage, une végétation qui rappelle celle de la côte d'Azur, un équipement hôtelier important en font une station hivernale et balnéaire très fréquentée. Le touriste y trouve en outre le pittoresque du Vieux Tanger, l'agrément de la ville neuve et la beauté des environs.

UN PEU D'HISTOIRE

Le pays d'Antée – La légende attribue à Antée, fils de Poséidon, la fondation de la ville de Tanger. L'histoire, en tout cas, nous apprend que Tanger fut fréquentée par les Phéniciens et les Carthaginois avant de tomber dans la dépendance de Rome. Tôt promue au rang de « colonie », Tingis succéda à Volubilis comme capitale de la Maurétanie Tingitane à la fin du 3e s.

Une ville disputée – Conquise par les Arabes au début du 8e s., Tanger servit de tremplin à la conquête de l'Espagne par les troupes du Berbère Tarik. Au cours des siècles suivants, musulmans d'Espagne et d'Afrique se disputent la ville. Prise en 1471 par les Portugais, elle devient anglaise au 17e s. à la suite du mariage de Catherine de Bragance avec Charles II d'Angleterre.
Assiégée par Moulay Ismaïl, elle repasse en 1681 aux mains des Marocains qui en sont depuis restés maîtres.

Porte du Maroc – Aux 18e et 19e s., Tanger devient une importante place de négoce. Pénétrer plus avant dans le Maroc est difficile, et c'est là que résident la plupart des commerçants et représentants diplomatiques de l'Europe. En outre, la ville commence à attirer les voyageurs et les artistes. Saint-Saëns y séjourne ; Delacroix y crayonne une partie de ses dessins africains et y conçoit plusieurs tableaux *(La Noce juive, Les Convulsionnaires de Tanger)*.

Deux discours historiques – Plus près de nous, c'est à Tanger que furent prononcés deux discours qui firent quelque bruit sur la scène internationale.
En 1905, débarquant du yacht impérial « Hohenzollern », Guillaume II fait à Tanger une entrée fracassante, à la tête d'une brillante escorte. Dans cette ville devenue le champ clos des rivalités européennes, l'empereur d'Allemagne se pose en défenseur de l'Islam. Son discours, destiné à faire échec aux tractations de la France et de l'Espagne au Maroc, remettait en jeu toute la question marocaine et allait provoquer une grave crise internationale.
En 1947, le sultan Mohammed V, en visite officielle à Tanger, reçoit un accueil délirant. Le discours qu'il prononce pose pour la première fois publiquement le problème de l'avenir du Maroc. La situation particulière de Tanger, ville internationale en territoire marocain, donne à ces déclarations une audience mondiale. Le processus est amorcé qui mènera le pays à l'indépendance.

La vieille ville

Au temps du « statut » – Entre-temps, la ville et ses abords avaient été dotés d'un régime particulier. Établi en 1923 et amendé plusieurs fois, le statut international de Tanger est resté en vigueur jusqu'en 1956 : un ensemble complexe d'administrateurs internationaux et de délégués marocains assurait la gestion du territoire sous la présidence d'un « mendoub » représentant le sultan.

Il en résultait pour les ressortissants une grande liberté d'action que la franchise du port permettait de mettre largement à profit. D'où la solide réputation de repaire de trafiquants acquise par Tanger à cette époque. On retrouve l'atmosphère de cette période dans le livre de J. Kessel : « Le grand socco ».

Le virage touristique – C'est en vain pourtant qu'on chercherait, dans les ruelles qui dégringolent vers le port, le pittoresque du Tanger canaille de naguère. La ville n'a rien perdu de son charme mais, à une exploitation anarchique, elle a substitué un plan d'aménagement qui doit faire de la région l'une des plus importantes du Maroc au point de vue du tourisme.

CURIOSITÉS *visite : 3 h*

Laisser la voiture place du Grand Socco.

Grand Socco – Cette grande place aux contours irréguliers est le cœur de Tanger où s'agite quotidiennement une population bigarrée issue de la vieille ville, de la campagne ou des nouveaux quartiers. Le « Grand Souk » : ici se tient en permanence un pittoresque marché particulièrement animé les jeudis et dimanches. Sur la place s'entassent les légumes, les fleurs, les volailles, que proposent les Rifains : hommes vêtus de lourdes djellabas brunes, femmes habillées de tissu rayé rouge et blanc et d'immenses chapeaux de paille ornés de pompons et de cordelières. On y croise aussi bien l'autobus ou le taxi que le porteur d'eau ou l'ânier qui se frayent un passage au milieu de la foule, grossie l'après-midi de badauds faisant cercle autour des conteurs, acrobates et organisateurs de jeux. L'endroit est dominé par le minaret de la mosquée de Sidi Bou Abib (1917) décoré de faïences multicolores.

Jardins du tribunal du Sadad – *Entrée près de la Zankat Bouarrakia.*

On les appelle aussi jardins de la Mendoubia parce qu'au temps du statut international le « mendoub » y avait sa résidence.

On remarque, à droite en entrant, un beau spécimen de ficus elastica, arbre vieux de huit siècles, dit-on. Au fond du parc, à gauche – avec la kasbah pour toile de fond – une terrasse rassemble une belle collection de canons de bronze, pour la plupart portugais ou espagnols (17ᵉ et 18ᵉ s.).

Revenir au Grand Socco et tourner à gauche pour franchir Bab Fahs. Suivre la rue d'Italie et la Zankat al Kasbah, bordée d'escaliers ; tourner à droite en haut de cette rue, passer sous la porte de la Kasbah et traverser le zankat Sidi Bouabib pour suivre la rue Riad Sultan.

★**Jardins du Sultan** ⊘ – *Accès par un long passage sous voûte.*

Il y a deux jardins ou « riads » juxtaposés. Au fond du deuxième, remarquer une petite **salle de repos** (**Y A**) qui s'ouvre par une baie à stalactites découpée dans le cèdre et dont l'intérieur, couvert d'un plafond de bois peint et sculpté, est décoré de stucs et de zelliges. Autour du premier jardin, sont disposés des **ateliers d'artisans** (**Y B**) où l'on peut voir fabriquer des tapis, des babouches, des coussins et des meubles. Au-dessus des ateliers, se trouve un restaurant dont la terrasse offre une **vue**★★ superbe sur le détroit de Gibraltar, les côtes d'Espagne, la baie et la ville de Tanger.

Place de la Kasbah – *En sortant des jardins, tourner à droite.*

On débouche sur la place de la Kasbah. A gauche, une plate-forme aménagée offre une **vue**★ sur l'océan et les côtes marocaine et espagnole.

Un émule de Marco Polo

A Tanger naquit en 1304 l'un des plus grands voyageurs du 14ᵉ s., l'explorateur et géographe Abou Abdallah Mohamed, connu sous le nom de **Ibn Batouta**, le « Voyageur de l'Islam ».

L'historiographie doit à ce personnage hors du commun des chroniques et des récits fabuleux de ses voyages qui durèrent près de trente ans et le menèrent au Moyen-Orient, en Asie Mineure, en Chine et en Afrique. Géographe avant l'heure, mais aussi homme de lettres, juriste et poète, il décrivit avec un luxe de détails et une précision surprenante les paysages naturels et les hommes rencontrés par lui, mettant son savoir au service d'une seule et unique idée : voyager, parcourir le monde, découvrir les autres...

Toutes ses aventures – racontées oralement par l'auteur – furent consignées par écrit sous le nom de « Rihla » (relation de voyage) et traduites bien plus tard en français par C. Defremery et B.R. Sanguinetti, dans un livre intitulé *Les Voyages* (1), publié au 19ᵉ s., et qui connut un vif succès.

---

(1) Cet ouvrage existe en 4 volumes (Maspéro/La Découverte). Lire aussi « Voyages et périples choisis » (Gallimard, Connaissance de l'Orient).

A droite, s'élève la blanche façade crénelée de Dar el Makhzen qui se termine par un charmant pavillon s'ouvrant, à l'étage, par une triple baie à colonnes : c'est le Bit el Mâl ou ancienne Trésorerie.

Au fond de la place, un portique soutenu par des colonnes de marbre blanc ouvre sur l'ancien tribunal du pacha : ce « petit méchouar » (**Y D**) est aujourd'hui occupé par un antiquaire.

Contournant le Bit el Mâl on franchit les degrés du **grand méchouar**, long et large couloir à ciel ouvert où jadis les pachas donnaient leurs audiences. Il est dominé par le minaret octogonal de la mosquée de la Kasbah, face à laquelle se trouve l'entrée du Dar el Makhzen.

★★ Dar el Makhzen ⊘ – Ce palais du sultan fut fondé sous le règne de Moulay Ismaïl, peu après l'évacuation de Tanger par les Anglais (1684), mais considérablement agrandi au milieu du 18e s. et encore à deux reprises au cours du 19e s. Il n'y eut que deux sultans pour y faire de brefs séjours, et le palais fut la résidence des pachas de la ville.

On entre par la porte monumentale du palais qui donne sur la Place de la Kasbah.

★ Bit el Mâl – C'est le nom de l'ancienne trésorerie. On visite une grande salle (Koubbat Nacr), précédée d'une galerie et couverte d'une coupole en étoile rehaussée d'or ; plusieurs gros coffres de cèdre renforcés de ferrures rappellent l'ancienne destination des lieux.

La façade du charmant pavillon donnant sur la place est décorée d'un fronton crénelé soutenu par une colonnade formant trois arcades en ogive.

A l'intérieur, la salle hypostyle au plafond de cèdre peint, supporté par seize colonnes, est un petit chef-d'œuvre d'élégance et de discrétion ; des moucharabiehs protègent la salle de la trop grande lumière.

★ Musée des Arts marocains – Trois galeries d'exposition ont été aménagées dans le long vestibule d'entrée du Grand Méchouar du palais : bois peint et sculpté, utilisation du bois en architecture au Maroc, tissage des Atlas et tentures.

On gagne ensuite un grand patio de facture composite : le sol est pavé de zelliges, le bassin octogonal est orné d'une belle mosaïque de Tetouan, et les colonnes de marbre blanc, inspirées de l'antique, évoquent le goût italien du 18e s. Huit portes donnent accès aux salles richement décorées, qui entourent le patio.

1. – Présentation d'une scène de mariée.

2. – Collection de **céramique★**, l'une des plus belles du Maroc.

3. – Poterie rurale.

4. – Musique, calligraphie, enluminure, reliure.

5. – Salle du trône – Tapis de Rabat et Médioune (près de Casablanca).

6. – Broderie, brocart, passementerie, bijoux citadins et ruraux.

7. – Galerie d'armes ; fantasia.

8. – Salle de dinanderie.

Musée des Arts marocains, céramique

P. Saharoff/HOA QUI

★ Musée archéologique – L'ancienne cuisine a été transformée en musée archéologique.

Dans la cour, une belle mosaïque romaine, provenant de Volubilis : **la navigation de Vénus★**. La déesse est assise à l'arrière d'une galère manœuvrée par les trois Grâces et des Éros ; un cortège de divinités les accompagne.

Les salles du rez-de-chaussée présentent la préhistoire marocaine, à droite ; dans la salle du fond, moulages des bronzes de Volubilis dont les originaux sont au musée de Rabat ; à gauche, quelques sites de l'Antiquité marocaine.

L'étage est consacré au passé de la région de Tanger. De gauche à droite :

– Époque néolithique : céramique et outillage ; reconstitution grandeur nature du tombeau punique de Mogogha Séguira près de Tanger, dont le mobilier funéraire est exposé dans une vitrine.

– Rites funéraires : sarcophages de plomb, sépulture d'un enfant inhumé dans une jarre, trouvée à Cotta.

– Tanger à l'époque romaine : céramiques et monnaies.

– Évocation de l'ancien Tanger jusqu'aux périodes d'occupation.

A travers la médina – Au-delà du « petit méchouar », tourner à droite pour franchir Bab el Assa, appelée aussi « porte de la Bastonnade » en souvenir des corrections que les malfaiteurs y recevaient autrefois (**vue** pittoresque sur la ville et la baie). On descend des ruelles en escalier, bordées de boutiques d'étoffes, qui conduisent à la rue Ben Raisul ; après la place Oued Ahardan, suivre la rue Hadj Mohammed Torrès où abondent les articles de cuir, puis la rue Dar Baroud. Au bas de la rue de la Marine, à gauche, une terrasse aménagée offre une **vue** intéressante sur le port.

TANGER

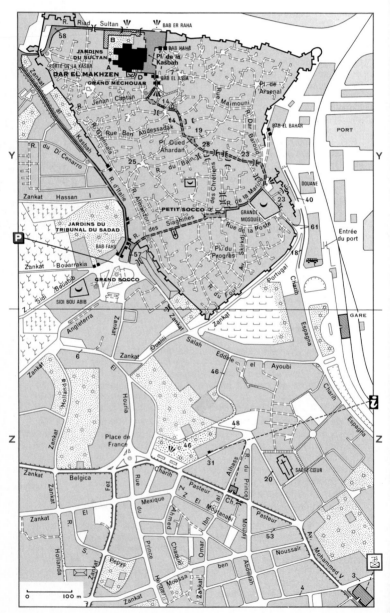

La rue de la Marine, très animée, longe la Grande Mosquée construite par Moulay Ismaïl et monte vers le **Petit Socco★**. Cette minuscule place est, au cœur de la ville ancienne, le rendez-vous des flâneurs mais aussi le centre des affaires. Petits cireurs et camelots de toutes sortes se faufilent parmi les groupes cosmopolites, disparates et bruyants, qui occupent la chaussée et les terrasses des cafés.

Traverser le Petit Socco, monter la rue des Siaghines, spécialisée dans la bijouterie et les articles de souvenir. La rue Semmarines qui la prolonge ramène au Grand Socco.

★ **Plage** (**X**) – Une belle plage de sable fin s'étend au pied de la ville et le long de la baie sur 4 km. La température de l'eau permet de s'y baigner à peu près en toute saison. Un plan d'aménagement de la baie de Tanger contribue à valoriser la plage et ses abords.

EXCURSIONS

★★ **Circuit du cap Spartel** – *38 km en auto plus 3/4 h de visite. Cette promenade prendra son intérêt si on l'entreprend en fin d'après-midi.*

Partir de la place de France (plan p. 184) par la Zankat Belgica, la Zankat Sidi Bouabib et la rue Sidi Amar (itinéraire jalonné par des plaques indicatrices : « la Montagne, cap Spartel »).

Laissant à gauche la route de l'aéroport, on franchit bientôt l'oued el lhoud ; la route s'infléchit pour contourner le cimetière catholique, puis s'élève en direction de la Montagne, dégageant de belles **vues** sur Tanger.

La Montagne – Au 17ᵉ s., la Montagne était couverte d'une épaisse forêt où les Maures se retranchaient pour organiser leurs opérations de harcèlement contre les Européens maîtres de Tanger. C'est aujourd'hui la banlieue

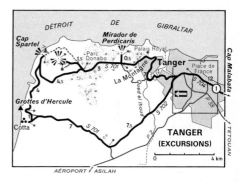

aristocratique de la ville, et ses collines sont couvertes de riches propriétés dans un cadre luxuriant où se mélangent les essences des pays méditerranéens et océaniques.

Après avoir dessiné vers la gauche un coude très fermé, la route passe devant l'ancienne résidence des sultans Moulay Abdelaziz et Moulay Hafid *(à droite)* : c'est aujourd'hui le palais d'été de S.M. le roi Hassan II. 2 km plus loin, une route se détache à droite, qui mène (à 500 m) au mirador de Perdicaris d'où l'on jouit d'une **vue★** étendue sur le détroit de Gibraltar et la côte espagnole, en bordure d'un bois de pins magnifiques.

Reprendre la route du cap Spartel.

Elle offre de jolies vues sur les collines de la région de Tanger et les sommets du Rif. On y croise des paysannes ployant sous d'énormes fagots.

1 km après l'entrée du parc Donabo, prendre à droite. A 500 m, nouvelle fourche : prendre à gauche en direction du relais radio, puis à droite.

On jouit alors, sur quelques centaines de mètres, d'un admirable **panorama★★** sur le détroit, le cap Malabata et la chaîne du Rif ; par temps clair la vue porte jusqu'aux abords de Ceuta et découvre les côtes d'Espagne du cap Trafalgar à Gibraltar.

Revenir sur ses pas jusqu'à la route du cap Spartel.

Celle-ci descend rapidement vers l'Atlantique – qui ménage, en fin d'après-midi, de beaux effets de contre-jour – et oblique à droite vers le cap Spartel.

Quitter la voiture près du phare sur le rond-point.

★ **Cap Spartel** – Ce promontoire marque l'extrême pointe Nord-Ouest du continent africain. On a reconnu en lui le cap Ampelusium – ou cap des Vignes – des Anciens. Ses versants escarpés disparaissent sous un épais maquis de cistes et de lentisques qui se couvre de fleurs au mois de mars.

En allant jusqu'au pied du phare, on a une **vue★** étendue qui va du cap tout proche au grand large de l'Atlantique, sillonné de nombreux vaisseaux, et aux côtes espagnoles.

Faire demi-tour. A 300 m, laisser à gauche la route d'arrivée et prendre la direction des grottes d'Hercule.

On suit la côte, très rocheuse avec des récifs, en partie colmatée par des plages de sable fin : ce paysage marin ne manque pas de beauté.

★ **Grottes d'Hercule** ⊘ – La falaise offre ici de curieuses cavités, avec de nombreuses ramifications, parfois envahies par les eaux. Elles sont en partie naturelles : l'océan a creusé et déchiqueté ces voûtes béantes sur la mer. Mais l'homme est pour quelque chose dans ce travail : dès longtemps – on a trouvé ici des vestiges d'occupation préhistorique – et jusqu'à une époque toute récente, il a exploité le dur calcaire pour en faire des meules.

TANGER

Reprendre la voiture et continuer la même route.

On aperçoit en contrebas, près du rivage, le quadrillage de pierre d'une cité antique exhumée : ce sont les ruines de Cotta.

Prendre la piste à droite, à 500 m des grottes d'Hercule.

Cotta – De cet ancien comptoir punique, occupé ensuite par les Romains, on distingue les fondations d'un petit temple et de thermes. Une série de cuves profondes et cimentées atteste qu'il y avait ici, comme à Lixus, une « usine » de conserve de poisson et de fabrication de garum.

Retourner à la route. 7 km plus loin, prendre à gauche la S 702 qui ramène à Tanger.

Cap Malabata – *12 km par la S 704. A faire de préférence le matin, la ville de Tanger étant alors mieux éclairée. Sortir par ① du plan.*

La route longe la grève en contournant la baie. Près du phare *(entrée interdite)* une terrasse offre une fort belle **vue★** sur Tanger, « La Montagne », le détroit, l'Atlantique et les côtes d'Espagne.

TARMILATE

Carte Michelin n° 959 pli 22.

En bordure du petit plateau granitique d'Oulmès, aux confins des pays zemmour et zaïane, la station thermale de Tarmilate (**Oulmès-les-Thermes**) se trouve isolée dans une haute région fortement disséquée par un dense réseau de vallées et partiellement encombrée de coulées volcaniques, comme le Jbel Mouchchene, que contourne la S 209. Pays sauvage et boisé que ne dédaigne pas le sanglier, il est bien connu des chasseurs.

La source minérale qui a fait la réputation de la station jaillit à une température de 43°. Mise en bouteille par l'usine de Tarmilate, cette eau pétillante, commercialisée sous le nom d'Oulmès, est appréciée comme eau de table dans tout le pays. La mise en exploitation d'une deuxième source, à eau plate et froide (18°) est plus récente.

A 1 100 m d'altitude, Tarmilate constitue une étape reposante sur la route directe mais tourmentée qui joint Rabat à Khenifra. De l'esplanade qui avoisine l'hôtel, belle **vue★** sur les ondulations couvertes de chênes-lièges en direction du Moyen Atlas.

TAROUDANNT★

35 848 habitants (les Roudanis)
Carte Michelin n° 959 plis 4 et 32 – Souk le jeudi et le dimanche.

Non loin de l'oued Sous, derrière un double écran de hautes frondaisons et de lourdes murailles, Taroudannt sommeille au pied des monts dont elle commande l'accès : le Haut Atlas au Nord et les sommets brûlés du Sud.

La mise en valeur de la plaine du Sous – où les cultures de primeurs et d'agrumes ont pris un essor spectaculaire – ne paraît guère l'avoir affectée. Mais c'est une des villes les plus caractéristiques et les plus colorées du Sud marocain, mystérieuse et farouche, secrète comme toutes les vieilles cités.

Une histoire mouvementée – Taroudannt a joué un rôle important dans l'histoire du Maroc : loin du pouvoir impérial elle a tôt affirmé sa personnalité ; elle fut le refuge des princes rebelles mais aussi la proie convoitée des tribus du Sud.

En 1056 elle est prise d'assaut par les Almoravides ; elle vit un peu en marge sous les dynasties suivantes et fait alors figure de métropole du Sous. L'âge d'or lui vient au 16e s. avec l'avènement des **Saadiens** qui en font pour un temps leur capitale : grande productrice de canne à sucre, de coton, de riz, d'indigo, elle attire les caravaniers. Volontiers frondeuse, elle paye du massacre de ses habitants, en 1687, la faute d'avoir pris parti pour un rival du terrible Moulay Ismaïl. A la fin du siècle suivant, elle voit le règne éphémère d'un fils de Moulay Abdallah proclamé sultan dans ses murs. Au 19e s. elle est en déclin mais reste un foyer d'agitation contre le pouvoir central ; c'est de Taroudannt qu'El Hiba, le « sultan bleu », mène la lutte après son échec à Marrakech.

★LE TOUR DES REMPARTS *environ 1/2 h en auto*

Partir de la P 32 et suivre la piste qui serre d'assez près l'enceinte.

Les remparts de Taroudannt sont d'épais murs de pisé crénelés et abondamment bastionnés. La partie la plus ancienne, due aux Saadiens, entoure la kasbah ; tout le reste date du 18e s. Ils bénéficient en plusieurs secteurs d'un environnement de verdure remarquable qui contribue à les mettre en valeur : oliviers géants, magnifiques eucalyptus, bouquets de palmiers, grenadiers. Dans l'enceinte de ces mêmes remparts, l'hôtel Palais Salam, ancien palais du pacha, mérite une halte (que ce soit pour y séjourner ou simplement prendre un verre au bord de la piscine en forme de trou de serrure), tant pour sa décoration intérieure que pour ses jardins luxuriants agrémentés de fontaines.

Il faut faire cette promenade de préférence le soir, lorsque la muraille rougeâtre s'anime au soleil couchant, ou même au clair de lune, à moins que l'on ne préfère une promenade en calèche (☉), tôt le matin. Le long du mur Nord, près de Bab el Khemis, une esplanade est réservée aux souks.

Les remparts

★PROMENADE DANS LA VILLE *durée : 1 h*

Entrer par l'avenue à double voie qui s'embranche sur la P 32 et longe le mur Sud de la kasbah. (Remarquer, à gauche, plusieurs murs peints par de jeunes artistes roudanis et français.)

On traverse une place où se dresse, au fond à gauche, **Dar el Baroud** *(on ne visite pas)*, palais des pachas de Taroudannt construit en 1909. Continuer tout droit pendant 300 m, puis tourner à gauche en direction de la place Talmoklate.

Partout des rues étroites au tracé capricieux, courant entre de modestes bâtisses dont les étages ou les terrasses débordent parfois en encorbellement. Par-dessus les murs de pisé, des palmiers balancent leur feuillage : car la ville est aérée et les jardins y tiennent plus de place que les maisons. Si le costume des hommes est ici varié, celui des femmes est uniforme : vêtues de noir elles mettent leur élégance discrète dans de savants drapés.

Garer la voiture sur la place Talmoklate. Prendre à l'angle Nord-Ouest, la ruelle très animée qui mène à la place Assarag.

Place Assarag – Cette place à l'architecture typique (arcades, tuiles) est le lieu de rendez-vous des habitants au crépuscule. Ses terrasses sont bordées par les souks.

Souks – Ils sont peu étendus mais très vivants, en partie ombragés par des claies. Passé la petite place qui regorge de marchandises (cuivres, peaux de moutons, tapis, sacoches berbères), on atteint le **souk des bijoutiers★**.

Ici comme à Tiznit c'est le domaine des bijoux d'argent. Mais à côté de la production actuelle, de facture un peu fruste, on pourra voir de très belles pièces anciennes (bracelets en particulier) beaucoup plus élaborées. Toutes sortes d'objets anciens sont vendus dans ce quartier : certains sont d'un prix élevé, comme ces fusils dont les crosses sont de véritables œuvres d'art, mais il en est de plus abordables et fort curieux comme des lampes à huile juives en bronze, des candélabres de cuivre.

On remarquera une production spéciale du pays : de petits objets en « **pierre de Taroudannt** ». Il s'agit d'un calcaire assez tendre, gris et rose, provenant des montagnes voisines, et qui se prête à la décoration au poinçon.

Revenir à la place Talmoklate.

Le retour en voiture permettra de voir au passage la Grande Mosquée dont le **minaret** ocre est sculpté en nid d'abeilles et décoré de panneaux de céramiques.

EXCURSION

★**Tioute** – *37 km au Sud-Est par la P 32. A 8 km prendre à droite la route 7025.* On traverse à gué l'immense lit de l'oued Sous (presque à sec une grande partie de l'année).

Sur la rive opposée se dressent les ruines de la **kasbah de Freïja** qui commandait ce passage. Par une forêt maigre d'arganiers où paissent chèvres et chameaux, on atteint la piste de Tioute *(plaque indicatrice)*.

Elle se dirige vers les premières pentes de l'Anti-Atlas au pied desquelles la grande **palmeraie de Tioute** groupe plusieurs villages dominés par une kasbah dont les ruines ont encore fière allure.

Au bout de 5 km, 2 bornes en ciment marquent un carrefour. Tourner à gauche, 500 m plus loin laisser à droite la piste qui mène à un village et monter vers la kasbah qu'on aperçoit juchée sur un contrefort de la montagne. Cette piste se termine sur une terrasse qui longe la kasba aujourd'hui quelque peu restaurée et transformée en restaurant ⊘.

De là, on appréciera la **vue★** : au premier plan sur les villages de terre rouge noyés dans la verdure et sur le marabout de Sidi Abdelkader, puis sur la palmeraie à l'intérieur de laquelle il est agréable de se promener à pied ou à dos de mulet ; au-delà s'étend la plaine du Sous (sur la gauche, entre deux buttes, on distingue Taroudannt) et par temps clair on aperçoit le Haut Atlas.

Revenir sur ses pas. A 500 m une piste à gauche descend vers les villages.

En empruntant cette piste on traversera deux villages (souk le mercredi) avant de rejoindre l'itinéraire de l'aller.

Suivant le temps dont on dispose, il est possible, en reprenant la route 7025 en direction de Taroudannt, d'effectuer une excursion à **Taliouine** *(voir à ce nom)*. Dans ce cas, prendre à droite la route 7027 en direction de Ouarzazate *(compter 91 km entre ce carrefour et Taliouine)*. Cette route qu'encadrent les montagnes de l'Anti-Atlas traverse tantôt de larges zones de cultures parsemées de villages en pisé surplombant l'oued Assaki, tantôt de vastes étendues désertiques balayées par le vent.

Pour tout ce qui fait l'objet d'un texte dans ce guide
(villes, sites, curiosités isolées, rubriques d'histoire ou de géographie, etc.),
reportez-vous à l'index.

TAZA★

77 216 habitants (les Tazis)
Carte Michelin n° 959 plis 5, 11 et 30.

Véritable citadelle bâtie à l'extrémité d'un plateau escarpé, la médina de Taza commande le couloir montagneux qui sépare le Rif du Moyen Atlas et fait communiquer les steppes du Maroc oriental avec les plaines fertiles du Maroc atlantique. Son site remarquable, l'animation de ses souks et la vue étendue que l'on a de ses remparts justifient sa visite.

La « trouée de Taza » – Seul passage facile d'Est en Ouest la « trouée de Taza » fut de tout temps un couloir d'invasion pour l'Afrique du Nord. Les Romains, les Arabes l'empruntèrent ; maintes fois elle vit le flux et le reflux des conquérants berbères. Dès le 10ᵉ s. les Meknassa bâtissent à l'entrée de cet important couloir un couvent fortifié, destiné à barrer la route aux envahisseurs venant de l'Est. Tombée aux mains des sultans dès le siècle suivant, Taza devient une puissante citadelle : elle sera désormais une pièce maîtresse entre les mains des différentes dynasties : « Lorsqu'on a pris Taza, on finit toujours par avoir Fès », disait-on couramment dans le pays.

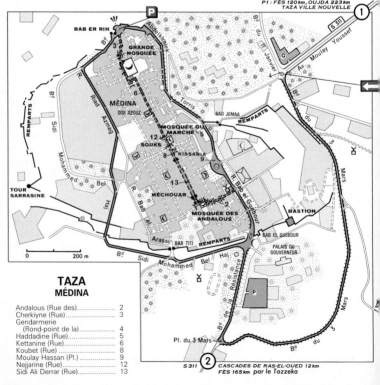

TAZA
MÉDINA

Au milieu du 17ᵉ s. des conquérants arrivent du Tafilalt. On les dit originaires d'Arabie, descendants de Mahomet et grands faiseurs de miracles : ce sont les Alaouites. Ils enlèvent Taza, forcent la « trouée », prennent Fès et fondent la dynastie qui règne encore aujourd'hui sur le Maroc.

Bou Hamara, le « rogui » – Ce notable occupait, à la fin du 19ᵉ s., un poste à la cour du sultan. Accusé d'intrigues, il fut emprisonné puis exilé en Algérie. Quelques années plus tard, ayant mûri sa vengeance, notre homme revient au Maroc sous les apparences d'un pieux voyageur. Il se fait passer pour chérif et acquiert bientôt, dans le Maroc oriental, un grand renom de sainteté.

Profitant de l'impopularité d'Abdelaziz, il prêche la révolte contre le souverain qui pactise, dit-il, avec les chrétiens. Les tribus de la montagne, toujours prêtes à se dérober à l'impôt, lui apportent leur appui, et prononcent la prière en son nom. Taza devient la capitale de Bou Hamara, le « rogui » (prétendant au trône).

A la tête des tribus rebelles, Bou Hamara tient pendant sept ans les troupes régulières en échec. En 1909, il est sur le point de triompher mais Moulay Hafid, qui vient de succéder à son frère, engage contre lui une lutte acharnée. Les partisans du rogui sont vaincus et les prisonniers traités avec une rare cruauté. Bou Hamara est capturé et ramené à Fès dans une cage où on l'expose, sur le méchouar, aux quolibets de la population, jusqu'à ce que le sultan le fasse jeter en pâture aux lions.

Taza la farouche – Ce long passé tumultueux et sa position stratégique exceptionnelle ont valu à la ville une vocation militaire qu'atteste encore son allure d'acropole. Ceinturée de vieilles murailles, « Taza la farouche » a gardé une certaine âpreté.

A ses pieds, une ville nouvelle est née au 20ᵉ s., à proximité de la route et de la voie ferrée qui relient Fès à l'Algérie. Ville de garnison mais aussi chef-lieu de province, Taza a conservé ses activités traditionnelles d'artisanat et de gros marché agricole.

CURIOSITÉS

visite : 1/4 h en auto plus 1 h à pied – itinéraire indiqué sur le plan

Remparts – Longs de près de 3 km, ils sont l'œuvre d'Abd el-Moumen, sultan almohade du 12ᵉ s., mais furent plusieurs fois remaniés. Au rond-point de la Gendarmerie, l'escalier qu'on a devant soi mène à Bab Jemaa, entrée principale de la ville. A l'angle Sud-Est de celle-ci apparaît le **Bastion**, solide édifice carré bâti par les Saadiens au 16ᵉ s. pour renforcer de ce côté la défense de la ville. A partir de Bab el Guebour (la porte n'existe plus), on longe de près les remparts qu'on franchit à l'Ouest de Bab Titi : ici la muraille a été doublée au 14ᵉ s. et se termine en bordure du plateau par la **« tour sarrasine »**, semi-circulaire, d'époque almohade. Toutes ces murailles, dans leur cadre montagneux, ont une espèce de grandeur sauvage, qu'on retrouve, plus forte encore, à Bab er Rih.

Garer la voiture sur l'esplanade et continuer la visite à pied.

Bab er Rih – C'est la « porte du Vent », le vent d'Ouest qui s'engouffre dans la trouée de Taza. Près de cette barbacane on a une **vue★** très étendue : à l'extrême gauche, les pentes boisées de jbel Tazzeka ; devant soi, au-delà de l'oued Taza, des jardins étagés, puis les collines dénudées qui épaulent le Rif, en proie au ravinement ; à droite la ville neuve de Taza dans son parc de verdure avec le Rif dans le lointain.

Emprunter l'étroite ruelle qui monte vers la Grande Mosquée.

★**Médina** – Fondée en 1 135 par Abd el-Moumen, la **Grande Mosquée** fut agrandie au 13ᵉ s. sous les Mérinides. Contournant le sanctuaire par la droite on en voit plusieurs portes richement décorées avant d'atteindre une longue rue rectiligne qui est l'artère principale de la médina. De chaque côté le silence plane sur des maisons bourgeoises dont les rares fenêtres parfois surmontées d'un auvent montrent des grilles ouvragées ; de vieux linteaux de cèdre sculpté ennoblissent les portes cloutées et peintes de couleurs vives. Au-delà de la petite mosquée de Sidi Azouz (12ᵉ s.), on entre dans le quartier des souks, dominé par le curieux **minaret de la mosquée du Marché**.

Souks – C'est dans les **souks**, partiellement couverts de maçonnerie, de treilles ou de roseaux, que Taza a le mieux conservé son caractère de cité berbère ; on y voit notamment les nattes et les tapis fabriqués dans la montagne voisine par la tribu des Beni Ouaraïn. En tournant à gauche après la mosquée du Marché, on entre dans la **kissaria**.

Plus loin la rue s'élargit, et débouche sur un **méchouar**.

Plusieurs passages sous voûtes contournent la **mosquée des Andalous** (minaret du 12ᵉ s.) ; par la rue des Andalous on parvient *(à gauche)* à la place Moulay Hassan.

Continuer tout droit et, par le boulevard Abdelkhalek Torris, revenir à Bab er Rih.

★★RÉGION DU TAZZEKA

Circuit de 129 km en auto – 1/2 journée – schéma ci-après

La région du Tazzeka, extrémité Nord-Est du Moyen Atlas, comprend deux paysages différents. Au Sud-Ouest de Taza s'étend une zone de plateaux qui représentent les particularités des pays calcaires telles que gouffres, grottes, circulation souterraine des eaux, résurgences... Au-delà s'élève le petit massif du Tazzeka constitué de schistes primaires soulevés à l'ère tertiaire. L'itinéraire proposé ci-après traverse chacun de ces paysages.

Quitter Taza par ② du plan.

La route s'élève rapidement en dégageant de belles **vues**★ sur Taza, oasis de verdure sur un fond de collines dénudées et ravinées, puis remonte la vallée encaissée de l'oued Taza.

★ **Cascades de Ras-el-Oued** – La route en corniche les surplombe – elles sont abondantes de novembre à mai – et parvient à la source qui s'écoule parmi les frênes, les cerisiers et les oliviers. Il s'agit d'une résurgence des eaux absorbées par les terrains calcaires qui la dominent. La montée continue, assez rude, dans un paysage rocheux parsemé d'oliviers et de chênes verts offrant encore quelques belles **vues** sur Taza et son site.

Daïa Chiker – Après avoir franchi le col de Sidi Mejbeur (1 198 m), on débouche sur une vaste dépression à fond à peu près plat : la daïa Chiker. On a sous les yeux un poljé, c'est-à-dire une énorme doline (dépression fermée résultant de la désagrégation de la roche calcaire par des eaux chargées de gaz carbonique). Le lac (daïa) qui occupe une partie du poljé est en relation avec un réseau souterrain et sa surface varie selon les saisons en fonction du niveau de la nappe d'eau souterraine.

Sur le bord Nord de la daïa, à gauche en contrebas d'une maison cantonnière, s'ouvre l'entrée des **grottes du Chiker** ◔. Un aven de 70 m de profondeur communique avec les grottes où coule une rivière souterraine d'environ 5 km.

Poursuivre la S 311 qui épouse le bord occidental du poljé. A 3 km des grottes du Chiker, prendre à droite la petite route qui monte vers le Friouato, 900 m plus loin.

★ **Gouffre du Friouato** ◔ – *3/4 h AR par un escalier. Lampe-torche indispensable.*

« Le Gouffre du Friouato, écrivait Norbert Casteret, nous révèle la surprise d'une descente relativement facile dans un abîme qui est à notre avis le plus beau qui se puisse contempler, car il a un diamètre considérable et il règne jusqu'à cette profondeur un demi-jour étrange du plus saisissant effet. L'impression de profondeur est de ce fait écrasante et l'on se sent infiniment petit au pied de ses murailles cyclopéennes. »

L'exploration du Friouato, entreprise par Élisabeth et Norbert Casteret en 1934, a été poursuivie par les spéléologues de Taza qui découvrirent les galeries horizontales prolongeant le gouffre au-delà de la Salle Lixi, en contrebas du puits d'accès. La présence d'une petite galerie latérale reliant le puits, à 45 m de sa base, à l'extérieur, permit un aménagement touristique de la cavité vers 1950.

Le gouffre d'accès est un énorme puits de 40 m de diamètre et 125 m de profondeur, terminé par un cône d'éboulis qui s'étale jusqu'à l'entrée de grottes composant plusieurs « salles » où l'on peut apercevoir d'impressionnantes stalactites et stalagmites et de curieuses concrétions en forme de draperies. A la base du gouffre se trouve une vaste salle de 70 m de longueur dans laquelle pénètre encore la lumière du jour.

Revenir à la S 311.

Celle-ci quitte bientôt la dépression du Chiker et s'élève jusqu'au petit centre estival de **Bab-Bou-Idir**, où l'on prendra la direction de Bab-Azhar. On abandonne alors les plateaux calcaires pour la région schisteuse du Tazzeka où le chêne vert fait place au chêne-liège. Au col de Bab-Taka, belle **vue** à gauche sur le Moyen Atlas.

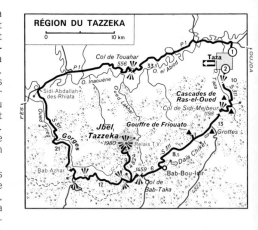

★★ **Jbel Tazzeka** – Peu après Bab-Taka, un panneau de signalisation (Bab Azhar), signale une fourche : la piste de droite monte jusqu'au sommet du Tazzeka.

Cette piste, praticable pendant la saison sèche, présente quelques passages dangereux mais elle offre des vues admirables.

Au bout de 6 km on trouve une fourche : prendre la piste de gauche. Après avoir contourné une butte dénudée, on atteint les premiers cèdres en débouchant face au Tazzeka dont le sommet se signale par un relais de télévision. Nouvelle fourche : prendre à droite la piste qui s'élève parmi les cèdres et les chênes verts.

Laisser la voiture près du relais de télévision et monter sur la plate-forme au pied du pylône.

L'altitude (1 980 m) permet de jouir d'un vaste **panorama**★★. Au Nord, les croupes boisées du Tazzeka dévalent vers la dépression Fès-Taza, tandis qu'au-delà la haute barrière du Rif ferme l'accès de la Méditerranée. Au Sud-Est et au Sud, c'est toute la partie orientale du Moyen Atlas qui apparaît avec les plus hauts sommets du jbel bou Iblane couverts de neige une bonne partie de l'année.

Revenir à la S 311 qu'on prendra à droite.

La descente vers Bab-Azhar se fait à travers une épaisse forêt de chênes-lièges agrémentée d'abondantes fougères. La route, souvent en corniche au-dessus de vallons encaissés, offre de belles **vues** tantôt sur le Tazzeka, tantôt sur d'autres alignements boisés du Moyen Atlas.

★**Gorges de l'oued Zireg** – Après Bab-Azhar la route, désormais goudronnée, rejoint la vallée de l'oued Zireg qui se fraie un chemin à travers de hautes falaises rouges en direction de l'oued Inaouène.

A Sidi-Abdallah-des-Rhiata, prendre à droite la P 1 qui ramène à Taza par le col de Touahar d'où l'on a une **vue** étendue sur les croupes pelées des collines préri-faines au Nord et le Tazzeka au Sud.

Parc national du Tazzeka

Situé à 46 km au Sud-Ouest de Taza, sur les hauteurs et autour du Jbel Tazzeka (altitude 1 980 m), ce parc s'étend sur une superficie de 580 ha. Il a été créé par arrêté viziriel du 11 juillet 1950, dans le but de préserver la belle futaie naturelle de cèdres qui couvre le sommet du jbel. Ces arbres de fort diamètre, aux cîmes tabulaires hautes de 35 à 40 m, atteignent parfois près de 600 ans.
Sous la cédraie et jusqu'à 1 400 m d'altitude, les pentes du massif se parent d'un mélange de cèdres et de chênes verts.

TETOUAN★★

199 615 habitants
Carte Michelin n° 959 plis 5 et 10.

Toute blanche, s'étirant en arc de cercle autour des dernières pentes du **jbel Dersa**, Tetouan domine, face à un très beau décor de montagnes, la fertile vallée de l'oued Martil à l'endroit où celle-ci se resserre entre deux massifs. Certains voient, à l'origine du nom de Tetouan, le mot berbère « Tit'ta'ouin », « les sources », auxquelles la ville doit son abondance, ses nombreuses fontaines, et ses jardins fleuris.

Sa médina a subi l'assaut de la ville moderne qui à l'Ouest et au Sud-Ouest de la cité ancienne s'ordonne en un quadrillage régulier autour de la place de Muley el Mehdi. Ancienne capitale des territoires relevant de l'Espagne, Tetouan est restée le centre administratif du Rif occidental. Au contact d'une région céréalière et d'une zone de collines où dominent l'arboriculture et l'élevage, elle connaît une activité commerciale intense. Elle s'est de longue date illustrée dans la fabrication des fusils, et ses coffres sont célèbres, au même titre que sa broderie exécutée au point plat où dominent les motifs floraux. L'industrie moderne concerne surtout la minoterie, la cimenterie, l'industrie textile et celle du bois et du papier. Une zone industrielle s'est implantée à partir de 1982 ; la production comporte le tabac, le plastique, les produits alimentaires, le cuir et le textile.

Enfin, Tetouan, qui possède deux écoles d'artisanat, un conservatoire de musique, une riche bibliothèque et deux musées, est comme Fès, Rabat et Salé, une ville « **hadriya** », c'est-à-dire une ville de bourgeoisie à longue tradition urbaine, et un foyer culturel.

UN PEU D'HISTOIRE

La première Tetouan – En 1307, un sultan mérinide entreprit de faire édifier une ville forte sur l'emplacement de l'actuelle Tetouan. D'abord peuplée de soldats, la ville se transforma rapidement en un nid de corsaires ; ces derniers ne tardèrent pas à rivaliser d'audace avec ceux d'Alger et de Bougie et finirent par attirer la riposte des Espagnols ; en 1399, une escadre envoyée par le roi Henri III de Castille détruisit Tetouan de fond en comble, tuant la moitié de la population, emmenant le reste en captivité.

Résurrection – Un siècle plus tard Tetouan renaît de ses cendres.
La chute de Grenade qui, en 1492, marque la fin de la Reconquête de l'Espagne du Sud par les « Rois Catholiques », chasse vers le Maroc des milliers d'émigrés, juifs et musulmans, qui s'installent sur les ruines de l'ancienne cité mérinide. C'est ainsi que, sous le commandement d'un capitaine venu de Grenade, la nouvelle ville s'entoure de remparts, redevient un centre prospère et un repaire de pirates.
Dès lors, sous l'impulsion de ces « Andalous », dont l'afflux vers le Maghreb va se poursuivre jusqu'au 17ᵉ s., et qui donneront à plusieurs villes du Nord du Maroc une empreinte toute particulière, Tetouan ne va cesser de s'étendre et de s'enrichir.
Avec Moulay Ismaïl, qui préfère à la « course » les échanges commerciaux, elle s'épanouit encore ; le négoce tourné vers l'Occident devient pour un temps l'activité principale de Tetouan dont le port situé à l'embouchure de l'oued Martil est, vers la fin du 17ᵉ s., fort actif.

Le retour des Espagnols – Au 19ᵉ s., Tetouan fut l'enjeu de la lutte d'influence que se livraient, en Afrique du Nord, l'Espagne et l'Angleterre. En 1860, les Espagnols enlevèrent la ville ; le sultan dut s'engager à verser à l'Espagne une très lourde indemnité de guerre, Tetouan servant de caution. Les Espagnols espéraient ainsi demeurer à Tetouan fort longtemps. Mais, c'était compter sans l'Angleterre qui consentit un prêt au sultan. La ville redevint donc marocaine, mais cette affaire pesa lourd sur la situation financière du Maroc pendant près d'un quart de siècle. Les Espagnols s'installèrent à nouveau à Tetouan en 1913, après la signature de la Convention de Madrid.

★★ LA MÉDINA

visite : 2 h

Partir de la place Hassan II (BZ), située au carrefour de la médina, du mellah et de la ville moderne. Dans l'angle Est de la place, une porte s'ouvre sur la rue Ach Ahmed Torrès, qui donne accès à la médina.

La médina de Tetouan a conservé des réminiscences andalouses qui font d'elle la plus hispano-mauresque des villes du Maroc.

De cette influence de l'Espagne, on trouve encore maints témoignages, au hasard des ruelles, notamment dans l'ornementation en fer forgé qui donne un relief à la blancheur lisse des façades.

Souk El Hots (BCZ) – C'est une délicieuse place à laquelle son exiguïté, ses arbres, son pavement de larges dalles irrégulières, ses étalages de poteries aux chaudes couleurs, donnent un air bon enfant.

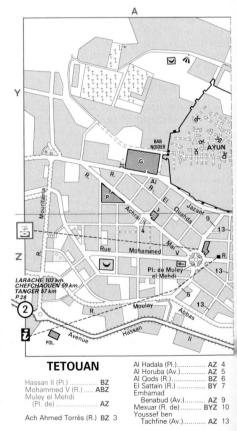

La médina

Adossée à un ancien borj, elle est dominée par une belle tour polygonale surmontée de fins merlons.

Un passage sous voûte s'ouvrant sur la place, à droite, permet de franchir la muraille.

Par une ruelle tortueuse et après plusieurs passages voûtés, on atteint la rue El Sattaïn, à gauche, qui débouche sur la Guersa El Kebira.

Guersa El Kebira (BZ) – Cette place est le domaine des marchands de tissus et de vêtements. Dans les minuscules boutiques qui l'entourent, s'entassent les pièces d'étoffes et les djellabas. Au milieu de la place, des femmes rifaines, vêtues de leur costume, sont assises derrière des étalages où on reconnaît les coupons de tissu rayé rouge, blanc et bleu qui constituent la célèbre « fouta ».

Revenir sur ses pas dans la rue El Sattaïn, puis tourner à gauche.

Place de l'Usáa (BCY) – Avec son sol pavé, ses maisons blanches à créneaux, ses portes peintes surmontées d'auvents, sa fontaine ornée de mosaïques, et son rosier en treille, elle forme un tableau charmant.

En empruntant le passage sous voûte qui se trouve à l'autre extrémité de la place, et en tournant ensuite à gauche, on parvient à la rue El Jarrazin, quartier des souks.

★★ **Souks** (BY) – Les souks de Tetouan rivalisent d'intérêt avec ceux de Meknès et de Fès. Le quartier des fabricants de djellabas, celui des artisans du cuir,

TETOUAN

celui des tanneurs et surtout celui des menuisiers (tout égayé de coffres en bois peint, extrêmement colorés et à dominante rouge, spécialité de Tetouan), sont des plus pittoresques.

Zaouïa des Derkaoua – *(Entrée interdite aux non-musulmans).* Arrivé sous la porte Bab M'Kabar, en se retournant, admirer, dans l'encadrement de son arc outre-passé, le joli tableau formé par la porte sculptée de la zaouïa des Derkaoua.

Revenir sur ses pas et, à une fourche, prendre à droite.

Souk el Foki – Cette place longue et étroite est bordée de nombreuses boutiques qu'abritent de rudimentaires auvents. C'est aussi la « place au pain » ; en son milieu sont dressés les étals où s'entassent les miches rondes et plates qui y font flotter tout le jour une odeur délicieuse.

Assises devant des coupelles et des flacons remplis de poudres colorées, des femmes proposent à la coquetterie des citadines de mystérieux produits de beauté.

Au fond de la place, tourner à gauche pour revenir vers la place Hassan II.

★**Palais Royal** (BYZ) ⊘ – Bâti au 17e s., il fut agrandi au début du 20e s. Malgré d'importants travaux de restauration, il reste un beau reflet des splendeurs de l'art hispano-mauresque.

Les appartements s'ordonnent autour d'une cour à galeries soutenues par des piliers habillés de zelliges. Du plafond pend, au-dessus d'une petite vasque de marbre blanc, un énorme lustre.

Au rez-de-chaussée, à droite, un salon présente une somptueuse décoration de stucs et de zelliges, et un beau plafond en bois peint.

Face à l'entrée, une petite pièce tapissée de fins zelliges que couronne une dentelle de stucs en stalactites sert d'écrin au trône surmonté d'un dais de velours brodé d'or. A gauche, le salon d'été.

Au 1er étage, remarquer la belle décoration du plafond de la salle à manger.

AUTRES CURIOSITÉS

Mellah (Quartier Kouds) (BZ) – *Prendre dans l'angle Est de la place Hassan II, à droite de la porte qui donne accès à la médina, la rue Al Qods.*
Les rues rectilignes passent, par endroits, sous des arceaux tendus entre de hautes maisons dont les fenêtres s'abritent, à la manière espagnole, derrière des grilles en fer forgé.

★**Musée archéologique** (BZ) ⊘ – Dans le jardin, sont exposés des amphores, des stèles portant des inscriptions phéniciennes, romaines, ou islamiques, des mosaïques à motifs géométriques provenant de Lixus, des moulins à huile ou à blé.

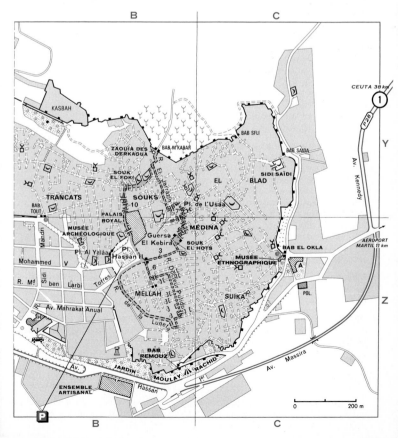

Dans le vestibule, deux grandes mosaïques découvertes à Lixus représentent, l'une les Trois Grâces, l'autre Bacchus enfant.

Au rez-de-chaussée (1re salle à droite), vitrine contenant des objets d'époque néolithique retrouvés dans la région d'Asilah ; la salle suivante est consacrée à la préhistoire : on remarque une maquette du cromlech de M'Soura *(voir à ce nom)*. La salle qui s'ouvre sur le côté gauche du vestibule renferme des mosaïques provenant de Lixus : Vénus et Adonis, et le dieu Mars avec Rhea Silvia (mère de Remus et de Romulus) ; dans les vitrines sont présentés des vases romains en argent ou en verre et des objets servant à la toilette, des aiguilles à coudre, des boutons, des céramiques d'époque islamique.

Au 1er étage, sont rassemblés des fragments de céramique de type ibérique, des brûle-parfum d'époque gréco-punique (4e au 1er s. avant J.-C.), une collection de poids romains ; deux vitrines contiennent des bijoux et de nombreuses lampes à huile. Remarquable collection de pièces de monnaie datant en majorité du Bas-Empire ; quelques-unes remontent à l'époque de la République et du Haut-Empire (Claude, Domitien).

La plupart de ces objets proviennent des fouilles de Tamuda ou d'Ad Mercuri *(voir carte du Maroc antique à Larache)*.

★**Musée des Arts et Traditions populaires** (**CZ**) ⊙ – Accès par **Bab El Okla**, belle porte flanquée d'un bassin à plusieurs pans couronné de merlons.

Tourner aussitôt à gauche dans une rue en escaliers. L'entrée du musée se trouve un peu plus haut à gauche, dans un recoin.

Dès le hall, des instruments de musique (castagnettes, tambours, harpe et guitares anciennes) rappellent qu'à Tetouan se perpétue la tradition de la musique « andalouse ». Remarquer des vases de Tetouan, aux beaux tons de vert, de jaune et de bleu, et aussi des poteries de Fès et de Safi (décoration représentant des bateaux).

P. Saharoff/HOA QUI

Autour du jardin court une jolie galerie à arcades sur laquelle s'ouvrent plusieurs salles. Dans la 1re à droite, a été reconstitué un coin de cuisine, avec sa cheminée, ses ustensiles utilisés dans la confection du couscous ou dans la préparation du thé, et ses grands plats à couscous en poterie vernissée de Tetouan, aux merveilleux tons de vert. Dans une autre salle, sont exposés des poignards fabriqués à Tetouan, des fusils de fantasia et des selles de chameau brodées de fils d'argent et or.

Une partie du musée est consacrée aux costumes et à la vie des montagnards ; on peut voir de beaux sacs en cuir frangé avec des incrustations de cuirs multicolores, d'énormes bijoux en argent, en cuivre, en bronze, et la reconstitution d'une chambre nuptiale.

Au 1er étage, on admire des tissus brodés ; dans un couloir sont exposés de très beaux costumes de mariée (costume andalou à droite en entrant ; au milieu costume de mariée juive). Dans une vaste salle, ont été reconstituées les principales pièces d'un riche intérieur marocain.

Sac
Musée des Arts et
Traditions populaires

École de métiers d'arts traditionnels (CZ A) ⊙
– Créée en 1925, elle groupe près de 250 élèves.

On visite l'atelier de tapis ; d'autres ateliers sont spécialisés dans la broderie, la céramique, la mosaïque, la gravure sur métaux, la dinanderie, la ciselure des armes, le travail de « broderie » sur cuir. Les ateliers de tissage de tentures occupent une place importante. L'une des sections les plus intéressantes est celle où l'on travaille le bois : menuiserie, peinture sur bois selon des dessins géométriques extrêmement compliqués aux couleurs très vives, et surtout sculpture de pièces remarquables, comme les stalactites.

Au rez-de-chaussée, dans un salon qui s'ouvre face à la porte d'entrée, sont exposées les plus belles réalisations des élèves.

Mosquée de Sidi Saïdi (**CY**) – Elle abrite le tombeau du patron de Tetouan. Ses portes ouvragées et ses deux coupoles blanches sont dominées par un charmant **minaret**★ décoré de faïences émaillées.

Bab Remouz (**BZ**) – Des abords de cette porte, on découvre une belle **vue** sur la vallée de l'oued Martil et son arrière-fond de montagnes. On domine le **jardin Moulay Rachid**, orné, à la mode andalouse, de kiosques et de miroirs d'eau.

Ensemble artisanal (**BZ**) – Centre de fabrication, d'expédition et de vente.

★**Point de vue sur la ville** (**AY**) – *Accès en voiture, par une rue en montée qui s'embranche sur la rue. Al Jazaer, à l'Ouest de la gendarmerie.*

D'une esplanade située au Nord de l'agglomération, on découvre une belle vue sur la médina, la ville nouvelle, sur la vallée de l'Oued Martil et les montagnes du Rif.

★LE CROISSANT RIFAIN

Martil – *11 km à l'Est.* C'est la plage traditionnellement fréquentée par les habitants de Tetouan. De la route qui y conduit, on a une bonne **vue** d'ensemble sur la ville et son site.

Du Cabo Negro à Smir-Restinga – Au Nord du Cabo Negro, sur une quinzaine de kilomètres, clubs de vacances, établissements dépendant de grandes chaînes hôtelières et villages touristiques se succèdent de façon presque ininterrompue, offrant l'agrément de leur confort, de leurs installations sportives, et de leurs distractions *(voir p. 10).*

La douceur du climat, la beauté des longues plages de sable doré, et le souci esthétique qui a présidé à la plupart de ces réalisations font de cette côte l'un des pôles d'attraction du tourisme marocain international.

Le **Cabo Negro** (situé un peu à l'écart de la route Tetouan-Ceuta) a gardé sa beauté sauvage, malgré l'implantation d'ensembles touristiques.

Mdiq étage joliment ses bungalows modernes, au-dessus d'un petit port de pêche.

Smir et Restinga, de construction récente, forment une seule station.

TINERHIR★★

10 527 habitants

Carte Michelin n° 959 plis 3 et 35 – Schéma p. 87 – Souk le lundi.

A l'endroit où l'oued Todra, descendu du Haut Atlas, oblique brusquement vers l'Est, s'étend l'**oasis** de Tinerhir, célèbre pour sa palmeraie et sa myriade de ksour et de kasbahs. C'est l'une des plus belles et des plus vastes du Maroc ; l'une des plus denses aussi en végétation. La ville, ancien poste militaire sur la route d'Ouarzazate à Er-Rachidia, est bâtie en terrasses autour d'une butte que dominent l'hôtel Sarhro et un ancien château du Glaoui tombé en ruine. Tinerhir est l'une de ces bourgades du Sud où se fabriquent des bijoux berbères en argent ou autres métaux moins nobles.

★Point de vue sur l'oasis – Vue de la terrasse de l'hôtel Sarhro, l'oasis déploie sa vaste étendue cultivée, morcelée en petits jardins, en vergers, en minuscules champs ; au-delà, c'est la ligne plus grise des palmiers ; enfin, ceinturant la palmeraie et dressée en arc de cercle à la limite des plateaux désertiques, la longue suite des ksour ferme l'horizon.

EXCURSIONS

★★Gorges du Todra – *Au Nord-Ouest de Tinerhir – 15 km, puis environ 1/4 h de marche AR. Avant de partir, se renseigner à Tinerhir sur le niveau de l'eau dans les gorges.*

Gorges du Todra

En sortant de l'agglomération (direction d'Er-Rachidia) prendre une petite route qui s'amorce sur la P 32 à gauche, juste avant de franchir le radier sur l'oued Todra.

Le Todra a dû, pour s'échapper de la montagne et arriver jusqu'aux plateaux, se frayer un passage à travers des massifs calcaires par des gorges d'une exceptionnelle beauté.

La route longe la rive droite de l'oued, dont le lit est occupé par une immense palmeraie ; elle s'élève ensuite et procure de beaux points de vue. Sur l'autre rive, des kasbahs montent la garde au pied de falaises arides. Après la source « des poissons sacrés » *(à une dizaine de km de Tinerhir)*, la route pénètre dans les gorges, et la vallée se resserre jusqu'à n'être plus qu'un défilé extrêmement étroit, d'une impressionnante hauteur.

Au niveau de l'« hôtel-restaurant Yasmina », la route carrossable se termine. On peut, en période sèche, continuer à pied *(environ 1/4 h AR)* jusqu'à l'élargissement du canyon, en remontant le lit caillouteux de l'oued qu'animent les populations locales et qu'empruntent une partie de l'année les montagnards pour se rendre à Tinerhir.

★★**Promenade dans la palmeraie** – *Durée : environ 1 h 1/2, en voiture (guide conseillé). Ce petit circuit – pour lequel il ne peut être recommandé d'itinéraire précis – se déroule au Sud-Est de Tinerhir, dans la direction de Tagoumast et emprunte des pistes assez mauvaises, praticables seulement lorsque le sol est sec ; on regagnera la ville par la route P 32 venant d'Er-Rachidia.*

C'est à la fin de l'après-midi qu'il faut circuler dans la palmeraie. C'est l'heure à laquelle les murs blonds ou ocre des kasbahs, les fragiles murettes de pisé séparant les jardins, les palmiers, les arbres fruitiers, les fleurs, prennent le plus de relief et d'éclat. C'est aussi l'heure à laquelle l'oasis s'anime : dans les ksour, les hommes assis par terre en longues rangées contre les maisons conversent en regardant tomber le soir ; les femmes, qui se sont attardées dans les champs, rentrent vers le village, très droites dans leurs drapés noirs ou leurs robes aux lumineuses couleurs, une large corbeille ronde posée sur la tête, et parées comme pour une fête ; d'autres se coulent, silhouettes effarouchées et fugitives, dans les vergers. On peut visiter au passage un petit village de potiers.

Créez vos propres itinéraires
à l'aide de la carte des principales curiosités et régions touristiques.

Route du TIZI-N-TEST★★

Carte Michelin n° 959 plis 4, 33 et 50.

Qu'on vienne d'Agadir ou de Marrakech, monter au Tizi-n-Test c'est quitter les plaines sèches et surchauffées pour aborder la haute montagne avec son air vif, ses eaux limpides, une végétation plus dense et plus variée.

Par le col (tizi) du Test passe l'une des trois grandes voies traditionnelles de pénétration vers le Sud marocain (les autres étant le Tizi-n-Tichka et la vallée du Ziz) ; elle escalade le Haut Atlas et fait communiquer le Sous (au Sud) et le Haouz (au Nord) en utilisant notamment la haute vallée de l'oued Nfiss. Passage difficile que les populations montagnardes pouvaient aisément verrouiller, la route du Tizi-n-Test a joué un rôle important dans l'histoire du Maroc.

Deux apôtres de l'Islam – Au début du 12ᵉ s., un étudiant berbère, Mohammed **Ibn Toumert**, qui était allé en Orient s'instruire des hautes sciences et des préceptes de l'Islam, s'en revenait vers son village natal de l'Anti-Atlas. Il avait acquis la conviction que la religion de Mahomet était en décadence au Maghreb et qu'il avait vocation de la rétablir dans toute sa pureté.

Sur la route, il rencontra Abd el Moumen et en fit son disciple. Tous deux parcoururent le Maroc, répandant la loi du Prophète et accusant les sultans almoravides, alors devenus impopulaires, de favoriser le relâchement de la religion et des mœurs. A Marrakech, le prestige d'Ibn Toumert, le succès de son éloquence séditieuse, finirent par inquiéter le sultan qui lui fit donner la chasse.

Le berceau de la dynastie almohade – Ibn Toumert se réfugia dans la montagne avec une poignée de fidèles. Il rallia à sa cause plusieurs tribus du Haut Atlas qui supportaient mal la tutelle des Almoravides. Installé à **Tinmel**, au bord de l'oued Nfiss, celui qui se déclarait désormais le Mahdi (l'envoyé de Dieu) créa une communauté politico-religieuse et entreprit la lutte armée contre le sultan. Sa doctrine insistant sur l'unité de Dieu, ses disciples furent appelés les Almohades, c'est-à-dire les « unitaires ».

A la mort du Mahdi, **Abd el-Moumen** continua la lutte. Par une lente infiltration il s'imposa aux tribus de Moyen Atlas puis dans le Maroc du Nord. En 1147, la capitale des Almoravides tombait en son pouvoir, Tin-Mal fut alors abandonnée pour Marrakech où le chef des Almohades fonda en faveur de sa famille une dynastie qui a régné plus d'un siècle sur un vaste empire.

Un fief goundafa – Dans les siècles qui suivirent, les sultans eurent toujours beaucoup de peine à affirmer leur autorité sur la route du Tizi-n-Test. Ici comme en d'autres régions du Sud marocain l'anarchie des tribus berbères se retourna finalement contre elles en favorisant, au 19ᵉ s., l'ascension des **Goundafa**. Vers 1912 cette puissante famille, par ailleurs implantée dans le Sous, contrôlait la route du Tizi-n-Test, comme en témoignent les nombreuses kasbahs qu'elle y a édifiées.

De Taroudannt à Asni
176 km – environ 5 h – schéma p. 146

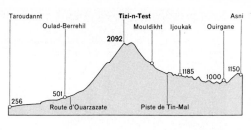

Entre Tizi-n-Test et Tinmel, la route est difficile et étroite.

Quittant Taroudannt *(p. 137)* par la P 32 on parcourt la plaine, à faible distance de l'oued Sous. A 8 km, la route 7025, à droite, mène à Freïja et à **Tioute★**. Jusqu'au village d'Oulad-Berrehil s'épanouissent de riches plantations d'orangers et de citronniers bordées d'eucalyptus. La route est encadrée par le Haut Atlas à gauche, l'Anti-Atlas à droite tandis qu'en avant se dessine le massif volcanique du jbel Siroua.

Après avoir quitté la P 32 on pique vers la montagne, traversant une steppe à arganiers. La route s'élève rapidement et de ses nombreux lacets on aperçoit en contrebas de pittoresques villages dominant des terrasses de cultures.

On atteint les premiers chênes verts près d'une fontaine dont les eaux limpides et fraîches invitent à la pause.

★★ Tizi-n-Test – Ce col constitue un **belvédère★★** impressionnant d'où le regard découvre au Sud la grande plaine du Sous, comme effondrée près de 2 000 m plus bas et limitée à l'horizon par l'Anti-Atlas.

Peu après le col, la descente est assez brutale sur la haute vallée de l'oued Nfiss, très verte et bordée de nombreux villages ; on découvre au loin les plus hauts sommets de l'Atlas.

Les flancs des montagnes les plus proches présentent un contraste remarquable de couleurs – tantôt rouges ou mauves, tantôt vert amande, suivant la nature de la roche ; la piste elle-même change fréquemment de couleur selon les affleurements.

Tagoundaft – A un détour de la route, en aval de Mouldikht, apparaît la **kasbah** de Tagoundaft, véritable nid d'aigle perché sur un promontoire dominant la route, sur la droite, de plus de 100 m. Construite vers 1865, cette redoutable forteresse aujourd'hui abandonnée a gardé très noble allure dans son cadre sauvage. Encore quelques kilomètres d'une route dominée, à gauche, par les hauts massifs de l'Igdet et de l'Erdouz (belle **vue**), et l'on aperçoit, sur la rive gauche du Nfiss, la silhouette de la mosquée de Tinmel.

Prendre à gauche la piste gravillonnée qui descend vers la rivière. Un pont radier permet de franchir l'oued et de poursuivre jusqu'à la mosquée.

★ Mosquée de Tinmel ⊘ – Pour honorer Ibn Toumert enterré à Tinmel, Abd el-Moumen fit élever ce sanctuaire en 1153. Contrairement à la Koutoubia de Marrakech qui lui est contemporaine, la mosquée de Tinmel (1), délaissée après la chute des Almohades, était tombée en ruine.

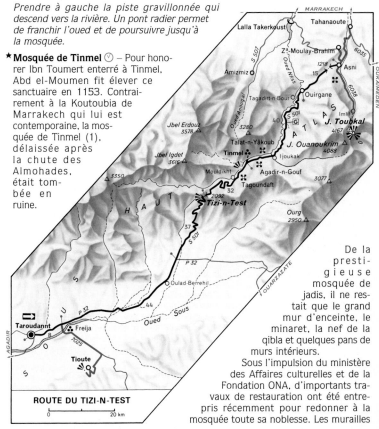

ROUTE DU TIZI-N-TEST
0   20 km

De la prestigieuse mosquée de jadis, il ne restait que le grand mur d'enceinte, le minaret, la nef de la qibla et quelques pans de murs intérieurs.

Sous l'impulsion du ministère des Affaires culturelles et de la Fondation ONA, d'importants travaux de restauration ont été entrepris récemment pour redonner à la mosquée toute sa noblesse. Les murailles

(1) Pour en savoir plus sur ce lieu mythique, consulter l'ouvrage « Tinmel, l'épopée almohade », édité par la Fondation ONA.

Mosquée de Tinmel

d'enceinte et les arcades de la nef axiale ont été reconstruites ; le pavage de l'ensemble de la mosquée a été reconstitué, le **mihrab**★ et ses coupoles – situés, ce qui est rare – à la base du minaret, décapité, ont été restaurés, soulignant ainsi sa pureté toute classique, la fermeté de ses lignes et l'élégante sobriété de son décor de stuc.

En attendant l'achèvement définitif des travaux, on peut apercevoir l'intérieur de la mosquée à travers les grilles de l'entrée située à l'arrière du bâtiment.

Un petit musée à proximité de la mosquée présente les fragments d'arcs et de chapiteaux récupérés lors des travaux.

Après Tinmel, à l'entrée de la cuvette d'Ijoukak, des kasbahs attirent l'attention : à droite, sur un piton, **Agadir-n-Gouf**, à gauche, au bord de l'oued Nfiss, **Talat-n-Yâkoub**.

Ouirgane – Après un nouveau passage encaissé, dominé à gauche par **Tagadirt-n-Bour** – encore une position fortifiée des Goundafa – on atteint le bassin d'Ouirgane, où sont exploitées des salines, dans un **paysage**★ quasi alpestre, à 1000 m d'altitude. Cette localité noyée dans la verdure est un lieu de délassement agréable et frais. Situé à 60 km seulement de Marrakech, cette halte privilégiée est aussi le point de départ de nombreuses excursions ⊘ à pied, à dos de mulet ou bien encore à cheval, au cœur des montagnes berbères et de leurs pittoresques villages.

A la sortie d'Ouirgane la route abandonne la vallée du Nfiss pour franchir un petit col qui permet d'atteindre Asni *(voir à ce nom)*.

Émanant de l'ONA (Omnium nord-africain), important groupe privé, fleuron industriel du Maroc dont les nombreux secteurs d'activités concernent aussi bien les mines, l'immobilier, la banque, l'assurance, les produits laitiers, les produits de la mer, la communication et la distribution, la **Fondation ONA** (comme d'autres institutions telles que la Fondation Wafabank ou la Fondation BCP), joue un rôle important en matière de mécénat sur le plan national et ce dans plusieurs domaines :

– Art et Culture
contribuer au développement culturel du pays en encourageant la création artistique et particulièrement l'art contemporain, ceci dans le prolongement de l'art traditionnel marocain ; projet de création d'un centre d'art contemporain pour promouvoir l'activité artistique ;
créer des lieux d'expression pour les artistes ;
participer chaque année au festival international du Théâtre universitaire ou à d'autres manifestations prestigieuses comme le cinquantenaire de la disparition de Saint-Exupéry, célébré à Ouarzazate en octobre 1994 ;
– Économie
création en 1990 du Centre marocain de conjoncture (observatoire privé de l'économie) ;
– Partenariat entre secteur public et privé :
action médico-sociale auprès d'enfants malades, grâce à une convention signée avec l'ensemble des hôpitaux du Maroc ;
– Patrimoine
participer à la restauration et à la sauvegarde des monuments ;
– Politique éditorialiste (publication de plusieurs ouvrages d'art et d'architecture).

Route du TIZI-N-TICHKA★★

Carte Michelin n° 959 plis 5, 34 et 52.

Réplique du Tizi-n-Test mais en direction du Sud-Est, le col du Tichka perce le Haut Atlas au début de sa partie centrale, faisant communiquer Marrakech avec la grande dépression sud-atlasique et les percées sahariennes, par l'intermédiaire du carrefour d'Ouarzazate. Le contraste est flagrant entre la pente raide, relativement arrosée, du versant Nord de l'Atlas et la face Sud qui s'enfouit sous des plateaux arides descendant en douceur vers le Dadès et le Drâa.

Une double transhumance anime le pays : celle des troupeaux fuyant vers le Haouz la rigueur des hivers montagnards, celle du bétail de plaine montant l'été profiter des prairies d'altitude. Un peuplement assez dense de cultivateurs utilise la moindre parcelle de bonne terre au niveau des sources ou dans le fond des vallées : beaucoup sont des **Glaoua**.

L'ascension d'une famille – Depuis longtemps la tribu des Glaoua occupait, sur le versant Nord de l'Atlas, la région qui, du jbel bou Ourioul au plateau de Telouèt, descend vers la plaine de Marrakech par les hautes vallées du Zate et du Rdat. Au milieu du 19e s., ces montagnards berbères tombent sous la coupe du cheikh El-Mezouari. Pouvoir de fait bientôt confirmé par le sultan qui accorde à Mezouari le titre de caïd de tous les Glaoua : c'est le point de départ d'une formidable puissance féodale. Une cinquantaine d'années suffisent au caïd glaoui puis à ses fils pour étendre leur autorité sur une bonne partie du Sud marocain, se faire craindre du sultan et obliger les Français à passer par leur collaboration. On ne compte plus les kasbahs qu'ils ont conquises ou édifiées de Demnate à Tinerhir, d'Ouarzazate à Zagora et qui sont autant de témoignages de leur puissance.

Le pacha de Marrakech – Le plus connu de cette redoutable famille est **Si Thami el-Glaoui**, pacha de Marrakech – sauf une brève interruption – de 1908 à 1956. Homme de poudre hardi au combat, ami de la France en même temps que de ses propres intérêts, il ne se contente pas – devenu chef de famille en 1918 – de régner sur 600 000 âmes ; par ses propriétés et ses participations dans les mines et les transports marocains, il édifie une fortune colossale ; il prend une part active à la politique du pays, soutenant ou accablant tour à tour les sultans, reçoit dans son palais de Marrakech ou à Telouèt les plus hautes personnalités du monde politique ou littéraire. Il a joué un rôle capital dans les dernières années du protectorat. Déchu au retour d'exil du roi Mohammed V, il est mort quelques mois plus tard.

« Bayard pour les uns, Borgia pour les autres, il était à la fois l'un et l'autre. Le glaoui a incarné avec un anachronisme dont il n'était pas conscient un Maroc que la France n'avait pas pu ou voulu abattre. A ce titre il a déchaîné des passions qui ont fini par le submerger et causer sa perte.» (J. Le Prévost.)

D'Ouarzazate à Marrakech

253 km – prévoir 1 journée – schéma p. 148

En quittant Ouarzazate on aborde aussitôt la « khéla », épaisse frange de plateaux arides souvent présente sur le flanc méridional de l'Atlas. A 7 km on laisse, à gauche, la route de **Tiffoultoute★**.

Franchissant un petit col, point de vue à gauche sur l'oasis et les ksour de Tikirt, au confluent des asifs Mellah et Imini ; au fond, la masse volcanique du Siroua. Après le gué sur l'asif Mellah, prendre à droite la route signalée pour Aït-Benhaddou.

★★ **Aït-Benhaddou** – On en a une **vue** remarquable 2 km avant d'arriver au village.

Le ksar d'Aït-Benhaddou s'étage sur la rive gauche de l'asif Mellah, au flanc d'une colline dominée par des fortifications en ruine. C'est un extraordinaire entassement de constructions en pisé brun-rouge ; les neiges de l'Atlas qui étincellent au loin une grande partie de l'année accusent l'étrangeté du **site**, tempéré seulement par la verdure de l'oued.

Laisser la voiture sur la rive droite, près de l'école ; on traverse la rivière sur des roches ou à dos de mulet.

Le **ksar** est un dédale de ruelles entre de hauts murs, des terrasses étagées, de belles tours décorées de motifs géométriques aux infinies variations. On peut monter jusqu'à l'ancienne kasbah au donjon ruiné qui domine l'empilement des terrasses hérissées de tours crénelées.

Inscrit au Patrimoine mondial et faisant partie du programme de mise en valeur et de conservation du patrimoine culturel national élaboré par le centre de réhabilitation des kasbahs à Ouarzazate, le ksar d'Aït Benhaddou fait l'objet d'importants travaux (renforcement des murailles menacées d'effondrement, réfection des ruelles du ksar, restauration de l'ancienne mosquée et protection des terres agricoles alentour).

De retour à la voiture, continuer à suivre la piste d'arrivée. A l'embranchement de la piste de Tamdaght, prendre à gauche pour revenir à la P 31 dans laquelle on tourne à droite.

On aperçoit aussitôt le pittoresque ksar de **Tadoula** au bord de sa palmeraie.

El-Mdint – Ce village se détache sur la chaîne du Haut Atlas. S'arrêter près de la **kasbah★** rose dont les tours très finement ouvragées bordent la route.

Entre le ksar d'Iflilt et la belle kasbah de **Tiseldei**, une route, à gauche, assure la desserte des mines de l'Imini, important gisement de manganèse. A la sortie d'Agouim, large **vue**, à gauche, sur les plus hauts sommets de l'Atlas.

Irherm-n-Ougdal – A 1 970 m d'altitude, Irherm-n-Ougdal est un village typique du Haut Atlas, avec ses maisons basses, comme écrasées sur les pentes rouges de la montagne. Un « **grenier-forteresse★** » ☉ le domine.

Arrêter la voiture à l'entrée du village et prendre un sentier à droite en montée.

Les greniers-forteresses, appelés **irherm, tirhremt** ou **agadir** suivant la région, sont de puissantes bâtisses de pierre ou de pisé défendues par des murs épais et des tours d'angle. Autour d'une étroite cour centrale, plusieurs étages de cellules permettent à chaque famille du village d'entreposer son grain et de bénéficier de la surveillance collective.

Celui-ci est un grenier fort simple et de dimensions modestes ; le soubassement est de pierre, le reste du bâtiment est en pisé rouge. Il est encore en usage et l'on peut voir dans la pénombre intérieure les cases familiales dont les portes peintes de motifs berbères sont fermées par de curieuses serrures de bois, elles-mêmes agrémentées d'un décor incisé. De l'étage supérieur un tronc d'arbre à encoches sert d'escalier pour accéder à la terrasse de terre battue où l'on retrouve l'éblouissement du soleil, la cascade des humbles maisons du village et l'amphithéâtre montagneux.

Peu avant le col du Tichka, tourner à droite vers Telouèt.

★★**Telouèt** – Une route goudronnée mène à travers un pays sauvage piqueté seulement de chênes verts et de genévriers, au village et à la **kasbah★** de Telouèt, étalés sur un plateau au flanc Sud du col du même nom. Avant la construction de la route du Tizi-n-Tichka, c'est par le Tizi-n-Telouèt que passaient nécessairement les caravanes allant de Marrakech à Ouarzazate : d'où l'importance de cette position tenue un siècle durant par la famille du glaoui.

La petite kasbah primitive s'était agrandie au cours des ans pour devenir l'ensemble impressionnant qu'on peut voir aujourd'hui, tout à la fois forteresse, château et caravansérail.

Dans cette architecture composite les éléments urbains le disputent à la tradition berbère, mais le tout est marqué du sceau d'une

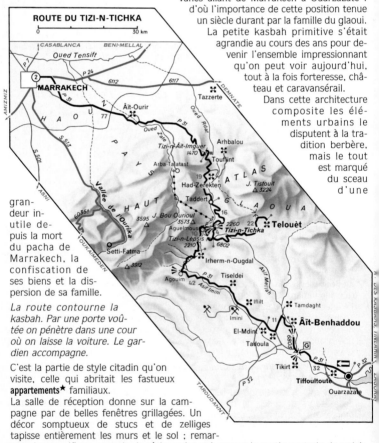

ROUTE DU TIZI-N-TICHKA

grandeur inutile depuis la mort du pacha de Marrakech, la confiscation de ses biens et la dispersion de sa famille.

La route contourne la kasbah. Par une porte voûtée on pénètre dans une cour où on laisse la voiture. Le gardien accompagne.

C'est la partie de style citadin qu'on visite, celle qui abritait les fastueux **appartements★** familiaux.

La salle de réception donne sur la campagne par de belles fenêtres grillagées. Un décor somptueux de stucs et de zelliges tapisse entièrement les murs et le sol ; remarquer la magnifique coupole de cèdre peint qui occupe la partie centrale du palais, les grandes portes peintes aux serrures en argent ciselé.

On peut monter à la terrasse d'où l'on a une **vue** agréable sur la campagne étonnamment verte qui avoisine le village et sur les hautes cimes qui cernent le plateau.

Revenir à la P 31.

Tizi-n-Tichka – On atteint rapidement le col du Tichka (tichka veut dire : prairie d'altitude) qui, à 2 260 m, est le plus haut col routier du Maroc, toujours balayé par un vent violent. Paysage dénudé de pierre sombre ; **vues★** sur les hauts sommets du jbel bou Ourioul (à gauche) et du jbel Tistouit (à droite).

Peu après le col on aperçoit le télébenne du Zate qui servait au transport du manganèse de l'Imini entre Aguelmous et Arba-Talatast (on évitait par ce moyen les aléas de la circulation routière pendant l'hiver). Une descente rapide qui ménage de beaux **points de vue** rejoint la vallée de l'oued Rdat.

Taddert – Ce village alpestre entouré de gros noyers est envahi par les marchands de pierres de la montagne. De grands étals proposent améthystes, lapis-lazuli, agates, manganèse, pyrite de cuivre, etc.

On remarque un grand nombre de villages montagnards caractéristiques du versant Nord de l'Atlas : petites maisons de pierre empilées au flanc de la montagne comme des alvéoles, toits plats de terre battue reposant sur rondins et branchages ; au-dessus les champs d'orge, de blé dur, de maïs, cultivés en terrasses. Parfois se dresse une sévère kasbah comme à **Had Zerektèn** ou à **Arhbalou** (en contrebas à droite). Passé le site enchanteur de **Touflint** et le col d'**Aït-Imguer**, on quitte le Rdat pour l'oued Zate. A la limite du « dir » et de la plaine du Haouz, les hautes murailles crénelées de la kasbah d'**Aït-Ourir** (à droite) pointent au-dessus des oliviers.

TIZNIT★

22 922 habitants

Carte Michelin n° 959 plis 4 et 31 – Souk le jeudi.

Insérée dans le coin aride que la plaine du Sous enfonce à l'extrémité de l'Anti-Atlas, Tiznit est déjà présaharienne avec ses maisons de pisé dispersées parmi les palmiers. Elle est enfermée dans 6 km de murailles roses dont il faut faire le tour, le soir, à la lumière des reverbères, lorsque tout est calme.

Lorsque venant d'Agadir on l'aperçoit de loin, l'enceinte semble si neuve qu'on la prendrait pour le décor de quelque gigantesque théâtre. A vrai dire, Tiznit n'est pas vieille. On doit sa construction, en 1881, au sultan Moulay Hassan, soucieux d'affirmer son autorité dans une région difficile à contrôler.

La ville du « sultan bleu » – C'est à Tiznit qu'a commencé l'aventure d'**El Hiba**, fils de **Mâ el Aïnine**, chérif idrisside (descendant du Prophète par Idriss Ier) fondateur de la ville de Smara dans le Sahara Occidental en 1896, et qui vécut à Tiznit ses derniers mois avant de mourir en 1910. En 1912, El Hiba a 35 ans. C'est un chef intelligent, à l'aspect imposant ; à la manière des nomades, il porte une longue chevelure tressée en nattes sur un vêtement de coton bleu, son visage est voilé ; de son père il a hérité la « baraka », on lui prête le pouvoir de faire des miracles et de disperser les infidèles. Dès la signature du traité de Fès, il lance des appels enflammés à la résistance et, le 10 avril 1912, il se fait proclamer sultan à la mosquée de Tiznit. En juillet tout le Sous lui est acquis ; des partisans fanatiques ne cessent de le rejoindre : beaucoup sont des « hommes bleus », venus de son pays d'origine. Quelque temps maître de Marrakech, El Hiba doit promptement renoncer à sa conquête et se replier sur Taroudannt puis dans l'Anti-Atlas. Il poursuivra une lutte de plus en plus difficile jusqu'à sa mort survenue à Kerdous en 1919.

CURIOSITÉS

Entrer dans la ville par Bab Oulad Jarrar ou par Les Trois Portes, et laisser la voiture sur le méchouar.

Méchouar – Sur cette place aux contours irréguliers se voit un grand va-et-vient de camionnettes, de mules, d'autocars – surtout le jeudi, jour de marché. Une note joyeuse est donnée par les stores rayés qui s'efforcent d'abriter du soleil des ateliers et des boutiques minuscules.

Souks – Traversant les rues à échoppes qui s'étendent entre la place du méchouar et l'enceinte de la ville on accède, par une porte à arc surbaissé, à l'ancien **souk des bijoutiers★**. Les bijoutiers de Tiznit sont réputés : il s'en trouve une douzaine ici, groupés autour d'une cour rectangulaire, qui travaillent

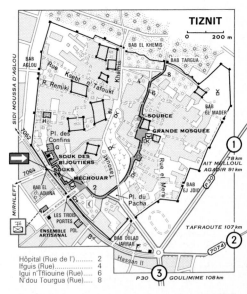

Hôpital (Rue de l') 2
Ifguis (Rue) 4
Igui n'Tfliouine (Rue) 6
N'dou Tourgua (Rue)..... 8

l'argent, reproduisant les gestes millénaires. A leurs vitrines une grande profusion de colliers, de larges bracelets, de parures frontales, de ceintures : le tout traité dans les formes simples de la tradition berbère. La fabrication des sabres et des poignards est aussi une spécialité de Tiznit même si l'on ne trouve plus beaucoup de leurs somptueux fourreaux décorés au filigrane d'argent.

Quelques bijoutiers sont également regroupés dans l'**ensemble artisanal**, en face de la porte.

Du méchouar à Bab Targua – *Reprendre la voiture en direction de Bab Targua.* S'arrêter un instant devant la Grande Mosquée où El Hiba fut proclamé sultan. Le **minaret** a quelque chose de barbare, mais les perches qui le hérissent sont là pour que puissent s'y reposer les âmes des trépassés.

Cent mètres plus loin à gauche se trouve une **source** aménagée en bassin. D'après la légende, Lalla Tiznit, pécheresse convertie, vivait près de cette source et aurait, dans un lointain passé, donné son nom à une première agglomération fondée sur ces lieux. Poursuivre jusqu'à Bab Targua qui s'ouvre dans la partie Nord de l'enceinte.

Laisser la voiture près de la muraille.

A l'extérieur de l'enceinte subsistent de hauts murs de pisé à moitié ruinés et envahis d'énormes figuiers de Barbarie. Des masures de terre dans leur petit champ d'orge et des bouquets de palmiers se détachent sur le fond ocre de la ville. De l'autre côté s'étendait, il n'y a pas encore si longtemps, une vaste olivette aujourd'hui disparue suite à une grave sécheresse.

EXCURSIONS

Aglou-Plage – *16 km au Nord-Ouest de Tiznit par la 7060.*
La route traverse des paysages désertiques avant d'arriver à Aglou. Face à la mer, on aperçoit, à droite, des habitations troglodytiques de pêcheurs – que l'on peut rejoindre par la plage –, à gauche, des récifs à fleur d'eau qui ne permettent pas de se baigner sans danger. Peu avant le camping, une piste permet d'accéder en voiture au « village » de pêcheurs. Ces derniers habitent des grottes creusées dans la roche sur une profondeur de 5 à 6 m, de manière à pouvoir y loger leur longue canne à pêche. Ces grottes peuvent se louer en saison à qui aurait envie de jouer les Robinson Crusoé (il est cependant difficile de s'approvisionner !).

De Tiznit à Tafraoute par le col du Kerdous
104 km. Quitter Tiznit par ② du plan, route 7074.
Étroite et constituée de dos – d'âne dans ses débuts, cette route traverse de beaux paysages de montagne où la couleur ocre de la terre prédomine avant d'atteindre **Assaka** et ses palmiers dressés au bord de l'oued. Vient ensuite une succession de défilés et de petits villages accrochés au flanc de la montagne, au-dessus de champs de céréales en terrasses. Juste avant **Tighmi** et ses boutiques de tajines, une route à droite mène à la **zaouia de Sidi Ahmed ou Moussa** *(11 km)* où a lieu chaque année fin août un pèlerinage. Ce moussem qui revêt un caractère à la fois mystique et économique, connaît l'afflux de nombreux visiteurs venant de toutes les régions du Maroc. De là il est possible d'atteindre par une piste *(4 km)* le village abandonné d'Illigh, ancienne capitale du Tazeroualt.

Après Tighmi, la route grimpe dans la montagne jusqu'au **col du Kerdous** *(1 100 m d'altitude)*, contournant le piton rocheux sur lequel a été construit un hôtel dans le style des kasbahs. L'endroit mérite une halte à plus d'un titre : la **vue★★** que l'on a sur toute la chaîne de montagnes de l'Anti-Atlas et ses villages nichés dans les vallées (nombreux sentiers muletiers) est vraiment superbe ; l'hôtel du Kerdous, de par sa situation exceptionnelle et le raffinement de sa décoration intérieure, justifie que l'on y fasse étape.

A hauteur de Jemaa Ida Oussemlal, il existe deux itinéraires possibles pour rejoindre Tafraoute : poursuivre sur la 7074 qui serpente à travers les vallées, traversant **Tizourhane** où poussent de nombreux amandiers, Souk-El-Had de Tahala et **Adaï**, ou bien prendre la route qui passe par Izerbi. Quoique plus longue, cette nouvelle route qui traverse des paysages désertiques est localement recommandée parce que en meilleur état.

Votre visite du Maroc sera plus facile
et plus intéressante si vous connaissez quelque peu :
– les préceptes et les coutumes de l'Islam ;
– la physionomie du pays ;
– les traits dominants de son économie ;
– les grandes dates de son histoire ;
– l'originalité de son art ;
– la richesse de son artisanat ;
– quelques aspects de son folklore et de ses traditions populaires ;
– les spécialités culinaires.
Lisez l'introduction au début de ce guide.

VOLUBILIS ★

Carte Michelin n° 959 plis 5, 9 et 27 – Schéma p. 145.

A 31 km au Nord de Meknès, Volubilis offre l'ensemble de ruines romaines le plus important du Maroc. La ville occupait, à 390 m d'altitude, un plateau triangulaire adossé aux premiers contreforts du massif du Zerhoun, découpé en éperon par les vallons de l'oued Kroumane et de l'oued Fertassa.

Les premiers occupants – On a retrouvé à Volubilis les traces d'une station néolithique à laquelle succéda un important village berbère. Elle subit l'influence carthaginoise comme le montrent des inscriptions en écriture punique. Au temps des royaumes maurétaniens, elle fut probablement l'une des résidences royales de Juba II (*voir à Larache*).

La ville romaine – En l'an 40 de l'ère chrétienne, lorsque Caligula annexa la Maurétanie, Volubilis devint romaine. Il est probable que le procurateur de l'empereur y résida épisodiquement. Pendant les premiers siècles de l'Empire, la ville s'enrichit surtout par le commerce de l'huile. Les fouilles ont livré, en effet, une cinquantaine d'huileries. Aujourd'hui encore les pentes du Zerhoun sont couvertes d'oliviers et l'huile fait l'objet d'un notable commerce. La cité semble avoir connu une éclatante

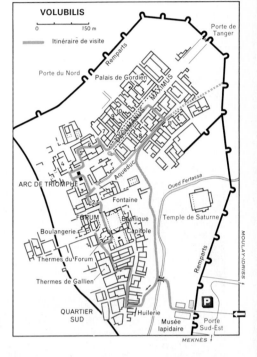

prospérité. On pense qu'elle comptait, au début du 3ᵉ s., environ 20 000 habitants. C'est le temps où s'aménagent le forum et ses abords, où s'embellissent les riches demeures du quartier Nord-Est. Pourtant, déjà pèsent les menaces et la ville s'entoure d'une muraille. Dès la fin du 3ᵉ s. s'amorce la décadence, lorsque l'occupation romaine se replie vers le Nord.

Cependant, malgré l'évacuation de la cité de Volubilis, vers la fin du 3ᵉ s., par l'administration civile et militaire, la ville continue d'être habitée. Ainsi aux 6ᵉ-7ᵉ s. les textes épigraphiques et les vestiges archéologiques témoignent de l'existence d'une communauté chrétienne.

Vers la fin du 8ᵉ s., avec l'arrivée de Moulay Idriss Iᵉʳ, commence l'occupation islamique. A ce moment encore la cité de Volubilis était une des agglomérations les plus importantes du Maroc.

Les fouilles ⊘ – Elles ont commencé à la fin du 19ᵉ s. Beaucoup des objets trouvés dans le site sont exposés au musée archéologique à Rabat.

VISITE *durée : 1 h – Itinéraire indiqué sur le plan.*

Près de la porte Sud-Est, les remparts (fin du 2ᵉ s. après J.-C.) ont été restaurés sur une partie de leur hauteur. En traversant un musée lapidaire en plein air (pierres tombales, statues, chapiteaux, inscriptions), on atteint un petit pont qui franchit l'oued Fertassa. Prendre à gauche après le pont.

Quartier Sud – C'est la partie la plus ancienne de la ville.

Huilerie – Remarquer la grande dalle creusée d'une rigole circulaire qui recueillait l'huile et la dirigeait vers les bassins de décantation ; deux de ces bassins bien conservés sont visibles en contrebas.

Maison d'Orphée (1) – Au fond de l'atrium, entièrement pavé de mosaïques, s'étendait le tablinum (lieu de travail et de réception du maître de maison) : au centre, une vaste composition met en scène Orphée charmant des animaux de sa lyre. A droite de l'atrium, restes d'une huilerie. A gauche de l'atrium, remarquer la mosaïque des Neuf Dauphins bondissants qui décore le sol du triclinium (salle à manger).

Thermes de Gallien – Ils s'étendent sur près de 1 000 m². La rue longe d'abord la chaufferie dont on aperçoit les foyers voûtés ; à l'arrière-plan les vastes salles du caldarium (salles chaudes). Plus loin on peut voir la piscine froide, bien conservée.

Autour du Forum – On débouche sur une place publique qui devait être le marché.

Boulangerie – Dans l'angle Nord-Ouest de cette place, une venelle longe le logement, la boutique et le fournil d'un boulanger : on peut encore voir (au fond de l'impasse) deux pétrins, deux moulins à blé et la base du four. Revenant sur ses pas, on a devant soi les ruines des **thermes du forum**. Les contourner par la droite pour atteindre le Capitole.

Capitole – De ce petit temple de type classique on a pu reconstituer la terrasse et quelques colonnes aux chapiteaux corinthiens. Remarquer l'autel, au pied des marches.

Basilique civile – Ce genre d'édifice, largement répandu dans le monde romain, était l'annexe indispensable du forum : lieu de promenade et de réunion pour le mauvais temps, bourse de commerce, siège des tribunaux.

A Volubilis, il est probable que la Curie (conseil municipal) y tenait ses séances. Le plan en apparaît nettement : la basilique était divisée en trois nefs par deux files de colonnes corinthiennes ; la large nef centrale se terminait à chaque bout par une abside en arc de cercle voûtée en cul-de-four.

Forum – Les marches qui bordent le côté Ouest de la basilique introduisent au forum. De proportions modestes, il était le centre de Volubilis. Bordé de portiques, il était décoré de statues d'empereurs et de notables locaux.

Volubilis

Vers l'arc de triomphe – Sur le côté gauche de la rue qui va du forum à l'arc de triomphe, on peut voir deux mosaïques bien conservées dans la **maison au Desultor** (**2**). La première représente un acrobate (desultor) chevauchant à rebours sa monture et tenant à la main un vase, prix de sa victoire ; l'autre figure une scène de pêche.

Un peu plus loin, à droite, la principale **fontaine publique** de la ville.

L'**arc de triomphe** (3e s.), dont la voûte s'était effondrée, a pu être en partie reconstitué. Contemporain du Capitole, il fut érigé, comme l'indique la dédicace qui le surmonte, à la gloire de Caracalla et de sa mère Julia Domna.

Dans son ensemble, cette œuvre apparaît quelque peu écrasée ; mais il faut lui restituer par la pensée, au-dessus de l'inscription, la frise et le bandeau qui lui manquent, ainsi que le char tiré par six chevaux qui couronnait le tout. Dominant la plaine occidentale, l'arc manifestait la présence de Rome aux yeux des tribus berbères.

Passant sous l'arc, on trouve, à gauche, la **maison au Chien** (**3**). Le bassin de l'atrium est assez bien conservé. C'est dans l'une des pièces d'habitation, à gauche de l'atrium, que fut découvert en 1916 le chien de bronze qui se trouve au musée de Rabat.

En suivant le decumanus – On peut voir, dans les maisons qui bordent cette rue centrale, des mosaïques en assez bon état.

★**Maison à l'Éphèbe** (**4**) – Au fond du péristyle une mosaïque représente une Néréide assise sur un cheval marin et encadrée de centaures. Dans la partie orientale, deux pièces entourant un petit bassin circulaire sont également pavées de mosaïques : Bacchus sur son char et un pêcheur parmi les poissons et des oiseaux aquatiques.

Maison aux Colonnes (**5**) – Deux colonnes torses à chapiteaux corinthiens marquent l'entrée d'un vaste péristyle orné d'un bassin circulaire fleuri de géraniums.

Maison au Cavalier (**6**) – Dans la maison suivante, la pièce du fond est décorée d'une mosaïque représentant Bacchus guidé par l'Amour et découvrant Ariane endormie.

Maison aux Travaux d'Hercule (**7**) – Au-delà du péristyle pourvu d'un bassin aux bords lobés, une grande composition de mosaïque constitue le pavement du triclinium : douze médaillons illustrent les travaux d'Hercule ; ils encadrent d'autres motifs : l'enlèvement de Ganymède par l'aigle de Jupiter, les Quatre Saisons.

★**Autres mosaïques** – Les demeures voisines offrent encore d'intéressantes mosaïques : à droite du decumanus de gracieuses **Néréides** (8) chevauchant des monstres marins et entourant le buste du dieu Océan ; à gauche, **Dionysos et les Quatre Saisons** (9). On pourra voir aussi le **Bain des Nymphes** (10) dans une petite cour au fond de la maison voisine.

Palais de Gordien et maison de Vénus – Siège des gouverneurs de la province, le **palais de Gordien** porte le nom de l'empereur sous le règne duquel il fut reconstruit.

La **maison de Vénus** (11) s'ouvre sur un decumanus secondaire. Dans cette riche demeure, toutes les pièces sont pavées de mosaïques aux dessins géométriques rappelant les motifs des tapis berbères. On pourra voir : dans l'angle Sud-Est cinq médaillons représentant Bacchus et les Quatre Saisons ; dans l'angle Sud-Ouest, Diane au bain avec ses deux compagnes, surprise par Actéon, et, dans une chambre voisine, à l'Ouest, l'enlèvement d'Hylas par les Nymphes.

Le decumanus secondaire longe l'aqueduc qui apportait à la ville les eaux du Fertassa.

Vallée du ZIZ★

Carte Michelin n° 959 plis 5, 23 et 36.

La vallée du Ziz est une voie historique de pénétration vers le Tafilalt. En tout temps les sultans se sont efforcés de contrôler l'accès à cette province dont la richesse et le prestige étaient considérables (voir à Erfoud). De Meknès par le col du Zad ou de Fès par Enjil, le « **trik es soltan** » – le chemin du soltan – passait à l'Est de Midelt pour rejoindre le Ziz près de Rich. De là, il longeait le cours de l'oued jusqu'aux « ports sahariens » de Sijilmassa ou Rissani.

Une rivière saharienne – Descendu du Haut Atlas, le Ziz fait un coude aux environs de Rich et pique vers le Sud, arrose le Tafilalt et va se perdre dans les sables du côté de Taouz. Il ne coulerait pas dans une si large vallée et n'aurait pas creusé ses gorges impressionnantes s'il n'avait connu dans le passé un climat beaucoup moins sec que celui qui règne aujourd'hui au Sud de l'Atlas.

DE MIDELT A ERFOUD

235 km – environ 4 h – schéma ci-dessous

En quittant Midelt (voir à ce nom) on s'élève par une route en lacet qui offre de belles **vues** sur le jbel Ayachi, le bassin de la haute Moulouya et, au loin, sur le Moyen Atlas. Dès qu'on a franchi le **Tizi-n-Talrhemt** (col de la Chamelle, 1 907 m), le paysage présaharien apparaît et la végétation se réfugie dans de petits bassins.

Peu après le défilé de N'zala, on aperçoit au loin la vallée du Ziz dont on se rapproche en laissant **Rich** sur la droite. Plusieurs **kasbahs** se dressent, après Rich, dominant les méandres encaissés de l'oued.

★★**Gorges du Ziz** – Peu avant le « tunnel du Légionnaire », taillé dans le calcaire, la vallée se resserre davantage et la route pénètre en corniche dans un long corridor dont les parois nues encadrent un cordon d'étroites palmeraies dominées par des ksour et la kasbah d'Ifri. L'imagination reste frappée par la sauvage âpreté de ce paysage.

Dans un virage, on débouche brusquement sur le barrage de Hassan Addakhil, mis en service pour régulariser le débit du Ziz et irriguer la région. La route contourne les rives sinueuses du **lac de retenue** dont les parois très rouges plongent dans une eau vert émeraude ; on parvient ensuite en vue d'Er-Rachidia (l'ancien Ksar-es-Souk).

Er-Rachidia ⊙ – Souk les dimanches, mardis, jeudis. La ville moderne, centre administratif de la province, est une étape commode sur les longues routes du Sud, car de là on peut filer soit sur Tinerhir et le Dadès, soit sur Erfoud et le Tafilalt.

Du pont qui franchit le Ziz à l'Est de la ville, on a une jolie **vue**★, à gauche, sur l'oued, la série de ksour qui en domine les rives et l'abondante palmeraie qui le borde de part et d'autre.

Peu après ce pont, une petite piste à gauche circule à travers la **palmeraie** donnant de pittoresques aperçus des ksour voisins.

Revenir à la P 21.

A 20 km d'Er-Rachidia, on quittera la P 21 pour aller voir la source bleue de Meski qui constitue une agréable pause sur cette route un peu austère de hammada.

Prendre à droite la route signalisée « Source bleue ».

★**Source bleue de Meski** ⊘ – La source naît dans une cavité rocheuse et alimente une piscine dans un cadre luxuriant de palmeraie où un terrain de camping a été aménagé. De la falaise qui surplombe la source, beau **point de vue** sur l'oasis, le Ziz et au-delà sur le vieux ksar abandonné de Meski.

Reprendre la P 21 en direction d'Erfoud.

Lorsqu'on retrouve la vallée du Ziz, une quinzaine de kilomètres plus loin, elle apparaît comme un ruban de verdure. Le contraste est total entre l'aspect désertique du relief tabulaire encadrant la vallée de ses roches roses et le vert sombre des palmeraies et des jardins qui tapissent les abords immédiats de l'oued. La meilleure **vue**★ de ce paysage présaharien se trouve à un coude de la route, entre les villages de Zouala et d'Oulad-Âïssa situés en contrebas.

Dès lors, ksour et kasbahs se succèdent sur une trentaine de kilomètres débordant parfois sur la route comme la kasbah d'**Aoufouss**. Au-delà de Borj-Yerdi, de belles **dunes** de sable d'un roux doré recouvrent la hammada, donnant un avant-goût du désert ; on atteint bientôt la vaste palmeraie de **Tizimi**, toute bruissante du pépiement d'une multitude d'oiseaux, qui annonce Erfoud.

Renseignements pratiques

A quelle époque visiter le Maroc ?

Toutes les périodes ont leur charme, suivant les régions visitées, tant il est vrai que le Maroc est le « pays des quatre saisons ».

Au printemps, plus particulièrement en mai, la campagne marocaine revêt son plus bel aspect. Les paysages sont étonnamment verdoyants ; les vastes étendues découvertes du Maroc central, les maquis de la région méditerranéenne, les forêts du Moyen Atlas sont alors égayés d'innombrables fleurs ; la température est douce, le ciel limpide ; les hautes cimes conservent encore leur parure neigeuse. Les pistes et les cols redeviennent praticables.

L'été, surtout quand souffle le « chergui », n'est agréable que le long des côtes et sur les hauteurs de l'Atlas. Dans le reste du pays, on ne peut guère circuler que tôt le matin ou en fin d'après-midi. Pourtant, cette saison a ses partisans : les amoureux de la canicule ; tous ceux aussi qui veulent connaître les plaines brûlées de l'Afrique sous le soleil ardent.

En automne, septembre et octobre – malgré quelques averses – offrent également beaucoup d'attraits. Cette courte période représente, pour l'ensemble du pays, la délicieuse prolongation d'un été dont les rigueurs se sont adoucies.

L'hiver est la grande saison du Sud marocain. L'air sec permet de supporter sans gêne des nuits souvent glaciales et, dans la journée, un soleil éclatant réchauffe rapidement l'atmosphère.
La région de Marrakech attire de nombreux touristes. Il neige suffisamment dans le Haut Atlas et dans le Moyen Atlas pour assurer le succès des champs de ski de l'Oukaïmeden et du Mischliffen... et pourtant, on se baigne à Agadir.

Avant le départ

ADRESSES UTILES

Pour organiser son voyage, rassembler la documentation nécessaire, vérifier certaines informations, s'adresser en premier lieu aux **Délégations de l'Office National Marocain du Tourisme**.
France – 161, rue St-Honoré, 75001 Paris, ☎ 42 60 63 50, Fax 40 15 97 34.
L'Automobile Club de France (6 et 8, place de la Concorde, 75008 Paris, ☎ 42 65 34 70), et les Automobiles Clubs régionaux fournissent également les renseignements les plus récents et se chargent, pour leurs adhérents, de certaines formalités.
Belgique – 66, rue du Marché-aux-Herbes, Bruxelles 1000, ☎512 21 82-512 29 86.
Canada – 2001, Université, bureau 1460, Montréal (Québec) H3A 3R7, ☎(514) 842 8111, Fax (514) 842 5316.
Espagne – Calle Quintana, 2, 28008 Madrid, ☎ (91) 541 29 95.
Suisse – 67, rue du Rhône, Genève, ☎ 35 26 12 ; 5, Schifflande, 8001 Zurich, ☎ 252 77 52.
Au **Maroc**, l'Office central de Tourisme marocain est installé à **Rabat** : rue Oued Fès, Agdal, ☎ 77 51 71-77 51 79.
Dans la plupart des villes marocaines, il existe une Délégation du Ministère du Tourisme (Office National Marocain du Tourisme) ou un bureau de syndicat d'initiative, souvent les deux ; ils sont désignés sur les plans de ce guide par la lettre **ⓘ**. Dans les petites villes, s'adresser aux autorités locales (pacha, caïd).

FORMALITÉS D'ENTRÉE

Les formalités administratives et douanières risquant d'être modifiées dans leurs détails, nous conseillons à nos lecteurs de se renseigner peu de temps avant le départ. Au moment où nous mettons sous presse, les pièces exigées et les formalités sont les suivantes :

Pièces d'identité

Passeport en cours de validité (c'est-à-dire datant de moins de 5 ans), donnant le droit de séjourner durant une période inférieure à 90 jours.
Les enfants de moins de 16 ans peuvent figurer sur le passeport de la personne les accompagnant ; s'ils voyagent seuls ils doivent posséder un document douanier individuel et une autorisation de sortie des parents délivrée par le commissariat du quartier.

Santé

L'information concernant les risques sanitaires (vaccinations obligatoires et recommandées, risque de paludisme et règles d'hygiène – alimentaire notamment), quelle que soit la destination, fait partie intégrante de la préparation du voyage.

Pour le Maroc aucune vaccination n'est normalement exigée.

Cependant avant le départ pour les pistes, il est conseillé de s'adresser aux pharmaciens ou à **Pasteur Mérieux Sérums et Vaccins**, 3, avenue Pasteur, 92430 Marnes-la-Coquette, ☎ 47 41 79 22, en précisant où l'on désire se rendre. Sur place, toute information peut être obtenue, ainsi que des sérums, à l'Institut Pasteur du Maroc, place C. - Nicholle, B.P. 120, Casablanca, ☎ 26 09 51 – 27 32 70.

Air France fournit également toutes les informations provenant des publications officielles concernant les formalités de santé.

Renseignements au Centre de vaccination des Invalides, 2 rue Robert Esnault-Pelterie, 75007 Paris, ☎ 43 20 13 50, ou sur minitel 3615 code AF.

Enfin, il est utile de prévoir dans ses bagages une trousse à pharmacie à constituer avec le conseil de son médecin traitant. Ne doivent pas être oubliés : un antalgique, un antidiarrhéique, un antihistaminique en cas d'allergie, un désinfectant cutané, une crème antiprurigineuse et une crème solaire (même l'hiver), un purificateur d'eau et tout autre produit paramédical que l'on a l'habitude d'utiliser.

LA VOITURE

Titres de circulation

Véhicules de tourisme : pour un séjour de 6 mois, tous les permis sont valables. Toutefois, le permis de conduire international ou le permis français à trois volets est nécessaire si on passe par l'Espagne. La voiture doit porter la plaque réglementaire de nationalité.

Caravanes : le carnet de passage en douane n'est plus exigé ; mais l'inventaire (en double exemplaire) des objets de valeur est à faire viser à l'entrée.

Bateaux à moteur : se munir des pièces exigées en France pour la catégorie de l'embarcation ; se procurer un carnet de passage en douane.

Dès le débarquement, demander un permis d'escale délivré par le commissariat du port (validité : 72 heures).

Assurance accidents

La carte internationale d'assurance automobile, dite « carte verte », est valable à condition qu'elle porte la mention Maroc (s'assurer que la compagnie par laquelle elle a été établie a un correspondant dans ce pays). Une assurance aux tiers, contractée à la frontière (bureau de la douane), peut remplacer ce document ; prix variable selon la durée du séjour : 353,80 DH pour un mois (frais et taxes compris).

Service d'assistance

« Mondial Assistance » (Automobile Club de France), et les Automobiles Clubs régionaux fournissent à leurs adhérents des garanties d'assistance, en cas de maladie ou d'accident en pays étranger. Se renseigner auprès de ces organismes.

Location de voiture

Elle se pratique beaucoup au Maroc.

La compagnie Avis (Tour Franklin, 92081 Paris La Défense, ☎ 46 09 68 68 ou 71, avenue des F.A.R. à Casablanca, ☎ 31 44 51), Europcar International, 65, avenue Édouard-Vaillant, 92100 Boulogne, ☎ 46 09 92 20 ou 44, avenue des F.A.R. à Casablanca, ☎ 31 37 37 et Hertz (Centre de Réservations Internationales, ☎ 47 88 51 51 ou 25, rue de Foucauld à Casablanca, ☎ 31 22 23 - 31 23 62), sont parmi les plus importantes : elles ont des succursales dans les principales villes. Les conditions et les prix sont sensiblement les mêmes qu'en France. Le permis de conduire à 3 volets est exigé. Air France et Royal Air Maroc consentent des forfaits avion-auto.

Suivant l'itinéraire que l'on décide de suivre et si ce dernier comporte quelques pistes, à défaut de louer un 4 x 4 dont la conduite requiert une certaine habitude, les **Renault 4L** s'avèrent de « bonnes » voitures. En effet, si pour de longs trajets leur confort laisse à désirer, elles peuvent par contre, grâce à leur garde au sol plus haute que sur d'autres véhicules de même cylindrée, emprunter bien des petites routes difficiles, sans pour autant voir leur carter détérioré par des projections de pierres. En tout état de cause, quel que soit le type de véhicule loué, bien vérifier avant le départ les niveaux d'eau, d'huile et d'essence, ainsi que le matériel nécessaire en cas de crevaison.

Mais si l'on décide de circuler hors des sentiers battus, ce qui bien sûr rend la découverte du pays encore plus attrayante, mieux vaut par contre être accompagné d'un chauffeur-guide, notamment en montagne ou dans le désert.

CHANGE

Le dirham (DH) est l'unité monétaire ; il est divisé en 100 francs marocains, ou centimes. Les dirhams ne peuvent être ni importés, ni exportés ; les devises doivent donc être changées au Maroc : à l'arrivée à l'aéroport ou à la gare maritime, dans les banques de toutes les villes marocaines, et dans la plupart des hôtels (en quantité limitée) ; conserver les reçus de change.

– **En entrant au Maroc** : on est tenu de déclarer les devises, chèques de voyage, etc. lorsque ceux-ci dépassent une valeur de 15 000 DH.

– A la sortie du pays : les touristes doivent justifier de la provenance des dirhams qui sont en leur possession, et présenter à cet effet les reçus correspondant aux opérations de change effectuées au cours du séjour (montant des dirhams achetés, nature et montant des devises échangées). Les dirhams non dépensés peuvent être alors reconvertis en devises étrangères, dans la limite de 50 % du total des sommes portées sur ces reçus (100 % toutefois si le séjour est inférieur à 48 heures). Il est donc indiqué, durant le séjour, de ne changer de l'argent qu'au fur et à mesure des besoins.

Passage des tapis – L'importation, en France, des tapis de laine à points noués n'est pas contingentée. Ceux-ci bénéficient de la franchise des droits de douane à condition qu'ils soient estampillés et accompagnés du certificat EUR 1 et du certificat d'origine. Celui-ci est délivré par la Direction de l'Artisanat et ses Délégations provinciales implantées à travers le royaume. Toutefois, à leur entrée en France, les tapis sont passibles de 17,6 % de T.V.A. Les coopératives artisanales et les commerçants se chargent le plus souvent eux-mêmes de l'expédition et des formalités douanières.

VIE QUOTIDIENNE

La vie est réglée sur l'heure GMT, c'est-à-dire que lorsqu'il est 12 h en France, il n'est que 11 h au Maroc : en arrivant dans le pays, retardez votre montre d'une heure. En période d'heure d'été française, le décalage est de 1 h également. Quelques horaires moyens de travail (souvent, une permanence est assurée le dimanche) :
– bureaux de tourisme : de 8 h 30 à 12 h et de 14 h 30 à 18 h 30 ;
– banques : de 8 h à 11 h 30 et de 14 h à 16 h (fermé le samedi) ;
– postes : de 8 h 30 à 18 h 30, sans interruption dans les grandes villes, avec une interruption de 12 h à 15 h dans les autres localités (fermé le dimanche) ;
– magasins : de 8 h 30 à 12 h et de 14 h 30 à 19 h (alimentation : vers 20-21 h) ;
– restaurants : les heures des repas sont sensiblement les mêmes qu'en France.
Durant le mois sacré du **Ramadan**, les habitudes de vie connaissent quelques petits bouleversements qu'il est bon de connaître si l'on se trouve au Maroc pendant cette période, notamment en ce qui concerne les horaires : les ministères, administrations publiques comme les P et T, sont ouverts de 9 h à 15 h ; les banques de 9 h 30 à 14 h ; les pharmacies de 10 h à 17 h, le samedi de 10 h à 14 h. Pour les pharmacies de garde, du lundi au dimanche de 10 h à 22 h. Ceci pour des grandes villes comme Casablanca ou Rabat ; à l'intérieur du pays, mieux vaut prendre ses précautions. Les horaires des trains et des autocars ainsi que les horaires de visite des monuments et des musées peuvent être modifiés.
Par ailleurs, toute l'activité commerciale du jour étant reportée au soir, beaucoup de commerces, du prêt-à-porter aux bouchers et marchands de fruits, ouvrent leurs portes après la rupture du jeûne et jusque tard dans la nuit.

Jours fériés

Les magasins se trouvant **hors de la médina**, ainsi que les bureaux, sont fermés le samedi et le dimanche ; les jours de grandes fêtes religieuses : le 3 mars, fête du trône (on célèbre l'avènement du roi Hassan II le 3 mars 1961) ; le 1er mai ; le 23 mai, fête nationale : le 14 août, Réunification Oued Eddahab : le 6 novembre, anniversaire de la Marche Verte ; le 18 novembre, retour de Mohammed V (1955), fête de l'Indépendance. **Dans les souks**, les boutiques sont fermées les jours de fête mais restent ouvertes le dimanche. Le vendredi, jour de prière solennelle, un bon nombre d'entre elles sont fermées.

Monnaie

L'unité monétaire officielle et légale est le **dirham**, mais il arrive parfois que certains prix soient donnés en rials (dont le nom vient de réal, ancienne monnaie espagnole). Le **rial**, unité de compte populaire comme le sou français d'autrefois, est en effet encore couramment utilisé dans beaucoup d'endroits, dans les souks notamment, chez les petits commerçants. Un dirham vaut cent centimes ou vingt rials. Si un prix vous est donné en rials, il vous faut donc diviser par vingt pour avoir la somme en dirhams.

Pourboires

Au café, le service (de 10 à 15 %) n'est pas compris dans le prix des consommations. En revanche, il est inclus dans les notes d'hôtels. Il apparaît, accompagné d'une taxe de 19 %, sur les notes de restaurants. Mais la pratique des petits pourboires stimule, comme partout, les bonnes volontés (femme de chambre, concierge, bagagiste...). La personne qui s'occupe du vestiaire, l'ouvreuse attendent une légère rétribution (1 DH). Pour les courses en « petits » taxis (que l'on emprunte dans les villes exclusivement), il convient d'ajouter environ 10 % à la somme demandée (s'entendre à l'avance sur le prix = minimum 10 DH pour un trajet moyen de 2 à 5 km). Vous pourrez donner de 10 à 15 % de gratification, en plus du tarif officiel, au guide agréé qui se sera montré particulièrement zélé. Enfin, les gardiens de parking improvisés ne doivent pas vous réclamer plus de 1 DH pour la nuit, ou la demi-journée.

Téléphone

Pour appeler de France au Maroc, composer le 19 + 212 + l'indicatif de la ville sans le 0 + le numéro du correspondant.
Pour les villes de Ceuta et Melilla qui font partie du territoire espagnol, composer, pour Ceuta, le 19+34+56+le numéro à 6 chiffres du correspondant ; pour Melilla, le 19+34+5+numéro à 7 chiffres du correspondant.

Pour appeler du Maroc en France, composer le 00 + 33 (Maroc/Belgique : 00 32, Maroc/Suisse : 00 41) + éventuellement le 1, s'il s'agit d'une communication en région parisienne, et le numéro du correspondant. L'usage des cartes téléphone tend à se répandre dans les cabines téléphoniques des grandes villes (1 carte de 70 unités valait, début 1993, 80,50 DH ; une carte de 50 unités, 57,50 DH).

Indicatifs téléphoniques de quelques grandes villes : Agadir : (0) 8, Casablanca : (0) 2 : Fès : (0) 5, Marrakech : (0) 4, Meknès : (0) 5, Ouarzazate : (0) 4, Nador : (0) 6. Rabat : (0) 7, Tanger : (0) 9.

Visites

Il est conseillé, lorsqu'on visite une ville marocaine, de pénétrer au plus tôt dans la médina. A l'exception de Marrakech, où une partie de la visite peut se faire en voiture (circulation difficile cependant), les médinas se parcourent à pied. A l'entrée de celles-ci, les touristes se verront vraisemblablement assaillis par une nuée de guides, grands ou petits, vrais ou faux, qui se disputeront la faveur de les piloter. Se confier à l'un d'eux facilite bien souvent la visite, mais il faut savoir se montrer ferme, notamment sur la somme à leur verser (convenir du prix à l'avance – compter 100 DH environ pour la journée) et avoir soin d'imposer l'ordre de visite que nous vous conseillons. Dans tous les cas, il vaut mieux faire appel aux services d'un **guide officiel**, mandaté par le syndicat d'initiative ou la délégation de l'Office national marocain du tourisme (avec plaque et licence) plutôt que de risquer des déconvenues, voire un certain harcèle-ment, malheureusement fréquent dans les grandes villes et notamment à Marrakech.

Les enfants

Ils ont des yeux noirs et profonds, sur le visage un sourire toujours prêt à naître. Ils sont partout : près de la moitié de la population a moins de 25 ans. Guides d'occa-sion, interprètes, intermédiaires débrouillards, porteurs de petits colis, organisés ou opérant seuls, ils font montre de bonne volonté et de gentillesse. Mais là encore, il faut savoir se montrer ferme. Dans l'espoir d'un pourcentage sur un achat, pour un « **fabor** » (pourboire) de quelques pièces, pour des bonbons ou des crayons, ils pro-posent leurs services avec une volubilité et une persévérance qui viennent souvent à bout des résistances les plus tenaces. Une fois agréés, ils vous prennent en charge, vous révèlent ce que leur ville a de curieux, vous parlent de leur école et de leurs projets. Les fillettes font dans la rue des apparitions furtives et gardent, dans les villes, une réserve de bon ton. Les petites paysannes, quant à elles, ou les jeunes monta-gnardes, se dérident aux premiers sourires.

Mosquées

L'entrée des mosquées est rigoureusement interdite aux non-musulmans. Il est pos-sible, en revanche, de pénétrer dans les médersas ; une rétribution au gardien est de mise. Pendant le Ramadan, les horaires de visite des monuments et musées peuvent être modifiés.

Souks

Les petites villes revêtent un aspect particulièrement pittoresque les jours de souk (ceux-ci sont indiqués au début de la description de chacune d'elles). Il est fascinant de s'enfoncer à travers leur dédale où règne un tohu-bohu coloré, où chantent les légumes, les fruits, les olives dans leurs jarres ventrues, les épices, en vrac dans leurs sacs de jute, palette colorée dont on aimerait pouvoir « photographier les odeurs » et où le marchand d'épices (**attar**) passe des heures à doser les quelque 27 épices de son

---

Petit lexique du quotidien (en arabe phonétique)

– Salut à vous :	EL SALEM ALAÏKOUM
– Bonjour :	SABAH EL KHIR (1)
– Bonsoir :	MASSA EL KHIR
– Sois le bienvenu :	YA MARHABA
– Merci :	CHOCRAN
– Au nom d'Allah :	BISMILLAH
– Bonjour, bienvenue à toi :	AHLAN WA SAHLAN
– Comment vas-tu ? :	KEF EL HAL ?
– Bien ! :	LABAS
– Au revoir :	MAA EL SALAMA
– S'il vous plaît :	MEN FADLAK (MEN FADLEK à une femme)
– Combien coûte le kilo ? :	KAM BI YAMEL EL KILO ?
– C'est cher ! :	GHALI !
– Il y a :	KAN
– Il n'y a pas :	MA KANCH
– Il n'y a pas de problème :	MA KAN MOUCHKEL
– Occupé :	MACHGHOUL
– Plein de (il y a) :	AMER
– Pas encore (il n'existe pas) :	MA ZAAL
– Beaucoup (trop) :	BIL ZAAF
– D'accord (en berbère) :	OUARRA (Ouakha)
– A droite :	ALA IAMIN
– A gauche :	ALA CHIMAL

(1) KH : comme la « jota » en espagnol.

ras-el-hanout où se mêlent basilic, boutons de rose, cédrat, coriandre, cumin, noix de muscade, lavande et marjolaine ; les nombreuses plantes aux vertus thérapeutiques (ou prétendues aphrodisiaques comme la mandragore) ; sans oublier le khôl et le henné, les cubes de jasmin, de musc et d'ambre ou les petites coupelles rondes en terre cuite contenant du fard à joues qui feront partie des souvenirs exotiques à rapporter.

Photographie

Les Marocains ne se prêtent guère à la pose ; vous devrez parfois gratifier leur bonne volonté. Soyez discrets et, en face d'un refus ou d'une réticence, n'insistez jamais, même s'il vous en coûte de ne pouvoir « immortaliser » un regard ou un costume des plus colorés.
Attention à la poussière (ou au sable) qui oblige à protéger l'objectif. Il est prudent d'avoir un film ou un rouleau de pellicule d'avance, en sachant que la luminosité est ici extraordinaire. En milieu de journée, le soleil, créant comme un couvercle blanc qui masque les hauteurs du ciel, « efface » tout. Par contre, il est des fins d'après-midi à ne pas manquer, lorsque la lumière offre une palette infinie de couleurs et que les choses prennent leur vraie valeur. Les soleils couchants sont alors un enchantement, que l'on soit au bord de la mer, en ville, où une certaine douceur se faufile dans tous les recoins, ou à la montagne lorsque le soleil ourle les crêtes d'un ruban d'or étincelant.

Les « gazelles »

Que les belles voyageuses ne s'offusquent pas de se voir parfois appelées « gazelles » dans la rue. Ce ne peut être qu'un surnom amical, voire un compliment si l'on en croit le Larousse qui écrit au sujet de cet animal : « les poètes et les savants ont célébré à l'envi ses formes élégantes, sa taille légère, ses allures gracieuses, ses membres délicats, la vivacité et la douceur de son regard, l'innocence de ses mœurs » !

N'oubliez pas...

D'emporter de bonnes lunettes de soleil à verres filtrants et un chapeau (si vous ne pouvez vous résoudre au port du « chèche ») ; de faire provision de carnets ou de crayons, qui feront la joie des enfants ; d'avoir sur vous des cigarettes brunes qui seront toujours bien accueillies par le paysan qui vous aura indiqué votre chemin ; d'emporter une bouteille thermos pour avoir de l'eau fraîche en réserve si vous prévoyez d'effectuer de longs trajets dans le Grand Sud et même... des comprimés d'aspirine qui semblent être particulièrement appréciés à la campagne, et du collyre pour soigner éventuellement quelques gamins au cours de vos randonnées en montagne.

Comment se rendre au Maroc

En avion

Les liaisons entre la France et le Maroc sont assurées par Air France (à Paris : 119, avenue des Champs-Elysées, 8°, ☎ 44 08 24 24) et Royal Air Maroc (à Paris : 38, avenue de l'Opéra, 2°, ☎ 44 94 13 30). *Voir tableau ci-dessous.* Durée moyenne des vols Paris-Agadir 3 h 15, Paris-Casablanca : 2 h 45 mn, Paris-Marrakech : 3 h. En été, de nombreux vols charters viennent compléter ces liaisons.

	Agadir	Al Hoceima	Casablanca	Fès	Marrakech	Oujda	Rabat	Tanger	Ouarzazate
Bastia			◇ ◇			◇ ◇			
Bordeaux	◇		◆ ◆	◇ ◇	◆ ◆			◇	
Lille			◆ ◇			◇ ◇			
Lyon	◆		● ◆	◆ ◇	◆ ◆	◇		◇ ◇	
Marseille	◆ ◆		● ●	◆ ◆	◆ ◆	◆ ◆	◇		
Nice	◇ ◇		◆ ◆		◇ ◇	◇			
Paris	◇ ◆	◇	● ●	◆ ◆	● ●	◆ ◆	◆ ◆	◆ ◆	◆ ◆
Toulouse	◆ ◆		◆ ◆	◇ ◇	◆ ◇			◇	

● une ou plusieurs liaisons quotidiennes Variations saisonnières de fréquence :
◆ plusieurs liaisons hebdomadaires
◇ une liaison hebdomadaire [en été] [en hiver]

Plusieurs services quotidiens assurés par la compagnie Iberia relient Melilla à Malaga. En outre, la compagnie Royal Air Inter (filiale de Royal Air Maroc) effectue des vols intérieurs entre les principales villes du pays, assurant la correspondance avec les lignes internationales. Aéroports desservis : Agadir, Al Hoceima, Casablanca, Dakhla, Fès, Laâyoune, Marrakech, Ouarzazate, Oujda, Rabat, Smara, Tanger, Tan-Tan, Tetouan. Renseignements : à Casablanca, aéroport international Mohammed V, ☎ 33 91 00, 31 41 41 (Royal Air Maroc) 29 30 30 (Air France) ; ou auprès des agences de Royal air Maroc.

Au départ de la Belgique, les compagnies Royal Air Maroc et la Sabena (qui a fêté en 1993 le 40ᵉ anniversaire de la ligne Bruxelles-Casablanca) assurent des vols directs vers le Maroc.

Royal Air Maroc : 46-48 place de Brouckère, 1000 Bruxelles, ☎ (02) 219 12 63.
Sabena : Sabena House, Aéroport Bruxelles National, 1930 Zaventem, ☎(02) 511 90 30 ou 723 60 10.

Pour la Suisse, les adresses de Royal Air Maroc sont les suivantes : à Zurich, Seilergraben 53 ☎ (01) 251.82.81 ; à Genève, rue Chantepoulet 4, ☎ (022) 731 59 72.

A partir du Canada, Royal Air Maroc (1001, De Maisonneuve Ouest, bureau 440, Montréal, P.Q., ☎ (514) 285 1687) relie Montréal à Casablanca deux fois par semaine, avec correspondance sur Agadir, Marrakech et d'autres villes du Maroc.

En voiture (+ bateau)

Au départ de Paris, il faut compter environ quatre jours pour gagner le Maroc. Pour la traversée de l'Espagne, utilisez la carte Michelin n° 990 au 1/1 000 000, ou bien les cartes nᵒˢ 441, 442, 443, 444, 445, 446 au 1/400 000, le guide Vert Espagne qui propose des itinéraires de voyage rapides, mais intéressants, ainsi que le guide Rouge Michelin España Portugal de l'année (sélection d'hôtels, restaurants, plans de villes).

En composant sur minitel le 3615 MICHELIN on peut obtenir – en France – les distances, le montant des péages à acquitter, les itinéraires conseillés prenant en compte le temps et le kilomètrage et les cartes Michelin à utiliser – au départ de Paris ou de n'importe quelle autre ville de France ou d'autres pays d'Europe – pour se rendre au port d'embarquement choisi en France ou en Espagne.

A titre d'exemple :
– Pour se rendre de Paris à Sète, il faut compter 791 km dont 774 km sur autoroute, soit 7 h 47 de route (sans tenir compte des arrêts) ; cartes Michelin n° 989 – 101 – 83.
– De Bruxelles à Algésiras, 2252 km dont 1888 km sur autoroute, soit 22 h 41 de route (sans tenir compte des arrêts nécessaires) ; cartes Michelin 989 – 990 – 51 – 446.
– De Genève à Sète, 458 km dont 380 km sur autoroute, soit 4 h 43 (aux péages français il faut ajouter la vignette suisse pour les autoroutes) ; cartes Michelin 989 – 70 – 83.

Pour chacun de ces exemples figure sur minitel l'itinéraire détaillé à emprunter.

Pour ceux qui préfèrent limiter leur budget transport pour en profiter davantage sur place, il existe des liaisons régulières par autocar (climatisé) vers toutes les grandes villes du Maroc.

A Paris, renseignements et réservations à la compagnie Eurolines, Gare internationale de Paris-Gallieni (ouverte de 6 h à 23 h 30), avenue du Général-de-Gaulle, 93170 Bagnolet, ☎ (1) 49 72 51 51 ou sur minitel 3615 code EUROLINES.
– Casablanca, 23 rue Léon l'Africain, ☎ 02 31 20 61 ;
– Fès, boulevard Mohamed V, ☎ 06 62 20 41 ;
– Marrakech, Agence Guéliz, ☎ 04 43 44 02 ;
– Ouarzazate, 5, boulevard Mohamed V, ☎ 01 88 24 27 ;
– Rabat, Gare routière Kamra, ☎ 07 79 51 24 ;
– Tanger, avenue d'Espagne, ☎ 09 93 11 72.
Le passage au Maroc se fait par l'un des « car-ferries » indiqués ci-après.

Bateau

Plusieurs compagnies effectuent la traversée – avec passage des voitures – entre la France ou l'Espagne et le Maroc. Les traversées Algésiras-Ceuta et Algésiras-Tanger sont assurées (l'attente est pratiquement nulle, même en saison) ; pour les autres, il est nécessaire de réserver plusieurs mois à l'avance auprès des agences Mélia (ou Trasmediterranea pour l'Espagne).

Sète-Tanger

Plusieurs liaisons hebdomadaires sont assurées pendant toute l'année par la Compagnie marocaine de navigation (Comanav). Durée de la traversée : 36 h.
Renseignements auprès de la S.N.C.M. Ferryterranée :
– à Paris : 60 rue St-Lazare (9ᵉ), ☎ 42 80 39 13 ; réservations 12, rue Godot-de-Mauroy (9ᵉ), ☎ 46 66 60 19 ;
– à Marseille : 61 boulevard des Dames, ☎ 91 56 30 10 ;
– à Sète : 4 quai d'Alger, B.P. 81, 34202 Sète, ☎ 67 74 96 96 ;
– à Bruxelles : 52 rue de la Montagne, 1000 Bruxelles, ☎ (32) 25 13 38 18 ;
Au Maroc, réservations auprès de la Comanav :
– à Tanger : 43 avenue Abou El Alaa el Maâri, ☎ 94 40 22 - 93 26 49 ;
– à Casablanca : 7 boulevard de la Résistance, ☎ 30 24 12.
En plus de la ligne Tanger/Sète/Tanger, la Compagnie Marocaine de Navigation dessert également (de juillet à septembre), la ligne passagers Nador/Sète/Nador.

Algésiras-Tanger

Liaison quotidienne de mi-juin à mi-octobre. Durée 2 h 1/2.
Renseignements à Paris auprès de Voyages Wasteels, Les Mercuriales, 40, rue Jean-Jaurès, 93176 Bagnolet, ☎ 43 64 36 87 ; à Algésiras s'adresser à Isnasa, calle Teniente Maroto, 2, ☎ (956) 65 28 00 ou 65 29 00 ; à Tanger, Comarit Ferry, 7, rue du Mexique, ☎ 93 97 00 - 94 74 02.
La compagnie Trasmediterranea assure toute l'année de nombreuses liaisons entre l'Espagne et le Maroc :

Algésiras-Tanger (liaisons quotidiennes, durée 2 h 1/2),

Algésiras-Ceuta (liaisons quotidiennes, durée 1 h 1/2),

Malaga-Melilla (les lundis, mercredis, vendredis, durée 7 h 1/2).

Alméria-Melilla (plusieurs liaisons hebdomadaires, durée 6 h 1/2).
Renseignements à Paris : agence Mélia, 14, rue Gaillon (2ᵉ), ☎ 47 42 60 01 et 31, avenue de l'Opéra (1ᵉʳ), ☎ 42 60 33 75.
En Espagne, s'adresser à l'agence Trasmediterranea à Algésiras, Recinto del Puerto, s/n, ☎ (956) 66 52 00 ; à Almeria, parque Nicolas Salmeron 19, ☎ (951) 23 61 55 ; à Malaga, Estación Maritima, ☎ (952) 22 43 91 ; à Ceuta, Muelle Canonero Dato, 6, ☎ (956) 50 95 52 ; à Melilla, Général Marina 1, ☎ (952) 68 12 44.
A Tanger, s'adresser à l'agence Intercona Voyages, 52, av. d'Espagne, ☎ 382 20 ou 322 18.

Conduire au Maroc

" في التأنّى السلامة

وفى العجلة الندامة "

« Qui conduit prudemment arrive à bon port,
et qui roule imprudemment risque des remords. »

« Qui veut aller loin ménage sa monture. »

Le code de la route est le même qu'en France. Le Maroc a adopté la signalisation internationale ; celle-ci est faite en arabe et en français. Les pénalités sanctionnant les infractions peuvent être très lourdes.
Les principales marques de carburants sont présentes au Maroc. Cependant les distances qui séparent deux postes d'essence sont parfois importantes : ne vous laissez pas prendre au dépourvu.

Le réseau routier – Assez dense dans le Nord, et satisfaisant dans l'ensemble, il permet – par l'abondance des longues lignes droites – des vitesses élevées. Restez toutefois vigilant, même lorsqu'un signal « Stop » vous donne la priorité.
Méfiez-vous des charrettes, des cyclistes (que ne signale aucun éclairage), et surtout des enfants.
N'oubliez pas non plus que si les Marocains marchent généralement sur les bas-côtés, leurs animaux se montrent souvent moins respectueux du code de la route, et qu'ils témoignent d'une certaine répugnance à se ranger. Tout ceci, surtout aux abords des souks de campagne et des zones urbaines (en particulier vers le soir).
Enfin, les pierres blanchies à la chaux que l'on voit parfois au bord des routes servent à délimiter un terrain ou surtout à signaler un danger : bordure de route affaissée, pont étroit, surplomb d'un ravin, etc.

Les pistes – Beaucoup d'entre elles, régulièrement entretenues, constituent des voies de circulation fort acceptables, pendant la saison sèche. En période de pluie (de novembre à fin avril, avec un léger répit en janvier-février), d'enneigement ou de fonte des neiges, ou simplement lorsque le sol peu détrempé à la suite d'une averse, les terrains glissants, les éboulis rendus plus nombreux par l'absence de végétation, et les oueds en crue peuvent créer des difficultés insurmontables. Une règle d'or, avant d'entreprendre ce genre de parcours : se renseigner toujours localement sur l'état des pistes, et ne jamais s'y engager par temps douteux.
Les passages à gué forment souvent des cassis et doivent être abordés lentement : n'hésitez pas à descendre de voiture pour sonder l'état du sol et la hauteur de l'eau ; lorsque la profondeur du gué est douteuse, le demi-tour est le meilleur parti à prendre.
Les longues étapes sur pistes posent aussi le problème, très important, du ravitaillement en vivres, en eau potable et en essence ; ne comptez, dans ce cas, que sur votre propre prévoyance.
Il est également prudent de se munir d'une trousse de pharmacie contenant notamment un sérum contre les morsures de scorpions et de serpents.

La poussière est un élément dont il faut tenir compte ; seules des housses en plastique préserveront effets et objets, même placés « bien à l'abri » à l'intérieur des bagages.

Soyez attentif aux indications détaillées que nous donnons pour certains itinéraires, car sur les pistes l'absence de signalisation est quasi totale.

Enfin, calculez largement le temps nécessaire aux excursions, et partez suffisamment tôt le matin pour pouvoir faire une pause au moment de la forte chaleur, et pour être rentré à la tombée du jour.

Sur les routes comme sur les pistes, il est fortement déconseillé de rouler de nuit ; même sur les grands axes, des pierres peuvent constituer un obstacle visible au dernier moment, et extrêmement dangereux.

Vos pneus – Assurez-vous, avant d'entreprendre votre voyage, que vos pneus sont en parfait état. Le passage de 2 pneus de rechange est autorisé, à titre d'importation temporaire. Avec des pneus Michelin MXL ou MXV vous roulerez dans d'excellentes conditions, même sur pistes. Il est conseillé : de surgonfler d'environ 300 grammes pour les trajets sur sols caillouteux ; de réduire la pression de gonflage pour les parcours en terrain très sablonneux, à vitesse réduite (ne pas oublier de ramener ensuite les pneus – une fois refroidis – à leur pression normale).

A toutes fins utiles, gonfler (les pneus) se dit « NAFAKH » en arabe…

Votre voiture – Pour faire effectuer une réparation importante, ou se procurer des pièces de rechange, on peut s'informer auprès des succursales, des concessionnaires ou des agents de grandes marques d'automobiles, dont nous donnons les adresses à Casablanca.

Quelques conseils **sur la route** :
– ne pas hésiter à klaxonner pour prévenir les populations (et surtout les enfants), les chèvres, les ânes, etc. de votre passage ;
– éviter de rouler de nuit ;
– maîtriser les 40 km/h à l'entrée des villages ;
– d'une manière générale, ne pas rouler trop vite car la largeur des routes asphaltées ne permet pas toujours à deux véhicules de se croiser sans que l'un des deux ait à rouler sur le bas-côté non stabilisé.

En ville :
– prendre garde aux piétons qui marchent souvent sur la chaussée, aux cyclistes et aux charrettes qui prennent toutes sortes de libertés avec les stops et les feux rouges, et, même s'il existe des terre-pleins au milieu des avenues, aux automobilistes qui prennent ces mêmes avenues à contre-sens.

Distances au départ de Laâyoune

Séjourner au Maroc

LIEUX DE SÉJOUR

	Renvoi à la carte Michelin n° 169	Page du guide	Altitude (1)	Bois à proximité = 🌲	Centre d'excursions = E	Desserte aérienne = ✈	Port = ⚓	Bureau de tourisme = T	Parc public	Médecin	Pharmacien	Hôtellerie	Camping = C	Locations	Clubs ou villages de vacances (2)
Agadir	㉒㉓	47	–	–	E	✈	⚓	T	●	●	●	•••	C	••	ABC
Al Hoceima	⑦⑧-④	50	–	🌲	–	✈	⚓	T	●	●	●	•••	C	•	A
Arbaoua	⑥-①	43	130	🌲	–	–	–	–	●	●	●	–	C	•	
Arhbalou (3)	㉔-㊴	–	1025	🌲	E	–	–	–				•			
Asni	㉔-㊴	51	1150	🌲	E	–	–	–				•			
Azrou (4)	⑱⑰-⑫	53	1250	🌲	E	–	–	–	●	●	●	•	C	•	
Cabo Negro	⑦	153	331	🌲	E	✈	–	–	●			•		••	A
Casablanca	⑭-⑪	58	–	–	–	✈	⚓	T	●	●	●	•••	C	••	B
Ceuta	⑦	66	–	🌲	–	–	⚓	T	●		●	•••	C		
Chefchaouèn	⑦-②	67	610	–	–	–	–	–	●	●	●	•	C		
El-Jadida	⑭	72	–	–	–	–	⚓	–	●	●	●	••	C	•••	
Essaouira	㉒㉓	75	–	–	–	–	⚓	–	●	●	●	•	C		
Fès	⑰-②	78	415	–	E	✈	–	T	●	●	●	•••	C		
Ifrane (4)	⑰-⑫	88	1650	🌲	E	–	–	T		●	●	••	C	•	
Inezgane	㉓	–	–	🌲	E	–	–	–	●	●	●	•			
Ketama	⑦-③	95	1500	🌲	E	–	–	–		●	●	•			
Marrakech	㉔-㊴	99	453	🌲	E	✈	–	T	●	●	●	•••	C	–	A
Mdiq	⑥⑦	153	–	–	E	–	⚓	–	●	●	●	•••		•	A
Meknès	⑯-⑪⑫	109	552	–	E	–	–	T	●	●	●	•••	C		
Melilla	⑧⑨	116	–	–	–	✈	⚓	T	●	●	●	••			
Mohammedia	⑮-⑪	118	–	–	–	–	⚓	T	●	●	●	••	C	•	
Moulay-Bousselham	⑥		–	–	–	–	–	–			●	•	C		
Oualidia	⑬		–	–	–	–	–	–		●	●	••	C		
Ouarzazate	㉕-㊵	120	1160	–	E	✈	–	T		●	●	•••	C	–	A
Ouirgane	㉔-㊳㊴	155	1000	🌲	E	–	–	–				•	C		
Oukaïmeden	㉔-㊴	126	2650	–	–	–	–	–				•	C	•	A
Rabat et Salé	⑮-⑫	127-137	–	🌲	–	✈	⚓	T	●	●	●	•••	C		
Safi	⑬	134	–	–	–	–	⚓	T	●	●	●	••	C		
Sidi-Ifni	㉜		–	–	–	–	–	–		●	●	••	C		
Skhirat Plage	⑫		–	–	🌲	–	–	–		●	●	•	C		
Smir-Restinga	⑦	153	–	🌲	E	✈	–	–	●		–	••	C	•	A
Tanger	⑥	141	–	🌲	E	✈	⚓	T	●	●	●	•••	C	•••	A
Taroudannt	㉓	146	256	🌲	–	–	–	–		●	●	••	C		

(1) Au-dessus de 100 m seulement.

(2) Les lettres figurant dans cette colonne permettent de connaître le nom du club ou village de vacances.

Nous donnons ci-dessus deux tableaux distincts disposés en regard. Celui qui figure sur la page de gauche permet à chacun de choisir un lieu de séjour selon le type de villégiature répondant le mieux à ses goûts, les services et l'équipement qu'il entend y trouver, le mode d'hébergement qu'il désire adopter. Le second tableau, sur la page de droite, fait connaître l'agrément de chaque localité et les sports que l'on peut y pratiquer.
Les lieux de séjour dont le nom est imprimé en **bleu** dans ces tableaux sont des centres de sports d'hiver.

ÉQUIPEMENT

Desserte aérienne – Le signe ✈ indique que la localité se trouve à proximité d'un aéroport desservi par des vols internationaux ou intérieurs, au moins une fois par semaine.

Port – Nous signalons ici tous les endroits abrités possédant des installations suffisantes pour accueillir les bateaux de plaisance.

Bureaux de tourisme – La lettre T indique la présence d'une Délégation du Ministère du tourisme ou d'un syndicat d'initiative.

	Agrément			Sports									
Site particulièrement agréable = ⊲	Localité pittoresque = ◇	Plage = ●	Cabaret ou night-club	Piscine	Voile	Ski nautique	Chasse sous-marine	Pêche en eau douce	Chasse = ◆	Tennis	Equitation	Tir aux pigeons	Golf et nombre de trous	
⊲	–	●	•	•	–	–	–	–	◆	•	•	•	18	Agadir
⊲	–	●	•	•	–	–	•	–	◆	•	–	–	–	Al Hoceima
–	–	–	–	–	–	–	–	•	–	–	–	–	–	Arbaoua
⊲	–	–	–	–	–	–	–	•	◆	–	–	–	–	Arhbalou (3)
⊲	–	–	–	•	–	–	–	•	◆	–	–	–	–	Asni
⊲	–	–	–	–	–	–	–	•	◆	–	–	–	–	Azrou (4)
⊲	–	●	•	•	•	•	–	–	◆	•	•	–	18	Cabo Negro
–	–	●	•	•	•	•	•	–	◆	•	•	–	9	Casablanca
⊲	–	●	•	•	•	•	•	–	◆	–	–	•	–	Ceuta
⊲	◇	–	–	–	–	–	–	–	◆	–	–	–	–	Chefchaouèn
⊲	–	●	•	•	•	•	–	–	◆	•	•	–	–	El-Jadida
⊲	–	–	–	•	•	–	–	–	◆	•	•	•	–	Essaouira
⊲	–	–	•	•	–	–	–	–	◆	•	•	•	–	Fès
–	–	–	•	•	–	–	–	•	◆	•	•	•	–	Ifrane (4)
–	–	–	–	–	–	–	–	–	◆	•	–	–	18	Inezgane
⊲	–	–	–	–	–	–	–	–	◆	•	–	–	–	Ketama
⊲	–	●	•	•	•	•	–	–	◆	•	•	–	18	Marrakech
–	–	●	•	•	•	•	•	–	◆	•	•	–	–	Mdiq
–	◇	–	–	–	–	–	•	–	◆	•	–	–	9	Meknès
–	–	–	•	–	•	–	•	–	–	–	–	–	–	Melilla
–	–	–	•	•	•	•	–	–	◆	•	•	•	18	Mohammedia
–	–	–	–	–	–	–	–	•	◆	–	–	•	–	Moulay-Bousselham
⊲	–	–	–	–	–	–	–	•	◆	–	•	–	–	Oualidia
–	–	–	•	•	–	–	–	–	◆	•	•	–	–	Ouarzazate
⊲	–	–	–	•	–	–	–	•	◆	•	•	–	–	Ouirgane
⊲	–	–	–	–	–	–	–	–	◆	–	–	–	–	Oukaïmeden
–	◇	●	•	–	–	–	–	•	◆	–	•	•	18	Rabat et Salé
–	◇	●	•	•	–	–	–	–	◆	•	–	•	–	Safi
–	–	–	–	–	–	–	–	–	◆	–	–	–	–	Sidi-Ifni
–	–	–	•	–	–	–	–	•	◆	–	•	–	–	Skhirat Plage
⊲	–	–	–	•	•	•	•	–	–	–	•	–	–	Smir-Restinga
⊲	◇	–	•	•	•	–	–	–	◆	•	•	–	18	Tanger
–	◇	–	–	•	–	–	–	–	◆	•	–	–	–	Taroudannt

(3) Sports d'hiver à Oukaïmeden.

(4) Sports d'hiver au Jbel Hebri - Mischliffen.

HÉBERGEMENT

Hôtellerie – Les signes ••• (important) •• (moyen) et • (faible) donnent une idée des capacités d'hébergement de la localité.

Locations – On pourra se faire une idée des ressources en locations meublées pour touristes, grâce aux signes ••• (nombreuses), •• (moyennes), • (faibles).

Clubs et village de vacances – Nous signalons l'existence de « villages » ou d'ensembles hôteliers appartenant à des clubs ou à des organismes de vacances, acceptant ou non les touristes de passage. C'est avec ce type d'organisation que le Maroc s'est ouvert au grand tourisme de séjour. Cette formule y est restée très en faveur.
Les lettres figurant dans la colonne concernée désignent respectivement : A : le Club Méditerranée ; B : le Club Salam ; C : le Club des Dunes d'Or.

Avec votre guide Michelin, il vous faut des cartes Michelin.

Quelques excursions recommandées *(consulter aussi les cartes p. 4 à 7).*

Au départ de :

Agadir – Tafraoute★★★ – Tiznit★ et Guelmim – Taroudannt★.

Arhbalou – Marrakech★★★ – Oukaïmeden★★ – Le Tizi-n-Test★★.

Azrou – Fès★★★ – Meknès★★ – Forêt de Cèdres★★.

Cabo Negro – Tanger★★ – Tetouan★★ – Chefchaouèn★★.

Essaouira – Marrakech★★★ – Tafraoute★★★ – Agadir★. Tiznit★.

Fès – Kandar et Sebou★★ – Forêt de Cèdres★★ – Meknès★★ – Taza★★ et le Tazzeka★★.

Ifrane – Fès★★★ – Meknès★★ – Forêt de Cèdres★★.

Inezgane – Tafraoute★★★ – Tiznit★ et Guelmin – Agadir★ – Taroudannt★.

Ketama – Fès★★★ – Chefchaouèn★★ – Al Hoceima★★.

Marrakech – Oukaïmeden★★ – Cascades d'Ouzoud★★.

Mdiq – Tanger★★ – Tetouan★★ – Chefchaouèn★★.

Meknès – Fès★★★ – Volubilis★ – Moulay Idriss★★ – Forêt de Cèdres★★.

Ouarzazate – Vallée du Drâa★★ – Route des Kasbahs★★ et Tinerhir★★.

Ouirgane – Marrakech★★★ – Oukaïmeden★★.

Smir-Restinga – Tanger★★ – Tetouan★★ – Chefchaouèn★★.

Tanger – Chefchaouèn★★ – Tetouan★★ et le Croissant Rifain★ – Lixus★.

Taroudannt – Tafraoute★★★ – Le Tizi-n-Test★★ – Agadir★.

Pour calculer les distances, consultez les schémas figurant dans ce guide, p. 56 à 206.
Pour les descriptions, se reporter à l'index à la fin du volume.

HÉBERGEMENT

Les hôtels

Le pays possède plus de 300 hôtels classés de 1 à 5 étoiles. D'une façon générale, on peut considérer que le bon confort commence à la catégorie 3 étoiles B, le luxe à la catégorie 4 étoiles B. A côté des établissements de grand luxe dans lesquels air conditionné, salon marocain, piscine, jardins plantés d'espèces rares, bars justifient un coût de séjour élevé, apparaissent actuellement des hôtels confortables mais moins coûteux. Si le choix est assez large dans le Nord, dans les grandes villes et le long des côtes, le nombre de chambres reste limité dans le Sud qui, en outre, est une zone très fréquentée par les groupes organisés. Dans cette région, plus qu'ailleurs encore, il est vivement recommandé de réserver le plus longtemps possible à l'avance.

Les Délégations du ministère du Tourisme marocain distribuent un guide des hôtels indiquant la catégorie, le nombre de chambres, le confort, l'équipement, les prix des établissements classés (à moins de ne pouvoir faire autrement, éviter les hôtels non classés.)

Ceci ne dispense pas de se renseigner, une fois sur place, sur la qualité de l'établissement choisi car il arrive que des hôtels de catégorie supérieure ne remplissent plus tous les critères de confort inhérents à leur classement, notamment s'ils sont en cours de privatisation, ou qu'au contraire des hôtels de catégorie plus modeste réservent un meilleur accueil et un plus grand confort. Les touristes voyageant individuellement et organisant seuls leurs haltes auront donc tout intérêt à se renseigner auprès de la délégation du tourisme.

La société Maroc-Tourist (Immeuble Dalil, Tour D, place Moulay-el-Hassan à Rabat, ☎ 76 39 15 ou 76 38 28) gère – dans le Nord du pays principalement – plusieurs hôtels assez luxueux ou de grand confort. Les hôtels, d'un confort équivalent, appartenant aux chaînes P.L.M. (à Agadir, ☎ 82 32 13, à Marrakech, ☎ 44 80 43), K.T.H. (à Casablanca, ☎ 22 12 54 ou 22 13 95), Salam (à Casablanca, ☎ 36 79 12), jalonnent les grands itinéraires touristiques du pays ; ils sont souvent installés dans des bâtiments construits dans le style des kasbahs. La réservation se fait obligatoirement auprès du siège des sociétés.

Certaines chaînes hôtelières disposent de représentations en France : P.L.M. Dounia Hôtels, 25 avenue Carnot, 75017 Paris, ☎ 46 22 54 50 ; Maroc Hôtels Salam, 59 rue St-Didier, 75016 Paris, ☎ 47 55 09 09.

Clubs et villages de vacances

Le Club Méditerranée possède six villages au Maroc dont celui de Marrakech situé en plein centre ville près de la place Djemaa-el-Fna, celui de Ouarzazate, celui de Tanger et celui d'Agadir où plusieurs autres clubs ont d'ailleurs élu domicile.

Les adresses en sont les suivantes :

– Club Méditerranée : place de la Bourse, Paris (2e), ☎ 42 96 10 00 ; à Agadir, ☎ (8) 84 06 01 ou 84 05 42 ; Al Hoceima, ☎ (9) 98 22 22 ; Marrakech, ☎ (4) 44 40 16 ; Ouarzazate, ☎ (4) 88 26 50 ; Smir, ☎ (9) 97 70 58 ; Yasmina ☎ (9) 97 81 98.

Pour la Belgique : 59 avenue Louise, Bruxelles, ☎ (2) 535 25 11 ; pour la Suisse : 28, quai Général Guisan, ☎ 22 310 11 44.

– Club Salam : boulevard Mohammed V, Agadir, ☎ (8) 84 01 91 ou 84 02 97.

– Club des Dunes d'Or : quartier balnéaire, Agadir, ☎ (8) 84 01 50 ou 84 03 96.

En saison, le nombre de chambres vacantes dans les hôtels est souvent limité.
Nous vous conseillons de retenir par avance.

C. Mesnage/MICHELIN

Camping

La réglementation concernant le camping est très souple au Maroc. Il est toutefois vivement recommandé de s'installer sur un terrain aménagé et gardé. Certains ne sont ouverts qu'une partie de l'année. Aucune carte d'adhérent n'est demandée. A Paris, la Délégation nationale du ministère du Tourisme marocain, au Maroc les bureaux de tourisme fournissent toutes précisions sur les différents terrains.

Il reste néanmoins que ce type d'hébergement est loin d'être véritablement passé dans les mœurs du pays et qu'une certaine prudence s'impose. En effet, si certains campings municipaux voire internationaux sont bien équipés et disposent de l'espace suffisant, ils ne sont pas toujours bien entretenus, notamment au niveau des sanitaires. Par ailleurs, en dehors de la période de haute saison (*juillet-août*), la plupart sont laissés à l'abandon.

Par contre, pour les amateurs de couleur locale et « d'exotisme », dormir sous une tente berbère, environné de nombreux tapis et coussins, ou à la belle étoile dans le désert, peut laisser un souvenir inoubliable.

Auberges de jeunesse

Il en existe à Azrou, Casablanca, Fès, Ifrane, Marrakech, Meknès et Rabat. Elles sont ouvertes aux jeunes affiliés à l'Association Internationale des Auberges de Jeunesse. Renseignements auprès de la Fédération royale marocaine des auberges de jeunesse, 6 place Amiral Philibert, Casablanca, ☎ (2) 22 05 51 ou à Rabat, 43 rue Marsa Bab El Had, ☎ (7) 244 14

RESTAURATION

La cuisine marocaine est souvent excellente et parfois très raffinée. Dans les grandes villes, on trouve des établissements, des plus luxueux aux plus modestes, servant des repas typiques du pays. Certains hôtels, généralement d'assez grand standing, proposent un menu français et un menu marocain. Rabat, Casablanca, Tanger, Marrakech possèdent maints restaurants français.

En revanche, dans les agglomérations de moindre importance et dans le Sud surtout, la seule possibilité de restauration se limite souvent au menu ou à la carte de l'hôtel, qui propose une « cuisine internationale ». Sur la route, il est rare de trouver un restaurant isolé ou situé dans un village.

Seules possibilités lorsque l'on se trouve être en excursion pour la journée : se contenter de fruits, de pain et d'amandes grillées que l'on trouve partout, ou bien, si le souk du village possède boucheries et cafés, l'usage veut que l'on achète un morceau de viande et que l'on se fasse préparer des **brochettes**. Grillées sur un feu de charbon de bois, assaisonnées de poivre, de cumin, de coriandre, de piment et d'oignons hachés – et accompagnées d'une salade variée
– elles peuvent constituer un repas inoubliable.

Dans les villages berbères, on se voit souvent offrir, après le thé, des pommes de terre colorées au safran, entourant quelques morceaux de viande de mouton disposés au centre du tajine. Pour peu que la viande servie soit assez cuite, c'est là un superbe repas après une longue randonnée.

Dans le Grand Sud, la nourriture locale est souvent composée de viande de chameau, de couscous, de lait de chamelle et de thé.

X. Richer/HOA QUI

Lorsqu'on est invité, la tradition (en ville) voudrait que l'on suive certaines règles de savoir-vivre : il est de coutume de se déchausser avant de pénétrer dans la pièce principale dont le sol est recouvert de tapis ; avant et après le repas, on se lave les mains au-dessus d'un récipient, avec de l'eau versée d'une aiguière par l'hôtesse ; il est de tradition également que l'on serve avant le repas du thé à la menthe accompagné de

R. Renaudeau/HOA QUI

X. Richer/HOA QUI

quelques pâtisseries aux convives assis sur la grande banquette qui entoure la pièce de réception décorée jusqu'à mi-hauteur de zelliges. Parfois des pétales de roses sont dispersées sur la nappe en signe de bienvenue.

De la même façon, les **dattes** et le lait sont souvent offerts en signe d'accueil ; leur dégustation est paraît-il de règle dans toutes les réceptions officielles.

Les **olives** (on en trouve dans tous les souks, entassées dans des jarres ventrues et de différentes couleurs) sont proposées en maintes occasions. Les vertes que l'on cueille à l'automne avant maturité et que l'on désamerise avant de les rincer et de les mettre en saumure ; les noires, cueillies en pleine maturité, en plein hiver, confites dans le sel puis lavées et séchées au soleil, et que l'on conserve dans l'huile pour les servir à l'apéritif notamment ; les violettes, tailladées, désamerisées à l'eau puis confites dans un mélange d'eau et de jus d'orange ou de citron.

Parmi les plats proposés, le **couscous** (qui n'est pas à l'origine un plat marocain, mais l'est devenu) accompagne toutes les solennités de l'année. Les recettes varient d'une famille à l'autre et l'on offre parfois du lait caillé en guise de boisson. Peu relevé, servi dans un grand plat, large et peu profond, autour duquel les convives s'assoient, il peut être mangé avec les doigts. Il existe un précepte arabe qui recommande de laisser le milieu, car la bénédiction du Ciel y descendra...

Mais avant toute chose, l'usage veut que l'on prononce « Bismillah », mot de la prière, avant de porter la main au plat.

X. Richer/HOA QUI

Fruits (selon la saison, oranges, figues, pêches, abricots, pommes, fraîchement cueillis, font les délices des touristes) et riches **pâtisseries** dans lesquelles le miel entre pour une bonne part (briouats, griouches, amlou), sans oublier les « baghrir », crêpes plus ou moins épaisses arrosées de beurre fondu et de miel, et les fameuses cornes de gazelle, parachèvent la réussite de tout bon repas.

Les mets s'accompagnent du vin gris de **Boulaouâne**, d'un **Valpierre** (rouge ou blanc), d'un **Chaud-soleil** (rouge ou blanc), d'un **Sidi-Larbi** (rouge), d'un **Cabernet** (ce cépage français a été introduit avec succès au Maroc), d'un **Oustalet**, ou d'autres vins locaux comme celui des Beni-Snassen.

Aux amateurs d'eau, il est conseillé de consommer de l'eau minérale : **Oulmès** (gazeuse) ou **Sidi Harazem**.

Mais la boisson nationale au Maroc est le **thé à la menthe**.

Le thé, symbole d'hospitalité

« Ya Marhaba » : soyez le bienvenu !

Le thé fait partie intégrante de la vie marocaine et pourtant son usage ne s'est guère généralisé qu'au 19e s. Il est de tous les milieux, de toutes les heures, de toutes les circonstances. On le sert avec toutes sortes de biscuits (dwaz d'atai) ou de petits pains ronds parfumés à l'anis (batbout). Sa préparation, toujours faite sous les yeux de ceux qui le boivent, du moins en dehors des villes, est un moment de grâce où l'on fête le plaisir d'être ensemble.

Chez les Berbères, la bouilloire de cuivre, remplie d'eau, est posée sur un quanoun (brasier de terre) dont le feu est attisé par un rabouz (soufflet) qui fait s'éparpiller des nuées d'étincelles, alors que posés à même le sol sur les nattes, tapis et coussins chatoient à la lumière des braises. En ville, brasero et bouilloire sont en cuivre et laiton étamé, la théière et les verres posés sur un plateau ciselé. Suivant la fortune de chacun, plateau, théière et brasero sont en argent, en métal blanc ou en cuivre jaune. Les pains de sucre sont cassés en petits morceaux à l'aide d'un mdaqqa (marteau à sucre). Suit alors une succession de gestes : rincer et préparer la théière ; verser un peu d'eau bouillante dans la théière, puis la jeter (comme le font les Anglais) ; mettre le thé et mouiller d'eau, ajouter une poignée de menthe fraîche puis quelques morceaux de sucre ; remplir la théière à ras bords, goûter, réchauffer, goûter à nouveau, resucrer, puis, quand tout est accompli au cœur de la théière, verser, en tenant la théière au bec incurvé de plus en plus haut ; remplir chaque verre où le thé pétille, où il faut, disent les Sahraouis, qu'il y ait de la mousse, pour faire honneur aux invités. On boit alors, les doigts très écartés parce que le verre brûle. Cette pause qui peut durer plusieurs heures, permet de savourer, selon l'usage, trois verres de thé (le premier fort comme la vie, le deuxième sucré comme l'amour, le troisième suave (ou léger) comme la mort, dit un proverbe), le temps d'échanger informations et paroles d'amitié.

QUE RAPPORTER DU MAROC ?

La liste serait bien sûr trop longue tant la gamme des objets à rapporter est impressionnante : vêtements, tapis, objets de cuivre rouge ou jaune, articles de cuir, objets d'argent ciselé, armes de collection, etc. ; tout dépend des goûts et du budget de chacun. Se reporter à l'Introduction du guide pour connaître la ou les spécialités artisanales de chaque région.

Les tapis, les objets en cuir et les poteries font cependant partie des souvenirs communément rapportés.

Pour ceux qui n'aiment pas marchander dans les souks et qui souhaitent payer néanmoins un prix raisonnable et quasi « officiel » pour ce qu'ils achètent, l'existence dans la plupart des villes d'un **ensemble artisanal** ou d'une **coopérative artisanale** est des plus intéressante.

Chapeautés par le Ministère de l'Artisanat, les **ensembles artisanaux** (il en existe 84, répartis à travers tout le Royaume) sont des lieux regroupant les différents secteurs d'activités de l'artisanat, et où les artisans disposent de boutiques dans lesquelles ils exercent leur métier et vendent leurs productions. Propriété de l'État marocain ces ensembles sont destinés à faciliter les emplettes des visiteurs par le regroupement en un même lieu des différents produits artisanaux de la région. S'ajoute à cela l'intérêt de regarder ces mêmes artisans pratiquer leur métier, tel ce menuisier sculptant un panneau décoratif à l'étonnant entrelacs géométrique, ou ce vieil homme tissant ses couvertures sur un métier à tisser traditionnel ou bien encore cet artisan céramiste composant avec minutie un puzzle complexe de zelliges.

Les **coopératives artisanales** sont des associations d'artisans exerçant le même métier. Sous contrôle de l'État elles sont dispensées d'impôts, ce qui est une mesure destinée à encourager les artisans indépendants à se regrouper pour mieux associer leurs efforts. Le produit des ventes est réparti entre eux au prorata des actions qu'ils détiennent.

Tapis

Les qualités d'un tapis relèvent de nombreux critères et il serait hasardeux d'indiquer combien devrait coûter celui de vos rêves ! La valeur du tapis dépend de sa région de production, de son ancienneté, de la qualité du travail de l'artisan, des coloris d'origine végétale faits pour durer des siècles, du nombre d'heures passées à nouer les brins de laine et de leur nombre au mètre carré dont résulte la finesse du dessin. Le format n'est jamais standard et n'a pas toujours de rapport avec le prix.

Quelques prix à titre indicatif (au Maroc les prix sont libres)

Tapis de Rabat

(dimensions moyennes de l'ordre de 3 m x 2 m)
– qualité moyenne : 300 à 400 DH au m²
– qualité supérieure : 450 à 600 DH au m²
– qualité extra-supérieure : 900 à 1400 DH au m²

Tapis du Haouz

(décoration libre et asymétrique, dimensions moyennes 2,50 m x 1,40 m)
– qualité courante : 350 à 500 DH au m²

Tapis du Moyen Atlas

(entièrement en laine et d'une grande diversité : 2 m x 1,50 m)
– qualité moyenne : 150 à 250 DH au m²
– qualité supérieure : 280 à 350 DH au m²

Tapis du Haut Atlas

(entièrement en laine, dimensions moyennes 3 m x 2 m)
– qualité courante : 350 à 500 DH au m²

Tapis Médiouna (environs de Casablanca)

(dimensions moyennes 2,10 m X 1,70 m.)
– qualité moyenne : 300 à 400 DH au m²
– qualité supérieure : 450 à 600 DH au m²
– qualité extra-supérieure : 900 à 1400 DH au m²

Aucun droit de douane n'est à acquitter en sortant du Maroc ; par contre lors du passage aux douanes françaises, une taxe est à payer en fonction du montant de l'achat. C'est la raison pour laquelle, lorsqu'on achète un tapis, il est utile d'avoir une facture.

Cornes de gazelle et autres friandises

Parmi les friandises marocaines les plus renommées, il ne faut pas manquer de goûter, si l'on est amateur de sucreries, aux fameuses **cornes de gazelle** (« Kaab el Ghzal »), faites de pâte d'amande parfumée à la fleur d'oranger, aux **briouats**, petits chaussons fourrés de miel et d'amandes, et aux **dattes** fourrées d'amandes grillées et de sucre, et parfumées à la fleur d'oranger. Si vous prévoyez de rapporter une certaine quantité de ces friandises, délicieuses à déguster en famille ou entre amis pendant une projection de diapos, mieux vaut les commander à l'avance et vous renseigner auprès des autochtones sur l'adresse de la meilleure pâtisserie de la ville (pour Casablanca et Marrakech, nous suggérons quelques adresses).

Céramique

Que ce soient des tajines au couvercle conique, des poteries berbères aux dessins géométriques rappelant les motifs de leurs tapis, des céramiques vernissées comme celles, polychromes, de Safi, ou bien celles de Fès à décor bleu sur fond émaillé blanc, ou encore de Meknès, ornées de palmes et de rinceaux, le choix est infini.

Vêtements et autres tissages

Parmi les costumes que les touristes aiment à rapporter dans leurs bagages, la **djellaba**, habit d'extérieur de la majorité des citadins, aux coloris les plus variés, et surtout la **gandoura** et le **caftan**, que l'on porte à l'intérieur, sont les plus prisés. Coupé dans des tissus soyeux (velours, soieries, brocarts) et souvent richement brodé de fil d'or, d'argent ou de soie, le caftan constitue une tenue d'intérieur bien agréable à porter chez soi même sous d'autres latitudes !

Les **couvertures** en laine et coton, à rayures noires ou de couleurs vives comme celles tissées à Tétouan, ou à dessins comme celles de Marrakech, et les **handiras** que les femmes berbères portent sur les épaules peuvent, suivant leurs dimensions et leurs motifs, être utilisées comme couvre-lit, ou pour les **hanbels**, tissages ruraux très serrés dont la trame forme des dessins variant selon les tribus et les régions, comme tenture ou tapis de sol. Les **nattes** de jonc (coupé vert et séché au soleil) tissées à Salé et dans les régions du Rif et du Sous, ou les nattes en palmier nain décorées de brins de laine, que l'on trouve aux environs de Fès, sont également du plus bel effet décoratif.

Pâtisseries

A. Abou-Ghazala/MICHELIN

Loisirs

LES PLAGES

Nombreuses et variées, elles possèdent encore le rare privilège de pouvoir offrir une relative solitude.

Le **littoral méditerranéen**, rocheux, est découpé de très belles baies et de séduisantes calanques ; celles-ci sont isolées les unes des autres en raison d'un relief très morcelé, et séparées de l'arrière-pays par le Rif qui se termine le plus souvent en falaises à pic sur la mer. La mise en valeur de cette côte du Nord se limite pour l'instant à quelques secteurs bien localisés. Al Hoceima, qui allie au charme de ses anses rocheuses l'agrément de ses plages de sable et d'une mer limpide, est devenue en quelques années une station réputée.

Plus à l'Ouest, sur la partie de côte – beaucoup moins tourmentée – comprise entre Tetouan et le détroit de Gibraltar s'égrènent, le long d'immenses plages de sable doucement incurvées, des ensembles balnéaires récents *(voir à Tetouan, « Le Croissant Rifain »)*. Tanger reste l'une des grandes stations climatiques et balnéaires du Maroc.

Les **rivages de l'Atlantique** présentent – dans le Nord du pays – une suite à peu près ininterrompue de plages de sable, plates et rectilignes, et de petites stations ou installations balnéaires pour la plupart satellites de Rabat et de Casablanca. La « barre » se fait fortement sentir sur une grande partie de cette côte, au point d'être dangereuse par endroits. De nombreuses et luxueuses piscines pallient cet inconvénient.

De création plus ancienne que les grands ensembles de la côte méditerranéenne ou d'Agadir, El-Jadida – avec sa très belle plage de sable bien abritée – propose la pratique de tous les sports de l'eau, et des possibilités de distractions.

Essaouira est un agréable centre balnéaire.

En allant vers le Sud, la côte – aux approches d'Agadir – est le paradis des amateurs de petites criques. Agadir, où l'on se baigne toute l'année, soutient brillamment sa réputation. Au-delà, ce sont les longues plages du grand Sud, à peu près privées de végétation.

SPORTS DE L'EAU

Les hôtels confortables ont généralement leur propre **piscine**, et les établissements de luxe en possèdent de fort belles.

La **voile** est très pratiquée. Les villes de Cabo Negro, Casablanca, Ceuta, El-Jadida, Essaouira, Mdiq, Melilla, Mohammedia, Smir-Restinga et Tanger disposent d'un club de voile affilié à une fédération.

Pour tous renseignements, s'adresser à la Fédération Royale Marocaine de Yachting à voile, B.P. 332, Immeuble des Fédérations, avenue Ibn Yassine, Bellevue, Agdal, Rabat, ☎ 77 17 82.

La **chasse sous-marine** est très fructueuse au large des côtes marocaines. Nous n'indiquons toutefois que les endroits où elle est le plus pratiquée : Al Hoceima, Casablanca, Ceuta, Mdiq, Melilla, Smir-Restinga.

La côte rifaine, restée longtemps ignorée, est particulièrement riche en poissons ; le mérou y domine.

Les eaux de l'Atlantique présentent au Maroc la particularité de renfermer à la fois des espèces vivant en milieu froid et d'autres, spécifiques des mers tropicales ; on y trouve l'ombrine, la perche de mer, le congre, le mulet, la raie ; le maigre, qui se pêche surtout au large de Rabat, reste la plus grosse prise.

Un permis, délivré après contrôle médical, et une assurance spéciale (responsabilité civile) sont exigés.

S'adresser au groupe d'Études et de Recherches sous-marines, jetée Moulay Youssef, port de Casablanca, ☎ 27 48 96. A Rabat, ☎ 77 85 53.

Pêche

La **pêche en eau douce** est réglementée, et les périodes durant lesquelles elle est autorisée diffèrent selon les espèces. Elle est surtout pratiquée dans les oueds et les lacs du Moyen Atlas (environs d'Azrou, Ifrane, Imouzzer-du-Kandar, Khenifra, plan d'eau de Bin-el-Ouidane et autres retenues).

Les oueds du Haut Atlas, dans l'arrière-pays de Marrakech, sont également poissonneux. Les truites « fario » peuplent les oueds et les truites « arc-en-ciel » les plans d'eau « à salmonidés ». Les petits lacs du Moyen Atlas renferment des brochets qui sont parmi les plus gros du monde (certains atteignent 20 kg) ; ces lacs « à brochets » sont surtout des lacs naturels. Dans les grandes retenues de barrages, comme le lac des Aït-Aadel, à l'Est de Marrakech, le black-bass, le barbeau et le sandre prédominent, et la pêche peut s'y pratiquer toute l'année.

Les lacs sont fréquemment bordés de bancs d'herbes qui rendent difficile la pêche depuis la rive ; une embarcation légère, autoportable, est souvent nécessaire.

Pour tous renseignements sur la réglementation de la pêche et pour l'obtention des permis, s'adresser à la Direction des Eaux et Forêts et de la Conservation des Sols à Rabat, ☎ 72 76 94, ou au Service des Eaux et Forêts de chaque ville ou bien encore à Sochatour, 72 boulevard Zerktouni, Casablanca 01, ☎ 27 75 13 – 27 31 95.

La **pêche en mer** est particulièrement féconde ; en Méditerranée, au large de Nador, d'Al Hoceima, de la Pointe des Pêcheurs et du Cabo Negro ; dans l'Atlantique, vers Agadir, Tan-Tan et la côte saharienne (Laâyoune, Boujdour et Dakhla). On trouve le loup, la dorade, la raie, l'ombrine, le chien de mer, le sar, le grondin, le saint-pierre, le congre, le maquereau, la sardine...

De mai à août, le thon rouge est capturé au Nord de Casablanca, à Mohammedia particulièrement. Dans la région de Tanger, on utilise une madrague pour sa capture. A Tanger même, on pêche une variété d'espadon qui fréquente le détroit de Gibraltar. Enfin, entre Agadir et Rabat, la côte est riche en homards et langoustes.
Renseignements auprès de l'Office National des Pêches, 13-15, rue Chevalier-Bayard à Casablanca, B.P. 21. ☎ 24 05 51 – 24 59 64.

Chasse

Les régions les plus giboyeuses sont celles d'Essaouira, extrêmement boisée, où se rencontrent le lièvre, le perdreau, le sanglier ; celle d'Agadir (tourterelles), et le Sous en général (perdreaux) ; celle de Safi (cailles) ; les environs d'Asni où on trouve aussi le mouflon ; plus au Nord, les forêts de la région de Tarmilate (lièvres, perdreaux, grives) ; le secteur d'Azrou (lièvres, perdreaux, cailles, grives, sangliers), Imouzzèr-du-Kandar, Sefrou (sangliers) ; les environs de Ketama (sangliers), et tout le Rif. La forêt de la Mamora abrite une réserve royale de chasse.

Une réserve touristique ayant pour centre **Arbaoua** et couvrant 35 000 ha entre Larache, Ksar-el-Kebir et Moulay-Bousselham a été aménagée à l'intention des touristes étrangers, exclusivement. Les chasses y sont organisées. Le domaine d'Arbaoua, qui comprend des forêts et des zones de plaines marécageuses, renferme une grande variété de gibier : sangliers,

Fauconnier Kwassem

lièvres, lapins, perdreaux, cailles ; gibier d'eau et de migration (canards, bécasses, bécassines).

Dans la plaine des Doukkala (autour d'El Jadida), la chasse au vol, mode de chasse très ancien qui consiste à capturer le gibier avec des rapaces spécialement dressés à cet effet, continue d'être pratiquée. Quelques fauconniers de la tribu des **Chorfa Kwassems** dressent faucons pèlerins et faucons laniers – connus pour leurs incursions dans les douars

à la recherche de poules isolées – à la capture des outardes et des perdrix. La partie de chasse se fait à pied ou à dos de mulet selon les lieux et la nature du terrain, et sous certaines conditions atmosphériques. Outre les sorties de chasse périodiques, les fauconniers Kwassems participent à des démonstrations publiques lors du moussem de Moulay Abdallah Amghar ou lors de sorties à caractère officiel organisées en l'honneur de personnalités intéressées par la fauconnerie.

La saison de la chasse débute en octobre et finit début mars ; pendant cette période, les dates d'ouverture et les jours autorisés varient selon le type de gibier ; on peut chasser la caille jusqu'à début avril, la tourterelle peut être tirée en mai et en juin.

Formalités

Les touristes désirant chasser au Maroc ont deux possibilités : ils peuvent s'adresser à une agence de voyage qui se chargera d'organiser leur séjour, ou bien contacter directement au Maroc la société de chasse de leur choix. La demande doit être faite au moins deux mois à l'avance. Une fois les réservations faites, un délai de l'ordre de trois semaines est nécessaire pour permettre d'établir en temps et en heure les documents nécessaires à l'établissement du permis de chasse. L'importation des armes à canon rayé est interdite ; celle des munitions est limitée à dix cartouches. Il faut être en possession de : d'une licence d'importation temporaire des fusils et du permis de chasse touristique marocain. Aucun particulier étranger ne peut obtenir directement les documents pour chasser ; la demande doit être adressée impérativement à un organisme reconnu officiellement par les autorités marocaines qui délivrent une licence de Tourisme et des autorisations du ministère du tourisme pour accompagner les chasseurs étrangers sur les zones de chasse. Une assurance couvrant la responsabilité civile du chasseur est souscrite au Maroc lors de l'établissement du permis de chasse. La validité des documents est d'un mois, renouvelable mois par mois (maximum un an).

La demande à adresser aux organismes doit comporter toutes les références du passeport, des armes, et être accompagnée de 3 photos d'identité et de la copie du permis de chasse français en cours de validité.

La société Sochatour fournit tout renseignement concernant les formalités, l'équipement, la réglementation, le gibier, etc. et se charge de l'obtention de la licence d'importation temporaire des fusils ainsi que de l'établissement du permis de chasse. **Sochatour**, 72 boulevard Zerktouni, Casablanca 01, ☎ 27 75 13.

Si on gagne le Maroc par l'Espagne, un passavant descriptif de l'arme doit être fourni. Pour les chiens, il est demandé un certificat récent de bonne santé établi par un vétérinaire, et un certificat de vaccination antirabique datant de plus d'un mois et de moins de huit mois.

Golf

La pratique de ce sport, considéré comme l'un des vecteurs essentiels dans la promotion touristique, tend à se développer au Maroc. Il existe déjà un certain nombre de terrains de golf situés près des grands centres touristiques :

– **Agadir** : Royal Golf Club d'Agadir. Situé sur la route d'Aït Melloul et donnant sur la mer, ce golf d'une longueur de 5 080 m comporte 9 trous. Green Fees : 100 DH. ☎ (8) 83 12 78.

– **Casablanca** : Royal Golf d'Anfa. Longueur du parcours 5 400 m, 9 trous. Green Fees : 150 DH. Renseignements : ☎ (2) 25 10 26.

– **El Jadida** : d'une superficie de 120 hectares, le Royal Golf d'El Jadida, situé entre Azemmour et El Jadida, comporte 18 trous sur un parcours de 6 400 m de long.

– **Marrakech** : la ville dispose de deux golfs, le Royal Golf Club, à 6 km sur la route de Ouarzazate, parcours de 18 trous (☎ 44 43 31), et le Golf de la Palmeraie situé à l'entrée Nord de la ville. Ce dernier fait partie de l'ensemble résidentiel des Jardins de la Palmeraie que domine le luxueux Palmeraie Golf Palace. Le parcours, long de 6 200 m, comporte 18 trous ; chaque trou comporte de nombreux tees permettant de varier la longueur du parcours et de le rendre accessible aux joueurs de tous niveaux. Green Fees : 120 DH. ☎ 30 10 10.

– **Meknès** : Golf Royal, 9 trous, longueur du parcours 6 500 m. Green Fees : 50 DH. Renseignements : ☎ (5) 53 07 53.

– **Mohammedia** : Royal Golf de Mohammedia. D'une longueur de 5 909 m il comporte 18 trous. Green Fees : 150 DH. ☎ (3) 32 46 56.

– **Ouarzazate** : Golf Royal, 9 trous. Sur une superficie de 30 ha, ce golf propose un parcours de 18 trous sur 5 545 m. Renseignements : ☎ (9) 93 89 25. 1 Putting Green, 35 postes de practice. Practice : 20 DH par personne. Green Fees : 150 DH par personne.

– **Rabat** : Royal Golf de Dar Es Salam. Tracé à travers une forêt de chênes-lièges et d'eucalyptus il propose un parcours de 45 trous (18-18-9). Green Fees : 350 DH. Renseignements : ☎ (7) 75 46 92/93.

– **Tanger** : Royal Golf Country Club. Premier golf construit au Maroc sur un terrain offert en 1904 par le roi Moulay Abdelaziz au corps diplomatique accrédité à Tanger. Parcours de 18 trous sur 5 545 m. Renseignements : ☎ (9) 93 89 25.

A noter par ailleurs que certains grands hôtels proposent dans leurs prestations des forfaits golf. C'est le cas notamment du Royal Mansour à Casablanca, qui propose des forfaits d'une journée, d'un week-end ou d'une semaine, associant plusieurs golfs du royaume, du Hyatt Regency à Rabat ou du luxueux Palmeraie Golf Palace de Marrakech.

Plusieurs projets de golfs, notamment à Ain-Harrouda, Bouskoura, Dar Bouazza et Bouznika, sont à l'étude dans le but de porter au nombre de 20 le nombre de terrains de golf au Maroc dans un très proche avenir.

Parmi les grands tournois ayant lieu chaque année, on peut citer le **Trophée Hassan II**, événement majeur de la saison golfique internationale, et l'**Open du Maroc**.

Renseignements auprès de la Fédération Royale Marocaine de Golf, Royal Golf Dar Es Salam, Rabat, ☎ (7) 75 56 36.

Sports d'hiver

Pays de hautes et moyennes montagnes, le Maroc s'ouvre peu à peu aux sports d'hiver. On peut skier de fin novembre à fin mars dans le Moyen Atlas, jusqu'à fin avril dans le Haut Atlas. Plusieurs stations équipées existent déjà : **Oukaïmeden**, dans le Haut Atlas, station de sports d'hiver facilement accessible depuis Marrakech, qui dispose d'un télésiège, d'une école de ski et de six remonte-pentes. Il est possible de se restaurer (café au sommet du télésiège, géré par le Club Alpin) ou de séjourner au pied des pistes, dans les modestes auberges du village : à l'hôtel de l'Angour (autrefois Chez Juju), ou un peu plus bas à l'hôtel Ramuntcho, au bord de l'Ourika.

Dans le Moyen Atlas, royaume du ski nordique et des randonnées, le **Mischliffen-djbel Hebri** dispose quant à lui de 3 remontées mécaniques. Le domaine skiable du **Bouyblane** au Sud de Taza, bien qu'embryonnaire au niveau équipement et plus ou moins accessible par pistes, est doté de plusieurs refuges, dont le refuge de Tafert à plus de 1900 m d'altitude, à partir duquel l'on peut rayonner à travers une magnifique forêt de cèdres. Ses différents sommets offrent aux amateurs de raids à ski de belles descentes aux dénivelées variées.

Se renseigner auprès de l'Office Central de Tourisme à Rabat, rue Oued Fès, Agdal, ☎ 77 51 71 ou 77 51 79 ou 1, rue d'Oujeda, ☎ 72 26 43.

Les stations d'altitude et les points de départ des randonnées s'atteignent en camion ou en voiture particulière, de préférence en 4 x 4 si l'itinéraire emprunte des pistes non revêtues. Pour les randonnées en montagne et les itinéraires d'escalade il est fortement conseillé de s'adjoindre les services d'un accompagnateur breveté. S'adresser au club Alpin à Casablanca, 1, rue Général-Henri, B.P. 6178, ☎ 27 00 90 ; à Rabat, B.P. 44 37, ☎ 73 44 42 ou bien auprès de la Fédération Royale Marocaine de Ski et Montagne, place de la Ligue Arabe à Casablanca, B.P. 15899, ☎ 20 37 98.

Renseignements météorologiques : centre de Marrakech, ☎ (4) 43 04 09 ; centre de Ouarzazate, ☎ (4) 88 23 20 ; centre de Casablanca, ☎ (2) 90 14 30.

Renseignements touristiques :
– massifs du Haut Atlas central (M'goun et Sirwa) : s'adresser à la Délégation Provinciale du Tourisme, avenue Mohammed V, Azilal, ☎ (3) 45 83 34 pour le versant Nord ; avenue Mohammed V à Ouarzazate, ☎ (4) 88 24 85 pour le versant Sud.
– massif du Toubkal, s'adresser à la Délégation Provinciale du Tourisme, avenue Mohammed V à Marrakech, ☎ (4) 44 88 89. Le Club Alpin Français de Casablanca, ☎ (2) 27 00 90, gère 5 refuges sur ce massif.
– massifs du Moyen Atlas : s'adresser aux Délégations Provinciales du Tourisme de Khenifra, Immeuble Lafraoui-Hay Hamou Hassan, ☎ (5) 58 60 38 ; d'Ifrane, ☎ (5) 56 60 80 ; et de Taza, Immeuble des Habous, avenue Hassan II, ☎ (5) 67 27 37.

Équitation

L'UCPA organise, en collaboration avec REHA (Randonnées Equestres du Haut Atlas), une série de randonnées permettant de partir à la découverte du Maroc, et plus particulièrement du Haut Atlas.

Ces chevauchées berbères, de durée différente selon la saison (le printemps et l'automne étant les meilleures périodes de l'année) partent d'Agadir. Elles s'adressent aux personnes ayant une bonne maîtrise équestre, et prêtes à prendre soin elles-mêmes de leur monture durant tout le séjour.

– **UCPA**, 62 rue de la Glacière, 75013 Paris, ☎ (1) 43 36 05 20.

– **REHA**, dont la centrale de réservation se trouve à Marrakech (B.P. 10, Asni par Marrakech, Fax (4) 43 29 53) propose par ailleurs plusieurs formules de séjours + randonnée, incluant l'accueil à l'aéroport de Marrakech.

Enfin, de grandes villes comme Agadir, Casablanca, Fès, Marrakech, Ouarzazate ou Tanger, disposent toutes d'un **club équestre** ouvert aux visiteurs.

Randonnées chamelières

Même une courte balade d'initiation à dos de chameau est une expérience à tenter, ne serait-ce que pour goûter à la surprise que réserve le départ, à la démarche particulière de l'animal, à son allure languissante qui peut soudain se transformer en course, et à sa hauteur qui vous font osciller à près de deux mètres de hauteur, touchant les branches des arbres (lorsqu'il y en a).

Les vraies randonnées qui se font dans le Sud du pays et notamment au départ de Ouarzazate et Zagora peuvent durer plusieurs jours, avec bivouac et repas sous la tente. En hiver (il peut faire très froid), l'hébergement se fait sous sa propre tente individuelle ou sous

D. Hée/MICHELIN

une grande tente nomade pouvant abriter jusqu'à 20 personnes (si l'on sait avant de partir que l'on a l'intention d'effectuer ce genre de randonnée, prévoir un sac de couchage). En été la nuit se passe à la belle étoile. Les repas sont parfois pris chez les nomades ou sinon préparés par les chameliers.

Il est vivement conseillé d'emporter des comprimés pour désinfecter l'eau (ou ne boire que de l'eau en bouteille, décapsulée devant soi ou par soi-même), et de se munir de bonnes chaussures de marche (il faut en effet prévoir de marcher car les premiers jours à dos de chameau sont parfois fatigants lorsque l'on n'a pas encore acquis l'aisance de Lawrence d'Arabie !).

Enfin, l'usage d'un **chèche** (turban) – bien plus pratique qu'un chapeau qui s'envole et qui protège à la fois de la chaleur et de la poussière est hautement recommandé. Un proverbe sahraoui dit d'ailleurs à ce propos : « Dans le désert, un chèche vaut 20 litres d'eau. »

Découverte naturaliste du Maroc

Le Maroc, de par son appartenance au continent africain et ses milieux arides, possède une faune tout à fait exceptionnelle. De l'embouchure de l'oued Massa aux sables de Mhamid située aux portes du Sahara, en passant par les steppes côtières de la région de Oualidia, les alpages et les zones rupestres du Siroua, sans oublier les salines de Sebkha Zima et les rives de l'oued Imassine, les occasions de découvertes ornithologiques et des différents milieux naturels sont nombreuses : colonie d'ibis chauves (sans doute unique au Maroc) et flamants roses au bord de l'oued Massa, guêpiers verts et roux de Perse et d'Europe glissant dans le ciel de Mhamid avec des cris bizarres ou courvites isabelle rasant les sables de près, gazelles de Cuvier dans les arganeraies près de Taliouine en allant vers le Siroua, vipères de la plaine du Sous, cigognes qui nichent au sommet des kasbahs comme à Chellah, aux portes de Rabat, etc.

Les amoureux de la nature et autres ornithologues avertis auront tout intérêt à s'adresser pour ce type de voyage-découverte hors des sentiers battus, qui s'effectue tantôt à pied, tantôt en minibus, à des organismes spécialisés, tels que :

– **GNGL Productions, Voyage Nature**, 15 rue du Cardinal-Lemoine, 75005 Paris, ☎ 40 46 05 14.

– **Fédération Rhône-Alpes de Protection de la Nature** (F.R.A.P.N.A), 5 place Bir-Hakeim, 38000 Grenoble, ☎ 76 42 64 08, Fax 76 44 63 36.

Pour avoir de plus amples renseignements concernant le matériel d'observation à emporter ou pour se procurer les jumelles adéquates, s'adresser à la Ligue de Protection des Oiseaux, La Corderie Royale, BP 263, 17305 Rochefort-sur-Mer, ☎ 46 99 59 97. A Paris : 51 rue Laugier, 75015, ☎ 42 67 04 03.

Randonnées pédestres

Le Maroc est un pays qui se prête à de très nombreuses randonnées, notamment dans la chaîne de l'Atlas. De superbes liaisons à pied peuvent être effectuées au printemps et en été à travers plaines et montagnes, en suivant des sentiers muletiers ou des pistes (malheureusement rarement balisés car cette forme de tourisme est encore en plein devenir), à travers les superbes cédraies et forêts de chênes verts du Moyen Atlas, ou sur les hauts plateaux et les crêtes du Haut Atlas, en empruntant les canyons du Mgoun (1). Si certaines randonnées sont faciles, d'autres né-

Randonnée dans le Haut Atlas

cessitent par contre un bon entraînement physique. D'une manière générale, il est donc conseillé avant tout de connaître ses limites, de ne pas faire d'étapes trop longues et de se renseigner sur les possibilités d'hébergement. Pour peu qu'ils jouent le jeu et acceptent un certain inconfort, les randonneurs ont parfois la possibilité d'être reçus chez l'habitant – l'occasion de rencontrer les villageois et d'apprécier leur hospitalité légendaire – ou de s'arrêter dans des gîtes, souvent rudi-mentaires. La nourriture que dispensent les montagnards est saine, mais ne respecte pas toujours les règles élémentaires d'hygiène et surprend parfois : prendre pour le petit déjeuner du pain, cuit dans des jarres ou à même la terre et au demeurant très bon, et le tremper dans de l'huile d'olive ou du beurre rance, le tout arrosé d'un café qui semble poivré, laisse quelques souvenirs !

Mais ce qui marque le plus, ce dont on se souvient surtout, c'est de l'immensité et du silence, tous deux impressionnants. Tout prend une échelle différente et la marche devient sans fin : la répétition de gestes lents, l'absence d'horaires, la vie réglée sur

---

Petit lexique utile *(essentiellement berbère)*
pour des randonnées sans accompagnateur dans le Haut Atlas.

Pour en faciliter l'usage, ces quelques mots ont été écrits phonétiquement !

Directions
chemin : Azlil
tout droit : L'gouddam
à gauche : Azelmat
à droite : Afassi
bifurcation : Iberdane

Temps
demain : Askkâ
après-demain : Nifouska
Aller : Dou
dans 3 jours : Nifen

nuage : Amglou
soleil : Tafoukt
lune : Aïourt
ciel : Ignna
nuit : Dyied

Politesse
Oui : Ouara
Non : Lalal (berbère) ouholi (Sud)
Au revoir : Bislama
merci : Choukrane
Au nom de Dieu (pour remercier, que l'on reçoive ou que l'on donne) : Bismillah
S'il vous plaît : arbi
Bonne nuit : Lemsk Alakher
Comment t'appelles-tu ? : Ma Ismnek
Je m'appelle : Ismniou

Lieux
maison : Tigueme
village : Douar
épicerie : Tahanout
camping : Moukhayyem
tente : Guitoun
montagne : Adrar

Animaux
mulet : Asserdoun
(muletier : Bousserdoun)
mouton : Ahouli
vache : Amougay

Nourriture
manger : Atchi
raisin : Adil
pain : Aghroum
eau : Aman

Sensations
Il est fatigué : Ermi
chaud : Tému

Objets
couteau : Mouss
montre : Magna

---

*(1) Un topo-guide sur les **Randonnées pédestres dans le massif du Mgoun** a été édité conjointement par Edisud (La Calade, France) et les éditions Belvisi (Casablanca).*

le soleil et l'environnement, la découverte de la nature font que l'on regrette déjà le moment où la randonnée arrivera à son terme, tant la remontée vers la « civilisation » et son lot de bruits est parfois difficile dans les premiers temps.

Enfin, si la randonnée a suscité des vocations de guide parmi la population locale, se méfier néanmoins des guides « officieux » et bien se mettre d'accord sur les prix avant le départ. Ceci étant, il est possible dans bon nombre de villages de louer les services d'un muletier-cuisinier et d'une mule.

L'Office National Marocain du Tourisme édite un guide de renseignements pratiques sur « *La grande traversée des Atlas marocains* » qui fournit bon nombre d'adresses utiles et d'informations sur l'accès aux différents massifs, sur l'hébergement et sur les guides et accompagnateurs de chaque province.

Pour les grandes randonnées de plusieurs jours telles que la grande traversée de l'Atlas, la traversée Nord-Sud du Haut Atlas oriental, l'ascension du Toubkal ou bien encore la traversée du jbel Sarho, l'Atlas d'Essaouira à Agadir ou les villages et volcans du Siroua – pour n'en citer que quelques-unes –, il vaut mieux s'adresser à des agences de voyages spécialisées qui se chargent, soit au Maroc, soit au départ de la France, de l'organisation de ces randonnées.

Au Maroc, la plupart de ces agences sont domiciliées à Marrakech. Parmi elles, **Atlas Tours**, 40 bd El Mansour Eddahbi, ☎ 43 38 58, et **Atlas Sahara Trek**, 72 rue de la Liberté, ☎ 44 93 50, qui propose non seulement des randonnées pédestres, mais aussi des randonnées à ski, à dos de chameau, en eau vive ou en VTT.

En France, nombreuses sont les agences qui se chargent de toute l'organisation du voyage au Maroc et de la randonnée proprement dite :

– **Terres d'Aventure**, 16 rue Saint-Victor, 75005 Paris, ☎ 43 29 94 50. Minitel 3615 code TERDAV.

– **Allibert**, 39 rue du Chemin-Vert, 75011 Paris, ☎ 48 06 16 61.

– **Club Aventure**, 122, rue d'Assas, 75006 Paris, ☎ 46 34 22 60, minitel 3615 CLUBAVT.

– **Explorator**, 16 place de la Madeleine, 75008 Paris, ☎ 42 66 66 24, minitel 3615 EXPLO.

– **Nomade**, 49, rue de la Montagne-Ste-Geneviève, 75005 Paris, ☎ 43 42 45 45.

En province :

– **Allibert**, route de Grenoble, 38530 Chapareillan, ☎ 76 45 22 26.

– **Atalante**, 36 quai Arloing, 69256 Lyon Cedex 09, ☎ 78 64 16 16.

– **La Burle**, 07510 Usclades, ☎ 75 38 80 19.

– **Hommes et Montagnes**, Château Revel, rue St-Vincent, 38500 Voiron, ☎ 76 66 14 43.

– **Visage**, 05600 Guillestre, ☎ 92 45 18 05, Fax 92 45 19 73.

LE MAROC VU DU CIEL

Survol en avion

Plusieurs circuits aériens pour 2 à 5 personnes sont proposés au départ de Marrakech, à bord d'un Cessna 207 :

AIRSTAR

– Tour de Marrakech (survol d'environ 20 mn, 395 DH par personne 5 personnes occupant l'avion, 895 DH par personne si 2 personnes seulement sont dans l'avion) ;

– Survol de l'Atlas (durée du vol 1 h 10 environ, 895 DH par personne pour 5 personnes dans l'avion).

Des transferts aériens et des excursions d'une ou plusieurs journées sont également organisés vers de nombreuses villes marocaines. Le tarif correspond dans ce cas au vol « sec » quel que soit le nombre de passagers (de 1 à 5), calculé sur la base de 3 780 DH pour 1 heure de vol.

Quelques exemples de temps de vol :

– Marrakech-Fès : 2 h

– Marrakech–Laâyoune : 3 h 10

– Marrakech-Ouarzazate : 45 mn

– Marrakech-Rabat : 1 h 25

– Marrakech-Tan-Tan : 2 h 20

– Marrakech-Tanger : 2 h 25

Renseignements et réservations : Airstar, 33 rue Loubnane, Guéliz, Marrakech. ☎ (04) 43 55 02.

Survol en montgolfière

Effectuer un vol en mongolfière permet bien des découvertes et laisse le souvenir de sensations inégalées : partir en 4x4 au petit matin vers le lieu de décollage, voir le soleil se lever sur un petit village en rase campagne et rencontrer ses habitants ; partager avec eux le premier café du matin, apprécier leur gentillesse, leur simplicité, leur naïve curiosité ; assister aux préparatifs de l'envol : la nacelle que l'on équipe de ses brûleurs et de ses bouteilles de gaz, l'immense voile (35 m) que l'on gonfle de torrents d'air froid que l'on réchauffe ensuite à l'aide des brûleurs, la pesée (mise en équilibre entre le poids de la montgolfière et sa force aérostatique), etc., avant de grimper dans la nacelle. S'élever doucement dans les airs, sans même s'être rendu compte que l'on a décollé, et se trouver confronté avec l'espace immense. Seul le bruit des brûleurs empêche de se détacher complètement de la réalité. Moments magiques d'authenticité qui font vivre l'instant et aimer la vie – survoler le désert à basse altitude est aussi fascinant que le découvrir par la piste, à dos de chameau ou en Land Rover, mais le plaisir qu'on en tire n'est pas le même.

Survol d'un village en montgolfière

Ces vols se situent, généralement, dans la région de Marrakech, et dans le grand Sud Marocain en alternant 4x4 et montgolfière.

Renseignements : Ciel d'Afrique, 91 rue Mohamed El Beqal, Marrakech. ☎ (4) 44 61 80, Fax 43 70 31.

(A noter que la force qui fait s'élever une mongolfière est créée par la différence de densité entre l'air chaud et l'air froid. Plus l'air ambiant est chaud, plus il faut chauffer à l'intérieur du ballon. Il est donc pratiquement impossible de voler du 15 juin au 15 septembre.)

Spectacles folkloriques

Le folklore marocain se manifeste réellement dans ses fêtes locales, dans ses moussems, chaque région ayant sa propre musique et ses costumes traditionnels. Lors du festival des Arts Populaires de Marrakech se trouvent réunies plusieurs de ces composantes, mais l'idéal serait de partir à leur découverte à travers les villages – où tout est naturel et spontané –, et ce, à différentes époques de l'année et à différents endroits.

Les danses collectives sont aussi nombreuses que les tribus, mais les plus connues restent l'**ahouach** qui se danse au clair de lune à la lueur de grands feux, chez les Berbères du Haut Atlas et dans la région de Ouarzazate, l'**ahidous**, danse collective chez les Imazighen du Moyen Atlas, et la **guedra**, dans la région de Guelmim et Tan-Tan, où une femme seule évolue au milieu d'un cercle de musiciens. Assister à l'une d'entre elles vaut la peine car c'est une façon privilégiée de rencontrer les villageois, de partager leur joie, et – pour peu que l'on se laisse

Fête des Roses à El Kelaa M'Gouna

gagner par le rythme et la musique – d'entrer dans une autre peau. L'âcreté des voix, le fracas des tambourins, la lente mais inexorable accélération du rythme, la somptuosité des costumes, la spontanéité des villageois, tout concourt en effet à transmettre aux spectateurs une forte émotion.

Des spectacles d'ahouach sont donnés sur commande auprès du propriétaire de la kasbah de **Tiffoultoute**, transformée en restaurant marocain. D'autres spectacles d'ahouach ont lieu, pour les groupes seulement, à la Kasbah de **Taourirt** ; s'adresser au syndicat d'initiative et du tourisme situé à la kasbah même.

On peut assister également dans les grands restaurants marocains et les complexes touristiques à des spectacles de **danse orientale**, communément appelée « danse du ventre ». Cette danse millénaire dont les gestes répondent aux complexités savantes de la musique arabo-andalouse ou égyptienne, constitue un jeu de séduction ludique et ritualisé avec le public.

Par ailleurs, pour ceux qui séjournent à **Marrakech** et qui n'auraient pas eu l'occasion ou le temps d'assister à des spectacles folkloriques au cours de leur voyage, des dîners-spectacles (ambiance groupe) aux restaurants en plein air « Chez Ali » ou à « L'Oasis » – tous deux situés au cœur de la palmeraie – permettent de découvrir des troupes musicales et des danseurs de diverses régions du Maroc, tout en goûtant des mets typiquement marocains, et d'assister à une fantasia. Se renseigner dans les hôtels ou téléphoner au (4) 30 77 30 (« Chez Ali ») ou au (4) 30 02 68 (« L'Oasis »).

La **fantasia** est également un spectacle attrayant (et éminemment touristique) dont on ne voit bien souvent que l'écorce brillante : les nombreux cavaliers armés de longs fusils, les chevaux et leur course folle dans la poussière, le bruit et la fumée des coups de fusil. Ce serait ignorer l'adresse des cavaliers, la coordination de leurs gestes lorsqu'ils chargent ensemble dans un enclos traditionnellement réservé à cette « course », tenant leurs fusils à bout de bras. Tout l'art de la fantasia consiste en effet à ce que toutes les détonations se produisent simultanément.

BIBLIOGRAPHIE

Quelques livres pour tenter de mieux connaître le Maroc...
Outre les ouvrages généraux sur la géographie, l'histoire et l'économie du Maroc, ainsi que les guides de tourisme, nous avons jugé intéressant de signaler à nos lecteurs quelques beaux livres ainsi que des romans. Ces derniers, qu'ils soient l'œuvre d'écrivains français ou marocains – qu'ils soient d'expression française ou non –, permettent une autre approche du pays, plus près des hommes, de leurs coutumes et de leur vie quotidienne.

Généralités-Histoire

Mahomet, la parole d'Allah, par Anne-Marie Delcambe *(Découvertes Gallimard)*

Histoire du Maroc, des origines à nos jours, par Bernard Lugan *(Critérion)*

Reconnaissance au Maroc, par Charles de Foucauld

Maroc Saharien, du Tafilalet au Rio de Oro, par Attilio Gaudio *(Dessain et Tolra)*

Fès médiévale *(Collectif Autrement)*

Énigmes du Maroc, Jean Mazel *(Robert Laffont)*

Histoire des Alaouites, par Benoist-Méchin *(Perrin)*

Beaux-Arts

La Mosquée Hassan II *(Ed. Daniel Briand)*

Itinéraires marocains, par Maurice Arama *(Ed. du Jaguar)*

Delacroix et le Maroc, par Guy Dumur *(Ed. Herscher)*

Le Maroc de Delacroix, par Maurice Arama *(Ed. du Jaguar)*

Livre d'art (Musée Dar Batha, Fès)

Jacques Majorelle, par Félix Marcilhac *(Ed. ACR)*

Tanger, porte entre deux mondes, par Georges Bourquet *(Ed. ACR/ collection les Thèmes de l'Art)*

Fès, cité de l'art et du savoir, par Mohammed Sijelmassi *(Ed. ACR)*

Les couleurs du Maroc, par Lisl et Landt Dennis *(Ed. Flammarion)*

Fulgurances Gharbaoui, par Yasmina Filali *(Fondation ONA)*

La peinture naïve au Maroc, par Abdeslam Boutaleb *(Ed. du Jaguar)*

L'art de l'Islam, langage et signification, par Titus Burckhardt *(Ed. Sindbad)*

Zillig, l'Art de la Céramique marocaine, par John Hedgecoe et Salma Samar Dam Luji *(Garnet Publishing Ltd/Ed. Française pour le Monde Arabe)*

Littérature

Un hiver berbère et **Sous les toits de terre – Haut Atlas,** par Karin Huet et Titouan Lamazou

Le mariage berbère, par Simone Jacquemard

Au grand Socco, par Joseph Kessel

Désert, par J.M.G. Le Clézio

Smara, Carnets de route d'un fou du désert, par Michel Vieuchange

Au Maroc, par Pierre Loti

Réveillon à Tanger, Mémoires d'un nomade, Un thé au Sahara, La Maison de l'Araignée et **Journal tangérois 1987-1989,** par Paul Bowles

La nuit sacrée, Jour de silence à Tanger, l'Écrivain public, l'Enfant de sable, Haut Atlas : l'exil des pierres et **l'Ange aveugle** par Tahar Ben Jelloun

Le pain nu, par Mohamed Choukri

La mère du printemps (Oum-er-Bia) et **Le passé simple,** par Driss Chraïbi

Aïlen ou la nuit du récit et **Parcours immobile,** par Edmond el Malhe

Lumières du Maroc, par Ahmed Sefrioui

Les enfants des rues étroites et **Le Soleil des Obscurs,** par Abdelhak Serhane.

La mémoire tatouée, par Abdelkebir Khatibi

Le Chemin des ordalies et **Le juge de l'ombre,** par Abdellatif Laâbi

Le Sommeil de l'esclave et **Les funérailles du lait,** par Mahi Binebine

Le jeu de l'oubli (Louâbatou annissiane), par Mohamed Berrada

Poésie

Les Chants de la Tassaout, de Mririda N'Aït Attik (poèmes traduits du dialecte tachelhaït par René Euloge – *Belvisi/Edisud*)

Le Chant d'Adapa, de Khireddine Mourad (lauréat du prix littéraire de l'Agence de Coopération Culturelle et Technique pour ce recueil de poésies – *Hatier*)

Au cœur des ténèbres (Aguns' N Tillas) par Aherdan

Rivières profondes (Isaffen Ghbanin), poésies du Moyen Atlas traduites par Michael Peyron *(Ed. Wallada)*

Le Soleil se meurt, par Abdellatif Laâbi *(La Différence)*

Chants anciens des Femmes de Fès, par Mohammed El Fasi *(Seghers)*

et pour les plus jeunes

Le labyrinthe de Marrakech, par Alain Serres et Noëlle Prinz *(Syros Alternatives/Collection l'Aventure dans la ville)*
Le conteur de l'Atlas, par Claude Clément et Jean-Noël Béguelin *(Albin Michel Jeunesse)*
Contes du Maroc *(Gründ/coll. Légendes et contes)*
Le conteur de Marrakech, par Tony Barton *(Castor Poche Flammarion)*
L'Oasis, une halte dans le désert *(Hatier/Alif, Ed. de la Méditerranée)*
Mahomet et l'Islam du VIIe au XVe s. *(Hachette, coll. Histoire Juniors)*
Histoire du Maroc en bandes dessinées (3 volumes) par Haj Mohamed Maâzouzi

Gastronomie

La cuisine traditionnelle marocaine, par M. El Glaoui *(J.-P. Taillandier-Vilo)*
La nouvelle cuisine marocaine, par F. Benkirane *(J.-P. Taillandier, Vilo)*
Les secrets des cuisines en terre marocaine, par Z. Guinaudeau-France *(J.-P. Taillandier)*

Divers

Musiques du Maroc, par Ahmed Aydoun *(Ed. Eddif)*
Proverbes et dictons du Maroc, par Leila Messaoudi *(Belvisi)*
Les proverbes marocains, par Bouchta Et Attar
Noces berbères, les cérémonies du mariage au Maroc, par Émile Laoust *(Edisud/La Boîte à documents)*
A noter également les articles de la revue « Maroc Europe » (distribuée par L'Harmattan), qui sont autant de dialogues entre personnalités marocaines et euro-péennes cherchant à promouvoir les liens qui existent entre le Maroc et l'Europe ; la **«Lettre des musiques et des arts africains»** (éditée par l'Association ACCSA, 27, rue du Charolais, 75012 Paris), permet d'en savoir plus sur la musique, les arts plastiques, la danse, la littérature du continent africain ; **«Quantara»**, magazine culturel publié par l'Institut du Monde Arabe à Paris, propose des articles fort intéressants et qui sont autant de repères historiques ou esthétiques et d'invitations au voyage.
Enfin, parmi les nombreux livres à conseiller pour mieux comprendre le monde arabe et connaître de l'intérieur cette civilisation, les ouvrages de Jacques Berque et ceux des éditions Sindbad (la plus importante maison d'édition du monde occidental consa-crée à la culture arabo-musulmane) sont infiniment précieux.

LE MAROC A TRAVERS LES FILMS

Les superbes paysages du Sud marocain et certaines villes fameuses comme Casablanca, Essaouira, Fès, Marrakech ou Tanger ont servi de cadre au tournage de nombreux films parmi lesquels on peut citer :
– **Morocco** (1931) de Joseph von Sternberg – *(Ouarzazate)*
– **Les cinq gentlemen maudits** (1931) et **La Bandera** (1935) – *(dans l'ex-zone espagnole du Maroc)* de Julien Duvivier
– **La septième porte** (1947) d'André Swoboda
– **Othello** (1949-1952) d'Orson Welles *(Essaouira, El-Jadida)*
– **La môme vert-de-gris** (1953) de Bernard Borderie
– **Oasis** (1954) d'Yves Allégret
– **L'Homme qui en savait trop** (1956) d'Alfred Hitchcock *(Marrakech)*
– **Lawrence d'Arabie** (1962) de David Lean *(Merzouga, Aït Benhaddou et Agdiz)*
– **Cent mille dollars au soleil** (1963) de Henri Verneuil
– **Jésus-Christ de Nazareth** (1973) de Franco Zeffirelli *(Ouarzazate, gorges du Dadès)*
– **L'Homme qui voulut être roi** (1975) de John Huston *(L'Atlas)*
– **Hécate** (1982) de Daniel Schmid *(Tanger)*
– **Fort Saganne** (1984) d'Alain Corneau
– **A la poursuite du diamant vert** (1984) de Robert Zemeckis *(Taourirt)*
– **Harem** (1985) d'Arthur Joffé *(Tiffoultoute, El-Jadida)*
– **Un thé au Sahara** (1990) de Bernardo Bertolucci *(Zagora)*
– **La Nuit sacrée** (1993) de Nicolas Klotz *(d'après les romans « l'Enfant de sable » et « la Nuit sacrée » de Tahar Ben Jelloun)*

Le cinéma marocain

Si l'on ne peut parler d'une véritable industrie cinématographique, il existe cependant au Maroc des auteurs pleins de talent et de conviction (souvent aussi leurs propres producteurs et diffuseurs), qui prennent le relais des conteurs d'histoires sur les places publiques. Parmi les films du jeune cinéma marocain, d'inspiration résolument sociale et ethnologique, on peut citer **Les Mille et une Mains** (1972), de Souheil Ben Barka qui le premier fit entrer le cinéma marocain dans l'arène internationale ; **El Chergui ou le silence violent** (1975), de Moumen Smihi ; **Un amour à Casablanca**, d'Abdelkader Lagtâa ; **Le Grand voyage** (1982), **Badis** (1989) et **A la recherche du mari de ma femme** (1993), comédie pleine de bonne humeur de Mohamed Abderrahman Tazi, qui connut beaucoup de succès au Maroc avant de sortir sur les écrans français, ayant représenté le Maroc au Festival international de l'humour à Chamrousse ; **Un Américain à Tanger** (1993), de Mohamed Ulad-Mohand, qui obtint le « prix de la première œuvre » au Festival « Images du Monde Arabe », à Paris, et au Festival du court-métrage de Clermont-Ferrand ; **L'enfance volée** (1994), de Hakim Noury, film présenté au festival international du film francophone à Namur.
Depuis quelques années par ailleurs, Khouribga, la capitale des phosphates, organise « les Rencontres du cinéma africain » où sont représentés quatorze pays d'Afrique qui s'efforcent de promouvoir le cinéma de ce continent.

Principales manifestations [1]

Tous les lieux ci-dessous figurent sur la carte Michelin n° 959 ; les chiffres entre paren-thèses renvoient au numéros des plis.

Janvier

Marrakech (4-20-51) .... Marathon international

Février

Agadir (32) .... Festival National des Arts Culinaires

Printemps
(région de Tiznit)

Tafraoute (4-32) .... Fête des Amandiers en fleurs

Essaouira (4-19) .... Moussem des Regraga

Mai
(région d'Ouarzazate-Tinerhir)

El-Kelaâ-des Mgouna (35) Fête des Roses

Ouarzazate (5-34-52) .... Symphonies du désert

Début juin

Marrakech (4-20-51) .... Festival National du Folklore.

Tan-Tan (4-17)................. Moussem de Sidi Mohammed M'a el Aïnin. Guedra.

Juin
(région de Fès)

Sefrou (5-23-41) .... Fête des Cerises.

Début Juillet

Guelmim (4-44)................ Moussem ; grande foire aux chameaux. Guedra.

Août
(région de Marrakech)

Setti Fatma (33) .... Moussem : folklore de la vallée de l'Ourika.

Agadir (32) .... Fête de la mer

(région de Rabat)

Skirat-Temara (5-8) .... Moussem de Chéragua

Asilah (9) .... Moussem

10 jours en août
(région d'El-Jadida)

Moulay Abdellah (20) ...... Moussem : importantes fantasias.

Fin août
(à 52 km au S.E. de Tiznit)

Zaouïa Sidi Ahmed ou Moussa (32 Sud) Moussem de Sidi Ahmed ou Moussa.

Septembre
(région de Meknès)

Moulay-Idriss (5-9-27-28) Grand moussem, le plus important du Maroc. Mercredi, jeudi et vendredi pendant plusieurs semaines.

Mi-septembre
(Haut Atlas)

Imilchil (22) .... Célèbre moussem des Fiancés : la coutume veut que les jeunes gens et les jeunes filles de la tribu des Aït-Haddidou s'y choisissent pour époux. Costumes caractéristiques : danses.

2ᵉ quinzaine de septembre

Fès (5-10-28) .... Moussem de Moulay Driss El Azhar ; groupes folkloriques.

Octobre

Agadir (32) .... Rencontre des Arts populaires africains (festival de Folklore).

1ᵉʳᵉ quinzaine d'octobre
(région de Fès)

Tissa (5-10-28) .... Fête du Cheval.

Mi-octobre

Erfoud (5-36) .... Fête des Dattes

À l'époque du Mouloud *(voir p. 44)*

Meknès (5-22-27) .... Moussem de Sidi Aïssa : grand rassemblement de la confrérie des Aïssaouas ; processions, illuminations des monuments.

> Bien des manifestations folkloriques s'accompagnent des stridulations vocales des femmes ou « You-You » (« ze-rarit », en berbère), que l'on entend aussi lors des fêtes familiales comme un mariage ou une naissance, car elles sont synonymes de réjouissance.

Veille du Mouloud *(voir p. 44)*

Salé (5-8) .... Procession des Cires.

6ᵉ jour du Mouloud *(p. 33)*

Salé (5-8) .... Moussem de Sidi Abdallah

10ᵉ jour après le Mouloud *(p. 3)*
(près d'Asni, région de Marrakech)

Zaouïa de Moulay Brahim (33) .... Moussem

---

(1) Pour connaître les dates exactes de ces manifestations et obtenir la liste des autres fêtes de l'année, se renseigner dans les bureaux officiels de tourisme ou auprès des autorités locales.

MANIFESTATIONS SPORTIVES(1)

De nombreux rallyes ou raids internationaux se déroulent chaque année au Maroc, pays idéal pour ces rendez-vous incontournables des sportifs et autres amateurs d'aventure.

Rallyes autos-motos :

– **Rallye Paris-Dakar-Paris** *(janvier)*

– **Raid international Biarritz-Dakhla-Dakar** *(février)* : auto-moto

– **Rallye des villes impériales** *(mars)* : circuit de 3 000 km pour voitures et motos anciennes, années 1920-1980.

– **Raid VTT « Oasis Bike »** *(avril)*

– **Raid de l'Amitié** *(avril)* : plus de 4 500 km à travers dunes, montagnes, vallées verdoyantes, oueds où alternent sables mous et passages de gués, autant de paysages superbes du Moyen et du Haut Atlas, avant d'arriver enfin à Rabat.

– **Marathon des Sables** *(avril)* : marathon hors du commun à l'assaut des sables du Sud Marocain (provinces de Ouarzazate et Errachidia). 350 km de course dans ce désert si envoûtant, avec ses dunes balayées par les vents, ses pistes de terre craquelées, ses oueds asséchés et ses nuits en bivouac. Les participants, issus de tous les horizons, ont des motivations multiples : compétition et performance, amour de la nature, défense d'une noble cause, désir d'échapper au quotidien et de se dépasser.

– **Rallye de l'Atlas** *(mai)* : rallye auto-moto où écuries (Mitsubishi, Citroën, etc.) et pilotes chevronnés s'affrontent.

– **Raid des Baroudeurs** *(mai)* : raid de deux semaines en « deudeuche », avec notamment 1 100 km de piste où la moyenne ne dépasse guère les 25 km/h.

– **Enduro des Sables** à Agadir *(juin)*

– La **Pamarandak** (Paris-Madrid-Tanger-Rabat-Nouakchoutt-Dakar), course en relais libres sur 5 600 km de sentiers de grande randonnée et de pistes africaines. Le défi : rallier Dakar en 400 heures maxi pour les marathoniens, en 275 heures maxi pour les VTTistes. A lieu généralement en décembre.

– **Trophée des Gazelles** *(octobre)* : rallye automobile réservé à la gent féminine.

– **Raid Harley Davidson**

Rallyes aériens :

– **Trans-Sahara Air Marathon** *(avril)*

– **Rallye aérien France-Maroc-Canaries** *(mai)*

– **Rallye Toulouse-Tarfaya-Saint Louis** *(octobre)* : sur les traces de l'Aéropostale. *Voir à Tarfaya.*

---

(1) Pour connaître les dates exactes et les itinéraires de ces différents rallyes, consulter la presse.

Conditions de visite

En raison des variations du coût de la vie et de l'évolution incessante des horaires d'ouverture de la plupart des curiosités, nous ne pouvons donner les informations ci-dessous qu'à titre indicatif.

Ces renseignements s'appliquent à des touristes voyageant isolément et ne bénéficiant pas de réduction. Pour les groupes constitués, il est généralement possible d'obtenir des conditions particulières concernant les horaires ou les tarifs, avec un accord préalable.

Pour les villes principales, nous indiquons l'adresse et le numéro de téléphone des délégations du tourisme. Ces organismes aideront les touristes de passage dans la recherche d'un gîte ou les renseignements sur les possibilités d'être accompagné par un guide officiel pour visiter la ville.

Dans la partie descriptive du guide, p. 56 à 206, les curiosités soumises à des conditions de visite sont signalées au visiteur par le signe ⊙.

Enfin, ne pas oublier qu'au Maroc l'entrée des mosquées est rigoureusement interdite aux non-musulmans.

AGADIR
🗗 Immeuble « A », place Prince Héritier Sidi Mohammed, ☎ 84 28 94.

Un petit **train touristique**, circulant de 9 h à 22 h, permet d'avoir un premier aperçu de la ville. Départ devant l'entrée de la Vallée des Oiseaux, à côté de l'hôtel Sheraton. Durée du trajet 30 mn. 10 DH.

Jardin du Portugal – Ouvert tous les jours de 14 h 30 à 18 h 30.

Poste centrale – Ouverte de 8 h 30 à 18 h 45. Téléphone ouvert de 8 h à 21 h. Prendre garde à l'éventuel marché noir de cartes téléphoniques.

AL HOCEIMA
🗗 Rue Tarek Ibn Ziad, ☎ 98 28 30.

Peñon d'Alhucemas – On ne visite pas.

AZROU

Coopérative artisanale – Visite le matin et l'après-midi. Fermé les vendredis et les jours de fêtes nationales. ☎ 56 23 34.

BOULAOUANE

Kasbah – Gardien sur place. Rétribution souhaitée.

CASABLANCA
🗗 55, rue Omar Slaoui, ☎ 27 11 77.

Église N.-D.-de-Lourdes – Visite le matin et l'après-midi. Il est conseillé de ne pas visiter le dimanche en fin de matinée.

Préfecture (Wilaya) – Il est possible de pénétrer à l'intérieur du bâtiment, mais il est formellement interdit de prendre des photos. ☎ 22 41 83.

Mosquée Hassan II – Bien que la visite soit normalement interdite aux non-musulmans, il est possible d'obtenir une visite guidée de l'intérieur en faisant partie d'un groupe. 100 DH.

CEUTA
🗗 Calle Alcalde José Victori Gonalons, ☎ 51 40 92.

Assurance – Le bureau de vente de El Tarajal, ☎ 50 88 41, est ouvert le matin et l'après-midi, excepté les samedis après-midi, les dimanches et les jours fériés toute la journée. Prix pour 8 jours : 3 660 pesetas, 15 jours : entre 5 930 et 7 000 pesetas selon le modèle de la voiture, 30 jours : entre 10 990 et 13 140 pesetas.

Musée municipal – Visite de 10 h à 13 h 30 et de 17 h à 20 h 30. Fermé le dimanche et les jours fériés. ☎ 51 73 98.

CHIKER

Grottes – Accès interdit aux touristes.

Gorges du DADÈS

Location de 4 x 4 – S'adresser à l'hôtel-restaurant « La Kasbah de la Vallée ».

EL JADIDA
🗗 Chambre de Commerce, avenue Ibn Khaldoun, ☎ 33 27 24

Remparts – Même billet que pour la visite de la citerne portugaise. 10 DH.

Citerne portugaise – Visite de 9 h à 12 h et de 14 h à 19 h. 10 DH. Le billet est valable pour la visite des remparts.

ERFOUD

Circuits en Land Rover – Différents circuits, d'une journée ou d'une demi-journée, sont proposés. Se renseigner dans les hôtels plutôt que de prendre le risque de suivre de faux guides. L'hôtel Tafilelt dispose de ses propres Land Rover avec chauffeur-guide. Compter 700 DH pour effectuer une randonnée Erfoud-Merzouga et retour ; 1 500 DH pour un circuit d'une journée Erfoud-Merzouga-Taouz-Rissani-Erfoud.

ER-RACHIDIA
🛈 Boulevard Moulay Ali Cherif, ☎ 57 27 33.

Complexe artisanal – Visite tous les jours de 8 h 30 à 12 h et de 14 h 30 à 17 h 30.

ESSAOUIRA

Galerie d'Art Frédéric Damgaard – Ouverte tous les jours, de 9 h à 13 h et de 15 h à 19 h. ☎ (04) 78 44 46.

Skala du port – Entrée : 10 DH (5 DH pour les Marocains).

Île de Mogador – Les visites sont actuellement interdites sauf dérogation à caractère scientifique, d'où délivrance d'un laissez-passer. Prix à débattre avec l'un des barcassiers du port. Durée de la traversée : 1/4 h environ.

FÈS
🛈 Place de la Résistance, Immeuble Bennani, ☎ 62 34 60.

Borj Nord – Visite de 9 h à 12 h et de 15 h à 18 h. Fermé les mardis et les jours de fêtes nationales et religieuses. 10 DH.

Médersa Bou Inania – Visite le matin et l'après-midi. Fermé les jours de fêtes religieuses. 10 DH. L'entrée de l'oratoire est interdite aux non-musulmans.

Médersa Attarine – Visite le matin et l'après-midi. Fermé les jours de fêtes religieuses. 10 DH.

Fondouk Tsétaounine – Visite le matin et l'après-midi. Fermé les jours de fêtes religieuses.

Médersa Cherratine – Visite le matin et l'après-midi. Fermé les jours de fêtes religieuses. 10 DH.

Kissaria – Visite le matin et l'après-midi. Fermé les vendredis après-midi et les jours de fêtes religieuses.

Zaouïa de Moulay Idriss – Entrée réservée aux musulmans. Les non-musulmans sont tolérés dans le « horm » mais tenus à une particulière discrétion.

Dar Batha – Visite accompagnée (1 h) de 9 h à 12 h et de 15 h à 18 h. Fermé les mardis et les jours de fêtes nationales et religieuses. 10 DH. ☎ 63 41 16.

Palais royal – On ne visite pas.

FRIOUATO

Gouffre – Gardien sur place la plus grande partie de l'année, c'est-à-dire en dehors de la période d'enneigement. 10 DH.

HERCULE

Grottes – Visite tous les jours, sans interruption à midi. 10 DH.

IMI-N-IFRI

Pont naturel – Un guide accompagne. Rétribution conseillée.

IRHERM-N-OUGDAL

Grenier-forteresse – S'adresser au gardien.

MARRAKECH
🛈 Place Abdelmoumen Ben Ali, ☎ 43 61 57 – 43 61 79

Tombeaux saadiens – Visite de 9 h à 11 h 45 et de 14 h 30 à 17 h 45. 10 DH.

El Badia – Visite le matin et l'après-midi. Fermé les jours de l'Aïd el Kebir et de l'Aïd es Seghir. 10 DH. Accès à la terrasse interdit.

Palais de la Bahia – Visite de 8 h 30 à 11 h 45 et de 14 h 30 à 17 h 45.

Dar Si Saïd et musée des Arts marocains – Visite tous les jours sauf le mardi, de 9 h à 11 h 45 et de 14 h 30 à 17 h 45 ; le vendredi de 9 h à 11 h 45 et de 15 h à 17 h 45. 5 DH.

Maison Tiskiwin – Visite de 9 h 30 à 12 h 30. 10 DH. ☎ 44 33 35. Visite commentée en réservant à l'avance par courrier.

Koubba Ba'Adiyn – Visite le matin et l'après-midi.

Médersa ben Youssef – Visite accompagnée le matin et l'après-midi. Fermé les jours de l'Aïd el Kebir et de l'Aïd es Seghir. Entrée 10 DH.

Aguedal – Demander au gardien l'autorisation de monter sur la terrasse du premier petit pavillon.

Jardin Majorelle – Visite toute l'année, de 8 h 30 à 11 h 45 et de 14 h à 17 h 45. 15 DH. Pour le musée d'art islamique (fermé le lundi et au mois d'août) : 15 DH supplémentaires.

MARRAKECH

Survol en montgolfière –
Le vol s'effectue au Nord
de l'oued Tensift, en bordure de la palmeraie. Les
passagers sont acheminés
en 4x4 le matin vers 6 h 30
sur le lieu de vol. Ils participent aux opérations de
mise en place et au gon-
flage du ballon. Après le
vol, une collation avec thé
et gâteaux est servie, suivie
d'un circuit 4x4 avant le
retour à l'hôtel en fin de
matinée. Des circuits 4x4
plus montgolfière, avec hôtels et bivouacs, peuvent

être organisés au départ de Marrakech, de Ouarzazate, ou d'autres lieux.
Renseignements : Ciel d'Afrique, 91 rue Mohamed El Beqal, Marrakech,
☎ (4) 44 61 80 ; ou bien à la réception de l'hôtel où l'on séjourne.

MEHDIYA

Kasbah – Gardien sur place.

MEKNÈS   🛈 Place Administrative, ☎ 52 44 26

Dar el Ma – Visite le matin et l'après-midi. 5 DH.

Tombeau de Moulay Ismaïl – Visite de 9 h à 12 h et de 15 h à 18 h. Fermé le vendredi matin.

Médersa Bou Inania – Visite le matin et l'après-midi.

Dar Jamaï – Visite de 9 h à 12 h et de 15 h à 18 h. Fermé les mardis, les 3 mars,
1er mai, 14 août, 6 et 18 novembre et certains jours de fêtes religieuses. 5 DH.
☎ 53 08 63

MELILLA   🛈 Avenida General Aizpuru, 20, ☎ 267 40 13.

Musée Municipal – Visite de 10 h 30 à 14 h et de 18 h à 19 h 30. Fermé le dimanche.
☎ 269 91 58.

MESKI

Source bleue – Entrée : 2 DH.

MIDELT

Randonnées – L'hôtel El Ayachi (☎ (05) 58 21 61), est une bonne base de
départ pour les randonnées, en même temps qu'un lieu de séjour agréable. Par son
intermédiaire, il est possible de louer les services d'un guide et d'un véhicule 4 x 4.
Le tour du jbel Ayachi (durée 3 à 6 jours) s'effectue plutôt en été, entre juin et octobre.
Une autre randonnée, toujours en été, permet d'aller en 4 x 4 jusqu'au cirque de
Jaffar, puis de marcher vers les crêtes de l'Ayachi.
La traversée Nord-Sud du Haut Atlas Oriental, de Midelt à Tinerhir, constitue une ran-
donnée de 9 jours (à conseiller uniquement aux marcheurs aguerris).

Atelier de tissage des Sœurs Franciscaines – Visite toute l'année, tous les jours (sauf
en août et sauf les vendredis et dimanches si l'on souhaite suivre le travail des
ouvrières, absentes ces jours-là). ☎ (05) 58 24 43.

MOULAY-ALI-CHERIF

Tombeau – Seuls les musulmans peuvent visiter.

MOULAY-IDRISS

Le horm – Accès au tombeau d'Idriss et à la mosquée interdit aux non-musulmans.

OUARZAZATE   🛈 Avenue Mohammed V, B.P. 16, ☎ 88 24 85

Kasbah de Taourirt – Visite accompagnée (1/2 h) de 8 h à 18 h. 5 DH.

Coopérative artisanale – Visite de 8 h 30 à 12 h et de 14 h 30 à 18 h 30. Fermé
les dimanches et les jours de fêtes nationales et religieuses. ☎ 88 25 50.

Complexe artisanal – Visite tous les jours, de 8 h 30 à 12 h et de 14 h 30 à 18 h 30.
☎ 88 24 92.

*Au Maroc, l'entrée des mosquées est rigoureusement interdite
aux non-musulmans.*

OUIRGANE

Différentes excursions sont organisées au départ de la Résidence de la Roseraie, que l'on soit ou non client de cet hôtel :

Randonnées pédestres ou **à dos de mulet,** avec guide, à travers le domaine de 22 hectares de la Roseraie, par des chemins longeant cascades et séguias et menant aux villages berbères de Tikhfist et d'Anraz, et aux salines : 150 DH par personne. ☎ (02) 11 51 39 ou à Marrakech (04) 43 20 95.

Randonnées équestres du Haut Atlas Plusieurs formules sont proposées, alliant séjour à l'hôtel, randonnée d'un ou plusieurs jours avec hébergement chez l'habitant dans les villages berbères (confort minimum mais accueil chaleureux), ou randonnées d'une à quatre heures dans les sites du Haut Atlas. A titre indicatif : balade d'une heure, 100 DH ; randonnée à la carte, 1 journée, 560 DH (repas et guide inclus) ; forfait équitation, 4 heures/jour sur 7 jours, 2500 DH (hors hôtellerie). Renseignements et réservations à l'hôtel de la Roseraie ou à la Centrale de Réservation de la Société R.E.H.A. fax (04) 43 29 53.

Randonnée V.T.T – 1 heure, 50 DH ; une journée, 250 DH ; la journée avec repas et guide 320 DH.

OUKAIMEDEN

Parking – Un péage donne droit au stationnement sur les emplacements aménagés (de début novembre à fin avril) ; 10 DH.

Remontées mécaniques – Télésiège : 20 DH billet aller-retour, par personne ; 80 DH pour une carte de 10 A/R.
Téléskis : 45 DH la carte de 10 remontées.

OUMESNAT

Maison traditionnelle – Visite accompagnée. Ne pas manquer de laisser une obole (compter 10 DH).

RABAT
🛈 22, avenue d'Alger, ☎ 73 05 62

Atelier de tapis (kasbah des Oudaïas) – Conditions de visite non communiquées.

Musée des Arts marocains – Visite de 9 h à 12 h et de 15 h à 17 h 30. Fermé les mardis et les jours de fêtes nationales et religieuses. 10 DH. Pendant le mois du Ramadan, les heures d'ouverture peuvent être différentes. Se renseigner par ☎ 73 15 12 ou 72 61 64.

Palais du Roi – Visite de l'extérieur seulement.

Chellah – Droit d'entrée 10 DH. (Compter 10 DH pour se rendre du centre de Rabat à la porte de Chellah).

Ruines de Sala – Les ruines antiques ne sont pas visitables actuellement.

Musée archéologique – Visite de 9 h à 12 h et de 14 h 30 à 17 h. Fermé le mardi. Entrée 10 DH, enfants 3 DH. ☎ 70 22 24 ou 70 19 19.

Ensemble artisanal – Visite de 9 h à 12 h et de 14 h à 19 h, sauf le vendredi où bon nombre de boutiques et d'ateliers sont fermés.

RABAT-SALÉ

Jardins exotiques – Conditions de visite non communiquées.

SAFI
🛈 Rue Imam Malek, ☎ 46 45 53.

Qars el Baḥr – Visite de 8 h 30 à 12 h et de 14 h 30 à 18 h 30. 10 DH. (Pour les Marocains 5 DH, gratuit le vendredi).

Colline des Potiers – Les artisans font visiter sur demande.

Ecole de la Coopérative – Visite accompagnée de juin à septembre, le matin et l'après-midi. Fermé les dimanches, les jours de fêtes nationales et religieuses. 10 DH.

Musée national de la Céramique (Kechla) – Visite de 8 h 30 à 12 h et de 14 h à 18 h, sauf le mardi. 10 DH. ☎ (04) 46 38 95.

SALÉ

Médersa – Le gardien accompagne. 10 DH.

Complexe des Potiers « Oulja » – Si l'on souhaite se rendre en taxi au village des arts marocains, compter 15 DH de Salé, 35 DH de Rabat.

SIDI BOUZID

Club Hacienda – Location de chambres et duplex, ☎ (03) 34 83 11.

TALIOUINE

Coopérative de safran – Conditionné en sachets ou en boîtes, le safran est vendu en filaments entiers, environ 7 DH le gramme (les prix de commercialisation varient de 4 000 à 7 000 DH par kilo selon la production de l'année et la conjoncture du marché).

TALIOUINE

Randonnées au Siroua – Ce voyage à pied dans l'Anti-Atlas marocain s'effectue sous la conduite d'un guide chevronné et dure 7 jours (deux nuits à l'hôtel et cinq nuits en bivouac sous tente avec matelas fourni), avec des étapes quotidiennes de 5 à 6 heures de marche. Des mulets assurent le transport des bagages. Pour plus de renseignements, s'adresser à l'hôtel Ibn Toumerte ou à l'Auberge Souktana (où réside le guide), juste à la sortie de Taliouine.
A Paris, s'adresser à l'agence Explorator (*voir rubrique* Randonnées pédestres).

TANGER   🛈 29, boulevard Pasteur, ☎ 93 82 39.

Jardins du Sultan – Visite accompagnée le matin et l'après-midi. Fermé les samedis, dimanches et jours fériés. Gardien sur place ; rétribution souhaitée.

Dar el Makhzen – Visite de 9 h à 11 h 45 et de 15 h à 18 h 30. Fermé le mardi. Les horaires risquent d'être modifiés pendant le mois du Ramadan.

TAROUDANNT

Promenade en calèche – Durée 1 heure environ. Compter 70 DH.

C. Mesnage/MICHELIN

TETOUAN   🛈 30, avenue Mohammed V, B.P. 62, ☎ 96 44 07

Palais Royal – On ne visite pas.

Musée archéologique – Visite de 9 h 30 à 12 h et de 15 h à 18 h. ☎ 96 71 03. Fermé le dimanche.

Musée ethnographique – Visite de 9 h à 12 h et de 15 h à 18 h. Fermé les mardis et les jours de fêtes nationales et religieuses. 10 DH. ☎ 96 69 05.

École des métiers d'arts traditionnels – Visite de 9 h à 12 h et de 14 h 30 à 17 h 30. Fermé les vendredis et dimanches ainsi que les jours de fêtes nationales et religieuses. ☎ 96 27 21.

TIFFOULTOUTE

Kasbah – Visite accompagnée (1/4 h), toute l'année. 10 DH, avec thé.

TINMEL

Mosquée – Gardien sur place. La visite intérieure qui devrait être autorisée aux non-musulmans est cependant suspendue pendant la durée des travaux.

TIOUTE

Il est possible de laisser la voiture au centre du village et d'accéder à la kasbah à dos d'âne : compter 20 DH.
Des excursions de plusieurs jours, à dos d'âne, avec hébergement dans les villages berbères, sont organisées au départ de Tioute. Compter 50 DH par jour pour le guide + 70 DH pour l'hébergement.

TOUBKAL (JBEL)

Randonnées – Pour tout renseignement s'adresser :
– au Grand Hôtel du Toubkal, à Asni ;
– à la Délégation Régionale du Tourisme, avenue Mohammed V, Marrakech, ☎ 44 88 89 ; fax 44 89 06.
– à la Délégation de la jeunesse et des Sports, stade du Hartsi, Marrakech, ☎ 44 74 48.

Le Club Alpin Français gère 5 refuges dans le massif du Toubkal ; réservations : CAF, BP 888, Marrakech. Ces refuges disposent de couchettes avec matelas, mais pas de couverture ; (équipement cuisine sommaire, mieux vaut prévoir le sien).

Il existe également des gîtes d'étape classés et non classés dans les différents douars traversés ; camping à Aremd.

VOLUBILIS

Champ de fouilles – Visite tous les jours, sans interruption à midi. 20 DH. ☎ 54 41 03.

ZAGORA

Randonnées chamelières – La réservation pour ce type de randonnée, avec bivouac et repas sous la tente, s'effectue dans les hôtels de Zagora. En hiver (il peut faire très froid), l'hébergement se fait sous sa propre tente individuelle ou sous une grande tente nomade pouvant abriter jusqu'à 20 personnes. En été la nuit se passe à la belle étoile. Les repas sont parfois pris chez les nomades ou sinon préparés par les chameliers.

Il est vivement conseillé d'emporter des comprimés pour désinfecter l'eau et de se munir de bonnes chaussures de marche (il faut en effet prévoir de marcher car les premiers jours à dos de chameau sont parfois fatigants !), et d'un chèche (turban) – bien plus pratique qu'un chapeau qui s'envole – et qui protège à la fois de la chaleur et de la poussière.

Compter 250 DH par jour + 50 DH pour le chamelier.

Quelques exemples de randonnées possibles :

– de Zagora à Merzouga : 20 jours (dont 2 jours de repos).

– de Zagora à Mhamid : 12 jours (8 jours à l'aller par le désert et 4 jours pour le retour par la Vallée du Drâa)

Location de 4 x 4 – S'adresser dans les hôtels et toujours se renseigner sur l'état des différentes pistes que l'on se propose de suivre.

سافروا تغنموا

Qui voyage ajoute à sa vie.

Village abandonné de la Vallée du Rheris

240

241

Index

A

B

M

T

V - W

Y

Z

Notes

MANUFACTURE FRANÇAISE DES PNEUMATIQUES MICHELIN

Société en commandite par actions au capital de 2 000 000 000 de francs

Place des Carmes-Déchaux – 63 Clermont-Ferrand (France)

R.C.S. Clermont-Fd B 855 200 507

© Michelin et Cie, Propriétaires-Éditeurs 1995

Dépôt légal 1er trim. 95 – ISBN 2-06-054401-7 – ISSN 0293-9436

Printed in the EC

Composition : NORD-COMPO, Villeneuve-d'Ascq

Impression-Brochage : MAME, Imprimeur, Relieur, Tours